Frank MacShane
Raymond Chandler

*Eine Biographie
Aus dem Amerikanischen
von Christa Hotz,
Alfred Probst
und Wulf Teichmann*

Diogenes

Titel der amerikanischen Originalausgabe
»The Life of Raymond Chandler«
Copyright © 1976 by
Frank MacShane

Für Lynn und Nicholas

Zweite, ergänzte Auflage
Alle deutschen Rechte vorbehalten
Copyright © 1984 by
Diogenes Verlag AG Zürich
40/88/36/2
ISBN 3 257 20960 6

Inhalt

Vorwort 7
Von Nebraska nach Dulwich 13
Die Rückkehr nach Amerika 46
Black Mask 72
Der große Schlaf 102
Das Gesetz kann man kaufen
  Law is Where You Buy It 140
Der goldene Friedhof
  The Golden Graveyard 166
Vorstadt wider Willen 203
Kein dritter Akt
  No Third Act 258
  Bildteil 233–248
Der lange Abschied 306
Nachtstück
  Nocturne 341
Dann und wann für immer
  Once in a While Forever 372

Chandlers Veröffentlichungen 432
Anmerkungen 453

*Die auch englisch erwähnten
Kapitelüberschriften sind Raymond
Chandlers Liste möglicher Titel
für künftige Arbeiten entnommen.*

Vorwort

Als erstes möchte ich sagen, daß ich Raymond Chandler in diesem Buch als Romancier behandle und nicht einfach als Kriminalschriftsteller. Chandler sah sich selbst so, und mit Recht. Darum enthält dieses Buch, abgesehen von notwendigen Bezugnahmen auf die Geschichte der Kriminalromane und Chandlers Verhältnis dazu, keine längeren Betrachtungen über andere tote oder lebende Krimi-Autoren.

Soweit als möglich versuche ich, Chandler seine Geschichte selbst erzählen zu lassen, und zitiere ausgiebig aus den Hunderten von Briefen, die er schrieb. In den Anmerkungen am Schluß des Buches führe ich die Briefe einzeln auf, gebe ihre Quelle und den Grad der Verläßlichkeit an. Um das Buch so lesbar wie möglich zu machen, habe ich Auslassungen in den zitierten Passagen nicht gekennzeichnet, die Absicht des Autors jedoch in keiner Weise entstellt; ausgelassen wurde nur, was mit dem Hauptzweck des Zitats nichts zu tun hat.

Die Anfänge dieses Buches gehen zurück auf das Jahr 1961, als ich in Kalifornien lebte. Jemand sagte: »Wenn du wissen willst, wie Kalifornien ist, lies Raymond Chandler.« Das tat ich und war sofort begeistert. Die Zeit für eine Chandler-Biographie war damals noch nicht gekommen; später jedoch haben Helga Greene, Chandlers Erbin und Testamentsvollstreckerin, und ihr Sohn Graham Carleton Greene mir vorgeschlagen, dieses Buch zu schreiben. Frau Greene machte mir alle in ihrem Besitz befindlichen Briefe, Papiere, Manuskripte und Fotos von Chandler zugänglich und überließ mir einen Großteil davon während der Arbeit an diesem Buch. Darüber hinaus widmete sie mir viel Zeit für Gespräche und gewährte mir jede Hilfe, die ich brauchte. Ihre Teilhaberin, Kathrine Sorley Walker, Mitherausgeberin von *Raymond Chandler Speaking,* nahm sich ebenfalls sehr großzügig Zeit für mich. Das Buch, wie es jetzt vorliegt, hätte ohne die Hilfe dieser beiden Frauen nicht geschrieben werden können.

Als nächstes möchte ich Chandlers englischem Verleger Hamish Hamilton und Roger Machell von Hamish Hamilton Ltd. dafür danken, daß sie mir die in den Jahren 1939 bis 1959 zwischen ihnen und Chandler geführte Korrespondenz zur Verfügung stellten. Ebenso möchte ich mich bei meinem Agenten Carl Brandt bedanken, der mich alle Chandler-Unterlagen von Brandt and Brandt einsehen ließ, unter anderem den umfangreichen Briefwechsel zwischen Chandler und seinem Vater sowie zwischen Chandler und Bernice Baumgarten.

Mein Dank gilt weiterhin den vielen Institutionen und ihren Mitarbeitern, die mir halfen, Material über Chandler zusammenzutragen. Insbesondere möchte ich danken dem Leiter der National Banks in Washington; dem Archiv des Marineministeriums in London; dem Alleyn Club und seinem Schriftführer, T.E. Priest; der American Academy of Motion Picture Arts and Sciences; dem *Atlantic Monthly;* der Bank von Montreal und ihrem Archivar, Freeman Clowery; Pamela Döerr von der Barclays Bank in San Francisco; der Mugar-Bibliothek der Universität Boston; dem Britischen Museum; Mary Esworthy von der Civil Service Commission; dem *Daily Express;* dem Dulwich College und seinem Bibliothekar, Austin Hall; Houghton Mifflin & Co., besonders Ellen Joseph, David Harris und Austin Olney; der Houghton-Bibliothek der Universität Harvard; Alfred Knopf Inc., insbesondere William Koshland; Elfrieda Lang und William Cagle von der Lilly-Bibliothek der Universität von Indiana; dem Verteidigungsministerium in London; der Historischen Abteilung der Royal Air Force; dem Informationsdienst des Verteidigungsministeriums in Ottawa; F. J. Dallett vom Archiv der Universität von Pennsylvania; dem Kanadischen Staatsarchiv; Hochwürden Howard Lee Wilson, Dekan der St. Matthew's Kathedrale in Laramie, Wyoming; der Screen Actors Guild; der Forschungsbibliothek der Universität von Kalifornien in Los Angeles und besonders Hilda Bohene sowie James Mink und Brooke Whiting von der Abteilung für Spezialsammlungen; David Farmer und dem Forschungszentrum für Geisteswissenschaften der Universität von Texas; den Universal City Studios, Inc.; Alan Rivkin und anderen Mitarbeitern der Writers Guild; und Judith Feiffer und Mort Lichter von Warner Brothers.

Außerdem möchte ich den vielen Personen danken, die sich die Mühe machten, mir entweder etwas über Raymond Chandler zu schreiben oder persönlich auf Fragen zu antworten. Besonders verpflichtet bin ich Vera Adams, Ruth Babcock, Kay West Becket, Mrs. Nicolas Bentley, Leigh Brackett, Ruth A. Cutten, Jean de Leon, Dorothy Gardiner, Jean Bethel (Erle Stanley) Gardner, Dr. Evelyn Hooker, Juanita Messick, Ruth Morse, Marian Murray, Sonia Orwell, Dilys Powell, Jocelyn Rickards, Meta Rosenberg, Hana M. Shaw, Katherine Sistrom, Mrs. Stephan Spender, Marjorie Suman, Jessica Tyndale, John McClelland Abrams, Eric Ambler, Dwight Babcock, W.T. Ballard, Nicolas Bentley, Walter Bruington, James M. Cain, Teet Carle, Edgar Carter, Whitfield Cook, George Harmon Coxe, Keith Deutsch, Ernest L. Dolley und Mrs. Dolley, Patrick Doncaster, William Dozier, Philip Durham, William E. Durham, José Ferrer, Steve Fisher, James M. Fox, Frank Francis, Philip Gaskell, Wiliam Gault, Michael Gilbert, Maurice Guinness, E.T. Guymon, Jr., John Houseman, Christoper Isherwood, Jonathan Latimer, Gene Levitt, Dr. Paul E. Lloyd, Daniel Mainwaring, Kenneth Millar, Robert Montgomery, Neil Morgan, E. Jack Neuman, Lloyd Nolan, Frank Norman, Sir Alwyne Ogden, Dr. Solon Palmer, Eric Partridge, S.J. Perelman, George Peterson, Milton Philleo und Mrs. Philleo, Robert Presnell, Jr., J.B. Priestley, Steve Race, James Sandoe, Joseph T. Shaw, Dr. Francis Smith, H. Allen Smith, H.N. Swanson, Julian Symons, Cecil V. Thornton, Harry Tugend, Irving Wallace, Dale Warren, Hillary Waugh, Billy Wilder, Maxwell Wilkinson, Prentice Winchell, John Woolfenden, Leroy Wright und dem kürzlich verstorbenen Sir P.G. Wodehouse.

Andere haben mich auf verschiedene Weise unterstützt; den folgenden möchte ich für ihr Entgegenkommen und ihre Hilfsbereitschaft danken: Mrs. D. Beach, Patricia Blake, Bernice Baumgarten Cozzens, Patricia Highsmith, Barbara Howes, Mrs. John Steinbeck, Michael Avallone, Jacques Barzun, J. Frank Beaman, Harry Boardman, Carl Brandt, Richard S. Bright, Pliny Castanian, Howard Dattan, Commander A.R. Davis, Michael Desilets, Digby Diehl, Osborn Elliott, John Engstead, Donald Gallup, Arnold Gingrich, Hercule Haussmann-Smith, Dan Hilman, Alfred Hitchcock, E.J. Kahn, Jr., Jascha Kessler, David Lehman, Clifford McCarty, Theodore Malquist, William F. Nolan, John Pearson, Ross Russell, Bernard Siegan, Ted Slate, Lovell Thompson und Timothy Williams. Ich entschuldige mich bei jedem, dessen Name in dieser Liste versehentlich nicht aufgeführt ist.

Dank schulde ich Robert und Susan Nero, die mir bei meinen Nachforschungen in Kalifornien halfen, besonders wenn ich selbst nicht in der Lage war, Material durchzusehen. Sie waren mir eine unschätzbare Hilfe. Dankbar bin ich auch James Neagles, der im Staatsarchiv in Washington für mich recherchierte.

Mehrere Bücher, die bislang unveröffentlichtes Material von oder über Chandler enthalten, waren mir sehr nützlich. Hervorheben möchte ich *Raymond Chandler Speaking*, herausgeben von Dorothy Gardiner und Kathrine Sorley (Hamish Hamilton and Houghton Mifflin, 1962). Matthew Bruccoli gab zwei schmale, aber nützliche Bändchen heraus: *Raymond Chandler, A Checklist* (Kent State University Press, 1968) und *Chandler Before Marlowe: Raymond Chandler's Early Prose and Poetry 1908–1912* (University of South Carolina Press, 1973). Die bahnbrechende Studie über Raymond Chandlers Werk ist Philip Durhams *Down These Mean Streets a Man Must Go* (University of North Carolina Press, 1963): Ich bin sowohl dem Buch als auch dessen Autor verpflichtet.

Danken möchte ich außerdem Helga Greene, Kathrine Sorley Walker, Ursula Vaughan Williams, Seymour Lawrence, William Jay Smith und meiner Frau Lynn, die das Typoskript dieses Buches ganz oder teilweise lasen und so freundlich waren, Verbesserungsvorschläge zu machen. Ihre Ermutigung war mir sehr willkommen. Mein Dank gilt auch meinen Verlegern, Graham Carleton Greene und John Macrae III.

Und schließlich muß ich der John Simon Guggenheim Foundation danken, ohne deren Stipendium ich dieses Buch nicht hätte schreiben können.

Zum Schluß darf auch die Landschaft und Atmosphäre einer italienischen Insel nicht unerwähnt bleiben, einer Insel, wo ich meine Arbeit in Ruhe und Abgeschiedenheit beenden konnte – eine beinah magische Erfahrung, die sich durch Worte nicht beschreiben läßt.

Von Nebraska nach Dulwich

Zwei Jahre vor seinem Tod schrieb Chandler an seinen Londoner Rechtsanwalt: »Ich lebte mein Leben am Rande des Nichts.«[1] Er erfuhr das Leben mit großer Intensität, und das trug dazu bei, ihn zu einem der besten Romanautoren seiner Zeit werden zu lassen, mit einer emotionalen Spannweite, an die nur wenige seiner Zeitgenossen heranreichten. Als der herausragende Vertreter der »tough guy«-Schule der Kriminalschriftstellerei war Chandler auch ein romantischer Dichter. Schon zu Lebzeiten wurde er als Romanautor weltberühmt, und der Held seiner Bücher, Philip Marlowe, war Millionen von Lesern bekannt. Doch die emotionale Feinfühligkeit, die seine literarische Leistung ermöglichte, machte ihn als Menschen unglücklich. Der walisische Schriftsteller Jon Manchip White, der ihn im Londoner Connaught Hotel traf, wo sich Chandler gegen Ende seines Lebens häufig aufhielt, beschrieb ihn als einen überaus vielschichtigen und offensichtlich tief unglücklichen Mann. Sein Charakter ließ keine Resignation zu, und er konnte sich mit der Tatsache nicht abfinden, »daß keiner von uns, und schon gar nicht der Künstler, findet, was er sucht, und sich letztlich mit dem begnügen muß, was er hat und ist.«[2] Es war einem Mann mit Chandlers Temperament unmöglich, sich so mit etwas abzufinden. »Wahrscheinlich sind alle Schriftsteller verrückt« schrieb er, »aber wenn sie irgend etwas taugen, dann sind sie, glaube ich, schrecklich ehrlich.«[3]

Chandler war ehrlich, wenn es um das Alltägliche ging, aber er hatte auch Sinn für menschliche Möglichkeiten und Sehnsüchte. Er war zum Teil ein Träumer, ein Dichter der Ideale von Liebe und Schönheit und Großzügigkeit. Weil er sich der Kluft zwischen diesen zwei Realitätsebenen so bewußt war, litt er sehr. Zudem wurde er von gegensätzlichen Impulsen hin- und hergerissen, die er durch außergewöhnliche geistige Disziplin so gut er konnte unter Kontrolle hielt. Es überrascht nicht, daß dieser Vertreter des ›hartgesottenen‹ Erzählstils ein zurückgezogenes und ungewöhnlich privates Leben führte. Er war scheu und zurückhaltend, Fremden gegenüber argwöhnisch und sogar feindselig, bis er merkte, daß er ihnen trauen konnte. Auf sicherem Boden war er charmant und geistreich, ebenso witzig wie seine Bücher. Doch wie sein fiktiver Detektiv war er gewöhnlich auf der Hut und sich dabei seiner persönlichen Eigenheiten durchaus bewußt. »Ich bin ganz der Typ, der sich im Hintergrund hält«, schrieb er als Antwort auf eine Einladung zu einem Festessen ihm zu Ehren an Hamish Hamilton, seinen Londoner Verleger, »und mein Charakter ist eine unverträgliche Mischung aus äußerlicher Schüchternheit und innerlicher Arroganz.«[4]

Zynisch genug, um das Leben zu sehen als »heute ein Klopfen auf die Schulter, morgen ein Tritt in die Zähne«,[5] war er auch außerordentlich sentimental. Was immer er fühlte, fühlte er leidenschaftlich. Er brauchte fast fünfzig Jahre, um zu lernen, wie er die gegensätzlichen Impulse seiner Natur in einem Roman miteinander verbinden konnte, doch als es ihm schließlich gelang, schuf er Werke von bleibendem Wert, die man immer noch mit Vergnügen liest. Mit fünfundsechzig schrieb er: »Ich hoffe, ich habe mich entwickelt, vielleicht bin ich aber auch nur müde und weich geworden, wenn auch bestimmt nicht mürbe. Ich habe schließlich fünfzig Prozent irisches Blut.«[6]

Wahrscheinlich hatte er mehr. Seine Mutter, Florence Thornton, geboren in Waterford, war Irin, und sein Vater, Maurice Benjamin Chandler aus Philadelphia, hatte ebenfalls irisches Blut in den Adern. Er stammte von Quäkern ab, die im 17. und 18. Jh. aus Irland auswanderten, um in der Nähe von Philadelphia zu siedeln. Davor, während der Regierungszeit Cromwells, waren die Chandlers von England nach Irland gezogen, wo viele der alten Landsitze für wenig Geld an Siedler oder, wie man sie damals nannte, »*Adventurers*« (»Abenteurer«) verkauft wurden.

Maurice Chandler wurde 1859 geboren, und 1880 schrieb er sich als *special student* des Ingenieurswesens an der Towne Scientific School der Universität von Pennsylvania ein. Während seiner Studentenzeit lebte er allein, in Pensionen; seine Eltern werden in den Akten nicht erwähnt. Nach zwei Jahren erhielt er von der Towne School einen Befähigungsnachweis, erwarb aber keinen Universitätsgrad.

Dann ging er nach Chicago, wo er für eine der Eisenbahngesellschaften im Westen arbeitete, wahrscheinlich für die Union Pacific. Durch seinen Beruf kam er viel herum. In Omaha, damals ein wichtiges Eisenbahnzentrum, wo junge Techniker gebraucht wurden, lernte er Florence Dart Thornton kennen, die von Irland in das nahegelegene Plattsmouth, Nebraska, herübergekommen war, wo sie bei ihrer Schwester Grace lebte, die einen Mann namens Ernest Fitt geheiratet hatte. Die Freundschaft zwischen Maurice und Florence wurde enger, und 1887 heirateten sie in Laramie, Wyoming, das ebenfalls zum Union Pacific-Netz gehörte. Die Trauung wurde von Pastor George Cornell in der St. Matthew's Episkopalkirche vollzogen, und die einzigen Zeugen waren William und Nettie Comley, ebenfalls Durchreisende in dieser Grenzerstadt, wo kaum ein Baum gepflanzt worden war, um die Trostlosigkeit der neuen Holzhäuser zu mildern.

Maurice und Florence Chandler gründeten ihren Hausstand in Chicago, und dort, am 23. Juli 1888, zwei Tage vor ihrem ersten Hochzeitstag, wurde Raymond Thornton Chandler geboren. »Ich wurde in Laramie, Wyo., empfangen«, bemerkte Chandler später, »und wenn sie mich gefragt hätten, wär ich dort auch lieber geboren worden. Ich bin gern in der Höhe, und Chicago ist nicht der Ort, den ein Anglophiler sich als Geburtsort aussuchen würde.«[7] Da Maurice beruflich oft unterwegs war, verbrachten Florence und ihr Sohn die Sommer in Plattsmouth, wo sie bei den Fitts wohnten. Jahre später beschrieb Chandler einige Eindrücke von dort:

»Ich erinnere mich noch an die Eichen und die hohen hölzernen Gehsteige neben den ungepflasterten Straßen, an die Hitze und die Leuchtkäfer und Gespenstheuschrecken und eine Menge seltsamer Insekten, an das Sammeln von wilden Trauben im Herbst, um Wein herzustellen, an das tote Vieh, manchmal auch einen toten Mann, die den schlammigen Fluß heruntergetrieben kamen, und an das luxuriöse Drei-Löcher-Klo hinter dem Haus. Ich erinnere mich an Ak-Sar-Ben* und die Zeit, als ihre Mitglieder immer noch versuchten, Bryan zum Wahlsieg zu verhelfen. Ich erinnere mich an die Schaukelstühle, die in Reih und Glied an der Gehsteigkante vor dem Hotel standen, und an den Tabaksaft, der überall hingespuckt wurde. Und ich erinnere mich an eine Probefahrt mit einem Eisenbahnwagen, auf den eine Erfindung meines Onkels montiert war, die es ermöglichte, die Post ohne Anhalten zu übernehmen, aber jemand kam ihm zuvor, und er verdiente keinen Cent daran.«[8]

Chandler hatte ein scharfes Auge für Menschen, so auch für seinen Onkel Ernest Fitt, der »ein Lokalpolitiker war – ein Gauner, wenn ich nur etwas Menschenkenntnis besitze.« Chandler erinnerte sich an ihn als einen »Kesselprüfer oder so etwas, wenigstens dem Namen nach. Wenn er abends heimkam (während der Zeit in Plattsmouth), legte er die Zeitung auf den Notenständer und improvisierte, während er sie las. Mein Onkel hatte Talent, aber keine musikalische Ausbildung. Er hatte einen Bruder, ein erstaunlicher Bursche. Er war Angestellter oder Geschäftsführer einer Bank in Waterford, Irland, gewesen (wo alle meine Verwandten mütterlicherseits herkommen, aber niemand von ihnen war katholisch) und hatte Geld unterschlagen. Eines Samstags räumte er die Kasse aus, entkam mit Hilfe der Freimaurer dem Polizeinetz und floh aufs europäische Festland. In irgendeinem Hotel in Deutschland wurde ihm das Geld gestohlen, oder das meiste davon. Als ich ihn viel später kennenlernte, war er ein höchst achtbarer alter Herr, immer makel-

---

* Ak-Sar-Ben – Nebraska rückwärts gelesen –, eine soziale und philanthropische Vereinigung des Mittelstandes.

los gekleidet und unglaublich geizig. Einmal lud er mich zum Essen und zu den Ak-Sar-Ben-Festlichkeiten ein. Nach dem Essen lehnte er sich über den Tisch und flüsterte mir vertraulich zu: ›Wir machen geteilte Rechnung.‹ Nicht daß er etwa auch nur einen Tropfen schottischen Bluts gehabt hätte. Reine irische protestantische Mittelklasse.«[9]

Chandler erzählte nie viel über seine Kindheit in Amerika, nur daß er im Alter von sieben Jahren in einem Hotel Scharlach hatte. »Hauptsächlich erinnere ich mich an die Eiscreme und mit welcher Wonne ich während der Genesung die sich lösende Haut abpellte«,[10] schrieb er. Der Grund für seine Zurückhaltung sind vielleicht Erinnerungen an Streitigkeiten zwischen seiner Mutter und seinem Vater. Der Vater war nicht nur oft abwesend, sondern trank auch ziemlich. Schließlich kam es zwangsläufig zur Trennung und Scheidung. Chandler sprach selten von seinem Vater, und wenn, dann nur, um ihn »ein richtiges Schwein« zu nennen.[11] Eine verständliche Reaktion, denn er verschwand völlig aus Chandlers Leben und unterstützte Mutter und Kind in keiner Weise; Chandler verzieh ihm nie, was er Florence damit aufbürdete.

Obwohl die Familie auseinanderbrach, zeugen Chandlers Erinnerungen an den Mittelwesten von einer gewissen Freude am bescheidenen und zwanglosen Leben in Plattsmouth. Lokker und entspannt war es zugleich ein Nährboden für Bauernfänger aller Art. Das Nebraska von Chandlers Jugend scheint sehr geeignet gewesen zu sein als Vorbereitung auf das Los Angeles, das er schließlich beschreiben sollte.

Nach der Scheidung ging Florence mit ihrem siebenjährigen Sohn nach England, wo sie in ein Vorstadthaus in Upper Norwood zogen, südlich von London, unweit dem Crystal Palace. Das Haus war ursprünglich von Chandlers Onkel Ernest Thornton, einem Rechtsanwalt in Waterford, für dessen Mutter vorgesehen gewesen, die dort nach dem Tod ihres Mannes wohnen sollte. Ihr Zuhause in Irland war nicht glücklich gewesen, da die Familie selbst keine glückliche war. »Alle Mädchen, bis auf eine«, schrieb Chandler später, »waren Schönheiten, und alle, bis auf eine (dieselbe), heirateten arm, um von zu Hause wegzukommen.«¹² Die eine weniger attraktive Schwester lebte nun allein mit ihrer Mutter in Upper Norwood, und der Empfang, den die beiden Florence und ihrem Kind bereiteten, war nicht gerade begeistert. Jahre später erinnerte Chandler sich an die verschiedenen demütigenden Erniedrigungen, die seine Mutter von ihrer Schwester Ethel und ihrer eigenen Mutter einstecken mußte: Beim Essen bot Chandlers Großmutter, am Kopfende des Tisches sitzend, jedem Wein an, nur Florence nicht. Das war ihre Art, sie an ihre Abhängigkeit zu erinnern, und vielleicht auch an ihren früheren Mann.

Großmutter Annie und Tante Ethel führten zusammen ein strenges Regiment. Der Süden Londons war einst ein vornehmer Stadtteil gewesen, und es waren dort einige Herrschaftshäuser errichtet worden. Im Laufe der Zeit wurden diese Liegenschaften jedoch parzellenweise verkauft, und im 19. Jh. entstanden dann langweilige, wenn auch achtbare Reihenhäuser. Man hatte Schicklichkeit, aber keinen Stil, und für einen Jungen, der an die lockere Atmosphäre von Plattsmouth und Chicago gewöhnt war, muß es ein Schock gewesen sein. Anfangs, als Schuljunge und beschäftigt mit dem üblichen Tagesablauf eines Kindes, hat er wahrscheinlich gar nicht gemerkt, wie einschneidend sein Leben sich geändert hatte, doch es dauerte nicht lange, bis er es realisierte. In einem matriarchalisch geführten Haushalt konnte er sich nie ganz entspannen. Er war der Mann im Haus. Niemand stand hinter ihm; niemand war da, ihn zu führen, wie nur Väter es können. Vorzeitig zum Tragen von Verantwortung gezwungen, wurde ihm bewußt, wie allein er war. Vom Vater im Stich gelassen, entwickelte er gegenüber der Mutter eine außerordentliche Loyalität und einen Gerechtigkeitssinn, der ein wesentlicher Teil seines Charakters wurde und ihm die Ansichten verlieh, die er später über seinen Helden Philip Marlowe zum Ausdruck bringen sollte.

Während der Sommerferien besuchten Chandler und seine Mutter ihren Onkel Ernest in Waterford, der dort das Familienunternehmen von I. Thornton und Sohn, Rechtsanwälte und

Notare, führte, mit Büros am Cathedral Square in Waterford und auch in Dublin. Onkel Ernest verachtete die Juristerei, fühlte sich aber verpflichtet, die Firma weiterzuführen, eine falsche Einstellung, die viel zur Spannung innerhalb der Familie Thornton beitrug. »Grauenhafte Snobs!« kommentierte Chandler in späteren Jahren. »Meine Großmutter bezeichnete eine der nettesten Familien, die wir kannten, als ›sehr achtbare Leute‹, weil sie zwei Söhne, fünf goldhaarige, aber nicht zu verheiratende Töchter und keine Dienerschaft hatten. Sie waren also so abgrundtief gesunken, ihre Haustür selbst öffnen zu müssen. Der Vater malte, sang Tenor, baute schöne Modelljachten und segelte mit einer kleinen Jolle in der Gegend herum.«[13] Verglichen mit diesem wohltuenden Durcheinander, starrte der Haushalt der Thorntons vor Feindseligkeit und Befangenheit. Die Haushälterin, Miss Groome, blickte verächtlich auf Onkel Ernest hinter seinem Schreibtisch herab, weil er kein Strafverteidiger, sondern nur Rechtsanwalt war. Für sie gab es nur vier Laufbahnen – Kirche, Armee, Marine und Gericht. Aber auch Miss Groome litt. Chandler bemerkte: »Außerhalb Waterford, in einem großen Haus mit Park und Gartenanlagen, lebte eine Miss Paul, die Miss Groome gelegentlich, *sehr* gelegentlich, zum Tee einlud, weil deren Vater Kanonikus gewesen war. Miss Groome betrachtete das als höchste Auszeichnung, denn Miss Paul gehörte zum Landadel. Miss Paul schien das nicht zu bekümmern, aber aus Miss Groome machte es ein nervliches Wrack.

Es wäre tröstlich, hinzufügen zu können, daß sie eine fähige Haushälterin war, aber das war sie nicht. Mein Onkel hatte eine Reihe miserabler irisch-protestantischer Dienstmädchen, Köchinnen und so weiter – immer Protestanten, da sie mit Katholiken wenn immer möglich nichts zu tun haben wollten. Ich weiß noch, wie ich mit einem Vetter von mir bei einem Cricketmatch mitspielte, und einer der Jungen war katholisch, aus irgendeiner wahrscheinlich ziemlich einflußreichen Familie. Jedenfalls kam er mit Kutsche und Kutscher und Diener und fuhr sofort nach dem Spiel wieder ab, ohne auch nur Tee mit den Mannschaften getrunken zu haben. Mein Onkel zeigte gelegentlich einen ziemlich schlechten Charakter. Manchmal, wenn ihm das Essen nicht paßte, ließ er es abtragen, und wir saßen dann eine dreiviertel Stunde lang in eisigem Schweigen da, während die fast hysterische Miss Groome unten den Bediensteten die Hölle heiß machte, bis dem Herrn schließlich ein anderes Gericht serviert wurde, das wahrscheinlich viel schlechter war als das zurückgewiesene; aber dieses Schweigen kann ich noch immer fühlen.«[14]

Chandlers Eindrücke in Irland prägten ihn fürs Leben. Er war Amerikaner, ein Junge, dessen Vater auf die schiefe Bahn geraten war, aber seine Herkunft schärfte auch seinen Blick für gesellschaftliche Unterschiede und die Auswirkungen des anglo-irischen Klassensystems. Sein amerikanischer Freiheitssinn ließ ihn die Starrheit seiner Verwandten belächeln, doch er selbst war durchaus nicht frei von Snobismus. Er hatte es nicht gern, als Irisch-Amerikaner bezeichnet zu werden, denn das war gewöhnlich gleichbedeutend mit Katholik und Arbeiterklasse. Als er die Angelegenheit später mit seiner Verlegerin Blanche Knopf diskutierte, erklärte er: »... die gehobene Schicht in Südirland ist und war seit je vorwiegend nichtkatholisch. Und die paar irischen Patrioten, die Grips ebenso wie Biß hatten, waren ebenfalls nichtkatholisch. Ich würde nicht sagen, daß der Katholizismus in Irland seinen absoluten Tiefstand an Ignoranz, Schmutz und allgemeinem Niedergang des Priestertums erreicht hatte, aber als ich ein Junge war, war es ziemlich schlimm.«[15]

Chandlers Einstellung zu Irland und den Katholiken ist ein gutes Beispiel für seine Art zu denken – wie intensiv er fühlte und zugleich, wie sehr er sich seiner selbst bewußt war. »Ich wuchs mit einer ausgeprägten Verachtung für alles Katholische auf und das bereitet mir heute noch Schwierigkeiten«, bemerkte er einmal. Trotzdem behielt er einen klaren Blick für die Anglo-Iren und Katholiken, unter denen sie lebten. Er schrieb über sie: »Es gereicht den Iren zu hoher Ehre, daß dieses leisetreterische Gesindel von kleinen Lügnern und Trunkenbolden sich nicht zu wirklicher Verfolgung nichtkatholischer Elemente hinreißen ließ.«[16]

Nicht Religion stand zur Debatte, sondern Klassenzugehörigkeit und Bildung. Der Kirchenbesuch gehörte zur wöchentlichen Routine, und Chandler erinnert sich, daß er Altardiener war und vom Bischof von Worcester konfirmiert wurde. »Als junger Mann« schrieb er, »war ich sehr kirchlich gesinnt und sehr fromm. Aber«, fügte er hinzu, »ich war geschlagen mit einem analytischen Verstand.«[17]

Im Jahre 1900 zog der Thornton-Chandler-Haushalt nach Dulwich um, in ein Haus mit dem Namen Whitfield Lodge, am 77 Alleyn Park. Das Gebäude steht nicht mehr, weil es im Zweiten Weltkrieg zerbombt wurde, aber es muß recht ansehnlich gewesen sein, da es fünf Jahre lang die Dulwich College Preparatory School beherbergte. Wahrscheinlich war man umgezogen, damit Chandler das College besuchen konnte, das ganz in der Nähe lag, gleich hinter der an sein Haus angrenzenden Sportanlage. Gegen Ende des 19. Jahrhunderts begann sich Dulwich als eine der besseren Public Schools von England zu etablieren. 1870 weihte der Prinz of Wales einen großen Komplex neuer, im viktorianisch-gotischen Stil gebauter Häuser ein, unweit der alten Schule, die 1617 von Edward Alleyn, einem elisabethanischen Theaterdirektor und Höfling, gegründet worden war. Alleyn hatte ein 1500 Morgen großes Tal, Dulwich Manor, gekauft, und da er ein religiöser Mensch war, gründete er zum Dank für sein günstiges Geschick eine Stiftung, der er den Namen College of God's Gift gab. An die 250 Jahre blieb Dulwich eine unbedeutende Dorfschule, doch unter A. H. Gilkes, der, einschließlich der Jahre, die Chandler dort verbrachte, fast dreißig Jahre Rektor war, gewann sie an Schülern und Bedeutung. Gesellschaftlich gesehen war Dulwich als Public School, wie Chandler sich erinnerte, »nicht ganz erste Wahl«[18] und nicht derselben Klasse zuzuordnen wie Eton, Winchester und Harrow. Akademisch gesehen jedoch war sie tadellos, erreichte einen überdurchschnittlichen Anteil an Stipendien für Oxford und Cambridge und führte Schulreformen durch, indem sie z. B. den Unterricht durch technische und wirtschaftliche Fächer erweiterte, weil man glaubte, diese würden den vorwiegend mittelständischen Schülern nützlich sein.

Im Herbst 1900 trat Chandler in die erste Klasse von Dulwich ein und bekam seine Schülernummer, 5724. Wie alle anderen Jungen trug er eine schwarze Jacke und Weste, eine in den Schulfarben dunkelblau und schwarz gestreifte Krawatte und einen Etonkragen. Da er sich im Herbst immatrikulieren ließ, hatte er eine Schülermütze, die im Frühling durch einen Strohhut ersetzt wurde. Chandler war einer von 28 Jungen in seiner Klasse und am Ende des Trimesters Zweitbester. Außer den Fächern Mathematik und Musik, die von besonderen Lehrern unterrichtet wurden, hatte er Latain, Französisch, Religion und was man Englischkunde nannte; dazu gehörte die Geschichte Englands von William dem Eroberer bis König John und das Studium von Lawsons *Geography of the British Isles*. Während des Frühjahrstrimesters hielt er seine Position in der Klasse, und auch sein Lehrplan blieb weitgehend derselbe.

Im Herbst und Winter spielte Chandler am Nachmittag Rugby, im Frühjahr Cricket. Als Externer war er weniger eng mit dem Schulleben verbunden als die Internen, aber zweifellos sah er bei den Schulspielen zu und ging zum Weihnachtskonzert in der Aula, wo Mendelssohns *Elias* aufgeführt wurde, denn Dulwich war berühmt für seine musikalischen Aktivitäten. Wahrscheinlich war Chandler zu jung, um dem Schulcorps anzugehören, wo die Hälfte der Schüler unter der Leitung eines pensionierten Oberfeldwebels der Grenadier Guards eine militärische Grundausbildung bekam, doch bestimmt ist er mit allen anderen Jungen zu Ehren von Lord Roberts angetreten, dem Helden des Burenkrieges, der, unterwegs zu einem Besuch im Crystal Palace, in der Schule Station machte.

Von Chandlers Mitschülern in Dulwich leben heute nur noch wenige, und nur einer von ihnen erinnert sich an ihn. Sir Alwyne Ogden, ein Klassenkamerad, erinnert sich, daß Chandler bei seinem Vornamen, Raymond, und nicht bei seinen Initialen, R.T., gerufen werden wollte, und somit eine amerikanische Angewohnheit einer englischen vorzog. Auch hatte er immer ein kleines Notizbuch bei sich, in dem er alles festhielt, was ihm interessant erschien. Sir Alwyne fand nie heraus, welchem Zweck diese Notizen dienten, aber für ihn waren sie ein Zeichen dafür, daß Chandler sein Wissen ständig erweitern wollte.

In seinem zweiten Jahr in Dulwich wechselte Chandler zum sogenannten Modernen Typus über, der gemäß dem Unterrichtsplan der Schule für Jungen gedacht war »die eine Laufbahn in der Geschäftswelt einschlagen sollen.«[19] Diese Studienrichtung bereitete nicht auf die Universität vor, sondern verfolgte mehr praktische Ziele. Latein und Griechisch wurde fallengelassen, und dafür Französisch, Deutsch und Spanisch unterrichtet, mit dem Schwergewicht auf Konversation und Korrespondenz. In der Oberstufe dieses Typus kam politische Ökonomie dazu, Wirtschaftsgeschichte und Geographie. Hier konnte Chandler seine Leistungen sogar noch verbessern, so daß er am Schuljahresende der Beste war. Er gewann einen Preis für allgemeine Leistungen und dazu einen Sonderpreis in Mathematik.

Im Frühjahr 1903 wechselte Chandler wieder zum humanistischen Typus über. Seine Stellung in dieser Klasse verzeichnen die Schulakten nicht, was vermuten läßt, daß er Latein und Griechisch nachholen mußte, um sich zu qualifizieren. Vielleicht war er auch krank, denn für Kinderkrankheiten war er anfälliger als der Durchschnitt. Er litt oft an Mandelentzündung, die manchmal erst nach drei Wochen ausgeheilt war. Chandler scheint ein überempfindlicher und leicht nervöser Junge gewesen zu sein, lernbegierig, energiegeladen und etwas impulsiv. Beim Sport etwa, wie er sich später erinnerte: »Ich spielte ein bißchen Rugby, aber nie erstklassig, denn vom Temperament her war ich der wilde Typ des irischen Stürmers, ohne die Konstitution zu haben, das durchzuhalten. Ich wog damals nie mehr als 65 kg, und bei dem Gewicht muß man aus Stahlfedern sein, um zu überleben.«[20] Nicht anders war es beim Crikket; er warf zwar einen ganz passablen *offbreak*, gab aber zu, daß er »die Selbstbeherrschung nicht hatte«.[21]

Chandlers drittes Jahr war ein denkwürdiges für die Schule. Die neue Bibliothek, erbaut zu Ehren ehemaliger Schüler, die im Burenkrieg gefallen waren, wurde eröffnet. Das College war außerdem ungewöhnlich erfolgreich im Football, gewann sogar einmal gegen das Merton College, Oxford, und zweimal gegen die Ecole Albert le Grand – ein Spiel in Paris, das andere in Dulwich. Und beim Stiftungsfest schließlich konnte der Rektor verkünden, daß die Schüler von Dulwich siebzehn Stipendien für Oxford und Cambridge bekommen hatten, was das übliche Maß weit überstieg.

Das Trimester des Herbstes 1903 blieb Chandler in der untersten Klasse der Oberstufe und avancierte im Frühjahr darauf in die vorletzte Klasse. In beiden bewies er seine Fähigkeiten in den alten Sprachen, denn einmal war er Klassenbester und einmal Zweiter. Neben Mathematik und Deutsch, die er vom modernen Zweig her mitbrachte, las er in Latein Cäsar, Livius, Ovid und Teile von Vergils *Äneis;* in Griechisch Thukydides, Plato und Aristophanes; in Religion das Markusevangelium (auf griechisch) sowie einiges an theologischer Lektüre; in Französisch verschiedene Grammatikübungen und Alfred de Vignys *Cinq-Mars;* in Englisch Shakespeares *Henry V.*, Addisons *Spectator Papers*, Miltons *Comus* und einige seiner Essays; außerdem Römische Geschichte, speziell Berichte über den Zweiten Punischen Krieg sowie die Makedonischen und Syrischen Kriege.

Während seines letzten Schuljahres war Chandler in einer Abgangsklasse, die für jene Schüler gedacht war, die nicht auf eine Universität gehen wollten. Sein Klassenlehrer war H. F. Hose, ein Mann, der fünfunddreißig Jahre in Dulwich unterrichtete. Wieder taucht Chandler nicht in der Rangliste der Klasse auf, was den Gedanken nahelegt, daß er häufig krank war. Nach den Unterlagen der Schule verließ Chandler Dulwich im April 1905, was dem Beschluß der Familie entsprach, die ihn zur Vertiefung seiner Sprachkenntnisse ins Ausland schicken wollte.

Chandler schätzte die in Dulwich erhaltene Erziehung sehr,

besonders seine humanistische Bildung. Wie viele seiner Mitschüler wurde er allerdings auch durch die Atmosphäre an der Schule beeinflußt. Gilkes, der Rektor, dessen Einfluß überall ungewöhnlich spürbar war, glaubte, daß Literatur eine Quelle moralischer Unterweisung sei. »In Ciceros Herz«, erzählte er den Jungen, »wuchs die große Pflanze der Selbstgefälligkeit, und er goß sie jeden Tag.«[22] Gilkes haßte Eigendünkel und war peinlich aufrichtig. Die Jungen erfanden ein persönliches Motto für ihn: *Magna est veritas et praevalebit*. Für Gilkes und Generationen von Public School-Rektoren waren die unterrichteten Fächer Teil einer moralischen Ordnung, die, im wesentlichen christlich, mitgeprägt war von griechischen und römischen Tugenden, speziell den Idealen des Staatsdienstes, der Ehre und Selbstaufopferung. Die Bibel und die Klassiker des Altertums veranschaulichten diese Tugenden, und ein Gentleman der Public Schools war jemand, der sie einem Ehrenkodex folgend in seinem Leben verwirklichte. Mannhaftigkeit bedeutete Uneigennützigkeit. Nach Gilkes Worten ist ein Ehrenmann, wer »fähig ist, das Gute zu erkennen und das Minderwertige in sich dem Wertvolleren seines Wesens unterzuordnen.«[23] Dieser Kodex, in England seit Generationen allen Familien der Mittel- und Oberschicht vertraut, die Public Schools besucht hatten, blieb sicher nicht ohne Wirkung auf Chandler. Er trug dazu bei, seinen Charakter zu formen, und hilft auf amerikanische Verhältnisse übertragen dabei, das Verhalten von Chandlers fiktivem Helden Philip Marlowe zu erklären.

Der moralische Grundton solcher Schulen wie Dulwich schloß ästhetische Belange nicht aus. Durch seine Leidenschaft für englische Literatur und dadurch, daß er selbst Romane veröffentlicht hatte, war Gilkes als Rektor sogar etwas Besonderes. Oft las er den Jungen eine seiner Lieblingsstellen vor und fragte sie dann, ob sie ihnen gefalle und warum. Manchmal hielten die Schüler nicht viel von dieser Art Unterricht, da sie nichts mit den Prüfungen zu tun hatte, doch später erkannten die meisten, daß sie etwas Grundlegendes lernten. Außerdem achtete er pedantisch auf klare Sprache. Die Aufsätze seiner Schüler ging er Satz für Satz mit ihnen durch, unnötige Adjektive wurden gestrichen und Schachtelsätze aufgelöst. Eine andere in Dulwich übliche Sprachübung bestand darin, daß man die Jungen zuerst etwa einen Abschnitt Cicero übersetzen und dann, nach vielleicht einer Woche, ihre englischen Fassungen ins Lateinische zurückübersetzen ließ.

Ob Chandler irgendwie von Gilkes beeinflußt wurde, läßt sich nicht sagen. P. G. Wodehouse, der wenige Jahre vor Chandler diese Schule durchlief, bezweifelt das und verneint irgendeinen Einfluß Gilkes auf sich selbst. Sicher ist, daß Chandler keine literarischen Fähigkeiten bewies, solange er auf der Schule war. Dennoch hat ihn die dort erhaltene Ausbildung zweifellos mitgeprägt, wie er anerkannte. »Ich bin nicht nur gebildet, sondern auch intellektuell, wenn ich auch dieses Wort überhaupt nicht mag«,[24] schrieb er. »Man könnte meinen, eine humanistische Bildung sei eine ziemlich dürftige Grundlage für das Schreiben von Romanen in kaltschnäuziger Umgangssprache. Ich bin da anderer Meinung. Eine humanistische Bildung bewahrt einen nämlich davor, in einen prätentiösen Stil hineinzurutschen, und genau davon ist der größte Teil der heutigen Romane allzu voll.«[25] Da er während seiner Zeit in Dulwich tote Sprachen gelesen hatte, die absolut keinen direkten praktischen Wert mehr hatten, konnte er spätere literarische Moden mit einiger Skepsis betrachten. »In diesem Land« schrieb er von den Vereinigten Staaten, »blickt man auf den Krimi-Autor als subliterarisch herab, und zwar nur, weil er Krimis schreibt, statt etwa gesellschaftlich bedeutsames Gewäsch. Für einen klassischen Philologen – und sei er noch so eingerostet – zeugt eine solche Haltung nur von parvenühafter Unsicherheit.«[26] Doch es gab auch ein praktisches Resultat. Als er zum erstenmal Chandler las, notierte J. B. Priestley: »So schreibt man nicht in Dulwich.«[27] Chandler meinte dazu: »Mag sein, aber wenn ich nicht mit Latein und Griechisch aufgewachsen wäre, könnte ich wahrscheinlich nicht so gut unterscheiden zwischen dem, was ich umgangssprachlichen Stil nenne, und dem, was ich als ungebildeten oder pseudo-naiven Stil bezeichnen möchte. Für meine Begriffe ist da ein himmelweiter Unterschied.«[28]

Während Chandlers intellektuelle Entwicklung leicht zu verfolgen ist, läßt sich über sein Privatleben, darüber, wie es war, allein und ohne älteren Mann in einem Frauenhaushalt aufzuwachsen, kaum Definitives sagen. John Houseman, der Chandler während der vierziger Jahre in Hollywood kannte und der Clifton, eine ähnliche Public School, durchlaufen hatte, meinte, daß »das System der englischen Public School, das er liebte, sich in sexueller Hinsicht verheerend auf ihn ausgewirkt hatte. Die Anwesenheit junger Frauen – und auf dem Studiogelände gab es immer Sekretärinnen und Statistinnen – verwirrte und erregte ihn. Seine Stimme war normalerweise gedämpft; zu einem heiseren Flüstern wurde sie, wenn er jene unreifen Obszönitäten äußerte, an denen er als erster Anstoß genommen hätte, wenn sie von einem anderen ausgesprochen worden wären.«[29] Doch Chandler in den vierziger Jahren war nicht derselbe junge Mann, der in Dulwich ein Schuljunge war. Schon als Kind war er frühreif: »Als kleiner Junge gehörte ich in unserm Viertel zu einer Bande (sie war in keiner Weise kriminell), bei der ich ein hübsches kleines Mädchen kennenlernte, das ich aus reiner Neugier bis zu einem gewissen Punkt auszuziehen pflegte, was sie von mir auch erwartete. Ich zog in Nebraska auch einer etwa gleichaltrigen Kusine von mir die Schlüpfer aus, und da ihr vierjähriger Bruder immer dabei war, zogen wir auch ihm die Hose runter und ließen ihn mitspielen, damit er sich nicht ausgeschlossen fühlte. Das Merkwürdige, wie heute scheint, war, daß ich mich überhaupt nicht (soweit ich wußte) für ihre Geschlechtsorgane interessierte, sondern nur für ihren hübschen, festen, runden Hintern. Vermutlich war das schon irgendein keimendes Sexgefühl, aber es kam mir nie anders als ungezogen und recht angenehm vor. Ich glaube, ich war in vieler Hinsicht ein seltsamer Junge, weil ich einen enormen persönlichen Stolz besaß. Ich habe nie onaniert, ich hielt das für schmutzig. (Ich hatte aber viele feuchte Träume.) Der Rektor, der vor der Konfirmation mit jedem von uns sprach, glaubte mir offensichtlich nicht, daß ich nie onaniert hatte, weil das praktisch alle Jungens machten. Irgendwie verfiel ich auf eine sonderbare Idee, wahrscheinlich hatte ich sie irgendwo gelesen oder gehört. ›Wenn du das tust, denkst du, du hältst eine schöne und unerreichbare Frau in den Armen. Kriegst du dann wirklich eine, erlebst du eine Enttäuschung.‹«[30]

Chandlers Selbstbeherrschung oder der von ihm erwähnte »persönliche Stolz« ist teilweise vielleicht auf diese Art unsinniger Ansichten über Masturbation zurückzuführen. Ein weiterer Grund ist wahrscheinlich darin zu suchen, daß er im Thornton-Chandler-Haushalt als einziges männliches Wesen auf sich allein gestellt war. Er konnte keine Risiken eingehen: Sobald er dazu in der Lage war, mußte er sich um seine Mutter kümmern, mußte gewissermaßen fast sein eigener Vater sein. Dieses Pflichtgefühl, verbunden mit Angst und Unwissenheit, hinderte ihn daran, sich sexuellen Phantasien hinzugeben. »Als ich ungefähr sechzehn war«, schrieb er, »hatte ich mich in ein Mädchen vergafft, war aber zu schüchtern, mit ihr darüber auch nur zu sprechen. Ich schrieb ihr Briefe. Ihre Hand zu halten, wäre Ekstase gewesen. Ein Kuß wäre praktisch unvorstellbar gewesen.«[31] Sublimierung scheint die Lösung gewesen zu sein, die übliche für Public School-Jungen am Ende von Victorias Regentschaft – Kinder, denen man immer wieder die Tugenden der Selbstverleugnung eingetrichtert hatte.

Dulwich wirkte sich auf Chandler viel tiefer aus als es normalerweise bei einem Mann von seiner Intelligenz der Fall gewesen wäre. Der Sittenkodex der Public School, heute weithin verlacht, weil er die natürliche Entwicklung eines Menschen hemmt, war ein stabilisierender Faktor in Chandlers Leben, hauptsächlich, weil er dessen größten Teil in der freizügigen Welt Kaliforniens verbrachte, wo alles möglich ist. In der streng klassenstrukturierten Gesellschaft Englands war der Einfluß dieses Kodex komplexer. Dulwich machte ihn, soweit es die Iren betraf, sicherlich zum Snob. Eine reiche Familie in der Nähe von Waterford beschrieb er so: »Später, ich glaube, ich war ungefähr siebzehn, war ich zu ihnen zum Tennis eingeladen. Bis auf den Vater waren es ziemlich protzige Leute. Unter den Gästen waren auch sehr junge Mädchen und junge Männer, alle teuer gekleidet und mehrere ziemlich betrunken. Ich war ganz und gar nicht teuer gekleidet, doch weit davon entfernt, mich minderwertig zu fühlen, merkte ich sofort, daß diese Leute noch nicht mal an die Maßstäbe von Dulwich heranreichten, und weiß der Himmel, was erst Eton und Rugby von ihnen gehalten hätten. Die Jungen und Mädchen waren auf Privatschulen gegangen, aber nicht auf die richtigen. Ihre Ausdrucksweise ging ein bißchen daneben, und ihr Benehmen mehr als ein bißchen. (Einer übergab sich im Wohnzimmer.) Im Verlaufe eines Nachmittags ziemlich betonter Höflichkeit meinerseits fraß der Hund der Familie meinen Strohhut samt dem Band mit den Schulfarben auf. Als ich ging, wollte das Familienoberhaupt, ein sehr netter kleiner Mann, der in der Stadt irgendwie »im Geschäft« war, mir den Hut bezahlen. Ich wies sein Geld kalt zurück, obwohl es damals nichts Ungewöhnliches war, daß der Gastgeber einem Schuljungen am Ende eines Besuches ein kleines Geldgeschenk machte. Doch dies war für mich etwas anderes. Es hätte bedeutet, Geld von einem gesellschaftlich Tieferstehenden anzunehmen: undenkbar. Dabei waren es freundliche Leute, fröhlich und tolerant, und wenn ich heute zurückblicke, war die Bekanntschaft mit ihnen wahrscheinlich viel wertvoller als die mit meiner beschränkten und arroganten Großmutter.«[32]

Wie jede Hochnäsigkeit enthüllt Chandlers unreifes Verhalten einen Mangel an Vertrauen in sich selbst und in seine Zukunft. Sein Onkel war so vernünftig, Chandler nach Dulwich zu schicken, und er war der einzige Verwandte der Thorntons, der eine englische Public School besuchen konnte. Dort erwarb er das geistige Rüstzeug, das ihn befähigen sollte, das Wesen der englischen Gesellschaft zu beurteilen und in ihr etwas zu werden. Was Chandler aber frustrierte, war, daß er nicht weiter kommen konnte. Mit seinen in Dulwich gezeigten Leistungen hätte er leicht, wie die besseren Schüler des humanistischen Typus es normalerweise taten, an eine Universität gehen können. Aber es war kein Geld da. Als er von Dulwich abging, wollte er Strafverteidiger werden, aber Onkel Ernest dachte nicht daran, die erforderlichen Gebühren für ein Jurastudium in Oxford oder Cambridge zu zahlen und dann auch noch die Kosten für die zusätzliche Vorbereitung an einer der Rechtsschulen zu tragen. Statt dessen entschied die Familie, daß er in den Staatsdienst treten sollte, wo er, wie man glaubte, schließlich Karriere machen würde, und wo die in Dulwich erworbenen Wertvorstellungen ihm ein sorgenfreies und ungestörtes Leben garantieren würden.

Chandler scheint diese Entscheidung ohne viel Aufhebens hingenommen zu haben. Ein Universitätsstudium war bei weitem nicht der Normalfall, nicht einmal unter Absolventen von Public Schools, und dann war da ja noch die herrliche Aussicht, ein Jahr in Frankreich und Deutschland leben zu können, was als Vorbereitung auf die Aufnahmeprüfung für den Staatsdienst gedacht war. »Ich war bei der ganzen Sache ein bißchen passiv«, schrieb er später, »denn ich wollte Schriftsteller werden, und das hätten sie nicht geschluckt, am wenigsten mein reicher und tyrannischer Onkel.«[33]

Chandler war erst siebzehn, als er zum erstenmal nach Paris kam. Intellektuell war er gut vorbereitet, denn seine Französisch- und Deutschkenntnisse waren gut, doch wahrscheinlich war er unschuldiger als die meisten jungen Engländer, die den Kanal zum erstenmal allein überqueren. Er wohnte in der Pension Marjollet, 27 Boulevard St. Michel. Ganz in der Nähe lagen das Musée Cluny und die Kreuzung mit dem Boulevard St. Germain, und etwas weiter weg die Sorbonne, die Ile de la Cité und Notre Dame. Er schrieb sich an einer Handelsschule ein und konzentrierte sich auf Wirtschaftsfranzösisch. Er war jedoch Rebell genug, um sich als vergleichender Philologe zu fühlen, und befaßte sich nebenbei auf eigene Faust ein bißchen mit so ausgesuchten Sprachen wie Neugriechisch, Armenisch und Ungarisch. Über seinem Bett in der Pension hing außerdem eine Tafel mit den 214 Schlüssel-Ideogrammen von Mandarin-Chinesisch.

Wie jeder andere junge Mann, der zum erstenmal in Paris ist, erkundete er die Stadt vom Montparnasse bis Montmartre, doch seine Hemmungen und Lebensgewohnheiten aus dem vorstädtischen London hinderten ihn daran, sich so zu amüsieren, wie er es hätte tun können. »Während meines Jahres in Paris« schrieb er später, »sind mir eine ganze Menge Amerikaner über den Weg gelaufen; die meisten von ihnen schienen voll Schwung und Elan zu sein und sich in Situationen großartig zu unterhalten, auf die ein Durchschnittsengländer derselben Gesellschaftsklasse prüde oder total gelangweilt reagiert hätte. Aber ich gehörte nicht zu ihnen. Wir sprachen nicht einmal dieselbe Sprache. Tatsache ist, ich war ein Mensch ohne Heimat.«[34] Zweifellos frequentierte Chandler Smiths English Bookshop in der Rue de Rivoli und beschäftigte sich so intensiv mit französischer Literatur wie er konnte, doch seinem Aufenthalt scheint die Verve gefehlt zu haben, die so charakteristisch war für eine spätere Generation von Amerikanern in Paris. »Als ich ein junger Mann war und sehr unschuldig«, schrieb er, »wohnte ich in einer Pension am Boul' Miche und war glücklich, überall herumzuschlendern, mit ganz wenig Geld, aber mit träumerischer Liebe für alles, was ich sah. Das einzige, was mich störte, waren die Huren an der Tür des Mietshauses, wenn ich mal ein bißchen später draußen war. Ich war so unschuldig, daß ich nicht merkte, daß es in der Pension zwei Mädchen gab, die hinter mir her waren und sich meiner Unschuld anboten, und ich ahnte nichts davon.«[35]

Chandler respektierte die Franzosen, empfand aber sonst nur wenig für sie. Ihm wurde klar, daß »man die Franzosen gar nicht besonders mögen mußte, um sich in Paris wohl zu fühlen«; doch bei Chandlers Sinn für intellektuelle Kompetenz ärgerte es ihn wahrscheinlich, daß er die Sprache nie vollkommen beherrschte. »Französisch spricht man nie gut genug, um einen Franzosen zufriedenzustellen. *Il sait se faire comprendre* ist so ungefähr das Äußerste, was sie einem zugestehen«,[36] bemerkte er Jahre später.

Nachdem er seine Studien in Paris abgeschlossen hatte, ging

er nach Deutschland, wo er sich wohler gefühlt zu haben scheint, vielleicht weil er, statt eine Schule zu besuchen, mit einem Privatlehrer arbeitete, und auch wohl weil sein Deutsch damals besser war als sein Französisch. Die meiste Zeit lebte er in München, besuchte aber auch Nürnberg und Wien. »Ich mochte die Deutschen sehr«, schrieb er später, »das heißt die Süddeutschen. Aber es hatte nicht viel Sinn, in Deutschland zu leben, weil es ein offenes Geheimnis war, ganz offen diskutiert, daß wir uns jeden Moment mit ihnen im Krieg befinden konnten. Vermutlich war es der unvermeidlichste aller Kriege. Nicht, ob er ausbrechen würde, war die Frage, sondern wann.«[37]

Im Frühjahr 1907 kehrte er nach England und zum Leben in einer Vorstadt im Süden Londons zurück. Er wandte sich an seinen alten Klassenlehrer H. F. Hose, der ihm half, sich auf die Aufnahmeprüfung für den Staatsdienst vorzubereiten. Am 20. Mai 1907 wurde ihm die britische Staatsbürgerschaft verliehen, damit er einen Posten im Staatsdienst überhaupt übernehmen konnte. Das war leicht zu arrangieren, denn es gab, wie Chandler später schrieb, ein Gesetz, demzufolge »die britisch geborene Witwe eines Ausländers nach fünf Jahren Wohnsitz im Vereinigten Königreich ihre britische Staatsangehörigkeit automatisch zurückerhielt und ihre minderjährigen Kinder dieselbe Nationalität bekamen.«[38] An Scheidung dachte damals selbstverständlich noch niemand. »Das Innenministerium überreichte mir also nach einer ziemlich oberflächlichen Untersuchung einfach eine Einbürgerungsurkunde. Ich erschien vor keinem Gericht, es gab keine Befragung durch irgendeinen Beamten, sondern nur ein kurzes Gespräch mit einem Detektiv von Scotland Yard, aber ich mußte den Briten einen Treueid schwören, den ich vor einem Freund der Familie ablegte, der Friedensrichter war.«[39]

Durch diesen Schwur kam Chandler später noch in beträchtliche Schwierigkeiten, aber zunächst einmal versetzte er ihn in die Lage, an einer Sonderprüfung für den Staatsdienst teilzunehmen, die wegen offener Stellen in den Beschaffungs- und

Rechnungsämtern des Marineministeriums abgehalten wurde. Diese Stellen wurden nicht im Rahmen der üblichen Einteilung in Beamte erster und zweiter Klasse besetzt, aber die Ausschreibung erfolgte auf dieselbe Weise. Zusätzlich zu den besonderen sprachlichen Anforderungen, die Chandler im Ausland erfüllt hatte, verlangten diese Aufnahmeprüfungen beträchtliche Kenntnisse auf den verschiedensten Gebieten. Sie fanden im Juni 1907 statt und dauerten sechs Tage. Chandler wurde in Mathematik geprüft, in Englisch, Deutsch, Französisch, Griechisch und englischer Geschichte und bestand unter den sechshundert Bewerbern als Drittbester; in den Alten Sprachen war er der Beste.

Im selben Jahr war Chandlers Mutter umgezogen, in die 35 Mount Nod Road in Streatham, auch eine Vorstadt im Süden Londons, aber weniger attraktiv als Dulwich. Der Umzug war durch den Tod von Chandlers Großmutter bedingt; es war nicht mehr nötig, ein so großes Haus zu unterhalten. Das Haus in Streatham, ein dreistöckiger roter Backsteinbau, hatte einen kleinen Vorgarten mit einer Baumhecke. Es scheint von Anfang an als kleines Mietshaus geplant gewesen zu sein, denn es hat sechs separate Eingänge. Die Mount Nod Road ist eine schöne, mit Bäumen bepflanzte Straße, an der mehrere Einzel- und Doppelhäuser stehen. Doch die Unmenschlichkeit einer Vorstadt der unteren Mittel- und Arbeiterklasse wird offensichtlich, sobald man um die Ecke in die Hailsham Avenue einbiegt, eine baumlose Ansammlung von Reihenhäuschen, die zur High Road und Streatham Hill Station hinabführt. Es ist nicht anzunehmen, daß 1907 die Geschäfte an der High Road weniger trostlos waren als sie es heute sind, und das war die Kulisse, durch die Chandler täglich ging, wenn er zum West End hochmußte.

Seine Arbeit beim Marineministerium begann früh in jenem Jahr. Nach dem Reichsregister war R. T. Chandler dem Controller of The Navy unterstellt, und zwar als Assistant Store Officer der Naval Stores Branch. Es handelte sich um Büroarbeit, unter anderem um die Buchführung über Transporte von

Versorgungsgütern und Munition von den Depots zu den Standorten der Flottenverbände. Chandler konnte mit Zahlen umgehen und achtete sehr auf Genauigkeit, beides Eigenschaften, die bis an sein Lebensende für ihn charakteristisch waren. Sie weisen nicht nur auf Ordnungssinn hin, sondern lassen auch Chandlers Wunsch erkennen, seine Welt in den Griff zu bekommen. Das war nur natürlich, denn bislang hatte er wirklich nichts zu sagen gehabt, wenn Entscheidungen über ihn getroffen wurden. Außerdem war es ein Zeichen geistiger Disziplin, mit der er seine Gefühle unter Kontrolle hielt.

Kaum hatte er seine Stelle angetreten, begann Chandler zu realisieren, was für einen Fehler er gemacht hatte. Als junger Mann ohne allzu klare Vorstellungen hatte er sich dem Plan Onkel Ernests gefügt, weil er dachte, er könnte aus seinem Job etwas anderes machen. »Ich wollte Schriftsteller werden«, erklärte er später, »wußte aber, daß mein irischer Onkel dafür nie zu haben sein würde, und so dachte ich, daß die geruhsamen Stunden im Staatsdienst mir ja vielleicht die Möglichkeit lassen könnten, nebenbei zu schreiben.«[40] Aber die Arbeit war äußerst stumpfsinnig, und die größte Leidenschaft der Amtsleitung war ein erbitterter Kampf gegen die Verwendung von Kohlepapier, das damals aufkam. Das eigentliche Problem aber war gesellschaftlicher Natur. »Ich hätte mein Leben lang einen absolut sicheren Job haben können, mit sechs Wochen Urlaub und lächerlich leichter Arbeit«, schrieb er später. »Und doch war der Staatsdienst mir zutiefst zuwider. Ich hatte zuviel irisches Blut, als daß ich es hätte ertragen können, mich von irgendwelchen Vorstadtnullen herumschubsen zu lassen. Der Gedanke, zwei Finger an die Hutkrempe zu legen, um den Amtsleiter zu grüßen, grenzte für mich ans Obszöne.«[41] Nach sechs Monaten beim Marineministerium gab Chandler seine Stellung auf, ein Schritt, der seinen Onkel rasend machte und fast jeden entsetzte, der irgendwie mit ihm verbunden war.

Inzwischen hatte er ein paar von seinen alten Freunden ausfindig gemacht. Er trat dem Alleyn Club bei, dem Verein der Ehemaligen von Dulwich, und war hin und wieder sogar als

Aushilfslehrer am College tätig. Die Wohnung seiner Mutter in Streatham war für seine Schulfreunde bequem zu erreichen, doch zweifellos waren der steife Kragen und die Melone, morgens und abends die Zugfahrten zur Charing Cross oder Victoria Station für einen Mann von Chandlers Temperament beengend. Als er das Marineministerium verlassen hatte, sagte er, habe er sich »in Bloomsbury verkrochen.«[42]

Seine literarische Laufbahn hatte Chandler im Jahr davor als Lyriker begonnen. »Mein erstes Gedicht kam zustande«, schrieb er später, »als ich neunzehn war, an einem Sonntag, im Badezimmer, und wurde im *Chamber's Journal* veröffentlicht. Ich habe das Glück, kein Exemplar mehr zu besitzen.«[43] Wir haben dieses Glück nicht. Hier ist die erste Strophe von ›The Unknown Love‹:

> *When the evening sun is slanting,*
> *When the crickets raise their chanting,*
> *And the dewdrops lie a-twinkling on the grass,*
> *As I climb the pathway slowly,*
> *With a mien half proud, half lowly,*
> *O'er the ground your feet have trod I gently pass.*

Sieben Strophen später endet das Gedicht:

> *When the last great trump has sounded,*
> *When life's barque the point has rounded,*
> *When the wheel of human progress is at rest,*
> *My beloved, may I meet you,*
> *Whith a lover's kiss to greet you,*
> *Where you wait me in the gardens of the blest!*[44]

So also, um J. B. Priestley abzuwandeln, schrieb man in Dulwich – und in Dutzenden von literarischen Zeitungen und Zeitschriften im England Edwards VII. Je weniger man über Chandlers frühe Gedichte sagt, desto besser – abgesehen von dem Hinweis, daß sie stark von der Romantik beeinflußt sind.

Die siebenundzwanzig Gedichte, die er, bis auf eines, alle zwischen 1908 und 1912 in der *Westminster Gazette* veröffentlichte, sind schwülstig und süßlich. Ob mit Absicht oder nicht, sie sind konventionell im schlimmsten Sinn, voll von traurig-edlen Gefühlen und Themen wie Tod, Traumland, Melancholie, Kunst und Meditation. Wie für so viele späte Viktorianer und Edwardianer war Dichtung für Chandler eine Flucht aus der Realität des Alltags. Eine Traumwelt, bevölkert von Rittern und Damen, die ihr Glück nur im Tod finden konnten. Diese Gedichte zeugen von einer Sehnsucht nach etwas Höherem, etwas, das stärker fesselt als das Verschieben von Marinevorräten oder das Besteigen des 17-Uhr-10-Zugs nach Streatham.

Chandler scheint sich der literarischen Revolution kaum bewußt gewesen zu sein, die sich in England vorbereitete, als er zu schreiben begann. Sie zeigte sich in den Werken von Pound, Wells, Ford, Yeats, Lewis, Lawrence, Conrad und, aus einer früheren Generation, schon bei Hardy und James. Der literarische Geschmack von Dulwich, der höchstwahrscheinlich seinen eigenen formte, war der der alten Garde, und Chandler entschied sich, in dieser Tradition zu schreiben, offenbar ohne Unzufriedenheit dabei zu empfinden. Zweifellos las er die »solideren« Zeitschriften – *Academy*, *Athenaeum* und *Saturday Review*. Diese Magazine hatten noch immer großen Einfluß, obwohl sie literarisch gesehen in den letzten Zügen lagen, aber Chandler scheint das nicht gewußt oder sich nicht darum gekümmert zu haben. Überdies war sein Einstieg ins Schreiben eher journalistischer als literarischer Natur.

Da er das Marineministerium aufgegeben hatte, mußte er sich nach einem anderen Einkommen umsehen. Zunächst arbeitete er als Reporter für den *Daily Express*. »Ich war eine absolute Niete, der schlechteste Mann, den sie je hatten«, bekannte er Jahre später. »Jedesmal, wenn ich auf eine Story angesetzt wurde, verirrte ich mich. Sie feuerten mich. Ich hatte es nicht anders verdient.«[45] Als nächstes ging er zur *Westminster Gazette*, damals herausgegeben von J. A. Spender und die beste Abendzeitung von London. Den Job vermittelte ihm ein Freund seines

Onkels, »ein wunderbarer alter Knabe namens Roland Ponsonby Blennerhasset, ein Strafverteidiger, dessen Klienten alle im House of Lords saßen, vermögender irischer Großgrundbesitzer (ihm gehörte ein sagenhaft großer Besitz in Kerry), und – wie ich von meinem Onkel in Waterford erfuhr – Mitglied einer dieser sehr alten Familien, die keinen Titel haben, aber Earls und Marquis wie Parvenüs aussehen lassen.«[46]

Die *Westminster Gazette* war ein führendes liberales Blatt und neben der *Times* wahrscheinlich die angesehenste und am meisten zitierte englische Zeitung. Abgesehen vom Leitartikel, der immer auf der ersten Seite erschien, herrschte in der *Gazette* jene Art von Durcheinander, die damals für englische und amerikanische Zeitungen typisch war. Sie brachte zwar Nachrichten aus der ganzen Welt, wirkte aber mit ihren Buchbesprechungen, Lyrik-Spalten, Sonderberichten, satirischen Artikeln und den Karikaturen des berühmten F. C. Gould eher wie eine täglich erscheinende Zeitschrift. Spender beauftragte Chandler mit der allgemeinen Berichterstattung über Europa und brachte ihn in den National Liberal Club, wo er die deutschen und französischen Zeitungen nach Meldungen und Artikeln durchblättern konnte, die er dann für die entsprechende Spalte der *Westminster Gazette* übersetzte und bearbeitete. Chandler erinnerte sich später, daß Spender »der erste Herausgeber war, der mich freundlich behandelte«,[47] doch dessen Voraussage, Chandler werde bald sechs Guinees die Woche verdienen, war übertrieben. Mehr als drei verdiente er selten. Er schickte seine Arbeiten ein, und die Zeitung schickte sie ihm entweder zurück oder es kam ein Korrekturabzug. »Korrigiert habe ich den Abzug nie«, erinnerte sich Chandler, »ich wußte nicht einmal, ob das von mir erwartet wurde, ich betrachtete ihn einfach als eine bequeme Form der Annahmebestätigung. Ich wartete auch nie darauf, bis sie mir das Geld überwiesen, sondern erschien regelmäßig an einem bestimmten Wochentag bei ihrem Kassierer und erhielt mein Honorar in Gold und Silber, nachdem ich als Empfangsbestätigung eine 1-Penny-Marke in ein großes Buch geklebt und quer darüber unterschrieben hatte.«[48]

Da Chandlers Beiträge für die *Westminster Gazette* zum größten Teil nicht gezeichnet waren, läßt sich nicht sagen, wie lange er diese Arbeit machte oder wieviel er dort veröffentlichte. Chandler schrieb, daß er außer den Sachen für anonyme Spalten eine große Anzahl Gedichte beisteuerte, »von denen die meisten mir heute ausgesprochen kläglich vorkommen, und Skizzen, meist satirischer Natur – die Sorte Sachen, die Saki so unendlich viel besser hinkriegte.«[49] Saki (H. H. Munro) ist deshalb wichtig, weil er Spenders berühmtester Mitarbeiter und ein frühes Vorbild für Chandler war, eines, von dem er sich schließlich freimachen mußte, was er mit einem gewaltigem Sprung von Sakis Stil der Jahrhundertwende in London zur Umgangssprache der 30er Jahre in Los Angeles auch tat, und das ohne Zwischenstufe. Bevor das geschah, lernte Chandler wahrscheinlich unter anderem von Saki, wie wichtig es ist, auch für das breite, nicht wählerische Publikum einer Zeitung zu schreiben, und nicht nur für die kleinen Magazine der Avantgarde. Sakis humorvoller und satirischer Ton beeinflußte Chandler offensichtlich auch.

Da er bei der *Westminster Gazette* nicht genug verdiente, mußte Chandler sich anderswo umsehen, wobei er oft überraschend viel Unternehmungsgeist zeigte. »Wahrscheinlich habe ich Dir schon von der Zeit erzählt«, erinnerte er sich in einem Brief an Hamish Hamilton, »als ich an Sir George Newnes schrieb und ihm anbot, einen Anteil an seinem erfolgreichen wöchentlichen Schundblatt *Tit-Bits* zu kaufen. Ich wurde mit ausgesuchter Höflichkeit von einem Sekretär – eindeutig Public School – empfangen, der mir leider mitteilen mußte, daß ihre Publikation nicht an Kapitalmangel leide, meine Art der Kontaktaufnahme aber wenigstens den Vorzug der Originalität besitze. Mit derselben Methode stieß ich tatsächlich zu *Academy*, die damals ein Mann namens Cowper besaß und herausgab, der sie von Lord Alfred Douglas gekauft hatte. Cowper war zwar nicht dazu geneigt, mir einen Anteil an seinem Magazin zu verkaufen, deutete aber auf ein großes Regal voll Bücher und sagte, sie müßten alle noch rezensiert werden, und ob ich dran interessiert sei, ein paar davon mitzunehmen, um ihre Besprechungen zu schreiben. Ich frage mich heute noch, warum er mich nicht sein schummriges Treppenhaus hinunterwerfen ließ; vielleicht weil niemand in seinem Büro die Aufgabe hätte übernehmen können, denn sein gesamter redaktioneller Stab schien aus einer sanftmütigen Dame mittleren Alters und einem stillen Männchen namens Vizetelly zu bestehen, dem Bruder (glaube ich) eines anderen und berühmteren Vizetelly, der in New York im Zusammenhang mit einer Obszönitätsklage gegen die amerikanische Ausgabe von *Madame Bovary* verhaftet wurde.«[50]

The Academy war weniger politisch als die *Westminster Gazette*. Es war eine literarische Wochenzeitschrift, die allgemein gehaltene Essays brachte, Buchbesprechungen, Reiseberichte und lange biographische Artikel. Frank Harris, Hilaire Belloc und Arthur Machen schrieben zwar Beiträge, doch unter Cecil Cowpers Leitung war das Magazin traditionell und konformistisch ausgerichtet. Cowper selber blieb im Hintergrund, und die meisten Artikel waren nicht gezeichnet. Der streitbarste Mitarbeiter zu Chandlers Zeit war Richard Middleton, der Ansichten wie diese vertrat: »Es gibt nur zwei Sorten Dichtung, gute oder schlechte. Der Ausdruck ›weniger bedeutende Dichtung‹ wird von unfähigen Kritikern benutzt, die Angst haben, daß die Nachwelt anders urteilen könnte.«[51] Chandler erinnerte sich später an Middleton als einen »hochgewachsenen, bärtigen Mann mit traurigen Augen«, der kurz nachdem sie sich kennengelernt hatten »in Antwerpen Selbstmord beging – aus Verzweiflung, würde ich sagen.«[52]

In den Jahren 1911 und 1912 veröffentlichte Chandler zwölf Artikel und Rezensionen in *The Academy,* größtenteils Beweise für die beißend kritische Seite seines Wesens, ganz anders im Ton als seine träumerischen Verse. Der erste Artikel, »The Genteel Artist«, war unterzeichnet, aber begleitet von einer Warnung des Herausgebers: »Wir bewundern die Satire unseres geschätzten Mitarbeiters sehr, fragen uns aber, ob nicht so mancher seinen Tobak ein bißchen zu stark finden wird.«[53]

In seinen Essays für *The Academy* scheint Chandler ganz mit

Literatur und Schreiben als Beruf beschäftigt. Seine ersten Artikel befassen sich mit Realismus und der Art und Weise, wie Schriftsteller an ihre Themen herangehen: Zwei spöttische Artikel überschreibt er »The Literary Fop« und »The Phrasemaker«. Beim Durchsehen dieser Arbeiten in späteren Jahren bemerkte Chandler mit Recht: »Sie sind unerträglich geschraubt im Stil, aber schon hübsch boshaft im Ton.«[54] Mit der Bemerkung, daß er selten die besten Bücher zur Besprechung bekam, fügte er hinzu: »Wie jedem jungen Einfaltspinsel fiel es mir sehr leicht, clevere Verrisse zu schreiben, aber sehr schwer, etwas zu loben, ohne naiv zu wirken.«[55]

Dennoch ist nicht zu übersehen, daß Chandler einen eigenen Standpunkt als Schriftsteller zu beziehen versuchte. Sein Hauptanliegen war, daß ein Schriftsteller etwas zu sagen haben müsse, eine Vision, die es wert sei, ausgedrückt zu werden. In seinem Essay »Realism and Fairyland« attackierte er den wissenschaftlichen Realismus: »Von allen Formen der Kunst ist der Realismus am leichtesten zu vertreten, weil von allen Formen des Geistes der schwerfällige am weitesten verbreitet ist.«[56] Er war der Meinung, daß Fragen und Antworten der Wissenschaft den inneren Menschen nicht berühren. Die Wissenschaft scheint Probleme zu lösen, ändert aber nur die Umstände. Nach Chandlers Ansicht sollte nie das Thema den Autor beherrschen (wie im sozialistischen Realismus), sondern der Autor das Thema. Darum sind die einzigen Schriftsteller von Belang eher Idealisten als Realisten, denn »sie veredeln das Niedrige zu einer Vision des Magischen; und aus Gips und gemeinem Staub erschaffen sie reine Schönheit.«[57]

Die idealistische Richtung befaßt sich, laut Chandler, mit den Möglichkeiten des Menschen; sie hält nicht einfach wie in einem soziologischen Katalog Tatsachen fest. Eines seiner Essays beschäftigt sich mit alten Vorstadthäusern, die in schlechten Zeiten ohne Bewohner verwahrlosen. Er beschreibt die baufälligen Villen, die von Spinnweben verhangenen Fenster, das nur noch an einer Angel hängende Gartentor, das Gewirr wuchernder Rosenhecken. »Die Wirkung«, schließt er, »ist die einer feinen Radierung, farblos, aber voller Andeutungen, mit einem schwachen Geruch von Schmutz – aber es ist die Romantik des Schmutzigen.«[58]

Hier liegt der Ursprung von Chandlers Los Angeles. Das Essay ist nicht unrealistisch in dem Sinn, daß es unangenehme Erscheinungen nicht zur Sprache brächte, doch es bringt sie so zur Sprache, daß der Leser sie emotional erleben kann, als menschliche Freude und menschliches Leid. Das ist die Vision des Dichters, bestimmend für Chandlers ästhetische und moralische Haltung als Schriftsteller.

So früh in seinem Leben war Chandler noch nicht imstande, seine literarischen Absichten auszudrücken. Wenn er es in seinen Gedichten versuchte, schrieb er jedesmal unmöglich sentimentale Verse, denn die Falle, in der sich ein Idealist am ehesten fängt, ist Sentimentalität. In der einzigen in dieser Zeit veröffentlichten Geschichte, »The Rose-Leaf Romance«, die eigentlich eher eine Erzählung ist als eine Kurzgeschichte und die mit einer Saki-haften Überraschung endet, ist er zu literarisch und befangen, um eine gute Geschichte zu schreiben. Er setzt den Sarkasmus, Gegengift zu Sentimentalität, zu verschwenderisch ein – die Geschichte überzeugt nicht.

Chandler war klar, daß man eine literarische Vision brauchte, aber er selbst hatte keine. Es war nicht sehr sinnvoll so zu tun, als sei er ein erfolgreicher junger Schriftsteller. Der Selbstmord Richard Middletons deprimierte ihn, denn der Mann hatte sehr viel Talent gehabt. »Wenn er's damit nicht schaffte, standen die Chancen für mich nicht gerade gut.«[59] Chandler sah, daß es damals in London »clevere junge Männer gab, die als freie Mitarbeiter für die zahlreichen literarischen Wochenblätter und die mehr literarischen Spalten der Tageszeitungen ganz gut leben konnten. Aber der größere Teil von ihnen hatte daneben noch andere Einnahmequellen: Privatvermögen, oder Jobs, meistens im Staatsdienst.«[60] Chandler jedoch hatte seinen Job hingeschmissen und verfügte über kein eigenes Geld. Er war geschult und gebildet, aber es gab für ihn nichts zu tun, was sein Interesse geweckt oder ihm den nötigen Halt verschafft hätte. Hinzu kam, daß der relative Erfolg anderer an ihm nagte; er fing an, sich für einen Versager zu halten. »Ich besaß alle Voraussetzungen, ein ziemlich guter zweitklassiger Dichter zu werden«, schrieb er Jahre später, »aber das will gar nichts heißen, weil ich die Art Verstand habe, mit der man ein ziemlich guter zweitklassiger Was-auch-immer werden kann, und das, ohne sich groß anzustrengen.«[61]

Die Aussichten waren düster. Vielleicht hatte er ein Zimmer in Bloomsbury, aber wahrscheinlich lebte er auch bei seiner Mutter, die 1909 umgezogen war, in die 148 Devonshire Road, S. E., in Forest Hill. Sie wohnte in einem Doppelhaus oben an einer langen Straße, die vom Dorf her langsam ansteigt und entlang einer tieferliegenden Bahnlinie verläuft. Forest Hill ist erfreulicher als Streatham und liegt näher bei Dulwich, aber seine Atmosphäre kann Chandler nicht sonderlich aufgemuntert haben. In seinem Essay »Houses to Let« spricht er von »der allesbeherrschenden kleinbürgerlichen Gemütsart, wo man durch die Vorderfenster die unvermeidliche Delfter Schüssel auf einer *table d'occasion* sieht, die Reihe gezwungener Familienporträts, und wo die neuesten Errungenschaften der Gasbeleuchtung oder des elektrischen Lichts kaum einmal diese sauberen, selbstzufriedenen Bücherschränke erhellen, die laut hinauszuschreien scheinen, daß sie so wenig wie möglich mit Literatur oder Bildung zu tun haben.«[62]

Und als ob das alles noch nicht schlimm genug wäre, gab es da scheinbar ein Mädchen und eine durch sein eigenes Versagen enttäuschte Liebe. Das ist allerdings nur eine Vermutung, und man weiß nur zu gut, wie gefährlich es ist, biographische Hypothesen auf purer Einbildung basieren zu lassen. Trotzdem, es gibt ein Gedicht, 1932 verfaßt, als er eben begann, die Geschichten zu schreiben, die schließlich zum Erfolg führten. Diese »Nocturne from Nowhere« enthält eines der Hauptthemen seiner Prosa und scheint zudem auf tatsächlich Erlebtem zu beruhen. Das Gedicht, in freiem Vers, beschreibt eine nächtliche Träumerei:

In which mingle visions of a woman
I once loved
With the visions of a country I have loved
Almost as well.

Es gibt Überarbeitungen, die nicht zu entziffern sind, aber die wichtigsten Zeilen sind diese:

There are no countries as beautiful
As the England I picture in the night hours
Of this bright and dismal land
Of my exile and dismay.
There are no women as tender as this woman
Whose cornflower-blue eyes look at me
With the magic of frustration
And the promise of an impossible paradise.
.....
So for a little while in the night hours
Let me go back
Into that soft and gorgeous future
Which is not past,
Never having happened,
But yet is utterly lost –
.....
Into some quiet garden
Where towards dusk she will come down a path,
Walking as gracefully as a rose sways,
And stop, and with eyes half closed
And a voice a little muted
Say nothing of any great importance.
Only the music of all life and all love
Shall be in her voice,
And in her eyes shall be
Only the light of all youthful love
Which we put away,
With a sort of wry smile,

> *Knowing there is no such thing,*
> *And if there was,*
> *It would not agree with the urgent necessity*
> *Of making a living.*
>
> *I do not think I shall touch her hair,*
> *Nor lay groping fingers on her unforgotten eyes.*
> *Perhaps I shall not even speak to her,*
> *But presently turn away, choked with an awful longing,*
> *And go off under the grave English trees,*
> *Through the gentle dusk*
> *Into the land called Death.*
>
> *And going I shall wonder a little*
> *How much it profits the courses*
> *Of the various sidereal universes*
> *That I could not be permitted to be happy*
> *With the woman I loved*
> *In the land that I loved*
> *For a few brief butterfly hours*
> *Before the deep dark*
> *Came to crown and anoint me with the opulent splendor*
> *Of oblivion.*[63]

Das Gedicht ist nicht gut, aber unmittelbar in Ausdruck und Gefühl, was den Gedanken nahelegt, daß es auf tatsächlich Erlebtem beruhen könnte; zumindest wirkt das Mädchen nicht wie die konventionellen Gestalten seiner früheren Gedichte. Außerdem kommen seine Themen in Chandlers Werk immer wieder vor. Das Mädchen mit den kornblumenblauen Augen ist die unerreichbare Blondine, der Philip Marlowe häufig begegnet, die er aber nie bekommt. Die Zukunft, die es nie gab und nie geben würde, betont das Gefühl des Verlustes, das Chandler empfand, als er nach Amerika zurückkehrte. Trotz seiner Nationalität war Amerika für ihn zweite Wahl und sollte es auch bleiben.

Es gab noch eine letzte Chance für finanziellen Erfolg, die Chandler selbst beschrieb: »Ich glaube, mein aufrüttelndstes Erlebnis in jener Zeit war das Resultat einer Begegnung mit Horace Voules, dem damaligen Herausgeber von *Truth*, dessen Rausschmeißer ein zuvorkommender Cambridge-Absolvent war, im Cut mit der üblichen gestreiften Hose, und dieser Gentleman riet mir, für sechs Guinees die Woche Fortsetzungsromane für Zeitungen zu schreiben. Sagte, es sei leicht, man schreibe einfach immer weiter, bis die Zeitung die Serie stoppe, und dann frage man eine neue an. Man stelle sich vor, wie ich dastand damals, in einem blauen Nadelstreifenanzug aus der Werkstatt eines West End-Schneiders, mit meiner alten Schulkrawatte und dem Band meiner ehemaligen Schule am schmukken Strohut, Spazierstock und Handschuhe in der Hand, und muß mir von diesem eleganten Herrn sagen lassen, ich solle schreiben, was ich damals für den übelsten Schund hielt, den man mit Worten hinschmieren konnte. Ich schenkte ihm ein schwaches Lächeln und verließ das Land.«[64]

Ohne Aussichten auf eine anständige Zukunft in England und mit einer Traurigkeit, die wir nur ahnen können, wandte sich Chandler an Onkel Ernest und lieh sich von ihm fünfhundert Pfund, um nach Amerika gehen zu können. Später bemerkte er, daß »jeder Penny davon zurückgezahlt wurde, mit sechs Prozent Zinsen.«[65] Man schrieb 1912, und er war dreiundzwanzig Jahre alt. Im Laufe von fünf Jahren hatte er siebenundzwanzig Gedichte veröffentlicht, sieben Essays und eine Handvoll Besprechungen, wobei die ungezeichneten Beiträge für die *Westminster Gazette* nicht mitgezählt sind. Keine beeindruckende Leistung für einen jungen Mann von Chandlers Verstand und Fähigkeiten. »Amerika schien mich auf geheimnisvolle Weise zu rufen«,[66] erinnerte er sich später. Nur war daran nichts Geheimnisvolles.

Die Rückkehr nach Amerika

Chandlers Rückkehr nach Amerika begann mit Traurigkeit und Enttäuschung, doch für die nächsten zwanzig Jahre sollte er mit einer Intensität leben, die er in England nie hätte erreichen können. Dort wären seine Aktivitäten immer von den Konventionen seiner Klasse und seiner Erziehung eingeschränkt worden. Daß es ihm in England nicht gelungen war, ein erfolgreicher Schriftsteller zu werden, war eine Enttäuschung für ihn, aber in Amerika machte er die Erfahrungen, die es ihm ermöglichten, seine Romane zu schreiben.

Außerdem war die Rückkehr nach Amerika als solche ein Abenteuer, und der korrekte junge Mann mit dem schönen Profil, dunklem, in der Mitte gescheiteltem Haar, mit abgerundetem, steifem Kragen, Schulkrawatte und Tweedanzug tat bald Dinge, die er in Dulwich nie in Betracht gezogen hätte. Und die Amerikaner, mit denen er zusammenkam, waren gar nicht so barbarisch, wie er vielleicht gedacht hatte. Auf dem Dampfer nach New York lernte er die Familie Warren Lloyd aus Los Angeles kennen, die, anders als das sonst üblich ist bei Schiffsbekanntschaften, in seinem Leben noch sehr wichtig werden sollte. Die Lloyds waren oberer Mittelstand und hatten ihr Geld mit Öl gemacht; dabei waren ihre geistigen Interessen denen Chandlers ähnlich. Warren Lloyd, der Vater, hatte seinen Dr. phil. in Yale erhalten; seine Frau, Alma, war Bildhauerin. Sie hatten drei Kinder, von denen das älteste, Estelle, dreizehn war. Die Familie hatte gerade ein gutes Jahr in Deutschland verbracht, insofern waren sie also gewissermaßen Exil-Amerikaner. Zweifellos bedeuteten sie dem jungen Mann, der nach so vielen Jahren in das unbekannte Land seiner Geburt zurückkehrte, einen Trost. Sie luden ihn ein, sie in Kalifornien zu besuchen, was er dann auch sehr bald tat.

Chandler schrieb später, daß er damals »kein Zugehörigkeitsgefühl zu den Vereinigten Staaten hatte«, sich aber auch nicht als Engländer fühlte. Als er in New York vom Schiff ging, erklärte er, Amerikaner zu sein, »trotz eines englischen Akzentes, den man im Dunkeln sehen konnte«.[1] Er nahm den Zug nach St. Louis und besorgte sich dort einen Job, »wo das Pack mich mit Lord Bückundnimm anredete, was mich nicht weiter störte, aber das Klima tat es, und man schien da jede Menge rumzuspucken, was wir in England nicht taten. Ein mürrischer alte Knabe ließ mich mit maßloser, aufgesetzter Würde wissen, daß ›der amerikanische Gentleman nicht spuckt.‹ ›Schön‹, sagte ich, ›vielleicht begegne ich ihm eines Tages.‹ Das kam aber auch nicht besonders gut an.«[2]

Chandlers nächste Station war Nebraska, wo Onkel Ernest und Tante Grace Fitt lebten. Möglicherweise hatte Chandler vor, sich dort für eine Weile niederzulassen, denn im Adreßbuch des Dulwich College gab er als seine Adresse die seines Onkels an: 3924 North 29th Street, Omaha. Der rauhe Mittelwesten muß diesem klassenbewußten Angloamerikaner außerordentlich fremdartig vorgekommen sein. Später erinnerte er sich an einen Verwandten, Harry Fitt, der in Omaha lebte und in einem Eisenwarengeschäft arbeitete. »Da ich damals gerade frisch aus England kam«, merkte er an, »und ein Eisenwarenladen ›Gewerbe‹ bedeutete, konnte man kaum von mir erwarten, daß ich irgend etwas wie eine engere Beziehung zu ihm entwickeln konnte.«[3]

Von Nebraska zog Chandler weiter nach Kalifornien, »mit schicker Garderobe und Public-School-Akzent, ohne praktische Talente fürs Geldverdienen und mit einer Verachtung für die Einheimischen, die sich, wie ich leider sagen muß, bis heute noch nicht ganz verloren hat. Einmal habe ich zehn Stunden pro Tag auf einer Aprikosen-Plantage gearbeitet, für zwanzig Cent die Stunde. Ein andermal für ein Sportartikelgeschäft, wo ich für 12 Dollar fünfzig die Woche Tennisschläger bespannen mußte, 54 Stunden pro Woche.«[4] Bei einer Beschäftigung, die ihm so wenig lag, muß Chandler oftmals verzweifelt gewesen sein, zumal er überall, wo er landete, wahrscheinlich allein in anonymen Pensionen wohnte. Vielleicht war er körperlich zu erschöpft, um seine Erfahrungen in Amerika mit einem gewissen Maß von Unvoreingenommenheit zu verarbeiten. Trotzdem, mit seiner auf die strukturierte Gesellschaft Englands eingestimmten Sensibilität hat er zweifellos gründlich gelernt, was es hieß, in Amerika ohne Vorrechte zu leben. Zwanzig Jahre lang kamen die Worte nicht heraus, aber unbewußt wurden sie wahrscheinlich damals schon geformt.

1913 gab Chandler Dulwich seine Adresse als c/o Mrs. Warren E. Lloyd an, 713 South Bonnie Brae Street, Los Angeles. Wahrscheinlich wohnte er nicht wirklich bei den Lloyds, sondern benutzte deren Adresse lediglich als eine Anschrift, die sicherer war als die der möblierten Zimmer, die er bewohnte. Bis dahin hatte Chandler sich entschlossen, statt seiner Muskeln seinen Verstand zu gebrauchen, und begann eine ordentliche Geschäftskarriere als Buchhalter, wobei er sich zum Teil auf seine Erfahrung im Marineministerium stützte. »Da ich von Buchführung keine Ahnung hatte, ging ich auf eine Abendschule, und nach sechs Wochen bat mich der Dozent zu gehen; er sagte, ich hätte den Drei-Jahres-Kurs bestanden, und damit hatte es sich.«[5] Chandler behauptete später, daß darauf sein »Aufstieg so schnell war wie das Wachstum eines Mammutbaums«,[6] doch tatsächlich profilierte er sich als Geschäftsmann erst nach dem Krieg. Inzwischen arbeitete er als Buchhalter bei der Molkerei Los Angeles, ein Job, den er durch Vermittlung von Warren Lloyd bekam, dem Rechtsberater der Gesellschaft, dessen Kusine ersten Grades mit dem Leiter der Finanzabteilung verheiratet war.

Buch führen über Milchtransporte war kaum interessanter als die Überwachung des Nachschubs für die Marine in London, und Chandler muß sich der Ähnlichkeit der beiden Positionen bewußt gewesen sein. Während dieser Zeit war er ein Schützling der Lloyds und gehörte der wahrscheinlich angenehmsten

Gesellschaft an, die man damals in Los Angeles finden konnte. Im Haus der Lloyds traf man sich jeden Freitagabend, um philosophische und literarische Themen zu diskutieren. Warren Lloyd hatte viele Interessen, die nichts mit seinem Beruf zu tun hatten, und war Mitautor eines Buches mit dem Titel *Psychology Normal and Abnormal*. In jener Zeit interessierte man sich sehr für das Okkulte, und eines der Gebiete, das die Lloyds und deren Gäste besonders beschäftigte, war indische Kultur und Philosophie. Madame Blavatsky übte ihren Einfluß aus; man las auch belletristische Bücher, in denen psychische Phänomene im Vordergrund standen, wie etwa Bulwer-Lyttons *Zanoni*. Chandlers Beitrag zu diesen Zusammenkünften scheint hauptsächlich literarischer Art gewesen zu sein. Es gibt ein Gedicht mit dem Titel ›To-morrow‹, das von Estelle Lloyd, Warren Lloyd und Chandler gemeinsam stammt, auch wenn Lloyd dazuschrieb »mit Betonung auf Chandler.« In einer Anmerkung heißt es, es sei »für Optimisten verfaßt« – was vielleicht der Name ihrer Gruppe war –, am »14. Juni 1914, auf der Straße zwischen Hollywood und Burbank«,[7] damals noch unbebautes Land.

Es fanden auch Musikabende statt, denn Alma Lloyd hatte eine gute Stimme, die in Berlin auch geschult worden war. Ein weiterer Teilnehmer und Freund war Julian Pascal, ein ausgezeichneter Konzertpianist und Komponist, der in Westindien als Goodridge Bowen geboren wurde, aber Pascal nicht nur als Künstlernamen, sondern auch in Gesellschaft benutzte. Er war Professor an der Guildhall School of Music in London gewesen, wo seine berühmteste Schülerin Myra Hess war. Sein Gesundheitszustand hatte ihn aber zuerst nach New York getrieben und dann nach Los Angeles, wo er seine Tätigkeit als Klavierlehrer fortsetzte.

Die literarischen und musikalischen Abende bei den Lloyds waren nicht im geringsten förmlich oder hochgestochen. Vor dem Radio- und Kinozeitalter unterhielten intelligente Menschen einander einfach auf diese Weise. Die zwanglose Art, in der die verschiedenen teilnehmenden Familien und Einzelpersonen miteinander umgingen, trug dazu bei, die Barrieren, die so oft zwischen den Generationen stehen, aus dem Wege zu räumen. Sonntags pflegte Warren Lloyd eine Partie Schach mit seinem Altersgenossen Julian Pascal zu spielen; während dieses Rituals hatte im ganzen Haus Stille zu herrschen, um die beiden nicht zu stören. Als dann die ersten Filme kamen, ging Chandler sonntags mit dem zwanzig Jahre älteren Warren Lloyd ins Kino, wo sie auf gegenüberliegenden Seiten des Saales Platz nahmen. Erst fing der eine an zu lachen, dann fiel der andere in das Lachen ein, immer abwechselnd, bis sie den ganzen Saal zum Mitlachen gebracht hatten, ganz egal, welches Thema der Film hatte. Teils war das ein Spaß, teils ein psychologisches Experiment.

1916 wohnte Chandler am Loma Drive 311 im alten Wohnviertel von Los Angeles, das sich ein bis zwei Meilen westlich und nordwestlich vom Pershing Square erstreckt. Heute ist das, abgesehen von einigen Apartmenthäusern, kein attraktiver Stadtteil mehr, war aber damals ein typisches Viertel der Mittelklasse mit palmengesäumten Straßen und Ein- oder Zweifamilienhäusern, die von der Straße und dem Gehsteig durch kleine Rasenflächen getrennt waren. Größtenteils waren es Holzhäuser, aber hier und da gab es Bungalows in einer Art »Spanischem Stil«, mit Innenhöfen, roten Ziegeldächern und weiß getünchten Mauern. Die Gegend hatte nicht sehr viel Stil, dafür war sie freundlich und schlicht, ganz anders als die späteren Viertel Westwood und Beverly Hills, die nach dem Hollywood-Boom erbaut wurden.

Inzwischen war Chandlers Mutter aus England herübergekommen und wohnte bei ihm; mit den Lloyds und Pascals in der Nähe waren sie Teil einer zwanglosen Gemeinschaft, die ein Ausgleich für vieles war, was sie in England vermißt haben müssen. Doch Entfernung und andere Sitten haben die Tendenz, Vergleiche abzuschwächen, und wahrscheinlich interessierte Chandler sich viel mehr für das, was um die Ecke an der Seventh Street vorging, wo, wie er sich später erinnerte, Kid McCoy seine ihm weggelaufene Frau erschoß – »ein Verfahren«, bemerkte er, »das heute in Kalifornien fast zur Regel geworden ist.«[8]

Doch in welcher Stimmung Chandler sich auch immer befand – sie wurde jäh unterbrochen, als Amerika 1917 in den Krieg eintrat. Als Amerikaner mußte er sich 1914 nicht stellen, aber im August 1917 fuhr er zusammen mit Gordon Pascal, Julians Sohn, hinauf nach Victoria, Britisch Kolumbien, und meldete sich bei der Kanadischen Armee. Nach dem Krieg erzählte er einigen Freunden, daß er versucht habe, in die Amerikanische Armee einzutreten, wegen schlechten Sehvermögens aber zurückgewiesen worden sei; wahrscheinlicher ist wohl, daß ihm die Kanadier lieber waren, da er es, wie er zugab, »noch immer natürlich fand, eine britische Uniform vorzuziehen«,[9] was bei seiner doppelten Staatsangehörigkeit möglich war. Außerdem bezahlte die kanadische Armee seiner Mutter eine Trennungszulage, was die amerikanische nicht getan hätte, und das war ein wichtiger Punkt. Bei seinem Eintritt bekam er die Dienstnummer 202571 im Fünfzigsten Regiment, auch bekannt als die Gordon Highlanders of Canada, eine Einheit, die ab 1920 zusammen mit den Victoria Fusiliers das Canadian Scottish Regiment bildete.

Seine Grundausbildung bekam er in der Nähe von Victoria, dem Hauptquartier des Regiments. In seinem Kilt ging Chandler gelegentlich in die Stadt, aber er fand sie »öde wie eine englische Stadt am Sonntag, alles geschlossen, eine Kirchenatmosphäre und so weiter«.[10] Der Krieg stand schlecht für die Alliierten, und Chandlers Ausbildung war kurz. Schon drei Monate, nachdem er sich gemeldet hatte, wurde er nach Halifax geschickt, von wo aus er mit einem Truppentransporter am 26. November nach Liverpool auslief, das er am 7. Dezember erreichte. Hier wurde Chandler dem British Columbia Regiment überstellt und zu dessen Nachschublager in Seaford geschickt, an der Küste von Sussex, unweit von Beachy Head und auf halber Strecke zwischen Newhaven und Eastbourne, von wo aus die Truppen sich leicht nach Frankreich einschiffen konnten. Nachts war das ein Ort zum Fürchten, denn das Geschützfeuer der Front war bis nach England zu sehen, und sogar das Donnern der Artillerie drang über den Kanal.

Am 18. März 1918 wurde Chandler dem Siebenten Bataillon der Canadian Expeditionary Force (auch bekannt als Canadian Corps) zugeteilt und nach Frankreich geschickt. Das Siebente war eines von vier Bataillonen in der Zweiten Kanadischen Infanteriebrigade, ihrerseits eine von dreien in der Ersten Kanadischen Division. Als Chandler in Frankreich ankam, standen die vier Divisionen des kanadischen Corps, nominell unter dem Kommando von Lieutenant General Sir Arthur Currie, unter dem Oberkommando von Marschall Foch.

Chandlers Bataillon hatte bereits drei Jahre in Frankreich gedient und an einigen der heftigsten Grabenkämpfe des Krieges teilgenommen. Kurz bevor er ankam, hatte das Bataillon erfolgreich Vimy gegen einen deutschen Angriff verteidigt und war siegreich aus der blutigen Schlacht von Passchendaele hervorgegangen. Die Wintermonate waren ruhig verlaufen, da beide Seiten sich auf neue Gefechte vorbereiteten. Als General Ludendorff seine Frühjahrsoffensive begann, umging er die Kanadier bei Vimy, so daß dieser Angriff Chandler und seinen Kameraden erspart blieb. Endgültig zum Stehen gebracht wurden die Deutschen erst im Juni bei Château Thierry.

Während des Frühjahrs blieb das Siebente Bataillon zum größten Teil hinter den Linien in Reservestellung. Zu beiden Seiten der Straße stationiert, die Arras mit Cambrai verband, führte die Truppe ausgedehnte Übungen und Manöver mit Panzern und Flugzeugen durch, als Vorbereitung auf den Augustvorstoß, der den Krieg schließlich beendete. In der Londoner Presse wurden die Kanadier kritisiert, weil sie nicht direkt in die deutsche Frühjahrsoffensive verwickelt waren, aber es gab innenpolitische Gründe, um die Kanadier herauszuhalten. Außerdem fehlte es ihnen an Ausbildung.

Für Chandler, wie für die meisten so rasch an die Front gebrachten Soldaten, war das Kriegserlebnis zu gewaltig, um verdaut werden zu können. Er sprach selten von seinem Dienst in Frankreich und nannte ihn nur einen Alptraum, den er gerne vergessen würde. Trotz der Reservestellung des Bataillons wurde Chandlers Einheit in schwere Kampfhandlungen verwickelt. Bald wurde er befördert, und in späteren Jahren äußerte er sich ausweichend zu seinen Erlebnissen. »Mut ist eine seltsame Sache – man kann sich ihrer nie sicher sein«, schrieb er. »Als Zugführer, vor vielen, vielen Jahren, habe ich scheinbar nie Angst gehabt, und dennoch die kleinsten Risiken gescheut. Wenn man angreifen mußte, schien man irgendwie nur den einen Gedanken zu haben, die Männer so gut wie möglich zu verteilen, um die Verluste so niedrig wie möglich zu halten. Das war immer sehr schwierig, besonders wenn man neue Leute oder Verwundete hatte. Es ist nur menschlich, daß man unter schwerem Beschuß die Nähe der Kameraden sucht.«[11] Psychologisch bewirkte dieser brutale Krieg, daß Chandler die Erinnerung an ihn bis auf gelegentliche Bemerkungen wie etwa die folgende verdrängte: »Wenn man einmal einen Zug in direktes Maschinengewehrfeuer führen mußte, ist danach nichts mehr wie vorher.«[12]

Im Juni wurde Chandlers Dienst in Frankreich abrupt beendet, als ein Sperrfeuer mit deutschen Elf-Zoll-Granaten alle in seiner Einheit zerriß und er als einziger überlebte. Mit einer Gehirnerschütterung wurde er hinter die Linien gebracht und kurz darauf nach England zurückgeschickt. Vielleicht weil die Erinnerung an die Explosion nicht so unerträglich war wie der Gedanke daran, andere Männer bei einem Infanterieangriff in den Tod geführt zu haben, versuchte Chandler in einer kurzen Erzählung mit dem Titel »Trench Raid« zu berichten, was geschehen war, aber es ist nur eine Skizze, und er befaßte sich nie wieder mit diesem Thema:

»Der Beschuß klang bedeutend schwerer als sonst. Die auf seinem Stahlhelm festgemachte Kerze tropfte nicht nur wegen der Zugluft. Die Ratten hinter der Verkleidung des Unterstandes regten sich nicht. Aber ein müder Mann konnte dabei schlafen. Er fing an, die Wickelgamasche an seinem linken Bein zu lösen. Irgendwer schrie etwas durch den Eingang des Unterstands hinab, und der Strahl einer Taschenlampe tastete über die glitschigen Kalkstufen. Er fluchte, machte das Gamaschenband wieder fest und rutschte die Stufen hinauf. Als er die schmutzige Decke beiseiteschob, die als Gasvorhang diente, traf ihn die Gewalt der Detonation wie ein Knüppelhieb auf die Schädelbasis. Er krümmte sich am Boden gegen die Wand des Grabens, ihm wurde übel durch das Dröhnen. Er schien allein zu sein, in einem Universum, das nur aus unglaublich brutalem Lärm bestand. Der Himmel, an dem laut Kalender ein Vollmond stehen sollte, war weiß und blind von unzähligen Leuchtpatronen, weiß und blind und krank wie eine leprös gewordene Welt. Der Rand des Erdwalls, klumpig vom Dreck des letzten Hausputzes, zerschnitt dieses Weiß wie eine Reihe verrückter Kamele vor einem idiotischen Mondaufgang in einem Alptraum. Vor der [Leere] der Nacht stürzte ganz in der Nähe eine Granate herab, mit langsamem, vertrautem Ton, sirrend wie eine Stechmücke. Er begann sich auf die Geschosse zu konzentrieren. Wenn man sie hörte, trafen sie einen nicht. Mit peinlicher Sorgfalt machte er sich daran, diejenigen herauszuhören, die nahe genug einschlagen würden, um ihn eventuell mit der Unsterblichkeit in Kontakt zu bringen. Diesen Granaten hörte er mit einer Art kalter, erschöpfter Leidenschaft zu, bis ihm das Flacherwerden des Kreischens sagte, daß sie über ihn hinweggegangen waren, zu den Nachschublinien. Zeit, weiterzukommen. Man durfte nicht zu lange an derselben Stelle bleiben. Er tastete sich um die Ecke des Grabenabschnitts bis zur Stellung des Lewis-Gewehrs. Auf dem Schützenabsatz stand die Nummer Eins der MG-Mannschaft, die Silhouette seines Oberkörpers über der Brustwehr reglos vor dem blendenden Zucken der Lichter, nur seine Finger spielten Tonleitern auf dem Gewehrkolben.«[13]

Am 11. Juni war Chandler wieder im Nachschublager des British Columbia Regiments in Seaford. Seine Militärakte zeigt, daß er jetzt aktiver Feldwebel war, eine Beförderung, die an der Front stattgefunden hatte und durch seinen Sold bestätigt wurde. Zu diesem Zeitpunkt entschied er, sich umteilen zu lassen, und wurde als Kadett der Royal Air Force aufgenommen, der

Nachfolgerin des Royal Flying Corps. Diesen Wechsel bewirkte zum Teil vielleicht Gordon Pascal, der kurz nach seinem Eintritt in die Armee in Vancouver zum Royal Flying Corps gegangen war. Das Fliegen war beliebt bei den Kanadiern, und etwa 13000 Mann meldeten sich entweder beim RFC oder bei der RAF. »Die Kanadier waren hervorragende Kämpfer«, schrieb Oberst George Nasmith in seiner Geschichte von Kanadas Beteiligung am Krieg, »und das Gros der besten Kampfflieger in der RAF stellten die Kanadier.«[14]

Die Royal Air Force hat nur wenige Unterlagen über Chandler, da das Kriegsende seinen Dienst plötzlich beendete. Offiziell meldete er sich im Juli, woraufhin er der 6. Fliegerschule zugewiesen wurde. Dabei handelte es sich möglicherweise um ein erst kürzlich in Bristol eingerichtetes Ausbildungszentrum, doch Chandler erinnerte sich später, an einem Ort namens Waddington stationiert gewesen zu sein, sieben Meilen von Lincoln entfernt, »ein gräßliches Nest, wenn man da den Sonntag verbringen mußte«.[15] Seine Ausbildung wurde durch den Waffenstillstand drastisch abgekürzt; am 31. Dezember 1918 kam er im Londoner Depot der RAF an, wo er darauf wartete, sich nach Kanada einzuschiffen. Zum Offizier wurde er nicht mehr befördert, und Ende Januar lief sein Transporter nach Kanada aus. Sobald er in Vancouver war, wurde er aus der Armee entlassen, am 20. Februar 1919. Aus den Akten geht hervor, daß er sowohl aktiver Feldwebel als auch Offiziersanwärter war; außerdem wurden ihm die britischen Kriegs- und Siegesorden verliehen. Seine militärische Laufbahn hatte fast genau achtzehn Monate gedauert.

Es ist schwer zu sagen, wie es Chandler bei seiner Rückkehr in die Vereinigten Staaten zumute war. Zumindest muß der Krieg ihn dazu gebracht haben, seine Lage neu zu überdenken. Anstatt gleich zu seiner Mutter nach Los Angeles zurückzukehren, bummelte er die Pazifikküste entlang. Aus seinem Werk geht hervor, daß ihm der Staat Washington und Puget Sound bekannt waren, und wahrscheinlich war das die Zeit, in der er diese Gegend kennenlernte. Vielleicht wohnte er eine Weile bei einem Freund namens Smythe, einem Friseur aus Seattle, ein Kriegskamerad und »ein großer Schlawiner und Witzbold. Er verkündete immer, falls er je verwundet werden sollte, würde er in den Arsch geschossen. Im Frühjahr 1919, als ich in Seaford auf ein Schiff nach Hause wartete, fand ich ihn wieder, und – richtig geraten: genau durch beide Backen.«[16]

Als er 1919 wieder nach Amerika kam, muß Chandler klargeworden sein, daß er seit 1913 kaum einen Schritt weitergekommen war. Noch immer wollte er schreiben, und an der nordwestlichen Pazifikküste machte er einen neuen Versuch. Was daraus wurde, beschrieb er so: »Ich nahm wieder einmal einen halbherzigen Anlauf zum Schreiben, und fast hätte ich dem *Atlantic* eine Henry James-Nachahmung verkauft, aber ich kam nirgends hin.«[17]

Das wiederholte literarische Versagen ließ ihm nur noch die Möglichkeit, im Geschäftsleben erfolgreich zu sein. Es ist anzunehmen, daß er mehr sein wollte als Buchhalter einer Molkerei in Los Angeles. Wenn er es schaffte, sich in einer Übersee-Filiale einer englischen Gesellschaft einen Namen zu machen, würde er vielleicht mit Beförderung und entsprechendem Gehalt in ihren Londoner Hauptsitz versetzt. An etwas in der Richtung muß er gedacht haben, denn er zog die Küste hinunter nach San Francisco und fand Arbeit bei einer der zwei englischen Banken, die damals dort Niederlassungen hatten: die Anglo and London Paris National Bank, aus der später die Crocker Anglo Bank wurde, und die Bank of British North America, die von der Bank of Montreal übernommen wurde. Bei welcher Bank er auch gearbeitet haben mag, er fand jedenfalls nicht, was er suchte. Im Gegenteil, ihm stand ein Schock bevor: »Ich glaube, dort habe ich angefangen, die Sorte von Engländern zu verabscheuen, die nicht in England leben, nicht dort leben wollen, die einem aber verdammt noch mal ständig mit ihrem gekünstelten Gehabe und Akzent vor der Nase herumwedeln, als wäre es irgendeine exotische Räucherware statt eines Destillats von billigem Vorstadtsnobismus, der in England ebenso lächerlich wirkt wie hier.«[18]

Die Rückkehr nach Amerika

Es scheint ihm nichts anderes übriggeblieben zu sein, als nach Los Angeles zurückzukehren. Inzwischen war ihm seine Wurzellosigkeit jedoch zur Gewohnheit geworden. Wenn er nicht die Städte wechselte, wechselte er die Wohnungen, so als fürchtete er, man könnte ihm irgendwelche kleinbürgerlichen Wertvorstellungen vorwerfen. Aber sein Umherziehen war nützlich, denn es schärfte seine Sensibilität und seinen Blick für die schwierige Lage so vieler seiner Landsleute, die ohne Sicherheit lebten. Die Unbeständigkeit erstreckte sich bei Chandler auch auf seine Jobs: Nach seiner Rückkehr 1919 nahm er in Los Angeles eine Stellung beim *Daily Express* an, gab sie aber schon nach sechs Wochen wieder auf.

Mit seiner Rückkehr erneuerte Chandler auch die Freundschaft mit den Lloyds und den Pascals. Während seiner Dienstzeit in der Armee hatte er seine Adresse als 127 South Vendome Street angegeben, die Anschrift von Julian und Cissy Pascal. Ob Chandlers Mutter während des Krieges bei ihnen wohnte, ist ungewiß, aber durchaus möglich, denn die beiden Familien standen sich sehr nahe – zu nahe, wie sich bald zeigen sollte. Als heimgekehrter Kriegsveteran und knapp über dreißig war Chandler ein begehrter Junggeselle. Seine natürliche Schüchternheit machte ihn für Frauen attraktiv; viele aus seinem Freundeskreis hofften und erwarteten, daß sich eine Romanze zwischen ihm und Estelle Lloyd entwickeln werde, die inzwischen zwanzig geworden war. Es kam anders: Chandler und Cissy Pascal verliebten sich ineinander.

Die beiden hatten während des Krieges miteinander korrespondiert – anfangs vielleicht nur, um Neuigkeiten über Cissys Stiefsohn Gordon Pascal auszutauschen –, doch allmählich entwickelte sich eine tiefere Beziehung. Die entspannte Atmosphäre des Lloyd-Chandler-Pascal-Haushaltes, in dem verschiedene Generationen zwanglos zusammenkamen, förderte diese Entwicklung zweifellos. Cissy war achtundvierzig, sah aber jünger aus, und verstand sich wahrscheinlich mit den jüngeren Mitgliedern dieser Familien besser als mit den älteren. Pascal dagegen war ein zarter, schwächlicher Mann, der älter wirkte als er war.

Die Neuigkeit verblüffte alle, und traf Julian natürlich schwer. Trotzdem waren die Beteiligten emanzipiert genug, die Angelegenheit freimütig und öffentlich zu diskutieren. Sie suchten Rat und Hilfe bei den Lloyds, vor allem bei Warren, der nicht nur ihr Freund, sondern auch Anwalt war. Paul, der jüngste Sohn der Lloyds, erinnert sich, wie seine Eltern sich mit Julian und Cissy Pascal und Chandler zusammensetzten, um die Lage zu besprechen. Der Vierzehnjährige tat so, als spiele er beim Fenster, und hörte so eine ganze Menge mit an, bevor er bemerkt und fortgeschickt wurde. Cissy sagte damals, sie liebe Julian, aber Ray liebe sie mehr. Was sollten sie also tun? Sie diskutierten das schmerzliche Problem offen und zivilisiert eine Zeitlang durch; schließlich einigte man sich darauf, daß Cissy in Kalifornien die Scheidung einreichen sollte, was sie am 10. Juli 1919 tat. Für eine schnelle Scheidung in Reno waren sie zu konventionell, und so mußten sie sich mit einem Jahr Wartezeit abfinden, bis die Ehe am 4. Oktober 1920 geschieden wurde.

Es war Cissys zweite Scheidung. Sie war am 29. Oktober 1870 als Pearl Eugenie Hurlburt, Tochter von Eugene Hurlburt und Maria Amanda Gray, in Perry, Ohio, unweit von Cleveland, geboren worden. Sie hatte eine Schwester, Lavinia, die später in Kalifornien lebte. Mit einundzwanzig, wenn nicht sogar früher, ging sie nach New York, wo sie Musik studierte und schließlich eine fähige Pianistin wurde. Sie wohnte 333 Lenox Avenue, im Zentrum von Harlem, damals noch weitgehend ein Viertel der weißen Mittelschicht. Es gibt viele Gerüchte über Cissys Leben in New York (den Namen Cecilia hat sie sich möglicherweise damals zugelegt). Fotos zeigen sie als ungewöhnlich schöne Frau mit zartem Profil, weichem Haar, umgeben von einer romantischen Aura; sie scheint Fotografen und Malern Modell gestanden zu haben. Als Chandler in Hollywood Drehbücher schrieb und Cissy selten zu sehen war, kursierten Geschichten darüber, daß sie für ein berühmtes Aktgemälde Modell gestanden habe, das im Plaza Hotel oder im St. Regis Hotel in New York gehangen haben soll. Chandler selbst besaß Nacktaufnahmen von ihr als junges Mädchen.

Im Dezember 1897 heiratete Cissy einen jungen Mann namens Leon Brown Porcher, einen Verkäufer, der in der West 123rd Street wohnte. Die Zeremonie fand in einer für Trauungen berühmten Kirche statt, der Church of the Transfiguration, besser bekannt als die Kleine Kirche Um Die Ecke, an der East 29th Street. Die Ehe dauerte sieben Jahre; im Mai 1904 wurde das Paar geschieden. Zweifellos waren es Cissys musikalische Leistungen, die dazu führten, daß sie Goodridge Bowen (Julian Pascal) kennenlernte, den sie im April 1911 in Greenwich, Connecticut, heiratete. Noch im selben Jahr zogen sie nach Los Angeles.

In späteren Jahren bezeichnete Chandler Cissy oft als eine New Yorkerin, womit er vor allem meinte, daß sie kultivierter war und bewußter lebte als die Leute, denen er sonst in Kalifornien begegnete. Zudem hatte sie eine etwas theatralische Art. Ihr Chic und ihre Eleganz zogen schnell Chandlers Aufmerksamkeit auf sich. Cissys Erscheinen in Chandlers Leben scheint ihn in seiner Identität als Mann bestärkt zu haben. Wegen des großen Altersunterschiedes zwischen den beiden ist zuweilen gesagt worden, in Wirklichkeit habe Chandler »seine Mutter geheiratet«. Aber 1919 hatte Cissy rotblondes Haar, und ihre Figur und ihr Teint waren wunderbar. Sie war lebhaft und originell; die Hausarbeit verrichtete sie am liebsten nackt. Außerdem war sie eine ausgezeichnete Köchin, was traditionelle Küche anging. Chandler war damals schon viel herumgekommen und müde vom Krieg. Hier war nun eine Frau mit sexueller Reife, die außerdem genügend Grips hatte, um ihm auch geistig eine Gefährtin zu sein. Sie schien Chandler genau richtig.

Vier Jahre vergingen, bis Chandler Cissy tatsächlich heiratete, obwohl sie, wenigstens zeitweise, zusammenlebten. Nach ihrer Scheidung mietete Chandler für Cissy ein Apartment in Hermosa Beach, für seine Mutter und sich selbst eine andere Wohnung an der 224 South Catalina Street im nahegelegenen Redondo Beach. Mrs. Chandler mißbilligte die geplante Heirat wegen des Altersunterschieds, also verschob Chandler die

Hochzeit bis nach ihrem Tode 1924. Er liebte seine Mutter sehr und verehrte sie als eine Art Heilige wegen der Opfer, die sie gebracht hatte, um ihn großzuziehen. »Ich wußte, daß meine Mutter Affären hatte – sie war eine sehr schöne Frau –, und das einzige, was ich nicht richtig fand, war, daß sie nicht wieder heiraten wollte; sie fürchtete nämlich, ein Stiefvater würde mich nicht freundlich behandeln, weil mein Vater so ein Schwein war.«[19]

Bis zum Tod seiner Mutter wohnte Chandler dann in der 723 Stewart Street, Santa Monica, wahrscheinlich um den Ärzten näher zu sein. Cissy hatte inzwischen eine Wohnung in 3206 San Marino, etwa drei Meilen in Richtung Beverly Hills vom Geschäftszentrum von Los Angeles entfernt. Chandlers Mutter war an Krebs erkrankt, und am Ende ihrer langen Leidenszeit waren ihre Schmerzen so stark, daß man ihr Morphium geben mußte. Sie starb schließlich Ende Januar 1924.

Keine zwei Wochen später, am 6. Februar 1924, wurden Chandler und Cissy in Los Angeles von Pastor Carl S. Patton getraut. Zweifellos waren die Lloyds und andere Freunde anwesend. Cissy gab ihr Alter als dreiundvierzig an – zu Chandlers fünfunddreißig –, eine bewußte Täuschung. Tatsächlich war sie dreiundfünfzig, aber – so ihre Schwester Lavinia – sie setzte alles daran, den Altersunterschied zwischen ihnen zu verschleiern. Anfangs gelang ihr das auch, denn man sah ihr ihr Alter nicht an. Nach der Trauung bezogen sie die Hälfte eines Doppelhauses – Cissy hatte sie bereits einige Zeit davor gemietet – 2863 Leeward, Ecke Magnolia. Ein fades Haus in einer charakterlosen Gegend, Reihen kleiner Häuser und Bungalows mit Innenhöfen säumen die Straßen. Es war und ist noch heute ein Quartier, wo Hautfarben und Klassen sich mischen.

Zum Zeitpunkt seiner Heirat war Chandler schon mindestens zwei Jahre beim Dabney Ölsyndikat angestellt, einer Gesellschaft, deren Büros im Gebäude der Bank of Italy neben denen der Molkerei Los Angeles in der South Olive Street lagen. Wieder einmal hatte Chandler seinen Job den Lloyds zu verdanken, denn diese Gesellschaft war 1918 gemeinsam von Joseph B.

Dabney und Ralph B. Lloyd, dem Bruder von Warren Lloyd, gegründet worden. Als Warren Lloyd hörte, daß ein junger Buchhalter gesucht wurde, schlug er Chandler vor, der wieder bei der Molkerei Los Angeles gelandet war und sich verbessern wollte.

All die Firmen, mit denen Chandler in der Folge noch zu tun haben sollte, gehen ursprünglich auf dieses Syndikat zurück, das zur Erschließung der Ventura Avenue-Ölfelder gebildet wurde. Die Familie Lloyd besaß dort bereits große Ländereien, aber Ralph Lloyd, der früher in Oregon in der Papierbranche gewesen und der geschäftstüchtigste der Familie war, freute sich, daß Dabney sein Kompagnon wurde. Joseph Dabney stammte ebenfalls aus Iowa und war erst kürzlich von Aberdeen, Washington, nach Los Angeles gezogen, wie so viele andere vom Öl-Boom angelockt. Die Dabney-Lloyd-Partnerschaft wurde gebildet, um auf dem Ventura Avenue-Besitz nach Öl zu bohren, doch nach einer Weile verkaufte Dabney seinen Anteil an Lloyd und gründete ein neues Unternehmen mit dem Namen South Basin Oil Company. Das war eine Holdinggesellschaft für ein Dutzend kleinerer Firmen wie etwa der Dabney-Johnston Oil Corporation, die zusammen mit einem Bohrfachmann, Sidney Johnston, ins Leben gerufen wurde, um die Signal Hill-Ölfelder in Long Beach auszubeuten. Im Laufe der Jahre nahm die Gesellschaft einhundert Ölquellen in Betrieb, mit einer Tagesförderung von 16000 Barrel. Signal Hill war eines der größten Ölvorkommen in der kalifornischen Geschichte. Shell profitierte am meisten, gleich dahinter kam Dabney. Die Entdeckung von Öl auf diesem Gebiet verursachte mehr Aufregung als üblich, denn kurz zuvor hatte man das Land für den Wohnungsbau aufgeteilt, und jetzt wurden die Parzellenbesitzer von Unternehmen und Einzelpersonen belagert, die die Ölrechte pachten wollten. Tausende strömten in Bussen und Taxis aus Los Angeles zu den Ölfeldern, in der Hoffnung, Land zu kaufen oder wenigstens bei den Gesellschaften zu investieren, die noch am Ort gegründet wurden, um nach Öl zu bohren. Signal Hill wurde schließlich eines der größten Ölfelder der Welt, das zusammen mit seinen unmittelbaren Nachbarn in Huntington Beach und Santa Fe Springs ein Fünftel der Weltproduktion an Öl förderte.

Chandler war zum Dabney Ölsyndikat gekommen, als die Partnerschaft zwischen Ralph Lloyd und Dabney noch bestand. Anfangs arbeitete er in der Buchhaltung, wo er im Oktober 1923 einen Skandal erlebte, in den er selbst zwar nicht verwickelt war, der ihm aber die Augen öffnete und ihm eine Erfahrung vermittelte, die ihm später als Schriftsteller nützlich sein sollte. Der Wirtschaftsprüfer der Gesellschaft, W. A. Bartlett, wurde verhaftet, weil er 30000 Dollar des Gesellschaftskapitals unterschlagen hatte. Nach dessen Verurteilung ließ sich Dabney von der renommierten Buchhalteragentur Haskins and Sells einen Schotten namens John Ballantine vermitteln, der die gesamte Buchführung der Gesellschaft übernehmen sollte; Chandler wurde zu seinem Assistenten ernannt. Noch mehr potentiell nützliche Erfahrungen machte Chandler, als Ballantine eines Tages einen Herzanfall bekam und im Büro starb. Die Polizei wurde gerufen, und Chandler, als sein Assistent, war beim Ritual der Protokollaufnahme, der Überführung des Toten ins Leichenschauhaus und bei der Autopsie dabei.

Nach der Beerdigung Ballantines wurde Chandler zum Wirtschaftsprüfer der Firma ernannt und stieg in relativ kurzer Zeit zu deren Vizepräsident auf, wodurch er praktisch verantwortlich für das Büro in Los Angeles wurde. Man erhöhte sein Gehalt von $ 500 auf $ 1000 monatlich, in den frühen zwanziger Jahren eine beträchtliche Summe. Chandler erledigte den gesamten Schriftverkehr der Gesellschaft, die Fusionen und das Aufkaufen von Tochtergesellschaften wie der Herndon Petroleum Company, der Dabney-Mills Alloys Corporation, einem Transportunternehmen, sowie verschiedener Firmen, die Bohrgeräte und anderes Zubehör herstellten. Die Leute im Büro merkten, daß Chandler als Dabneys rechte Hand ein außergewöhnlicher Mensch war. Das Geschick, mit dem er geschäftliche Probleme löste, nannten sie ›genial‹, und die Leichtigkeit, mit der er drei- bis vierseitige Briefe über komplizierte Verhandlungen diktierte, die sich sehr angenehm lasen, setzte sie in Erstaunen. Außerdem verstand es Chandler, komplexe Fragen auf das Wesentliche zu reduzieren und knappe Berichte für seine Mitarbeiter zu schreiben. Jahre danach sprach er über einige der dort gemachten Erfahrungen: »Ich war einmal leitender Angestellter im Ölgeschäft, Direktor von acht Gesellschaften und Präsident von dreien, obwohl ich im Grunde nur ein hochbezahlter Büromensch war. Es handelte sich um kleine Gesellschaften, aber sie waren sehr reich. Ich hatte den besten Bürostab in ganz Los Angeles, und ich zahlte meinen Leuten höhere Gehälter als sie irgendwo sonst hätten bekommen können, und sie wußten das. Meine Bürotür war nie geschlossen, jeder nannte mich beim Vornamen, und es gab nie auch nur den geringsten Streit, weil ich bewußt dafür sorgte, daß es keinen Grund dazu gab. Hin und wieder, nicht oft, mußte ich jemanden feuern – nicht jemanden, den ich selbst ausgesucht hatte, sondern jemanden, der mir vom Boß aufgezwungen worden war; ich haßte das, da man nie weiß, in welche Schwierigkeiten der Betroffene dadurch geraten kann. Ich hatte die Gabe, die Fähigkeiten meiner Angestellten zu erkennen. Ich erinnere mich an einen Mann, der war geradezu genial begabt für das Ablegen von Akten. Andere waren gut für Routinearbeiten, hatten aber keine Eigeninitiative. Es gab Sekretärinnen, die schlechthin alles im Kopf behalten konnten, und Sekretärinnen, die wundervoll Diktat aufnahmen und tippten, mit ihren Gedanken aber in Wirklichkeit anderswo waren. Es war meine Aufgabe, sie alle entsprechend ihren Fähigkeiten einzusetzen. Im Büro gab es eine junge Frau, weder hübsch noch besonders helle, der hätte man eine Million Dollar bar geben können, und ohne eine besondere Anweisung bekommen zu haben, hätte sie nach einem Monat immer noch die Nummer jedes Geldscheins gewußt und in einer Liste verzeichnet gehabt; sie hätte auch auf eigene Kosten ein Bankschließfach genommen, um das Geld darin zu verwahren. Für die Gehälter hatte man einen Juristen angestellt (ich fand die Idee nicht gut, wurde aber vom Vorstand überstimmt), der sehr scharfsinnig, aber auch sehr unzuverlässig war, weil er zuviel trank. Ich fand schnell heraus, wie man seinen Verstand einsetzen mußte; und mehrmals sagte er öffentlich, ich sei der beste Geschäftsführer von Los Angeles und wahrscheinlich einer der besten der Welt.«[20]

Chandler hatte aber auch etwas Angriffslustiges an sich, was durch den Konkurrenzkampf im Geschäftsleben zum Ausdruck kam: »Ich schien dauernd in irgendwelche Streitigkeiten verwickelt zu sein. Einmal beschäftigte ich sechs Anwälte; die einen waren für ein bestimmtes Gebiet gut, die anderen für ein anderes. Ihre Rechnungen brachten den Vorstandsvorsitzenden zur Verzweiflung; er sagte, sie seien zu hoch. Ich bezahlte immer, was sie forderten, denn unter den gegebenen Umständen waren sie jeweils nicht zu hoch. Das Geschäftsleben ist hart, und ich hasse es. Aber was man einmal angefangen hat, muß man auch so gut machen, wie man kann.«[21]

Es überrascht nicht, daß Chandler sich auch Feinde machte. Einer davon war ein Mann namens John Abrams, der in die Familie Dabney eingeheiratet hatte und eine Weile als unabhängiger Unternehmer auf den Ölfeldern von Huntington Beach arbeitete. Für ihn war Chandler der »pedantische Bürovorsteher«, der »anfing, seinen Chef zu ›schützen‹ und sich sogar in die Angelegenheiten der Ölförderung und der Angestellten einmischte.«[22] Ob die Geschichten von Chandlers Härte nun übertrieben sind oder nicht, es steht fest, daß er nicht zu denen gehörte, die einen Streit freundschaftlich bei einem Drink beilegen. Eine gewisse Pedanterie bei der Lösung von Problemen läßt vermuten, daß er ein einsamer Mann war, der wenig um Rat fragte, ehe er handelte, und der stets auf der Hut war. Hier Chandlers Bericht von einer kleineren Episode:

»Ich weiß noch, einer unserer Lastwagen in Signal Hill (gleich nördlich von Long Beach) hatte Rohre geladen, die hinten ziemlich weit hinausragten, aber vorschriftsmäßig mit einer roten Laterne markiert waren. Ein Wagen mit zwei betrunkenen Seeleuten und zwei Mädchen rammten ihn von hinten und klagten auf $ 1000 pro Person. Damit warteten sie fast ein Jahr, was hier die Frist ist, innerhalb der man Ansprüche wegen Körperverletzung geltend machen muß. Die Versicherungsgesellschaft sagte: ›Na ja, die Verteidigung wird eine Menge Geld kosten, wir möchten uns lieber gütlich einigen.‹ Ich sagte: ›Alles schön und gut. Eine gütliche Einigung kostet Sie nichts. Sie erhöhen einfach die Prämien. Wenn Sie diesen Fall nicht durchfechten wollen, und zwar mit allen Mitteln, wird meine Firma ihn durchfechten.‹ ›Auf eigene Kosten?‹ ›Natürlich nicht. Wir werden die Kosten von Ihnen einklagen, es sei denn, sie zahlen von sich aus.‹ Er marschierte aus dem Büro. Wir verteidigten unsere Sache mit dem besten Anwalt, den wir kannten, und wiesen nach, daß der Rohrtransport ordentlich beleuchtet gewesen war; dann ließen wir mehrere Barmixer aus Long Beach aufmarschieren (es kostete uns Geld, sie zu finden, aber es lohnte sich) und [bewiesen], daß die Seeleute mit ihren Bräuten aus drei Bars rausgeworfen worden waren. Wir gewannen den Prozeß spielend, die Versicherung zahlte sofort, etwa ein Drittel dessen, was es gekostet hätte, wenn wir klein beigegeben hätten, und sobald sie das getan hatte, kündigte ich die Police und schloß mit einer anderen Gesellschaft eine neue ab.

Das klingt vielleicht ein bißchen hartgesotten, aber in Wirklichkeit war ich gar nicht so. Ich tat einfach das, was ich für meine Arbeit hielt. Das Leben ist schließlich ein Kampf, nicht? Wo man auch hinkommt, was man auch tut – man muß immer etwas hergeben.«[23]

Die melancholische Stimmung, die Chandler hier andeutet, sollte sein Leben bei Dabney schließlich aushöhlen, doch Anfang und Mitte der zwanziger Jahre war er noch relativ unbekümmert und glücklich. Er war verheiratet, ein erfolgreicher Geschäftsmann, hatte ein gutes Gehalt, einen Hupmobile als Dienstwagen und einen Chrysler-Roadster als Privatwagen. Wenn er auch kein Schriftsteller war, so konnte er doch immer noch Gedichte schreiben, was er auch tat, in der Hoffnung, sie würden eines Tages vielleicht veröffentlicht. Er wurde aber dadurch abgelenkt, daß er soviel zu tun hatte. Die Chandlers zogen sehr häufig um: Nach einem Jahr in einem dreistöckigen Apartmenthaus im spanischen Stil, 700 Gramercy Place an der

Melrose Avenue, einer Gegend voll heruntergekommener Bungalows, zogen sie in die 2315 West 12th Street um, näher ans Stadtzentrum. Die Häuser sind wie die Adressen, austauschbar und einfallslos. Einige haben vorne eine Veranda; andere sind mit Schindeln verkleidet oder weiß verputzt, stehen hinter kleinen Vorgärten, mit Palmen und Büschen am Gehsteig. 1928 lautete ihre Anschrift dann 1024 South Highland Avenue, mehr in Richtung Beverly Hills, unweit des Wilshire Country Club. Diesmal war es ein rosa verputztes Zweifamilienhaus, in dem die Chandlers die obere Wohnung bezogen. Eine etwas gediegenere Nachbarschaft: keine Veranda mehr, dafür Buschwerk und der Versuch eines kunstvoll angelegten Gartens. Seinem Einkommen nach hätte Chandler sich ein besseres Leben leisten können, aber bis wenige Jahre vor seinem Tod bewohnte er immer ein bescheidenes Haus oder Apartment. Er haßte alles Protzige, und ihm war klar, daß es mit seinem Wohlstand plötzlich aus sein konnte.

Während der ersten Jahre ihres Zusammenlebens machte sich der Altersunterschied zwischen Chandler und Cissy nicht bemerkbar. Allmählich jedoch, als sie auf die sechzig zuging, während ihr Mann noch keine vierzig war, begann die Diskrepanz aufzufallen. Cissy versuchte ihr Alter damit zu vertuschen, daß sie ihr Haar blond färbte und sich möglichst modisch kleidete. Manchmal übertrieb sie allerdings etwas, trug Kleider, für die sie entschieden zu alt war. Ihr Verhalten war launisch und unberechenbar, manchmal unbestimmt und kühl. Ohne Zweifel litt sie darunter, nicht mehr überzeugend jung zu sein; sie machte dementsprechend auf übertrieben weiblich. Ihr Schlafzimmer war voll von rosa Rüschen und französischen Möbeln à la Hollywood. Es strahlte Exotik und theatralische Erotik aus.

Auch wenn sie zweifellos eine echte Ehe führten, ist Chandler der Altersunterschied offensichtlich mit der Zeit bewußt geworden. Cissy ihrerseits gab oft vor, krank zu sein. Einige, die sie kannten, glaubten, daß sie mit ihren Leiden vor allem Chandlers Aufmerksamkeit und Mitgefühl erringen wollte; eine Zeitlang gelang ihr das auch. Chandler ging im allgemeinen allein aus und nahm Cissy nicht zu Veranstaltungen mit, die sie ermüdet oder in Verlegenheit gebracht hätten. Chandler interessierte sich für Sport, aktiv wie passiv. Im Herbst ging er oft mit Freunden aus dem Büro – Ernest Dolley und seine Frau oder Milton Philleo und dessen Frau – an Football-Spiele der University of California Los Angeles oder der University of Southern California. Einmal im Jahr fuhren er und seine Freunde auch hinauf nach Palo Alto oder Berkeley, um »das Spiel« zu sehen, das jährliche Kräftemessen zwischen der Stanford University und der University of California. Sie brachen am Freitagnachmittag auf und fuhren die ganze Nacht durch. Kaum angekommen, fingen sie an zu trinken. Manchmal trank Chandler so viel, daß er überhaupt nicht mehr zum Spiel ging. Doch zumindest in den ersten Jahren war der Alkohol kein ernsthaftes Problem für Chandler. Gelegentlich soff er mal ein Wochenende durch, aber schlimmer war es nicht.

An Wochenenden spielten Chandler und seine Freunde regelmäßig Tennis; auch hier war Cissy nicht dabei. Chandler, Milton Philleo, Orville Evans (ebenfalls aus dem Dabney-Büro) und Louis Knight (der Versicherungsexperte der Firma) trugen fast jeden Samstag Doppel-Matches gegeneinander aus, entweder auf einem Platz in der Nähe von Chandlers Haus oder in West Covina, wo die Philleos wohnten. Chandler spielte gut; die Matches waren Wochenend-Rituale, entspannend und angenehm für alle Beteiligten. Sie bedeuteten praktisch die einzige Gelegenheit, bei der er privat mit anderen Menschen zusammenkam. Nach dem Tennis gab es Cocktails; Chandler trank viel, aber meistens nicht unmäßig. Von Zeit zu Zeit allerdings trank er zuviel, wurde düster und trübsinnig, und zerstörte damit die heitere Atmosphäre des Treffens.

Er konnte ihre Wochenend-Stimmung aber auch durch exzentrisches Benehmen zerschlagen, ein Signal, das Ärger bedeutete. Außer an den üblichen Sportarten hatte Chandler Spaß am Fliegen. Zusammen mit Philleo mietete er jeweils für eine Stunde ein Flugzeug mit einem Berufspiloten. Diese Art Ablenkung gefiel Chandler; auch das Risiko reizte ihn. Wenn er getrunken hatte, riskierte er einiges. Eines Tages, nachdem die Maschine gestartet war, öffnete Chandler seinen Sicherheitsgurt und stand im Cockpit auf. Ärgerlich bedeutete ihm der Pilot, sich zu setzen, aber Chandler wollte nicht. Erst als der Pilot drohte, ihn mit dem Feuerlöscher einzuschäumen, setzte sich Chandler mit einem Achselzucken ruhig wieder hin.

Ein andermal fuhr Chandler an einem Samstagmorgen los, um mit Philleo Tennis zu spielen. Als er ankam, erfuhr er, daß Mrs. Philleo krank war und ihr Mann bei ihr zu Hause bleiben wollte. Chandler, der getrunken hatte, ging darauf ins Schlafzimmer und versuchte, sie aus dem Bett zu zerren. Philleo wurde wütend und forderte ihn auf, das Haus zu verlassen. Er erwartete, Chandler die Haustür öffnen zu hören, was nicht geschah. Philleo ging ins Wohnzimmer: da stand Chandler und hielt sich eine Pistole an die Schläfe. Statt der Haustür hatte er einen Wandschrank geöffnet, wo er eine Pistole fand. Philleo forderte Chandler auf, die Waffe hinzulegen; Chandler tat es und ging. Am nächsten Montag entschuldigte er sich, und sie einigten sich, den Vorfall zu vergessen.

Diese Zwischenfälle legen den Gedanken nahe, daß Chandler stark unter Druck stand. Die genaue Ursache läßt sich kaum feststellen, nur daß ihn wilde Verzweiflung erfüllte. Auf Cissy war er nicht böse, denn ihr tatsächliches Alter hat er vielleicht nie gekannt, und er bewunderte sie in vieler Hinsicht. Doch in der Gesellschaft der jungen Frauen seiner Freunde und Kollegen wurde ihm klar, daß ihm die Art Liebe entging, die zwei Gleichaltrige genießen können. Die Härte, die er im Geschäftsleben zeigte, half ihm in seinem Privatleben nichts; er verfiel in die entgegengesetzte Stimmung, in ein weiches Gefühl des Selbstmitleids, weil er erkannte, daß die Idealwelt seiner Gedichte unerreichbarer war denn je. Das Trinken, mit dem er eigentlich begonnen hatte, um seine nervöse Scheu vor anderen Menschen zu verlieren, stürzte ihn in finstere irische Schwermut. Manchmal blieb er tagelang verschwunden, ohne Cissy oder jemand anderem zu sagen, wo er war. Er rief dann im Büro an und sagte, er sei im Mayfair Hotel an der West 7th Street in

Los Angeles und werde gleich aus dem Fenster springen. Diese Selbstmorddrohungen häuften sich derart, daß seine Freunde sie nach einer Weile nicht mehr ernst nahmen, da sie glaubten, er wolle damit nur auf kindische Weise die Aufmerksamkeit auf sich lenken.

John Abrams, der für ihn nicht viel übrig hatte, beschreibt Chandlers Versuche, seinem persönlichen Dilemma zu entrinnen. »Er war ein Einzelgänger«, schreibt er. »Bei den jährlichen Banketten der Öl- und Gasgesellschaften, wo 1000 Unternehmer sich im Biltmore glänzend amüsierten, sah man Chandler kaum, und wenn, dann trieb er sich stinkbesoffen mit einem Schwarm Showgirls im Hintergrund herum und ging allen auf die Nerven.«[24] Bei Gelegenheiten wie diesen, wo man alles verzeiht, hoffte er vielleicht, seine Public School-Hemmungen zu überwinden und Frauen zu finden, die ihm das geben konnten, was er im rosa Boudoir zu Hause nicht bekam.

Chandler fing auch an, sich in Affären mit den Frauen im Büro einzulassen. Dadurch wurde seine Lage nur noch schwieriger, denn er mißbrauchte seine Macht als Geschäftsführer zu privaten Zwecken. Eine Sekretärin, die von Philleo eingestellt worden war, fehlte plötzlich jeden Montag, wofür sie widersprüchliche und ungereimte Entschuldigungen vorbrachte. Philleo teilte ihr mit, er werde sie entlassen müssen, aber Chandler sagte ihm, er werde sich um die Sache kümmern. Das Mädchen blieb. Der Grund für ihr seltsames Verhalten war folgender: Chandler hatte ihr ein Apartment gemietet, wo er mit ihr seine Wochenenden verbrachte. Sie veranstalteten dort solche Saufgelage, daß sie einfach nicht fähig war, montags zur Arbeit zu erscheinen. Chandler selbst tauchte erst am Mittwoch wieder auf. Das Mädchen kündigte schließlich von sich aus.

Schließlich begann Chandler, seine Arbeit bei der South Basin Oil Company total zu vernachlässigen. Seine Kollegen versuchten ihn zu decken, aber oft blieb er wochenlang weg, und niemand wußte, wo er war. Außerdem war er im Büro reizbar und eigensinnig. Als die Gesellschaft in Rechtsstreitigkeiten verwickelt wurde, benahm sich Chandler den eigenen Anwälten gegenüber bissig und sarkastisch. Offensichtlich konnte man mit ihm als Geschäftsführer nicht mehr so gut auskommen wie früher. John Abrams erzählte Dabney von den Schwierigkeiten, die Chandler machte: »Ich rief ›J. B.‹ an, der sagte, ich solle in sein Haus im Gebirge kommen, wo wir die Sache besprechen könnten. Er saß auf der Veranda, den nackten Bauch in der Sonne und seine Füße in Strümpfen auf dem Geländer.«[25] Abrams berichtete ihm also, was er von Chandler hielt, und drängte ihn, ihn zu feuern. Chandler erfuhr später davon und drohte, Abrams wegen übler Nachrede anzuzeigen, aber da war seine Position schon so geschwächt, und er war so oft betrunken, daß er kaum noch in der Lage war, irgendetwas zu unternehmen. Chandler wurde zuerst verwarnt und dann 1932, mit vierundvierzig Jahren, gefeuert.

Chandler hat seine Entlassung nie abgestritten, den wahren Grund dafür aber nicht angegeben. »Meine Dienste sind ihnen zu teuer geworden«, sagte er einmal. »Immer ein guter Grund, einen Mann gehen zu lassen.« In einem Interview erklärte er: »Es war ein guter Job – so gut, daß ich ihn nicht behalten konnte. Während der Wirtschaftskrise warfen sie mich raus.«[26]

Es war natürlich eine Katastrophe: Seine Ehe war zerrüttet und wäre vollends gescheitert, wenn Cissy andere Möglichkeiten gehabt hätte als loyal zu bleiben. Als seine Frauengeschichten und Gelage bekanntwurden, war er erbärmlich unglücklich. Die Entlassung war ein schrecklicher Schlag für ihn, denn sie bedeutete in seinen Augen den Verlust der Identität. Genau zwanzig Jahre nach seiner Rückkehr nach Amerika stand er wieder da, wo er angefangen hatte, nur daß er jetzt einen schlechten Ruf hatte, geringere Chancen und weniger Energie als damals. Es war die schlimmste Krise seines Lebens, aber sie war nötig. In Momenten der Bitterkeit setzte er Gangster Ölmagnaten gleich und bedauerte es, zehn Jahre »als Faktotum eines korrupten Millionärs«[27] vergeudet zu haben. Aber diese Erfahrung und sein Versagen trugen zu seiner Entwicklung bei. Die Erfahrung gab ihm Einblick in die Welt Südkaliforniens, über die er einmal schreiben sollte; das Versagen sagte ihm etwas über sich selbst. Typisch für Chandlers Widerstandsfähigkeit war seine Bemerkung, das Wichtigste, das er bei seinem Rausschmiß gelernt habe, sei »nichts für selbstverständlich zu halten.«[28]

Black Mask

Unter dem Schock seiner Entlassung durch Dabney fuhr Chandler nach Seattle, wo er noch Freunde aus seiner Armeezeit hatte, um sich zu erholen und seine Zukunft zu planen. Während seiner Abwesenheit erkrankte Cissy an Lungenentzündung und mußte ins Krankenhaus. Chandler kam sofort zurück und wohnte die nächsten zwei Monate bei seiner Schwägerin Lavinia und deren Mann, Archie Brown. Als Cissy genesen war, bezogen die Chandlers eine eigene Wohnung, 4616 Greenwood Place, im unteren Teil der Hollywood Hills, unweit vom Griffith Park. Der Umzug selbst war nicht weiter bedeutsam, denn nachdem sie 1930 ihr Apartment an der South Highland Avenue aufgegeben hatten, zogen sie praktisch jedes Jahr um, und das während vieler Jahre.

Zur selben Zeit wurde die Dabney-Gesellschaft zusammen mit Ralph Lloyd verklagt, weil sie Einkünfte aus dem Ölvorkommen an der Ventura Avenue veruntreut haben sollte, das einst der Familie Lloyd als Ganzes gehört hatte. Die Anklage wurde von Edward Lloyd erhoben, dem ältesten Sohn Warren Lloyds, der im Namen seines Zweiges der Familie handelte. Da Chandler Dabney seine Entlassung sehr übel nahm, tat er, was er konnte, um seinen alten Freunden zu helfen, und informierte sie über alles, was er über die finanziellen Manipulationen der South Basin Oil Company noch wußte.

Teils aus Dankbarkeit für seine Hilfe und sicher aus Mitgefühl für seine schwierige Lage ließen Edward und Paul Lloyd Chandler monatlich hundert Dollar zukommen. Sie wußten nur zu gut, daß er das Geschäftsleben verabscheue und schon immer schreiben wollte. Das Geld sollte ihm vielleicht helfen, dieses Ziel zu verwirklichen, obwohl es durchaus möglich ist, daß sie einfach einem Freund unter die Arme greifen wollten, der Pech gehabt hatte.

Wie dem auch sei, Chandler wollte es noch einmal versuchen, er ließ sich sogar als Schriftsteller ins Telefonbuch von Los Angeles eintragen. Der langwierige Prozeß des Schreibenlernens begann erneut, nachdem er in England schon einmal in Form eines Fernkursus für Kurzgeschichten eingesetzt hatte. Sein ganzes Leben lang bewahrte Chandler die Übungen auf, die er damals geschrieben hatte, um sich im Erzählen und im Aufbau eines Handlungsgerüstes zu schulen. Seine Bemühungen wurden vom Lehrer mit sehr guten Noten bewertet, denn sie zeigten verbales Geschick. Wie die meisten Anfängerarbeiten sind sie gewollt literarisch, es fehlt ihnen die Vitalität einer wirklich guten Geschichte. Eine Übung etwa fängt so an: »Als die Dunkelheit völlig hereingebrochen war, saß er ganz still da und sah zu, wie die hüpfenden Flammen zwischen den Holzscheiten spielten. Im Haus war keine Bewegung zu hören, kein Geräusch außer dem leisen Knistern des Holzes im Kamin, dem schwachen Wehen der Vorhänge, einem Knarren in der Wandtäfelung, der unbestimmten Regung irgendeines uralten Unbehagens, das in den düsteren alten Wänden seufzte.«

Die einzige abgeschlossene Geschichte aus dieser Zeit handelt vom Besuch eines Schriftstellers bei einer berühmten Herzogin, die seine Vorstellungen von Aristokratie völlig über den Haufen wirft, weil sie selbst eine Möchtegern-Autorin ist. Es ist eine James-Nachahmung, eigentlich eine Parodie, und Chandler läßt seinen Helden Bemerkungen wie die folgende von sich geben: »Mit Leidenschaft – finden Sie nicht? – kann man nur über etwas schreiben, was man nie erlebt hat.« Es wird wortgewandt erzählt: »Poliertes Leder folgte dem zartgeschwungenen Bogen seines Rists. Ein Seidenhut bedeckte beinah seine Augenbrauen, und ein tadelloser Frack den Rest.«[2] Aber es gibt kaum wirkliches Leben, zu wenig selbst für eine Skizze mit dem perversen Ziel zu zeigen, daß Dichtung nicht viel mit Wirklichkeit zu tun hat. Die Geschichte ist witzig und geistreich, doch sie hat weder Substanz noch Stil.

Chandler geriet 1932 in Los Angeles unter einen neuen literarischen Einfluß. An die Stelle von James und Saki trat Hemingway. Die einzige aus dieser Zeit erhaltene Erzählung ist eine kurze Parodie mit dem Titel »Bier in der Mütze des Oberfeldwebels oder Die Sonne niest auch«. Sie ist »ohne triftigen Grund Ernest Hemingway gewidmet, dem größten lebenden amerikanischen Romancier«. Es gibt zwei Fassungen dieser Burleske; die zweite ist entschieden besser. Hier die erste Seite:

Hank ging ins Badezimmer, um sich die Zähne zu putzen.
»Zur Hölle damit«, sagte er. »Das hätte sie nicht tun sollen.«
Es war ein gutes Badezimmer. Es war klein, und die grüne Ölfarbe blätterte von den Wänden. Aber zur Hölle damit, wie Napoleon sagte, als man ihm sagte, Josephine warte draußen. Das Badezimmer hatte ein breites Fenster, durch das Hank auf die Fichten und Lärchen blickte. Sie tropften im leichten Regen. Sie sahen ruhig und zufrieden aus.
»Zur Hölle damit«, wiederholte Hank. »Das hätte sie nicht tun sollen.«
Er öffnete das Schränkchen über dem Waschbecken und nahm die Zahnpasta heraus. Er betrachtete seine Zähne im Spiegel. Es waren große Zähne, gelb aber gesund. Hank würde sich noch eine Weile durchbeißen können.
Hank schraubte den Verschluß von der Zahnpastatube und dachte an den Tag, als er den Deckel von der Thermosflasche voll Kaffee geschraubt hatte, unten auf dem Pukayuk, als er Forellen fischte. Dort wuchsen auch Lärchen. Es war ein verdammt guter Fluß, und die Forellen waren verdammt gute Forellen gewesen. Sie hatten gerne angebissen. Alles war gut gewesen, außer dem Kaffee: der war lausig. Er hatte ihn nach Watsons Art gemacht, indem er ihn zweieinhalb Stunden in seinem Rucksack kochen ließ. Er hatte geschmeckt wie die Socken des Vergessenen.[3]

Chandlers Talent schien danach zu schreien, genutzt zu werden. Alles, was er brauchte, war ein Thema und der Wunsch, etwas darüber zu sagen. Das bedeutete nicht unbedingt, über Erlebtes zu schreiben, sondern etwas zu finden, was er begreifen und mit etwas Gefühl ausdrücken konnte, um so die Illusion von Leben zu erwecken, also jene Kunst zu beherrschen, die den wahren Schriftsteller ausmacht. Anfangs standen ihm seine eigene Klugheit und literarische Bildung im Weg. J. B. Priestley sagte, daß Chandler wegen seiner Intellektualität anfangs so kritisch gegenüber sich selbst war, daß er sich als Schriftsteller nicht gehen lassen konnte. Chandler wurde sich dessen selbst bewußt, als er erfahrener war, denn er sagte: »Langsam merke ich, daß uns überpeniblen Leuten viele Stories durch die Lappen gehen, bloß weil wir unserem Verstand erlauben, bei jedem Fehler zu gefrieren, anstatt ihn eine Weile frei laufen zu lassen, ohne den kritischen Beobachter, der gleich alles abschießt, was nicht vollkommen ist.«[4]

Wie alle Künstler fing auch Chandler damit an, daß er andere nachahmte. Immer auf der Suche nach einem Medium für seine Arbeit, las er in den dreißiger Jahren die sogenannten *slicks*, Zeitschriften wie die *Saturday Evening Post, Collier's, Cosmopolitan* und *Liberty*, die ihren Namen ihrem Hochglanzpapier verdanken – und ebensolchem Inhalt. Aber er mochte sie nie, war abgestoßen von »ihrer grundsätzlichen Unehrlichkeit in Sachen Charakter und Motivation.« Deswegen begann er, sich anderswo umzusehen. Wenn er mit Cissy an der Pazifikküste unterwegs war, kaufte er sich, um nachts etwas zu lesen zu haben, Groschenhefte beziehungsweise *pulps*, die in Amerika so heißen, weil ihr Papier aus drittklassiger Holzpulpe hergestellt wird. Sie gefielen ihm, »denn sie waren so billig, daß man sie wegwerfen konnte, und für die sogenannten Frauenzeitschriften hab ich nie etwas übrig gehabt.«[5] Das wachsende Bedürfnis, etwas zu veröffentlichen, brachte Chandler auf einen Gedanken: »Plötzlich kam ich darauf, daß ich dieses Zeug vielleicht schreiben könnte und dabei fürs Lernen noch bezahlt würde.«[6]

Als Mann von fünfundvierzig, der eine Frau zu ernähren hatte, wurde er zwar zu diesem Schritt aus finanziellen Überlegungen gezwungen, doch er entdeckte, daß der Stil von *Black Mask* und anderen *pulps* »kraftvoll und ehrlich war, wenn auch etwas grob.«[7] Später äußerte er sich persönlicher: »Ich hätte nie versucht, für *Black Mask* zu arbeiten, wenn es mir damals nicht Spaß gemacht hätte.«[8] Er war auch philosophisch genug, um zu erkennen, daß, wie er es ausdrückte, »kein Schriftsteller jemals, in irgendeiner Epoche, einen Blankoscheck bekam.«[9] Immer mußte er bestimmte Bedingungen akzeptieren, ob es nun religiöse, politische, gesellschaftliche oder auch vom Markt diktierte Einschränkungen waren: »Noch nie hat ein Schriftsteller genau das geschrieben, was er wollte, denn nie gab es etwas in ihm, etwas rein Individuelles, was er wirklich schreiben wollte. Auf die eine oder andere Weise reagiert man immer auf etwas.«[10]

Billige Prosa erschien in den Vereinigten Staaten und in Europa seit Jahrzehnten, und zwar in besonderen Zeitschriften, die Abenteuer, Sport, Verbrechen, oder anderen Interessen gewidmet waren. Wie die Fortsetzungsromane, die Dickens in England schrieb, diente sie ausschließlich der Unterhaltung; ihre Leser wollten nicht erbaut oder informiert werden, sondern sie wollten die Zeit mit einer guten Geschichte totschlagen, vor allem aber der Realität ihres eigenen Lebens entkommen und einen Hauch von Abenteuer und Romantik spüren. Diese Romane waren eskapistisch, verlangten aber einiges von ihren Autoren. Da ihr einziges Ziel Unterhaltung war, mußten sie auch unterhalten. Für ausgefallene literarische Effekte war keine Zeit. Der Autor mußte den Leser von Anfang an fesseln und ihn in eine wirkliche Story verwickeln. Sonst hatte er versagt.

In den zwanziger Jahren erschien eine ganze Anzahl *pulps*, hauptsächlich in New York. Ihre Namen zeigen Qualität und Intention dieser Magazine: *Underworld, Dime Western, Dime Detective, Adventure, Argosy, Love Story, Wild West Weekly, Ace Western, Ace Sports, Railroad Stories, The Shadow, Black Mask* und *Clues*. Die meisten dieser Hefte bezogen ihre Stories aus dem »*pulp*-Dschungel«, wie der Schriftsteller Frank Gruber eine Gruppe von Autoren nannte, die größtenteils in Greenwich Village wohnten oder sich in den kleineren Hotels nahe beim Times Square eingemietet hatten. Im Durchschnitt erhielten sie für ihre Geschichten nur einen Cent pro Wort; es ging diesen Schriftstellern ziemlich schlecht, weil der Konkurrenzkampf durch die Wirtschaftskrise noch angeheizt wurde. Gruber beschreibt, wie er damals in Bernarr MacFadden's Penny Restaurants ging, wo »man für etwa neun Cent pro Mahlzeit üppig speisen konnte. Ein Hamburger aus Sägemehl mit Fleischgeschmack kostete vier Cent, eine gute harte Semmel einen Penny, Kaffee (bestehend aus Spülwasser mit einem Schuß Zichorie) zwei Cent und Nachtisch auch zwei Cent. Man aß stehend, zwecks besserer Verdauung. Das Essen war sehr sättigend.«[11]

Es gab etwa 300 *pulp*-Autoren allein in New York; außerdem noch etwa 1000 über das Land verstreut. Ihre Aufgabe war es, die etwa 200 Millionen Wörter zu schreiben, die jährlich gebraucht wurden, um diese Hefte zu füllen. Eine eindrucksvolle Industrie, ähnlich dem Fernsehen heute, und sie brachte einige außerordentliche Typen hervor. Einer davon war Arthur J. Burks, der 1936 vom *New Yorker* interviewt wurde: »›Und ist es wahr‹ fragten wir, ›daß Sie anderthalb Millionen Wörter im Jahr schreiben?‹ ›Natürlich‹, sagte Mr. Burks und fügte verächtlich hinzu, ›anderthalb Millionen sind so *gewöhnlich*. Viele von uns schaffen mehr.‹ Mr. Burks, so scheint es, ist nicht der produktivste aller Schriftsteller, dafür aber der vielseitigste. Mit derselben Leichtigkeit schreibt er Stories der Kategorien ›Detektiv, Tier, Western, Krimi, Fantasy, Horror, Piloten, Weltkrieg, Pseudowissenschaft.‹ Er machte eine Atempause. ›Und Unheimlich‹, fügte er hinzu.« Burks scheint ein Selbstbewußtsein gehabt zu haben, das für ihn und seine Berufskollegen typisch ist. »Ich muß mich doch nicht dafür entschuldigen, daß ich für eine Leserschaft von fünfundzwanzig Millionen Menschen schreibe«, sagte er.[12]

Black Mask gilt als das beste der *pulps*, die sich auf Detektivgeschichten der hartgesottenen Schule spezialisierten. Es wurde

1920 von H. L. Mencken und George Jean Nathan gegründet, um Geld zur Unterstützung von *Smart Set* einzubringen, der Zeitschrift, die ihnen eigentlich am Herzen lag. Mencken hatte wenig übrig für *Black Mask* und nannte es eine »Laus«,[13] weil es nur Detektivgeschichten druckte. Trotzdem, zusammen mit zwei anderen »Laosheften«,[14] die sie besaßen, brachte es den Herausgebern genügend ein, um ihr seriöseres literarisches Unternehmen durchzuziehen. Mencken freute sich über den Erfolg von *Black Mask* und räumte ein, unter den Lesern fänden sich »viele Richter, Staatsmänner und andere Eminentissimos«.[15] Er hatte gehört, daß sogar »Woodrow«[16] [Wilson] zu seinen Lesern zähle.

Nach sechs Monaten verkauften Mencken und Nathan ihre Anteile an *Black Mask* an Eugene Crowe, einen Zeitungsmagnaten, und an Eltinge ›Pop‹ Warner, den Chef der Warner Publishing Company in der 25 West 45th Street. Mit Hilfe ihres Vertriebsleiters Phil Cody führten die beiden das Magazin im alten Stil weiter, und zwar bis 1925, als Cody zum Herausgeber ernannt wurde. Obwohl er primär Geschäftsmann war, führte Cody dem Magazin Erle Stanley Gardner zu, außerdem Carroll John Daly, Raoul Whitfield, Lewis Nebel, und vor allem Dashiell Hammett. Nach zwei Jahren wurde Cody Vizepräsident von Warners, und neuer Herausgeber wurde Joseph T. Shaw. Auf dem aufbauend, was Cody geleistet hatte, gab er dem Magazin eine klare Linie und machte es zum bekanntesten seines Genres.

Shaw stammte aus Neuengland und war Absolvent des Bowdoin College. Als Schriftsteller hatte er keinen Erfolg gehabt, dafür aber als Sportler: Er gewann mehrere Landesmeisterschaften im Fechten, speziell mit dem Säbel. Während des Krieges war er Captain in der Armee; nachdem er sich eine Weile mit der Hoover Commission im Ausland aufgehalten hatte, kehrte er nach New York zurück, wo er durch Vermittlung eines Freundes gebeten wurde, *Black Mask* herauszugeben, ein Magazin, von dem er noch nie etwas gehört oder gesehen hatte. Aber »Cap« Shaw, wie er genannt wurde, hatte genug Detektivgeschichten gelesen, um zu wissen, daß er die »Kreuzworträtsel«-Sorte satt hatte, dem die »menschlichen Gefühlswerte«[17] fehlten. Beim Durchgehen von alten Nummern des Magazins wurde er auf Dashiell Hammett als einen Autor aufmerksam, dessen Geschichten Originalität und Authentizität besaßen. Zusammen mit Hammett entwickelte er eine Leitlinie für sein Magazin: »Wir wollten Einfachheit als Ausdrucksmittel für Klarheit, Glaubwürdigkeit und Überzeugung. Wir wollten *action*, waren aber der Meinung, daß *action* sinnlos ist, wenn sie keine erkennbare, dreidimensionale menschliche Figur einbezieht.« Die Detektivgeschichte gehorchte bestimmten Gesetzen, aber Shaw und Hammett wollten ein Schema, »bei dem der Akzent auf den handelnden Personen und den Problemen liegt, die sich im menschlichen Verhalten zeigen, wenn Verbrechen aufgeklärt werden.«[18]

Shaws künstlerisches Kredo beruhte auf seiner moralischen Einstellung. Aus Europa zurückgekehrt, war er entsetzt über die Welle von Verbrechen, die das Land während der Prohibition überschwemmte, und über das Gangstertum, das die Namen von Al Capone, John Dillinger und Dutch Schultz in die Schlagzeilen jeder Provinzzeitung brachte. Er glaubte, daß die Erpressung von Schutzgeldern und die politischen Skandale, die kennzeichnend waren für die Regierung Harding, eine größere Gefahr für das Land bedeuteten als die altmodischen Verbrechen aus Leidenschaft oder Rache. Shaw betonte, daß »organisiertes Verbrechen ohne die Unterstützung von Politikern nicht möglich ist«;[19] er machte es sich zur Aufgabe, die Verbindungen ans Licht zu bringen, die zwischen Kriminellen und gewählten Landesvertretern, Richtern und der Polizei bestanden. 1931 sagte er, »wir glauben, der Öffentlichkeit einen Dienst zu erweisen, wenn wir die realistischen, lebensnahen, aufklärenden modernen Kriminalgeschichten publizieren, die von Autoren wie Hammett, Whitfield und Nebel geschrieben werden.«[20]

Shaw hatte eine klare Vorstellung vom gesetzestreuen Leser, den *Black Mask* ansprechen wollte: ein Mensch, der zugleich jener fiktive Held war, den er bewunderte. Dieser Leser war körperlich »ein ziemlich robustes, rauhes Exemplar der Gattung Mensch – hart wie ein Nagel, mit flinken Beinen und Händen, der klar sieht, nichts herausfordert, aber bereit ist, es mit allem aufzunehmen, das ihm im Weg steht.« Ein Mann, »der das Lied einer Kugel kennt, das leise, gleitende Zischen eines rasch geworfenen Messers, das Gefühl harter Fäuste, den Ruf des Mutes.« Dieser Ausbund an Tugenden, der die »Härten des Lebens im Rohzustand« erfahren hat, besitzt auch einen Moralkodex. »Er ist lebenstüchtig; hart, so wie ein anständiger Kerl hart ist; er haßt Unfairneß, Schwindelei, Ungerechtigkeit, feige Hinterhältigkeit; er setzt sich für einen ehrlichen Handel und eine faire Chance ein, in kleinen und großen Dingen, und ist bereit, dafür zu kämpfen; er ist nicht zimperlich oder prüde, sondern sauber und bewundert das Gute in Mann und Frau; er ist nicht schwärmerisch sentimental, sondern schätzt echte Gefühle; ist nicht hysterisch, sondern empfänglich für den Reiz der Gefahr, die pulsierende Erregung einer sauberen, raschen, harten Aktion, und er ist immer auf der Seite dessen, der im Recht ist.«[21]

Es ist vielleicht unfair, eine so törichte Erklärung derart ausführlich zu zitieren; Shaw jedenfalls hatte selbst genug Sinn für Humor, um in der nächsten Ausgabe zuzugeben, daß er mehrere Zuschriften von Lesern bekommen habe, die meinten, für seinen typischen Leser müsse Teddy Roosevelt Modell gestanden haben. Falls Chandler diese Proklamation las, was wahrscheinlich ist, denn sie wurde im selben Jahr gedruckt, in dem sein erster eigener Beitrag in *Black Mask* erschien, hat er sie vermutlich kaum beachtet, weil er vom Theoretisieren nicht viel hielt; eine Ansicht, die durch das Lächerliche dieses Artikels nur bestätigt wird. Dennoch läßt sich eine Verbindung zwischen ihm und Chandler herstellen, denn obgleich die Sprache der Beschreibung sich wesentlich unterscheidet, unterscheidet sich Shaws idealer Leser nicht sehr vom typischen Produkt einer englischen Public School. Er ist energiegeladener, körperbetonter und bestimmt weniger intellektuell, aber eine grundsätzliche Ähnlichkeit bleibt bestehen. Das könnte es Chandler erleichtert haben, Detektivgeschichten für *pulps* zu schreiben.

Solche tiefgründigen Überlegungen stellte er allerdings nicht an, als er damit begann; er glaubte nicht, ein natürliches Talent dafür zu haben, nach seiner Ansicht mußte er es »einfach lernen wie etwas anderes auch.«[22] Hilfe von außen galt in seinen Augen nichts: »Einem Schriftsteller, der sich selbst nichts beibringen kann, können auch andere nichts beibringen.«[23] Den Rat, den er anderen gab, befolgte er selbst: »Analysieren und imitieren; eine andere Schule ist nicht nötig.« Als erstes las er viel, zunächst Schriftsteller wie R. Austin Freeman, für den die Detektivgeschichte prinzipiell aus nichts anderem bestehen muß als aus einer Kette von Schlußfolgerungen. Diese Schule geht auf Edgar Allan Poe zurück und ist mehr am Lösen des Rätsels und dem damit verbundenen intellektuellen Vergnügen interessiert als an der emotionalen Wirkung der Geschichte. Wie vor ihm Hammett und Shaw fand er die rein deduktive Story unbefriedigend und ordnete sich jenen Schriftstellern zu, die versuchten, mit der Detektivgeschichte etwas über ihre Zeit auszusagen – und die Ungerechtigkeiten, die sie verseuchen. In diesem Punkt stimmte er mit G. K. Chestertons Beobachtung überein, der »eigentliche Wert der Detektivgeschichte liege darin, daß sie die früheste und einzige Form populärer Literatur ist, in der etwas von der Poesie modernen Lebens zum Ausdruck kommt.«[24]

Als Kalifornier, der viel aus seinen Jahren im Ölgeschäft und aus der Wirtschaftskrise gelernt hatte, verstand Chandler eine ganze Menge von der »Poesie« des modernen amerikanischen Lebens. Natürlich studierte er seine Vorläufer – vor allem Dashiell Hammett. Indem er Hammett den größten Einfluß auf sein Werk zuschreibt, ordnet er sich stillschweigend den bedeutendsten amerikanischen Schriftstellern des 20. Jahrhunderts zu, denn er sieht sich auch in der Tradition von Hemingway, Dreiser, Ring Lardner, Carl Sandburg und Sherwood Anderson. Sogar bis Walt Whitman setzt Chandler die Reihe derer fort, die ihn und Hammett inspirierten. Chandlers Bewunderung für Hammett beruhte auf zwei zusammenhängenden Kennzeichen seines Werkes – Stoff und Sprache. »Hammett«, schrieb er, »zog den Mord aus der venezianischen Vase und ließ ihn auf die Straße fallen.«[25] Anders als in englischen Detektivgeschichten, in denen Mord eine Sache der »Oberschicht, der Party im Wochenendhaus, des Rosengartens hinterm Pfarrhaus«[26] war, gab Hammett »den Mord den Menschen zurück, die aus wirklichen Gründen morden, nicht nur, um eine Leiche zu liefern. Er brachte diese Menschen aufs Papier, wie sie waren, er ließ sie eine Sprache sprechen und denken, die sie unter solchen Umständen auch wirklich benutzen würden.«

Stil war wichtig für Chandler. »Jede Sprache wird zuerst einmal gesprochen, und zwar vom einfachen Mann«, schrieb Chandler, »aber sobald sie sich bis zu dem Punkt entwickelt hat, wo sie zum literarischen Medium wird, sieht sie nur noch äußerlich so aus, als ob sie gesprochen würde. Hammetts Stil war in seinen schlechtesten Momenten so formalisiert wie eine Seite aus *Marius the Epicurean;* in seinen besten konnte er fast alles damit sagen.«[27]

Die meisten von Hammetts Geschichten wurden zuerst in *Black Mask* veröffentlicht; viele seiner Romane, darunter *Red Harvest, The Dain Curse, The Maltese Falcon* und *The Glass Key,* erschienen dort in Fortsetzungen. Chandler studierte Hammetts Werk sorgfältig und baute sein eigenes darauf auf. »Ich habe die knallharte Mordgeschichte nicht erfunden«, schrieb er an einen Kollegen aus der Branche, »und ich habe nie ein Geheimnis aus meiner Ansicht gemacht, daß dieses Verdienst zum Großteil, wenn nicht sogar ganz, Hammett zukommt. Als Anfänger ahmt jeder nach. Stevenson nannte das ›den emsigen Affen spielen‹«.[28] Er muß speziell an Hammett gedacht haben, als er schrieb: »Die beste englische Prosa wird heute von Amerikanern geschrieben, aber nicht in irgendeiner puristischen Tradition. Sie haben die Sprache zusammengestaucht wie Shakespeare es tat; sie taten ihr die Gewalt des Melodramas und der Presseloge an. Sie haben Grabsteine umgestürzt und die Toten verhöhnt; und so sollte es sein.«[29] Was

Chandler noch beeindruckte, war Hammetts Liebe zum Detail und seine Fähigkeit, die Beschreibung eines Körpers zu einer Charakterstudie werden zu lassen. Er bewunderte Hammetts erzählerische Fähigkeiten und sagte, daß er einen Roman von ihm auch dann noch gerne lesen würde, wenn das letzte Kapitel herausgerissen worden wäre. »Er wäre ohne die Lösung noch interessant genug«, schrieb er. »Er würde als selbständige Story bestehen können. Das ist der Säuretest.«[30] Hammett fehlte jedoch Chandlers Wortgewandtheit und die Vorstellungskraft, mit der er einer Szene Farbe verlieh. Hier ist Chandler ihm in einem wesentlichen Punkt überlegen. Chandler sah, daß die amerikanische Sprache, die ihnen beiden gehörte, Dinge sagen konnte, von denen Hammett »nicht wußte, wie er sie sagen sollte, ja die zu sagen er nicht einmal als notwendig empfand. In seinen Händen hatte sie keinen Beiklang, hinterließ kein Echo, beschwor kein Bild in der Ferne herauf.«[31]

Doch zunächst einmal mußte sich Chandler die Grundlagen aneignen. Zu diesem Zweck imitierte er andere Schriftsteller der *Black Mask*-Tradition, unter anderem Erle Stanley Gardner, an den er später schrieb: »Ich vergaß Ihnen zu erzählen, daß ich an einer Ihrer Novelletten gelernt habe, wie man sowas schreibt; sie handelte von einem Mann namens Rex Kane, der ein alter ego von Ed Jenkins war und sich mit einer etwas überkandidelten Dame in einer Prachtsvilla in Hollywood einließ, die eine Anti-Erpresser-Organisation leitete. Sie erinnern sich bestimmt nicht mehr daran. Vermutlich liegt sie bei Ihnen in der Ablage unter Nr. 54276-88. Ich machte einfach eine äußerst detaillierte Zusammenfassung Ihrer Geschichte, schrieb sie davon ausgehend neu und verglich das Ergebnis mit dem Original, setzte mich wieder hin, schrieb sie noch weiter um, und so weiter. Am Ende war ich ein bißchen sauer, weil ich nicht versuchen konnte, sie zu verkaufen. Ich fand sie nämlich ganz gut geraten.«[32] Bei der Wahl der Arbeitsmethode wurde Chandler sicher von seiner Ausbildung in Dulwich beeinflußt: sie hat denselben Sinn wie das Übersetzen von Cicero-Texten ins Englische und wieder zurück ins Lateinische. Chandler merkte, daß man nur mit viel

Üben und Geduld Schriftsteller werden konnte. Er überarbeitete jede seiner Geschichten, sobald er sie geschrieben hatte. »Dann verglich ich sie mit einer professionellen Arbeit und prüfte, ob ich eine Wirkung verfehlt oder das falsche Tempo gewählt oder sonst irgendeinen Fehler gemacht hatte. Dann schrieb ich sie neu, wieder und wieder.«[33] Sein Hauptproblem als werdender Schriftsteller war das Beherrschen der eigenen Sprache, denn bislang hatte er nur britisches Englisch geschrieben. »Ich mußte Amerikanisch wie eine fremde Sprache lernen«,[34] erklärte er später. Mit fünfundvierzig Jahren hatte er genügend Erfahrung, um einfach zu schreiben. »Als ich versuchte Geschichten zu schreiben«, schrieb er an Charles Morton vom *Atlantic Monthly,* »war ich gottlob so vernünftig, das in einer Sprache zu tun, die nicht total mit Phrasen vollgestopft war.«[35]

Endlich, nachdem er fünf Monate an »Blackmailers Don't Shoot«, seiner ersten Geschichte, gesessen hatte, schickte er sie an *Black Mask*. Mit der Anmerkung, Chandler sei entweder genial oder verrückt, schickte Shaw sie weiter an einen anderen seiner Autoren, W. T. Ballard. Chandler hatte nämlich versucht, den rechten Textrand so zu justieren, daß sein Typoskript aussah wie gedruckt. Trotz dieser Naivität erkannte Shaw Chandlers Qualität, auch wenn er ihm nur 180 Dollar für die Story zahlte, den Mindestsatz von einem Cent pro Wort.

Als Herausgeber wurde Shaw von seinen Autoren sehr bewundert und geschätzt. Lester Dent zum Beispiel war angenehm überrascht, als er Shaw kennenlernte. Nachdem er schon jede Menge *pulp*-Stories geschrieben hatte, hoffte er, bei *Black Mask* akzeptiert zu werden. Schon bei diesem ersten Treffen war er beeindruckt von Shaws Kultiviertheit, Bildung und der Ernsthaftigkeit, mit der er bei der Sache war, »denn hier war ein Mann, der seinen Stolz auf einen Schriftsteller übertragen konnte. Cap hielt mich nicht für einen *pulp*-Schreiberling. Joe glaubte, ich sei ein zukunftsweisender Schriftsteller. Diese Meinung hatte er von allen seinen Autoren. Immer verstand er es irgendwie, seinen Autoren Kraft zu geben.«

Als Dent Shaw zum ersten Mal traf, wurde ihm ein Brief gezeigt, den Chandler an Shaw geschrieben hatte. Dieser Brief zeugte von »so viel Feingefühl, Empfindungsvermögen und Scharfblick, daß er für immer meine Ansicht über Chandler prägte, dem ich nie begegnet bin.« Shaw zeigte Dent diesen Brief, weil er ihm zu verstehen geben wollte, daß er sich »nicht einfach hinsetzen sollte, um für *Black Mask* hartgesottenen *pulp*-Schund in die Maschine zu hauen. Ich sollte bei der Arbeit überzeugt sein und fühlen, daß ich eine großartige Geschichte schreibe.«[36]

Außerdem war Shaw ein Herausgeber, von dem man etwas lernen konnte: »Er diskutierte mit einem seiner Autoren deren Können, und ehe man sich's versah, hatte man irgend etwas von Hammett oder Chandler in der Hand und dazu einen Blaustift; Cap bat einen dann: ›Würden Sie das irgendwo kürzen? Kürzen Sie nur ein paar Worte.‹ Es gab natürlich nichts Überflüssiges. Man konnte nirgends kürzen. Jedes Wort war nötig.«[37]

Älter als die meisten *Black Mask*-Autoren, war Chandler von Shaw nicht so abhängig wie andere, obwohl er ihn für einen »sehr freundlichen und warmherzigen Herausgeber«[38] hielt, der »es verstand, seine Autoren dazu zu bringen, besser zu schreiben als sie es in Wirklichkeit konnten.«[39] Während er noch aktiver Mitarbeiter des Magazins war, schrieb er, Shaw »verstehe sehr viel vom Schreiben; wenn man's braucht, kann er einem Mut machen wie keiner sonst, den ich kenne, es kann oder tut.«[40] Als Herausgeber beschäftigte Shaw sich eingehend mit den Beiträgen seiner Autoren. Wenn er eine Story bekam, die zuviel *action* hatte, sagte er: »Um Spannung zu erzeugen, muß man nicht eine Dauer-Schießerei durch die ganze Geschichte ziehen, mit einem Toten in jedem zweiten Absatz. Auch Dialog kann eine Story spannend erhalten.«[41]

Shaw selbst beanspruchte nie irgendein Verdienst am Werk seiner Autoren. »Ich habe nie einen Autor ›entdeckt‹«, schrieb er; »er hat sich selbst entdeckt. Ich habe nie einen Autor ›gemacht‹. Er hat sich selbst gemacht.«[42] Chandler hat er sehr geschätzt und seinen Geschichten im Magazin fast ausnahmslos die erste Stelle eingeräumt. Shaw war der Ansicht, Chandler sei »schon als fertiger Schriftsteller zu uns gekommen; seine ersten Stories hatten bereits alles, was man sich wünschen konnte. Es bestand nie der geringste Zweifel, daß Ray einmal sehr viel Erfolg haben würde.«[43]

Chandler besaß dieses Selbstvertrauen nicht, auch wenn er eine klare Vorstellung von dem hatte, was er schreiben wollte, und warum die Kriminalstory sich für das eignete, was er zu sagen hatte. Als er 1950 auf seine Geschichten zurückblickte, bezeichnete er als deren wichtigstes Merkmal den »Geruch der Angst«, den sie erzeugten. Damit waren sie ein Echo seiner eigenen Erfahrung, denn sie handelten von »einer Welt, in der etwas schiefgelaufen war, einer Welt, in der die Zivilisation, lange vor der Atombombe, eine Maschinerie zur Selbstzerstörung konstruiert hatte, die sie jetzt zu benutzen lernte, mit dem schwachsinnigen Vergnügen, mit dem ein Gangster seine erste Maschinenpistole ausprobiert. Gesetze waren dazu da, um für Profit und Macht manipuliert zu werden. Die Straßen waren finster, aber nicht nur, weil es Nacht war. Die Kriminalgeschichte wurde hart und zynisch, wenn es um Motive und Personen ging, aber sie war nicht zynisch, wenn es um die Wirkungen ging, die sie zu erzielen versuchte, und um die Mittel, die sie dazu brauchte.«[44]

Erschwert wurde Chandlers Entwicklung als Schriftsteller dadurch, daß er sah, welche Möglichkeiten in der Detektivgeschichte lagen. Er hatte nicht vor, ein *pulp*-Autor zu bleiben, denn als solcher hätte er nur überleben können, wenn er jedes Jahr eine große Anzahl solcher Stories produziert hätte. »Von Anfang an«, schrieb er später, »von der allerersten *pulp*-Geschichte an, stellte sich mir immer die Frage (zuerst natürlich, wie man überhaupt eine Story schreibt), wie ich in den Stoff etwas hineinpacken könnte, das sie [die Leser] nicht abschrecken würde; etwas, was sie bewußt vielleicht gar nicht wahrnehmen würden, was aber irgendwie in ihren Verstand einsickern und eine Nachwirkung hinterlassen würde.«[45] Das heißt mit anderen Worten, daß Chandler die Detektivgeschichte als eine Form von Literatur ansah. Auf diese Weise hoffte er, beim Schreiben Geld zu verdienen, ohne dabei seine Zeit zu vergeuden. »Natürlich bin ich ein komischer Kauz«, schrieb er einige Jahre später. »Ich betrachte Krimis als literarische Werke, lege ihnen dieselben Maßstäbe an wie jedem anderen Roman, und verlange dazu noch, daß die extremen formalen Anforderungen der Gattung erfüllt werden.«[46]

Indem er Hammetts Spuren folgte, wurde Chandler zwangsläufig Teil einer Gruppe. Er wußte das auch: »Wir alle wuchsen sozusagen zusammen auf«, schrieb er einem Kollegen aus der Branche, »und wir alle schrieben dieselbe Sprache und sind alle mehr oder weniger aus ihr herausgewachsen. Eine Menge *Black Mask*-Stories ähneln einander, ebenso wie eine Menge elisabethanischer Dramen einander ähneln. Das läßt sich nicht vermeiden, wenn eine Gruppe eine neue Technik benutzt.«[47] Ihm war klar, daß er seine Geschichten knallhart machen mußte, obwohl er später bedauerte, wie viele Personen in ihnen ermordet wurden oder sonst auf brutale Weise umkamen. Das gehörte zu den Konventionen dieser Gattung. »Einige von uns haben sich ziemlich angestrengt, aus der Formel auszubrechen«, schrieb er, »aber meistens wurden wir erwischt und wieder zurückgeschickt. Über die Grenzen einer bestimmten Formel hinauszugehen ohne sie dabei zu zerstören, ist der Traum jedes Magazin-Autors, der kein hoffnungsloser Lohnschreiber ist.«[48] Vor allem wollte er Dashiell Hammett übertreffen. »Ich dachte, ich könnte vielleicht ein bißchen weitergehen, ein bißchen humaner sein, könnte mich ein bißchen mehr für Menschen interessieren als für Mord.«[49]

In späteren Jahren erklärte Chandler ausführlicher, was er meinte: »Vor langer Zeit, als ich noch für die *pulps* schrieb, schob ich in eine Geschichte einen Satz wie diesen ein: ›Er stieg aus dem Wagen und ging über den sonnenüberfluteten Bürgersteig, bis der Schatten der Eingangsmarkise über sein Gesicht fiel wie die Berührung kühlen Wassers.‹ Das strichen sie, als die

Geschichte gedruckt wurde. Ihre Leser schätzten sowas nicht – halte bloß die Handlung auf.

Ich nahm mir vor, sie zu widerlegen. Nach meiner Theorie *dachten* die Leser nur, sie interessierten sich für nichts als Handlung; in Wirklichkeit aber, obwohl sie's nicht wußten, ging es ihnen genau um die Dinge, um die es mir auch ging: um die Entstehung einer Emotion durch Dialog und Beschreibung. Was ihnen im Gedächtnis blieb, was sie verfolgte, war zum Beispiel nicht einfach die Tatsache, daß ein Mann umgebracht wurde, sondern daß er im Augenblick seines Todes gerade versuchte, eine Heftklammer von der polierten Schreibtischplatte aufzunehmen; sie entglitt ihm immer wieder, so daß sein Gesicht einen Ausdruck der Anstrengung zeigte und der Mund in einer Art gequältem Grinsen halb offen stand, und das allerletzte, an das er gedacht hätte, war der Tod. Er hörte nicht einmal, wie der Tod an die Tür klopfte. Diese verdammte kleine Heftklammer glitt ihm immer wieder aus den Fingern.«[50]

Seine erste Story, »Blackmailers Don't Shoot«, verurteilte Chandler später als »reine Nachahmung« mit genügend *action* für fünf Stories, nichts weiter als eine »gottverdammte Pose.«[51] Das Urteil ist gerecht, wenn auch etwas übertrieben, im Vergleich zur Qualität seiner späteren Arbeiten, aber vom ersten Versuch konnte man eigentlich nur eine Imitation erwarten. »Finger Man«, seine dritte Story, 1934 veröffentlicht, war die erste, von der er sagte, daß er mit ihr zufrieden sei. Fast alle seine frühen Arbeiten kleben an bestimmten Konventionen. Anders als in den in England so beliebten logisch aufgebauten Rätsel-Krimis ist sein Privatdetektiv nicht damit beschäftigt, ein Geheimnis zu enthüllen oder den Mörder der auf Seite eins erscheinenden Leiche zu finden. Chandlers Detektive werden sofort in eine aktive Welt des Verbrechens verwickelt und müssen einen verzwickten Kurs zwischen Verbrechern und Polizisten (die manchmal identisch sind) steuern; außerdem müssen sie sich vor den Frauen in acht nehmen. Chandler experimentierte mit mehreren Detektiven, bevor er sich für Marlowe entschied. Einige der Geschichten werden von einem anonymen

Ich erzählt; in anderen wird der Detektiv vom allwissenden Erzähler beobachtet. Aber ob sie nun einen Namen haben oder nicht, sie alle – John Dalmas, Ted Carmady, Johnny DeRuse, Pete Anglish und Sam Delaguerra – sind harte, unabhängige Männer, die wissen, daß mit der Gesellschaft etwas nicht stimmt, und die versuchen, die Korruption ein wenig abzuschwächen, indem sie ein oder zwei Unschuldige retten, meistens Frauen, die erpreßt werden. Der Typus wird in der ersten Story festgelegt: »Der Mann im kobaltblauen Anzug – der durch die Beleuchtung im Club Bolivar gar nicht mehr kobaltblau wirkte – war hochgewachsen, hatte weit auseinanderstehende graue Augen, eine dünne Nase und einen Unterkiefer aus Stein. Darüber einen ziemlich sensiblen Mund. Sein Haar war kraus und schwarz, ganz schwach mit Grau meliert, wie von einer fast schüchternen Hand. Seine Kleidung paßte ihm, als hätte sie eine eigene Seele, nicht bloß eine zweifelhafte Vergangenheit. Er hieß, zufällig, Mallory.«[52]

In Chandlers Werk ist der Privatdetektiv bei der Polizei gewöhnlich unbeliebt oder allenfalls geduldet. Sein bloßes Dasein ist schon Kritik an ihrer Unfähigkeit, Käuflichkeit oder an beidem. Der »Schnüffler«, wie er von Chandler dargestellt wird, ist ein Romanheld, der in der amerikanischen Literatur auf eine lange Tradition zurückblicken kann. Wie so viele rebellische und individualistische Gestalten in den Romanen von Hawthorne, Melville, Cooper und Mark Twain lebt er nach seinem eigenen Sittenkodex und kommt mit den herrschenden Konventionen nicht klar. Das Robin Hood-Thema ist eine der ältesten literarischen Traditionen überhaupt; seine Popularität beruht auf den skeptischen Ansichten der meisten Leute über menschliche Institutionen.

Andererseits ist der Detektiv aber gar nicht die wichtigste Figur in Chandlers ersten Arbeiten. Er dient hauptsächlich als Erzähler und als Fenster, durch das man andere, weit interessantere Figuren sehen kann. Diese Figuren stammen aus allen möglichen Gesellschaftsschichten: ein viel breiteres Spektrum als in den üblichen Geschichten mit einem bestimmten Milieu und den dazu passenden Personen. Die Skala der Gangster reicht vom brutalen Killer bis zum geschniegelten Mann von Welt. Diejenigen, die das Treten und Quälen besorgen, die drauflosballern, foltern und den Totschläger schwingen, sind meistens unwissende Gorillas mit bildhaften Namen wie Moose Magoon und Big Chin Lorentz, Schwachsinnige, die einfach Befehle ausführen. Trotz allem sieht Chandler den Menschen in ihnen. In »Mandarin's Jade« nimmt einer der Gangster ein schlimmes Ende, worauf der Detektiv folgenden Kommentar abgibt: »Er hatte gar nichts Komisches mehr an sich, nichts Hartes oder Gemeines. Er war bloß noch ein armes totes Schwein, das nie richtig begriffen hatte, worum es eigentlich ging.«[53]

Die Männer, die diese Gorillas anheuern, leben gewöhnlich in der schattenhaften Halbwelt des Verbrechens. Sie verkaufen Pornographie oder Drogen, sind Spieler oder falsche Spiritisten. Sie leiten zweifelhafte Kliniken oder Tierheime. Viele sind Geschäftsführer oder Besitzer von Nachtklubs. Als Erbe des *speakeasy* der Prohibitionszeit stellt der Nachtklub eine natürliche Arena für Chandlers Dramen dar. Hier wird die Nacht zum Tage, hier zeigen die Menschen die Kehrseite ihres Charakters; Menschen aller Gesellschaftsschichten treffen aufeinander. Chandlers Nachtklubinhaber variieren in Eleganz und Stil: Manche sind reichlich schmierig, andere sind zu schlau, um sich die Hände schmutzig zu machen. Die meisten sind typisiert, tragen Smoking, dunkle Brille und haben hinten im Büro eine Pistole im Schreibtisch. Oft sind es Italiener oder Mexikaner mit Namen wie Zapparty, Benny Cyrano oder Canales. Auch wenn sie den Killern und Schlägertrupps Befehle erteilen, stehen sie in Wirklichkeit nicht viel höher. Irgendwann erwischt es sie wie Soukesian in »Mandarin's Jade«, der aussah »wie ein Mann, der etwas vorhatte, was ihm keine Freude machte, der aber trotzdem dazu entschlossen war.«[54]

Die Hierarchie innerhalb der Polizei sieht ähnlich aus. Die abgebrühten Beamten, ob ehrlich oder unehrlich, verlassen sich alle gleichermaßen auf Gewalt, um zu kriegen, was sie wollen.

Über ihnen stehen ein paar schwer arbeitende Kommissare und Inspektoren, aber es gibt auch andere, die besonders ehrgeizig sind und ebenso korrupt werden wie die Ganoven, indem sie für ihren eigenen Vorteil arbeiten. Bis zu diesem Punkt ist die Korruption im wesentlichen persönlich. Darüber liegt die Ebene der Politik, die, wie alles andere in Chandlers Welt, sowohl legale als auch illegale Aspekte aufweist. In »Finger Man« wird der Mord von einem politischen Drahtzieher, Frank Dorr, arrangiert, der sich seine Beziehungen bezahlen läßt und sich an Schmiergeldern bereichert, die ihm Spieler und andere Existenzen am Rande des Gesetzes bezahlen. »Politik – selbst wenn sie eine Masse Spaß macht – zerrt an den Nerven«, sagt Dorr. »Sie kennen mich. Ich bin ein zäher Brocken, und was ich will, das kriege ich auch. Es gibt zwar nicht mehr sonderlich viel, was ich will – aber was ich will, das will ich. Und ich bin verdammt nicht sehr wählerisch, wie ich's kriege.«[55] In einer anderen Geschichte, »Spanish Blood«, stellt sich heraus, daß der Verbrecher der Polizeikommissar ist, aber man kann nichts dagegen unternehmen. »In der Stadt«, erklärt der Detektiv, »bei der Polizei ist man ganz zufrieden so, wie es ist. Das Ganze ist prima Politik.«[56] Wenn auch selten so offen, so ist Chandlers Zynismus gegenüber der Gesellschaft doch ein durchgängiges Element in seinen Stories. Alles, was ein anständiger Mensch besitzt, ist sein persönlicher Ehrenkodex. An der Gesellschaft findet sich kaum etwas, worüber man glücklich sein könnte. Am Schluß von »Smart-Aleck Kill« sitzen der Detektiv und der Polizeihauptmann zusammen. »Worauf trinken wir?« fragte der Polizist. »Trinken wir einfach so«, antwortet der Detektiv.[57]

Aber Chandler ist nicht so sehr an sozialer Gerechtigkeit wie an Menschen interessiert, selbst wenn sie, wie die Frauen, etwas konventionelle Rollen spielen. Da es zwischen dem Detektiv und den Frauen der Story keine echte Liebesbeziehung geben kann, weil der Detektiv professionell distanziert und persönlich unbeteiligt bleiben muß, sind die Frauen hauptsächlich Dekoration. Die meisten sind schöne und glamouröse, große, grazile

Blondinen oder, wie Rhonda Farr in »Blackmailers Don't Shoot«, Mädchen mit den vielsagenden »kornblumenblauen« Augen und der »Art Haut, die einen alten Wüstling zum Träumen bringt«[58], eine Wendung, die zufällig (und wahrscheinlich unbewußt) übernommen wurde aus seiner vor dem Krieg geschriebenen Geschichte über die Londoner Herzogin, die eine Haut hatte, »von der ein alter Roué auf dem Sterbebett träumt.«[59] Die meisten dieser Mädchen brauchen Schutz – sie haben sich in anderer Leute Schwierigkeiten hineinziehen lassen und sind Opfer. »Sie war einfach ein nettes Mädchen, das in der Klemme steckte – und sie wußte nicht einmal, daß sie in der Klemme steckte«, sagt Marlowe in »Red Wind«.[60] Manche der Frauen lassen sich gedankenlos treiben. Francine Ley etwa umgibt sich mit einer Menge zwielichtiger Gestalten und nimmt, obwohl selbst nicht bösartig, deren Gewohnheiten an. Sie ist amoralisch, ein hübsches Ding, das mit dem Feuer spielt und nicht weiß, wie es sich benehmen soll. Andere sind gefühlvoll und warmherzig, doch fast alle werden von der Atmosphäre des Verbrechens, in der sie leben, angesteckt. In dieser Katz-und-Maus-Welt haben sie immer Angst, denn sie sind ebenso in das Drama verstrickt wie die Männer. Der Detektiv hilft, soweit er kann. In »Pickup on Noon Street« findet er das unschuldige Mädchen, das er überall gesucht hat, und als er bei ihr ist, »starrte das Mädchen ihn an. Ganz langsam schwand alle Furcht aus ihrem Gesicht.«[61]

Chandler ist Feminist genug, um auch ein paar weibliche Gangster in seine Geschichten einzubauen. Keine ist abgebrühter als Carol Donovan in »Goldfish«, ein »sehr hübsches, schwarzhaariges, grauäugiges Mädchen«,[62] das eine 32er bei sich trägt. Sogar ihr Komplize sagt: »Sie ist mir zu rücksichtslos, Carmady. Ich hab's ja schon oft mit harten Frauen zu tun gehabt, aber sie ist wie der Blauglanz auf Panzerstahl.«[63] Schließlich gibt es noch den kecken, lebenstüchtigen Mädchentyp, der keine Hilfe braucht, dafür aber Liebe. Carol Pride ist so ein Mädchen mit »einem müden, hübschen Gesichtchen unter toupiertem braunen Haar, einer ziemlich schmalen Stirn, die höher war als allgemein elegant gilt, einer neugierigen kleinen Nase, einer etwas zu langen Oberlippe und einem mehr als etwas zu breiten Mund. Ihre Augen konnten sehr blau sein, wenn sie es versuchten. Sie wirkte ruhig, aber nicht duckmäuserisch. Sie sah gut aus, aber nicht à la Hollywood.«[64]

Chandlers Gestalten sind in diesen Arbeiten noch nicht voll entwickelt. Er vermied es zwar, klischeehafte Typen zu benutzen, was seine Personen real wirken läßt, aber in jeder Geschichte gibt es so viele verschiedene Figuren, daß keine besonders im Gedächtnis haften bleibt. Viele sind jedoch so lebendig, daß sie den Eindruck erwecken, sie wollten noch wachsen. Chandlers *Black Mask*-Stories waren alle zwischen etwa 15 000 und 18 000 Wörtern lang; dieser Umfang zwang Chandler, seine Geschichten besser auszuarbeiten als damals in London, wo er kurze Skizzen und Erzählungen im Stil von Saki schrieb. Seine Erfahrung mit den *pulps* war ein wesentlicher Abschnitt seiner Entwicklung als Romancier, denn sie lehrte ihn, der Denkweise des Kurzgeschichtenerzählers zu mißtrauen, die, wie er später eingestand, »mit einem Einfall, einer Figur oder irgendeinem Dreh durchkommt, ohne echte dramatische Entwicklung.«[65] Chandlers Stories sind in einem ganz wörtlichen Sinn Miniaturromane.

Die besten Passagen in diesen Geschichten sind Beschreibungen und Dialoge. Es ist Chandler nicht wie in seinen Romanen gelungen, einen wirklich eigenen Stil zu finden, weil er ständig experimentierte. Erst als er sich endgültig für Marlowe entschied und dessen Persönlichkeit benutzte, um seine Gedanken auszudrücken, wies die Sprache keine logischen Sprünge mehr auf. Aber es gibt auch in diesen frühen Arbeiten sehr starke Passagen. Hier ist eine zu Beginn von »Nevada Gas«:

Draußen vor dem Delmar Club regnete es. Der livrierte Portier half Hugo Candless in seinen gegürtelten weißen Regenmantel und ging hinaus, um den Wagen kommen zu lassen. Als der vorgefahren war, hielt er einen Regenschirm über Hugo, während sie über den Rauhfaserteppich zur Bordsteinkante gingen.

Der Wagen war eine königsblaue Lincoln-Limousine, mit braungelben Streifen. Die Zulassungsnummer lautete 5 A 6.

Der Chauffeur, der den Kragen seines schwarzen Regenmantels bis über die Ohren hochgeschlagen hatte, sah sich nicht um. Der Portier öffnete den Schlag, Hugo Candless stieg ein und ließ sich schwer auf den Rücksitz sinken.

»Nacht, Sam. Sag ihm, er soll mich nach Hause fahren.«

Der Portier tippte an seine Mütze, schloß die Tür und gab die Anweisung an den Fahrer weiter, der ohne seinen Kopf zu drehen nickte. Der Wagen glitt im Regen davon.

Der Regen kam schräg herunter; an jeder Kreuzung ließen ihn jähe Böen gegen die Fensterscheiben der Limousine prasseln. An den Straßenecken warteten ganze Knäuel von Menschen, die den Sunset überqueren wollten, ohne total durchnäßt zu werden. Hugo Candless grinste mitleidig zu ihnen hinaus.

Der Wagen bog vom Sunset ab, passierte Sherman und schwenkte dann in eine Straße Richtung Hügel ein. Er begann stark zu beschleunigen. Auf diesem Boulevard herrschte jetzt nur wenig Verkehr.

Es war sehr heiß im Wagen. Alle Fenster waren zu, und die Trennscheibe hinter dem Fahrer war ganz geschlossen. Der Rauch von Hugos Zigarre hing schwer und stickig im Fond der Limousine.

Candless runzelte die Stirn und streckte die Hand aus, um ein Fenster herunterzudrehen. Die Kurbel funktionierte nicht. Er versuchte es an der anderen Seite. Die ging auch nicht. Er wurde langsam wütend. Er griff nach dem kleinen Telefondingsda, um seinen Chauffeur anzuschnauzen. Es gab kein kleines Telefondingsda.

Der Wagen bog scharf in eine lange, gerade Bergstraße ein, an der auf der einen Seite Eukalyptusbäume standen, aber keine Häuser. Candless spürte, wie es ihm eiskalt über den Rücken lief, das Rückgrat hinauf und wieder hinunter. Er lehnte sich nach vorn und hämmerte mit der Faust gegen die Scheibe. Der Fahrer wandte nicht den Kopf. Der Wagen raste die lange dunkle Bergstraße hinauf.

Hugo Candless griff heftig nach dem Türgriff. Die Türen hatten keine Griffe – beide nicht. Ein fahles, ungläubiges Grinsen überzog Hugos breites Mondgesicht.

Der Chauffeur beugte sich nach rechts hinüber und suchte nach etwas mit seiner behandschuhten Hand. Plötzlich gab es ein scharfes, zischendes Geräusch. Hugo Candless nahm den Geruch von Mandeln wahr.

Nur sehr schwach zunächst – sehr schwach, und eher angenehm. Das zischende Geräusch hielt an. Der Mandelgeruch wurde bitter und scharf und sehr tödlich. Hugo Candless ließ seine Zigarre fallen und schlug mit aller Kraft gegen die nächste Fensterscheibe. Die Scheibe zerbrach nicht.

Der Wagen hatte jetzt die Hügel erreicht; nicht einmal mehr die gelegentlichen Straßenlaternen der Wohnviertel waren zu sehen.

Candless ließ sich auf den Sitz zurückfallen und hob den Fuß, um hart gegen die Glastrennscheibe vor sich zu treten. Der Tritt blieb unvollständig. Seine Augen konnten nicht mehr sehen. Sein Gesicht verzerrte sich zu einer zähnefletschenden Grimasse, und sein Kopf sank nach hinten ins Polster, gegen seine massige Schulter geknickt. Sein weicher weißer Filzhut saß formlos auf dem großen quadratischen Schädel.

Der Fahrer warf einen raschen Blick zurück, zeigte für einen kurzen Moment ein hageres, habichtähnliches Gesicht. Dann beugte er sich wieder nach rechts, und das zischende Geräusch brach ab.

Er fuhr rechts an den Rand der verlassenen Straße, hielt den Wagen an, schaltete alle Lichter aus. Der Regen trommelte dumpf auf das Dach.

Der Fahrer stieg aus und öffnete im strömenden Regen die hintere Wagentür. Dann wich er schnell zurück, wobei er sich die Nase zuhielt.

Für kurze Zeit blieb er so in einiger Entfernung vom Wagen stehen und sah die Straße hinauf und hinunter.

Im Fond der Limousine saß Hugo Candless und rührte sich nicht.[66]

Viele der Geschichten oder Teile davon haben etwas Burleskes an sich, was vermuten läßt, daß Chandler wußte, wie viel von dem, was er schrieb, Schund war. Eine Story, »Pearls Are a Nuisance«, ist mit ihren übertriebenen Besäufnissen und Gewalttätigkeiten von Anfang bis Ende eine Parodie. Dieser obligatorische Bestandteil der hartgesottenen Schule langweilte ihn, und so schrieb Chandler in »Bay City Blues« zu seinem eigenen Vergnügen eine Burleske über die Welt der harten Kerle. Der korrupte Polizist De Spain verpaßt dem Gorilla Big Chin die Abreibung aller Abreibungen. Hier ein Ausschnitt davon:

De Spain trat ihm ins Gesicht.

Big Chin überrollte sich auf dem Kies und umkrallte sein Gesicht mit beiden Händen; ein klagender Laut drang durch seine Finger. De Spain stieg über ihn hinweg und trat ihn gegen den Knöchel. Big Chin heulte auf. De Spain kehrte wieder zu seiner Ausgangsposition hinter dem Mantel und der Pistole im Halfter zurück. Big Chin wälzte sich ein wenig herum, kam auf die Knie und schüttelte den Kopf. Große dunkle Tropfen fielen von seinem Gesicht auf den Kiesboden. Er kam langsam auf die Füße und blieb etwas nach vorn gekrümmt stehen.

De Spain sagte: »Komm schon hoch. Du bist ein zäher Brokken. Du hast Vance Conried hinter dir, und der hat das Syndikat hinter sich. Vielleicht hast du auch Chief Anders hinter dir. Ich bin ein lausiger Plattfuß, mich deckt keiner. Komm schon. Tu was für dein Geld.«

Big Chin hechtete nach der Pistole. Seine Hand berührte den Griff, wirbelte ihn aber nur herum. De Spain trat mit voller Wucht auf seine Hand und drehte seinen Absatz herum. Big Chin schrie gellend auf. De Spain sprang zurück und sagte müde: »Fühlst du dich etwas überfordert, mein Süßer?«[67]

Chandler mußte mit parodistischen Mitteln vorsichtig umgehen, weil er seine Geschichten ja schließlich verkaufen wollte. Aus diesem Grund brachte er seine Witze oft unauffällig an, wie am Anfang von »Red Wind«: »An diesem Abend wehte ein

Wüstenwind durch die Stadt. Einer dieser heißen, trockenen Santa Anas, die von den Gebirgspässen herunterkommen, einem das Haar kräuseln, die Nerven zum Flattern und die Haut zum Jucken bringen. In Nächten wie dieser endet jedes Zechgelage mit einer Schlägerei. Brave kleine Hausfrauen befühlen die Schneide ihres Tranchiermessers und studieren den Hals ihres Mannes. Schlechthin alles ist möglich. Es kann einem sogar passieren, daß man in einer Cocktail-Bar ein volles Glas Bier bekommt.«[68]

Bei einem Anfang wie diesem werden sich die meisten Leser von Chandlers wirklich atmosphärischen Sätzen mitreißen lassen und den Witz im letzten nicht bemerken; aber er steht für diejenigen da, die ihn bemerken. Unter Chandlers breitem und vielschichtigem Publikum gibt es beide Arten von Lesern.

Bei Dialogen kam es Chandler darauf an, daß sie realistisch klangen. Andererseits spielte er auch gern mit Wortstellung und Diktion. Ein Beispiel dafür ist folgende außerordentliche Unterhaltung:

»How did you know that was his window and what would he be doing here at this time of night?«
»Loading up his little needles«, he said. »I've watched the guy some is how I know.«
»Watched him why?«[69]

Dem gewöhnlichen Leser wird kaum auffallen, was Chandler hier durch Übertragung gesprochener Sprache in die gedruckte Geschichte erreicht. Es wird ihm authentisch vorkommen, und vielleicht irgendwie komisch. Aber Chandler arbeitete hart an solchen Effekten: »Ich bin ein intellektueller Snob, der zufällig einen Narren an der amerikanischen Umgangssprache gefressen hat, vor allem weil ich mit Latein und Griechisch aufgewachsen bin. Ergebnis: wenn ich Slang verwende, Sprachfehler, Umgangssprachliches, Gaunerjargon oder irgend sonst etwas sprachlich Ausgefallenes, habe ich eine bestimmte Absicht dabei. Die literarische Verwendung von Slang ist ein Studium für sich. Ich habe die Erfahrung gemacht, daß es überhaupt nur zwei brauchbare Arten gibt: Slang, der zur Alltagssprache gehört, und Slang, den man selbst erfindet. Alles andere ist mit größter Wahrscheinlichkeit schon passé, bevor es in Druck geht.«[70]

Chandlers Stil – wenigstens in den frühen Geschichten – läßt sich scheinbar in zwei Komponenten teilen. Im Dialog ahmt er sorgfältig amerikanische Sprachmuster nach. Die Sätze sind formlos und verschlungen, die Wortstellung nicht selten schief. Das hat ihm offensichtlich Spaß gemacht; viele Sätze sind ausgesprochen komisch. Außerdem war er vom Reichtum der amerikanischen Sprache begeistert. Er erfand zahlreiche Redewendungen wie die folgende: »Get dressed, sweetheart – and don't fuss with your necktie. Places want us to go to them.«[71]

In den beschreibenden und erzählenden Passagen seiner Geschichten verfährt Chandler ganz anders. Hier benutzt er nicht wie Sherwood Anderson, Ernest Hemingway oder William Faulkner amerikanische Sprachmuster, sondern schreibt das britische Standardenglisch, das ihm in Dulwich beigebracht worden war und das auf der Kenntnis des lateinischen Satzbaus beruht. Chandlers Diktion ist formal, die Sätze gewöhnlich stark gegliedert. Sein einziger Manierismus ist die übermäßige Verwendung des Wortes »und«, die er vielleicht von Hemingway übernommen hat, obwohl sein Stil sonst in jeder Hinsicht ganz anders ist als der Hemingways. Was Chandlers Arbeiten die besondere Würze gibt ist die Kombination von britisch-englischem Standardsatzbau und vorwiegend amerikanischem Wortschatz. Sein Stil wirkt nie langweilig, weil Chandler etwas von Kadenz und Tempo versteht. Er wirkt nie trocken, weil die Sprache so frisch ist. Dieser Stil ist das natürliche Produkt von Chandlers persönlicher Geschichte. In seinen Romanen hat Chandler ihn weiterentwickelt und verfeinert, aber die Basis dafür waren *pulp*-Stories.

Von Anfang an wurden Chandlers Arbeiten zu den besten ihres Genres gezählt; dennoch waren die fünf Jahre vor *The Big Sleep* nicht gerade leicht. Im ersten Jahr seiner neuen Karriere zogen die Chandlers in die 1637 Redesdale Avenue um, unweit Silver Lake. Auch in der Folge wechselten sie ständig die Wohnung, manchmal bis zu dreimal im Jahr. Chandler war ein ruheloser Mensch, und immer stimmte irgend etwas nicht – Lärm, Kinder, der Verkehr, unangenehme Nachbarn oder das Klima. Er zog mit Cissy hinauf zum Big Bear Lake in den Bergen oberhalb von San Bernardino, wo sie für wenige Dollar pro Woche ein Häuschen mieten konnten; dann ging es wieder hinunter nach La Jolla, um von der Kälte in den Bergen wegzukommen, dann nach Riverside, wo sie »Türen und Fenster mit Lumpen gegen den Staub abdichten mußten, was aber auch nichts nützte.« Nachdem sie von dort nach Cathedral City, der armen Verwandten von Palm Springs, geflohen waren, zogen sie weiter nach Pacific Palisades, wo sie ein Stück Land kauften, in der Hoffnung, eines Tages darauf bauen zu können. Aber der Wind war so schlimm, daß sie »jeden Dahlienstrauch mit fünf Stöcken befestigen mußten, damit er nicht umgeweht wurde.«[72] Und so zogen sie wieder weiter.

In einem Interview einige Jahre später sagte Chandler zu Irving Wallace, sein Jahreseinkommen habe im Durchschnitt 2750 Dollar betragen – aber das war, nachdem er angefangen hatte, Romane zu schreiben. In den dreißiger Jahren verdiente er weitaus weniger, obwohl ihm für seine Stories nicht mehr nur die Mindestrate gezahlt wurde, sondern wahrscheinlich fünf Cent pro Wort. Noch 1938, als er drei Stories an das Magazin *Dime Detective* verkaufte, das noch heute Spitzenhonorare zahlt, verdiente er nur 1275 Dollar, etwa ein Zehntel von dem, was er als leitender Angestellter in der Ölbranche verdient hatte. Die Wirtschaftskrise bekamen die Chandlers empfindlich zu spüren. Sie wohnten immer möbliert, weil sie ihre eigenen Möbel aus finanziellen Gründen in einem Lagerhaus untergestellt hatten. »Ich habe zwar nie im Park geschlafen«, schrieb er später, »aber viel hat daran nicht gefehlt. Einmal hatte ich fünf Tage lang nichts zu essen, außer einer Suppe, und war obendrein gerade krank gewesen. Es hat mich nicht umgebracht, aber meine Liebe zur Menschheit ist dadurch auch nicht gerade größer geworden. Die beste Art herauszufinden, ob man Freunde hat, ist pleite zu gehen. Diejenigen, die am längsten zu dir halten, sind deine Freunde.«[73]

Die psychologische Belastung war ebenfalls groß, er konnte sich nur noch auf sich selbst verlassen: nachdem er seinen Job bei der Ölgesellschaft verloren hatte, hatte er aufgehört zu trinken. Dann kam mit der ersten Veröffentlichung die bittere Erkenntnis, daß er in seinem Alter nicht mehr die Tausende von Wörtern pro Tag produzieren konnte, die nötig gewesen wären, um als Schriftsteller zu überleben. Doch mit dem Rücken zum Pazifik nahm er den Kampf auf und überstand fünf Jahre physisches Unbehagen und Isolation.

Erstaunlicherweise verbesserten sich seine Arbeiten während dieser Zeit konstant. Mit jedem Jahr wurde er handwerklich genauer und stilistisch lebendiger. Aber vielleicht ist das gar kein Wunder; vielleicht brauchte Chandler diese Schwierigkeiten, um sich zu größeren Anstrengungen zu zwingen. Doch wie oft müssen ihm Zweifel gekommen sein. In »A Couple of Writers«, einer Kurzgeschichte über eine gescheiterte Bühnenautorin und einen gescheiterten Romancier, beschreibt Chandler die Leere, die jeden quält, der sich schöpferisch betätigt. »*Jesus,* wir sind die nutzlosesten Leute der Welt«, sinniert eine der Personen. »Es muß dazu noch verdammt viele von unserer Sorte geben, alle einsam, alle leer, alle arm, alle zermürbt von kleinen, gemeinen, total würdelosen Sorgen. Alle krampfhaft bemüht, festen Boden unter die Füße zu bekommen, wie jemand, der in einen Sumpf geraten ist, und dabei wissen wir die ganze Zeit, daß es einen Dreck ausmacht, ob wir es schaffen oder nicht.«[74]

Aber bei Chandler war das anders. Er wußte, daß er etwas zu sagen hatte, und darum ist er auch zwischen seinem fünfundvierzigsten und fünfzigsten Lebensjahr dabei geblieben, ohne einen sicheren Beweis dafür zu haben, ob es sich überhaupt lohnte. Sein Glaube an sich selbst zeigt sich vielleicht in einer Bemerkung über Shakespeare, die, ohne anmaßend sein zu wollen, etwas Autobiographisches an sich hat: »Shakespeare hätte sich in jeder Generation durchgesetzt, weil er sich schlicht geweigert hätte, irgendwo in einem Winkel zu sterben; er hätte die falschen Götter genommen und umgemodelt; er hätte die gängigen Formeln genommen und aus ihnen etwas herausgeholt, was ihnen geringere Menschen niemals zugetraut hätten. Lebte er heute, würde er zweifellos Drehbücher und Theaterstücke schreiben, Regie führen und inszenieren, weiß Gott was sonst noch alles. Statt zu sagen ›mit diesem Medium läßt sich nichts machen‹, hätte er es verwendet und etwas daraus gemacht.«[75]

In alldem wurde Chandler von Cissy unterstützt. Ihre Bereitschaft, Notzeiten durchzustehen, spornte ihn als Schriftsteller an. Der Künstler in Chandler entwickelte sich durch seine eigene Kraft und durch die Gewißheit, daß seine Frau an ihn glaubte. Ein starkes Gefühl umfaßte den Gegenstand selbst und den Künstler, der ihn mit Hilfe seiner Frau erarbeitete. Die Geschichten und Romane waren in gewissem Sinn ihre Kinder.

Der große Schlaf

Nachdem er fünf Jahre lang Kurzgeschichten geschrieben hatte, begann Chandler 1938, ein Buch zu planen. Instinktiv wußte er, daß ein Leben als *pulp*-Autor befristet war. Bei dieser Entscheidung fiel mit ins Gewicht, daß man Joseph Shaw als Herausgeber von *Black Mask* entlassen hatte. Chandler wechselte zu *Dime Detektive*, entwickelte aber zu Ken White, dessen Herausgeber, und zu Harry Steeger, dem Verlagschef von Popular Publications, nicht das gleiche persönliche Verhältnis.

Chandler gab zu, daß er von Kriminalromanen so gut wie keine Ahnung habe und erst drei oder vier gelesen hatte, ehe er begann, selbst welche zu schreiben. In der Branche war er ein Außenseiter. »Das Schlimme bei den meisten Detektivgeschichten ist meiner Meinung nach«, schrieb er, »daß die Leute, die sie schreiben, schlechte Schriftsteller sind.«[1] Die meisten davon fand er auch deswegen literarisch unbefriedigend, weil »der Kopf, der ein kühl ausgetüfteltes Rätsel hervorbringen kann, in der Regel unfähig ist, den Schwung und Elan zu entwickeln, ohne den man nicht lebendig schreiben kann.«[2] Chandler hielt den herkömmlichen deduktiven Krimi außerdem für im Grunde unehrlich, weil er auf esoterischen Informationen aufbaute oder irreführende Informationen gab. Er meinte, daß »ein Kriminalroman nur dann wirklich ehrlich ist, wenn der Leser alle zur Lösung des Rätsels nötigen Angaben erhält; wenn nichts Wichtiges heruntergespielt und nichts Unwichtiges überbetont wird; und wenn die Tatsachen ihre Deutung in sich tragen und nicht erst in ein Labor gebracht und unter dem Mikroskop analysiert werden müssen, damit man ihre Bedeutung erkennen kann.«[3]

Freeman Wills Crofts und R. Austin Freeman bewunderte er, doch für Agatha Christie hatte Chandler nur Verachtung übrig. Nach der Lektüre von *And Then There Were None* meinte er, »als ehrliche Kriminalgeschichte – ehrlich in dem Sinn, daß der Leser eine faire Chance hat und die Motive und Mechanismen der Morde plausibel sind – kann man sie vergessen.«[4] Der Roman ärgerte ihn besonders deswegen, weil er auf unvereinbaren Charaktereigenschaften beruhte, auf einem Mann, der sich plötzlich ganz anders verhielt als zuvor. Im übrigen zeige das Buch Christies »grenzenlose Unkenntnis tödlicher Drogen und ihrer Wirkungsweise.« Trotz seiner Verärgerung schrieb Chandler: »Aber ich bin doch sehr froh, das Buch gelesen zu haben, weil es endgültig und für immer eine Frage geklärt hat, die mir lange Zeit nicht ganz beantwortet im Kopf herumging. Die Frage nämlich, ob es möglich ist, einen absolut ehrlichen Kriminalroman des klassischen Typus, eine *mystery novel*, zu schreiben. Es ist nicht möglich. Um die nötigen Komplikationen zu bekommen, fälscht man die Hinweise, den Zeitplan, das Zusammenspiel von Zufällen, setzt etwas als sicher voraus, was höchstens mit fünfzigprozentiger Wahrscheinlichkeit zutrifft. Damit der Mörder am Ende eine Überraschung wird, täuscht man einen anderen Charakter vor, was mich am empfindlichsten von allem trifft, weil ich für Charakter ein feines Gespür habe. Wenn die Leute dieses Spiel spielen wollen, soll's mir recht sein. Aber sprechen wir um Himmelswillen nicht von ehrlichen *mysteries*. Es gibt sie nicht.«[5]

Ein weiterer Aspekt des traditionellen Kriminalromans, der Chandler störte, war die gehobene gesellschaftliche Stellung des Detektivs. »Ich spreche dem Krimiautor nicht das Recht ab, seinen Detektiv alles mögliche sein zu lassen – Lyriker, Philosoph, Student der Keramik oder Ägyptologie oder einen Doktor aller Wissenschaften wie Dr. Thorndike. Womit ich mich aber nicht anfreunden kann, das ist Vornehmtuerei; sie gehört nicht zu diesem Job und ist in Wirklichkeit ein unbewußter Ausdruck jenes Snobismus, der bei Dorothy Sayers seinen Höhepunkt erreicht. Ich bin da vielleicht deswegen so empfindlich, weil ich selbst eine englische Public School durchlaufen habe und diese Knaben in- und auswendig kenne. Der einzige Typ Public School-Mann, der einen echten Detektiv abgeben könnte, wäre der revoltierende Public School-Mann, wie George Orwell.«[6]

Als Vorbereitung auf das Verfassen längerer Erzählungen las Chandler eine ganze Menge traditioneller Kriminalromane, sah sich aber fast überall enttäuscht. Er war beispielsweise der Meinung, der Erfolg von Sherlock Holmes beruhe »teils auf Nostalgie und teils auf Eigenschaften, die den Reiz der Holmes-Geschichten ursprünglich gar nicht ausmachen. Doyle verstand sich aufs Exzentrische, aber auf jeden, der von der Polizei und ihrer Arbeitsweise auch nur die geringste Ahnung hat, wirken seine Polizisten ausgesprochen absurd. Seine wissenschaftlichen Voraussetzungen sind sehr anfechtbar, und für einen scharfsinnigen Verstand existiert das Element des Rätselhaften oft gar nicht.«[7]

Jacques Barzun sah den Unterschied zwischen Kriminalroman und gewöhnlichem Roman darin, daß ersterer sich von der Erzählung herleite, jener Art Geschichte, wie Poe sie schrieb. Auf diese Phantasiewelt ließen sich, so meint er, Chandlers kritische Bemerkungen über Charakter und Plausibilität einfach nicht anwenden. Es ist aber offensichtlich, daß Chandler von Anfang an Romane schreiben wollte, nicht Erzählungen, selbst wenn er die Techniken des Kriminalromans benutzte. In späteren Jahren schrieb er, daß »mein ganzer Erfolg auf dem Standpunkt basiert, daß es nicht auf die Technik an sich ankommt, sondern darauf, wie man diese Technik einsetzt; will sagen, es ist eine Frage des Stils.«[8] Als Schriftsteller nahm er sich deshalb die besten seiner Vorläufer zum Vorbild; er bewunderte Werke wie Merimées *Carmen*, Flauberts »Hérodias« und »Un Coeur Simple« aus *Trois Contes,* James' *The Spoils of Poynton* und *The Wings of the Dove* sowie Conrads *The Secret Agent*. Da er wußte, daß die von ihm gewählte Form im Grunde melodramatisch war, las und studierte Chandler Dumas und Dickens, die in vieler Hinsicht seine Lehrmeister waren. Nützliche Vorbilder, denn im Melodrama »ist das Gefühlspotential überlastet, alles ereignet sich in einem so engen Zeitraum, daß es sämtlichen Gesetzen der Wahrscheinlichkeit spottet, und obwohl solche Dinge passieren, passieren sie doch nicht in so rascher Folge, in so engem logischen Rahmen einer so fest miteinander verbundenen Gruppe von Menschen.«[9] Chandler hatte außerdem eine Liste von Büchern, die er aus besonderen Gründen schätzte. Darunter befanden sich Maughams *Ashenden,* Sakis *The Unbearable Bassington,* Borrows *Lavengro,* Stevensons *The New Arabian Nights* und *The New Humpty Dumpty* »von einem Mann namens Chaucer, von dem ich sonst noch nie etwas gehört habe«[10] und hinter dem sich Ford Madox Ford verbarg.

Als Chandler sich entschloß, Romane zu schreiben, stellte er sich eine schwierige Aufgabe. Bei der Gedrängtheit der Kurzgeschichte hatte er sich auf Handlung verlassen können; im Roman jedoch mußte er seine Charaktere gründlich durchgestalten und ein authentisches Bild ihrer Welt vermitteln. Anders als Hammett, der Detektiv bei Pinkerton gewesen war, wußte Chandler wenig über das Verbrechen. Er erkundigte sich kaum direkt bei der Polizei, denn, wie er zu einem Interviewer sagte, »Polizisten sind ziemlich dumm.«[11] Hauptsächlich stützte er sich auf Fachliteratur. Er besaß das *Textbook of Firearms* von Major J. S. Hatcher und eine Broschüre mit dem Titel *1000 Police Questions Answered for the California Peace Officer* von Richter Charles W. Fricke. Außerdem hatte er auf dem Schreibtisch Bücher über Gerichtsmedizin, Kreuzverhör und Toxikologie. Im übrigen verließ er sich auf sein Gedächtnis. Wenn er ein schäbiges Hotel darstellen wollte und es nicht richtig hinkriegte, setzte er sich einen halben Tag in eine entsprechende Hotelhalle, hörte zu, beobachtete. Er merkte sich, was der Mann hinter dem Empfangspult trug, was er sagte. Er sah sich die Wände an, die Bilder oder den Kalender, der in der Rezeption hing, die Möbel, die Hotelgäste. Aber intensive Nachforschungen stellte er selten an. Wie die meisten Romanciers nahm er seine Umwelt wach und bewußt wahr; er konnte alles mögliche verwenden: ein Zeitungsartikel über einen Geheimlieferanten pornographischer Bücher inspirierte ihn, und seine Phantasie verwandelte diesen Menschen in A. G. Geiger in *The Big Sleep*.

Der Wechsel von Kurzgeschichte zu Roman ließ ihm auch mehr Raum für ein getreues Bild von Los Angeles. Schon von Anfang an, als spanische Kolonialstadt, kannte es rauhe Sitten: das erste Gebäude war ein Gefängnis. Nachdem in den fünfziger Jahren des 19. Jahrhunderts die Mexikaner von den Yankees mit einem für diese Stadt typischen Trick vertrieben worden waren, blieb Los Angeles für die nächsten zwanzig Jahre die schlimmste *frontier*-Stadt im Westen, mit Hurenhäusern, Wochenendmorden und häufiger Lynchjustiz an Chinesen und Mexikanern. Die protestantischen Kirchen machten sogar dicht und überließen die Stadt dem Teufel – und der römisch-katholischen Kirche.

Gegen Ende des Jahrhunderts wurde Kalifornien von der Eisenbahn erschlossen; die großen wirtschaftlichen Schlachten zwischen den beiden Eisenbahngesellschaften Southern Pacific und Santa Fe (beschrieben in Frank Norris' Roman *The Octopus*) begründeten eine Methode von Landmanipulation, die heute noch angewendet wird. Die Handelskammer von Los Angeles, die erste im Land, pries die Stadt als den Himmel auf Erden an, und zur großen Freude der Landspekulanten strömten die Menschen zu Hunderttausenden aus dem Mittelwesten herbei.

In der Annahme, Los Angeles werde nur gedeihen, wenn seine Arbeitskräfte schlechter bezahlt würden als die Arbeiter von San Francisco, gründeten die Geschäftsleute der Stadt unter der Führung von Harrison Gray Otis, dem Besitzer der *Los Angeles Times,* die Merchants and Manufacturers Association, um die Betriebe zu bekämpfen, in denen nur Gewerkschaftsmitglieder arbeiteten. Zwischen beiden Seiten herrschte ein regelrechter Krieg, der erst endete, als mehrere Bomben in den Büros der *Times* explodierten, wobei zwanzig Menschen getötet wurden und das Gebäude zerstört. Als man vor Gericht beweisen konnte, daß die Bomben von Agitatoren der Gewerkschaft gelegt worden waren, machte der darauf folgende Aufschrei der Empörung die Möglichkeit von Sozialismus und starken Gewerkschaften in Los Angeles zunichte. Die Stadt fiel unter eine repressive Rechtskoalition, die in ganz Amerika nicht ihresgleichen hatte. Hinter einer freundlichen Kulisse wurden die gewählten Beamten und die Polizei von der harten Hand des Geschäftsmannes dirigiert. Verletzungen der Rede- und Versammlungsfreiheit waren an der Tagesordnung: Die »*Red Squad*« vertrieb Dutzende von Lehrern und Geistlichen von ihren Posten, erzwang in den Schulen die Zensur der Lesebücher; während des 2. Weltkrieges führte diese Haltung zu den »*zoot suit*«-Krawallen, bei denen weiße Matrosen auf Landurlaub zusammen mit anderen selbsternannten Hütern von Recht und Ordnung Hunderte von farbigen und mexikanischen Bürgern angriffen, ihnen ihre auffällige und farbenfrohe Kleidung (*zoot suit*) auszogen und zerrissen und sie verprügelten, indes die Polizei zusah und hier und da einen Neger oder einen Mexikaner festnahm.

Die Gesetzlosigkeit der Polizei breitete sich in Los Angeles stärker aus als in den meisten anderen amerikanischen Städten. An Brutalität seit jeher gewöhnt, arbeitete die Polizei weitgehend mit willkürlichen Verhaftungen, die bereits bei bloßem Verdacht auf kriminelle Tätigkeit ohne Beweise oder rechtliche Grundlagen vorgenommen wurden. Ernest Hopkins schrieb 1931 in *Our Lawless Police*, daß die Polizeibeamten, denen er begegnete, unverhohlen ihre Feindseligkeit gegenüber verfassungsmäßigen Garantien zum Ausdruck gebracht und sich öffentlich dafür ausgesprochen hätten, »das Verbrechen mit Hilfe von Gewaltanwendung zu bekämpfen, dem Einzelnen seine Rechte zu verweigern, und grausame Strafmethoden anzuwenden.«[12] Das Verprügeln mit dem Gummischlauch war am beliebtesten, weil es keine sichtbaren Spuren hinterließ; gewöhnlich kam es bei Verhören dritten Grades zum Einsatz, einer weiteren ungesetzlichen Praxis, mit der die Polizei versuchte, von Verhafteten Geständnisse zu erzwingen.

Los Angeles ist die größte amerikanische Stadt, die überwiegend protestantisch ist. Da sehr viele seiner Einwohner aus Iowa und Kansas stammen, hat es einen stark puritanischen Einschlag, der es ermöglicht, daß die Öffentlichkeit polizeiliche Schnellverfahren und die Verfolgung von Minderheiten mit unpopulären Ansichten hinnimmt. Diese Repression wiederum erklärt viel von den mit Südkalifornien allgemein assoziierten Verrücktheiten – die religiösen Kulte und die Quacksalberei. Da für Protest, ja, schon für freie Meinungsäußerung legitime Ventile fehlen, finden die Menschen für ihre Probleme bizarre Lösungen. Aus diesem Grund ist Südkalifornien gleichzeitig der konservativste und der egalitärste Teil Amerikas.

Die seltsamen Sitten von Los Angeles haben viele Kommentatoren auf den Plan gerufen, insbesondere aus dem Ausland. Aldous Huxleys *After Many a Summer,* eine lockere Parodie auf das Leben von William Randolph Hearst, und Evelyn Waughs *The Loved One,* eine Satire über die örtliche Einstellung zum Tod, haben viel Beachtung gefunden. Doch diese zwei Bücher begnügten sich damit, Los Angeles zu attackieren. Indem die Autoren offensichtliche Absurditäten herausgriffen, vernachlässigten sie die Hauptsache. Außerdem distanzierten sie sich körperlich oder geistig von der Stadt.

Bei Chandler war das anders. Er war Amerikaner, lebte seit Jahren in Kalifornien, hatte in einem Büro gearbeitet und besaß eine gründliche Kenntnis des dortigen Geschäftslebens. Mit seiner Herkunft und Bildung konnte er Kalifornien nicht ernst nehmen, ihm aber auch nicht entkommen. Das ist der tragikomische Aspekt Kaliforniens, dem Chandler in seinen Arbeiten Rechnung trägt. Wenn man aus irgendeinem älteren, etwas gesetzteren Ort nach Los Angeles zieht, kommt einem die Stadt absurd vor. Aber jeden Morgen wacht man auf und ist immer noch da. Es ist komisch, aber man lebt nun mal dort.

Als Chandler 1912 nach Los Angeles zog, kam er in eine Provinzstadt, wo er im gemütlichen Haus der Lloyds einen Kreis intelligenter Menschen vorfand. Doch parallel zu seiner Entwicklung entwickelte sich auch die Stadt; sie verwandelte sich allmählich in etwas, was man heute eine urbane Wucherung nennt. Der alte Kern von Los Angeles verlor seine Bedeutung, noch ehe er sich ganz entwickelt hatte, und in der breiten, flachen Senke, die sich vom Pazifik bis zu den Bergen erstreckt, steht eigentlich ein Konglomerat aus Dörfern und Kleinstädten. Los Angeles ist bloß ein Name; in Wirklichkeit handelt es sich um Westwood oder Pasadena oder Beverly Hills für die Reichen; Watts für die armen Schwarzen; East Los Angeles für die mexikanischen Amerikaner; und um die charakterlosen Straßen, die sich von West Hollywood zu den Stränden hinziehen, wo die Hunderttausenden von Zugereisten Fuß gefaßt haben, die aus anderen Teilen des Landes kamen, um ein paar Quadratmeter in der Sonne zu besitzen. Zwischen den einzelnen Stadtteilen verlaufen unüberschreitbare Grenzen. Als San Fernando Valley nahezu eine Million weiße Einwohner hatte, lebten nur achtzehn schwarze Familien außerhalb von Pacoima, dem Ghetto, das die Planer für Schwarze mit bescheidenem Einkommen bestimmt hatten. Es gibt in Los Angeles kein wirkliches Zentrum und zwischen den Bezirken kaum eine innere Verbindung. Der Stadt fehlt eine eigene Identität, was sich in den Gebäuden zeigt. Eine eigenständige Architektur wie in New York existiert nicht. In den reicheren Bezirken sind die Häuser italienischen oder spanischen Villen nachempfunden; weiter unten auf der Skala finden sich die gewöhnlichen Holzhäuser, die auch in Illinois oder New Jersey stehen könnten; zuunterst die gesichtslose Massenarchitektur der Flachdach-Bungalows und Apartmenthäuser.

Doch das Leben in Los Angeles ist durchaus nicht eintönig. Seine Vitalität entspringt den außerordentlichen Gegensätzen. Außerdem hat es die Energie einer unfertigen Stadt und einen Schaffensdrang, wie er etwa der oberflächlich attraktiveren aber musealen Stadt San Francisco völlig abgeht. Als Joseph Dabneys Vizepräsident hat Chandler zweifellos diesen Millionär bei sich zu Hause in 420 South Lafayette Place besucht und dort den primitiven Stil eines Reichen in der ersten Generation gesehen. Eine so anonyme Stadt wie Los Angeles konnte er ungehemmt erkunden: Er wurde vertraut mit dem alten Bunker

Hill-Viertel, den Nachtclubs am Stadtrand in Santa Monica und Glendale, den heruntergekommenen Hotels in schäbig gewordenen Bezirken. Was Chandler vor allem anzog, war die entspannte ungekünstelte Atmosphäre von Los Angeles, die ewige Sonne und Wärme, das genaue Gegenteil des förmlichen, trüben London. In seinem fünften Roman, *The Little Sister*, denkt ein desillusionierter Marlowe an Tage zurück, wie Chandler sie anfangs selbst in Los Angeles erlebt haben muß. »Früher mochte ich diese Stadt«, sagt er. »Lange her. Am Wilshire Boulevard standen Bäume. Beverly Hills war eine ländliche Kleinstadt. Westwood war leere Hügel, Grundstücke wurden für elfhundert Dollar angeboten – und keine Interessenten. Hollywood war ein paar Holzhäuser an der Straße zwischen den beiden Städten. Los Angeles war nur ein großer, ausgedörrter, sonniger Ort mit häßlichen Häusern; ohne Stil, aber gutmütig und friedlich. Es hatte genau das Klima, über das heute alle ständig jammern. Die Leute schliefen draußen auf der Veranda. Ein paar Leute, die sich für Intellektuelle hielten, nannten es das Athen Amerikas. Das war es nicht, aber es war auch kein Slum mit Neonbeleuchtung.«[13]

Daß Chandler sich entschloß, Los Angeles durch Detektivgeschichten zu beschreiben, ist recht passend, und zwar nicht nur weil ein wirklicher Detektiv, William J. Burns, zum Helden der herrschenden Klasse wurde, als er die Gewerkschaftsagitatoren überführte, die das Gebäude der *Los Angeles Times* in die Luft gesprengt hatten. Die Detektivgeschichte ist charakteristisch für die moderne Stadt, sie kann ein außerordentlich breites Spektrum der Menschheit mit einbeziehen – von den ganz Reichen bis zu den ganz Armen – und an den unterschiedlichsten Orten spielen. Die meisten von Chandlers Zeitgenossen, die »richtige« Romane schrieben, Fitzgerald etwa, oder Hemingway und Faulkner, beschränkten sich auf einen speziellen Rahmen und eine begrenzte Anzahl Personen. Der Kriminalroman jedoch erlaubte es Chandler, Los Angeles als Ganzes in ähnlicher Weise festzuhalten, wie im 19. Jahrhundert Dickens und Balzac London und Paris für künftige Generationen festhielten.

Als Chandler im Frühjahr 1938 mit *The Big Sleep* begann, beschloß er, einige seiner bereits in *pulps* erschienenen Stories als Basis für den Roman zu benutzen. »Ich hatte eine Handvoll alter Geschichten, voll von Material – ganz brauchbarem Material, wie mir damals schien –, und die waren, soweit ich sehen konnte, völlig überholt.«[14] Seine Gewohnheit, frühere Arbeiten wieder hervorzuholen, nannte Chandler »ausschlachten«, und weil das ein recht eigentümliches Verfahren ist, soll es etwas näher betrachtet werden. Gewöhnlich würde ein Romanautor die umständliche Methode vermeiden, zwei oder drei Kurzgeschichten zu einem längeren Werk zu kombinieren. Den meisten Romanciers wäre die erforderliche Analyse zu beschwerlich; sie würden es für wesentlich einfacher halten, mit anderen Personen und Situationen etwas Neues anzufangen. Nicht so Chandler: ihm fiel es schwer, eine Geschichte zu erzählen, deswegen verfuhr er nach einer Methode, die man mit der eines Bühnenautors vergleichen kann, der eine Anzahl eigenständiger Szenen zu einem Stück aneinanderreihen will. »Als ich anfing, Romane zu schreiben, hatte ich den großen Nachteil, absolut kein Talent dafür zu haben«, schrieb er später. »Ich konnte meine Personen nicht in ein Zimmer hineinkriegen und wieder herausholen. Sie verloren ihre Hüte, und ich ebenfalls. Wenn mehr als zwei Leute in einer Szene vorkamen, konnte ich keinen von ihnen am Leben erhalten. Bis zu einem gewissen Grad versage ich da natürlich heute noch. Wenn ich zwei Leute habe, die sich über einen Tisch hinweg angeifern, bin ich glücklich. Ein Gemälde voller Menschen bringt mich nur durcheinander.«[15]

Wenn Chandler frühere Stories benutzte, bastelte er nicht an ihnen herum, indem er etwa Szenen einander anpaßte oder sie im üblichen Sinne überarbeitete, d. h. Sätze hinzufügte oder strich. Was er sagen wollte, entwarf er mehr oder weniger im Kopf und fing dann noch einmal ganz von vorn an, wobei er darauf bedacht war, sich von seinen Vorurteilen nicht einengen zu lassen und für Zufälle offenzubleiben. Chandler glaubte sehr stark an Spontaneität und innere Gelöstheit. »Um gut zu schreiben, braucht man Geschick und Hingabe«, schrieb er. »Manchmal tut man sich schwer, dann wird es nichts. Manchmal fließt es einem einfach zu und sagt ›Hier bin ich.‹«[16] Beim Ausschlachten seiner Stories versuchte er, sein analytisches, rein verstandesmäßiges Talent mit dem organischen oder körperlichen Bestandteil zu verbinden, der die emotionale Qualität und Bedeutung eines Buches ausmacht. »Ich lege meine Handlung im Kopf fest, während ich schreibe«, schrieb er, »meistens läuft was falsch, und ich muß es nochmal machen.«[17] Chandlers Abneigung gegen den deduktiven Kriminalroman brachte ihn dazu, die Handlung als etwas Untergeordnetes zu sehen: »Die Handlung verdichtet sich, und die Leute werden zu bloßen Namen.«[18] Aber er hatte auch eine besondere Einstellung gegenüber seinen eigenen Romanhandlungen, die einfach zu seiner Einstellung gegenüber dem Schreiben allgemein gehört: »Bei mir ist die Handlung, sofern man das so nennen kann, etwas Organisches. Sie wächst, und oft wuchert sie. Ich sehe mich ständig vor Szenen, die ich nicht rausschmeißen will, die sich aber nicht einfügen lassen. Meine Schwierigkeiten mit der Handlung laufen also immer wieder darauf hinaus, daß ich verzweifelt eine Menge Material zu rechtfertigen versuche, das – für mich wenigstens – lebendig geworden ist und darauf besteht, am Leben zu bleiben. Wahrscheinlich ist das keine sehr intelligente Art zu schreiben, aber ich kann es wohl nicht anders. Der bloße Gedanke, im voraus an einen bestimmten Plan gebunden zu sein, erschreckt mich.«[19]

The Big Sleep, geschrieben in einem kurzen Spurt von drei Monaten, basiert auf zwei Stories: »Killer in the Rain«, veröffentlicht 1935, und »The Curtain«, erschienen im Jahr darauf. Diese Geschichten ähneln sich in einer Weise, die sie praktisch dazu bestimmt, miteinander gekoppelt zu werden. In beiden gibt es einen älteren Vater mit einer reichen und verantwortungslosen Tochter; aus den zwei Männern machte Chandler General Sternwood im Roman. Außerdem übernahm er die zwei Frauen, Carmen Dravec aus »Killer in the Rain« und Mrs. O'Mara aus »The Curtain«, und machte sie zu Schwestern.

Bestimmte andere Gestalten wurden zusammengesetzt oder unverändert in den Roman aufgenommen. Zusätzlich verwendete er noch kleinere Elemente aus zwei anderen Stories, »Finger Man« und »Mandarin's Jade«.

Chandler schrieb *The Big Sleep* als ein vollkommen neues Werk, doch ihm half dabei ein Gedächtnis, das fast fotografisch war, bis hin zur Ausdrucksweise. Es ist, als erforderte das Schaffen der ursprünglichen Bilder jene Art von emotionaler Energie, die es einem Lyriker ermöglicht, sich noch Jahre nach ihrer ersten Niederschrift an seine Verse zu erinnern: sie standen Chandler auf Abruf zur Verfügung. Daher haben Chandlers Romane die Geschlossenheit, die durch eine neue schöpferische Anstrengung entsteht. Er hatte die Welt Südkaliforniens, die ihn faszinierte, bereits dargestellt, aber erst in den Romanen gab er ihr die endgültige Form – oder vervollständigte seine Vorstellung davon. Der Unterschied zwischen den Erzählungen und den Romanen ist vor allem gefühlsmäßig erfaßbar. Die Geschichten besitzen eine gewisse Sprödigkeit, etwas Provisorisches, das sich in den Romanen verliert.

Diese Entwicklung ist eine Frage der schriftstellerischen Potenz und beruht weniger auf Technik als auf einem echten Erfassen des Themas. Einzelheiten eines Schauplatzes zum Beispiel können dem Leser einfach ein paar notwendige Informationen geben oder aber dazu beitragen, eine Stimmung zu vermitteln und damit das Thema des ganzen Werkes klarzumachen. In »The Curtain« beschreibt Chandler das Zimmer von Mrs. O'Mara im Haus des Generals wie ein Innenarchitekt: »Das Zimmer hatte einen weißen Teppich von Wand zu Wand. Unglaublich lange elfenbeinfarbene Vorhänge lagen lässig zerknittert vor den vielen Fenstern auf dem weißen Teppich. Die Fenster starrten auf die dunklen Hügel hinaus; auch die Luft hinter den Scheiben war dunkel. Es hatte noch nicht zu regnen begonnen, aber es lag etwas Drückendes in der Atmosphäre.«[20]

In *The Big Sleep* ist dieselbe Szene ruhiger ausgestaltet; Chandler benutzt äußerliche Details – besonders den Kontrast zwischen Weiß und Elfenbein und das Bild des Ausgeblutetseins –, um indirekt anzudeuten, daß in dem Haus etwas absolut nicht stimmt und Mrs. Regan (der Name ist geändert) das weiß: »Das Zimmer war zu groß, die Decke war zu hoch, die Türen waren zu riesig, und der weiße Teppich, der von Wand zu Wand reichte, glich dem Neuschnee am Lake Arrowhead. Überall standen hohe Spiegel und kristallener Schnickschnack. Die elfenbeinfarbenen Möbel waren verchromt, die gewaltigen elfenbeinfarbenen Vorhänge kräuselten sich noch weit vor den Fenstern auf dem weißen Teppich. Das Weiß ließ das Elfenbein schmutzig und das Elfenbein das Weiß ausgeblutet aussehen. Die Fenster starrten auf die dunkelnden Hügel. Bald würde es regnen. Die Luft war schon drückend.«[21]

Der Hauptgrund für die höhere Qualität von Chandlers Romanen liegt in seinem Entschluß, Philip Marlowe als seinen Ich-Erzähler einzuführen. Er hatte mit anderen Methoden und Personen experimentiert, aber schließlich entschied er sich für Marlowe. Anfangs war Marlowe eine gewöhnliche *Black Mask*-Figur: hart, stark, attraktiv für Frauen, ein ehrlicher Mann in einem miesen Gewerbe. Diese Art Held ist in der amerikanischen Literatur weit verbreitet und scheint Ausdruck des Glaubens an die Unbestechlichkeit wenigstens eines Teils der Bevölkerung zu sein. Die frühen Vorläufer Marlowes sind Natty Bumppo, Huckleberry Finn und Hemingways Nick Adams.

Die Verwendung eines Ich-Erzählers hat große Nachteile, speziell im Kriminalroman, wo viel passieren muß, wenn der Detektiv nicht am Schauplatz ist. Es ist schwierig, diese Information zu vermitteln, ohne den Leser zu langweilen. Chandler war sich dieses Problems bewußt und hat es, indem er Marlowe mit Witz und Intelligenz ausstattete, so gut es ging in den Griff bekommen. Es hat aber auch Vorteile, wenn man die Geschichte von einem Ich erzählen läßt: der Stil erhält eine Persönlichkeit, die man mit dem allwissenden Erzähler nicht erreichen kann. Joseph Conrad fand das heraus, als er seine Geschichten von einem gewissen Marlow erzählen ließ; ebenso erging es Chandler, der zufällig für seinen Detektiv denselben Namen benutzte. Doch während Conrads Erzähler ominöse Stimmung verbreitet, sorgt Philip Marlowe für einen leichteren Ton. Seine Schnodderigkeit erzeugt die quasi-zynische, quasi-romantische Atmosphäre, die die Bücher beherrscht. Meistens sind die Erzähler in Kriminalromanen farblos: Hammetts Sam Spade ist hart und clever, aber keine Persönlichkeit. Für Chandler ist Marlowe etwas ganz anderes: durch seine Stimme entsteht, was Chandler die ›beherrschte, halb-poetische Emotion‹ nannte, der Kern seiner Bücher.

Bis zu einem gewissen Grad entwickelt sich Marlowe aus Chandlers eigenem Charakter. Bestimmte persönliche Eigenschaften, etwa Marlowes Fähigkeit, körperliche Mißhandlungen zu verdauen, gehören einfach zum Typ des hartgesottenen Detektivs, aber Chandler sezierte den eigenen Charakter tatsächlich so objektiv wie möglich, um Passendes für Marlowe übernehmen zu können. Dieses Verfahren hat etwas Absurdes, was ihn amüsiert haben muß. Trotzdem steckt auch ein großer Teil des wirklichen Chandler in Marlowe, wie sich aus seiner berühmten Charakterisierung des Roman-Detektivs in »The Simple Art of Murder« erkennen läßt: »Er hat Menschenkenntnis, sonst verstünde er nichts von seinem Beruf. Er nimmt von keinem Menschen Geld an, das er nicht verdient, und von keinem Menschen eine Beleidigung hin, ohne sie gebührend und leidenschaftslos zurückzuzahlen. Er ist ein einsamer Mann, und sein Stolz besteht darin, daß man ihn wie einen stolzen Mann behandelt oder es sehr bald bereut, ihm je begegnet zu sein. Er redet, wie ein Mann seines Alters redet – das heißt, mit rauhem Witz, mit lebhaftem Sinn fürs Groteske, mit Abscheu vor Heuchelei und Verachtung für alles Kleinliche.«[22]

Einige Leser, die Chandlers Wesen ein wenig kennen, haben angenommen, er habe mit Marlowe ein idealisiertes Bild seiner selbst geschaffen, um die eigenen Unzulänglichkeiten zu kompensieren. So vorzugehen hätte einen jungen, auf Selbstausdruck versessenen Schriftsteller vielleicht reizen können, aber Chandler war fünfzig und kein Kind mehr, als er *The Big Sleep* zu schreiben begann. Er stand vor dem viel schwierigeren Problem, einen Menschentypus, wie er ihm wahrscheinlich nie begegnet war, mit Eigenschaften auszustatten, die ihn als Erzählenden erträglich und als Figur realistisch machten.

Als er den ausgefeilten Marlowe der Romane geschaffen hatte, erkannte Chandler, daß Marlowe, obwohl er mehr Ähnlichkeit mit einem wirklichen Detektiv hatte als die Helden von Dorothy Sayers und Agatha Christie, immer noch weit davon entfernt war, der Realität zu entsprechen: »Der Privatdetektiv im wirklichen Leben ist ein mieser kleiner Lohnsklave von der Burns-Agentur, ein gewalttätiger Kerl mit nicht mehr Persönlichkeit als ein Totschläger. Er hat etwa die moralische Statur einer Verkehrsampel.«[23] Ein so intelligenter und sensibler Mensch wie Marlowe würde einfach nicht als Detektiv arbeiten. Chandler sagte kurz und bündig, daß der Privatdetektiv, wie er im Roman erscheint, »nicht existiert und nicht existieren könnte. Er ist die Personifikation einer Haltung, die Übertreibung einer Möglichkeit.«[24] Hinzu kommt, daß die Konventionen des Detektivromans noch weitere unrealistische Eigenschaften bedingen. »Die ganze Sache ist die«, stellte Chandler fest, »daß die Figur des Detektivs durch nichts, was geschieht, verändert wird. Sie ist vollständig. Der Detektiv als solcher steht immer neben und über der Geschichte. Deswegen kriegt er das Mädchen nie, heiratet nie, hat nie ein Privatleben, außer, daß er essen und schlafen und einen Platz zum Aufbewahren seiner Kleider haben muß. Seine moralische und geistige Stärke liegt darin, daß er nichts bekommt als sein Honorar, für das er, wenn er kann, die Unschuldigen schützt, den Hilflosen zur Seite steht und die Bösen vernichtet. Die Tatsache, daß er all das für ein mageres Auskommen in einer korrupten Welt tun muß, hebt ihn von der Masse ab.«[25]

Die durch solche Konventionen gestellten Bedingungen zeigen, wie weit sich der größte Teil der Kriminalliteratur von der übrigen Literatur unterscheidet. In den meisten Romanen verbündet sich der Leser mit der Hauptfigur, aber bei Marlowe wäre das ein sinnloses Unterfangen. Chandler war sich dieses Problems wohl bewußt, als er feststellte, der konventionelle Kriminalroman enthalte »die Elemente der Tragödie, ohne tragisch zu sein; die Elemente des Heroischen, ohne heroisch zu sein. Er ist eine Traumwelt, die man nach Wunsch betreten und verlassen kann, ohne daß Narben zurückbleiben.«[26] Chandlers Ehrgeiz war es, die Kluft zwischen Kriminal- und der übrigen Literatur dadurch zu überbrücken, daß er seine Gestalten mit Verhaltensweisen und Gefühlen ausstattete, die sehr wohl Narben hinterlassen.

Besonders in seinen frühen Arbeiten sah Chandler in Marlowe einen Katalysator, ein Mittel, die anderen Figuren, die den eigentlichen Gegenstand seiner Romane bilden, in den Vordergrund zu rücken. Ein Kompromiß, wie ihn das Schreiben oft verlangt, aber ein origineller und wichtiger Kompromiß, denn im Grunde war er der Versuch, einer populären Literaturform wirklichen Gehalt zu geben. Phantasie und Realität blieben nicht das einzige Paar von Gegensätzen in Chandlers Werk: »Es muß Idealismus geben«, schrieb er, »aber auch Verachtung.«[27] Der Balanceakt, den eine solche Einstellung erfordert, beeinflußt Marlowe als Erzähler. Obwohl er ein Geschöpf der Phantasie ist, dient er dem Leser auch als Führer. Marlowe ist wie Vergil in Dantes *Göttlicher Komödie:* Er sagt über die Welt von Los Angeles, was der Leser selbst darüber sagen würde, wenn er mit ihr konfrontiert würde. Der Leser kann sich als vernünftiger Mensch nicht mit Marlowe als Romangestalt verbünden, doch er kann durchaus akzeptieren, was er sagt, denn weil es lässig, witzig und direkt ist, identifiziert er sich natürlich gerne damit. Das ist einer der Gründe für Chandlers Popularität als Schriftsteller.

Chandlers längere Arbeiten erweitern auch sein Blickfeld. Während er sich in den Erzählungen auf den Kreis derjenigen beschränkte, die unmittelbar mit der Verbrecherwelt zu tun haben, zeigt er in *The Big Sleep* mit dem Finger auf diejenigen, die für die Korruption der Gesellschaft verantwortlich sind oder von ihr leben, oft ohne zu merken, daß sie Parasiten sind. Es war nicht Chandlers Art, ganze Gesellschaftsschichten zu verdammen; die *High Society* wirkte auf ihn durchaus nicht abstoßend. Aber sein Haß auf Leute wie seinen wohlhabenden irischen Onkel und den Millionär Joseph Dabney wird in Marlowes Ausbruch gegen Carmen deutlich, die jüngere Tochter von General Sternwood. »Zum Teufel mit den Reichen«, sagt er. »Sie sind zum Kotzen.«[28] Sie widern ihn an, weil sie ihre Macht ohne Rücksicht auf andere mißbrauchen, was zeigt, wie korrupt sie als Menschen sind. In *The Big Sleep* ist Chandlers Kommentar zur Gesellschaft deutlicher als in seinen späteren Romanen; vielleicht wollte er von allem Anfang an klarmachen, wo er stand, und sich dabei nicht auf seine Geschichte allein verlassen. Bei einem Gespräch gegen Ende des Buches hört Marlowe Captain Gregory von der Vermißtenabteilung zu, der eine ähnliche Meinung über die Gesellschaft hat wie Chandler selbst:

»Ich bin Polizist«, sagte er. »Nur ein ganz gewöhnlicher Polizist. Einigermaßen ehrlich. So ehrlich, wie man es von einem Mann erwarten kann, in einer Welt, wo so was aus der Mode ist. Hauptsächlich deshalb habe ich Sie gebeten, heute morgen hier vorbeizukommen. Ich möchte, daß Sie mir das glauben. Als Polizist sehe ich es gern, wenn das Recht siegt. Ich sähe nichts lieber, als daß so protzige, geschniegelte Gauner wie Eddie Mars sich im Steinbruch bei Folsom ihre schön manikürten Fingernägel ruinieren, Seite an Seite mit den armen, kleinen, harten Jungs aus den Slums, die schon bei ihrem ersten Bruch erwischt wurden und seither aus dem Schlamassel nicht mehr rauskommen. Das würde ich gern einmal sehen. Aber Sie und ich, wir leben schon zu lange, um an so was noch zu glauben. Nicht in dieser Stadt, auch in keiner anderen, die nur halb so groß ist, egal wo in diesen weiten, grünen, schönen USA. So läuft's einfach nicht in unserem Land.«[29]

Dieser düstere Ton wird noch einmal am Schluß des Buches angeschlagen, als alles vorbei ist: »Was machte es schon, wo man lag, wenn man tot war? In einem schmutzigen Tümpel oder in einem Marmorturm oben auf einem hohen Berg? Man war tot, man schlief den großen Schlaf, man brauchte sich um solche Dinge nicht zu kümmern. Öl und Wasser bedeuteten dasselbe wie Wind und Luft. Man schlief einfach den großen Schlaf, unbekümmert darüber, wie ekelhaft man gestorben oder wohin man gefallen war.«[30]

Trotz dieser finsteren Gedanken ist *The Big Sleep* eine Komödie – eine Komödie über die Sinnlosigkeit menschlicher Handlungen. Chandler war nicht daran interessiert, eine sozialkritische Abhandlung zu verfassen; er wollte ganz einfach eine längere Geschichte schreiben, deren Witze beim Publikum ankamen. Das gelang ihm, weil er schnell arbeitete und seine ernsthaften Gedanken indirekt zum Ausdruck brachte. Was beim Leser haften bleibt, sind der erzählerische Schwung und der Witz der Dialoge. Städte und Gesellschaften im Stadium des Verfalls eignen sich besonders gut, diese Energie freizusetzen – ihre Korruption ist grell und pittoresk –, wogegen es weitaus schwieriger ist, über ehrliche und hochgesinnte Menschen zu schreiben.

Chandler bildete sich auf das Buch nicht viel ein. »Meine Story«, schrieb er, »ist bloß noch so eine Detektivgeschichte, die zufällig an Menschen mehr interessiert ist als an Handlung, die als Roman auf eigenen Beinen zu stehen versucht, mit dem Geheimnis als ein paar Tropfen Tabasco auf der Auster.«[31] Wie jedes Erstlingswerk hat der Roman seine Mängel. Ein paar erklärende Passagen sind ermüdend (obwohl Chandler stolz darauf war, eine zum Schluß vermieden zu haben), und die Vergleiche hat er, wie er zugab, totgeritten. Doch hinter allem stand seine Freude an der Sprache. »Ich denke, daß es vielleicht zwei Arten von Schriftstellern gibt«, überlegte er später; »Schriftsteller, die Geschichten schreiben, und Schriftsteller, die Stil schreiben.« Er sah nie einen Grund, zu rechtfertigen, daß er statt eines »richtigen« Romans einen Kriminalroman schrieb. Sein Ehrgeiz war ein ganz anderer: »Es kommt darauf an, aus dem Medium, das man zu benutzen gelernt hat, den letzten Tropfen herauszupressen. Das Ziel ist im wesentlichen kein anderes als das der griechischen Tragödie, aber wir haben es mit einem Publikum zu tun, das nur halbgebildet ist, und wir müssen Kunst aus einer Sprache machen, die es verstehen kann.«[32] Über

Bildungsmängel bei Kritikern, die die Kunst an ihrem Gegenstand messen, ärgerte sich Chandler allerdings, denn es war sein künstlerischer Ehrgeiz, mit dem Kriminalroman etwas zu machen, was noch nie zuvor gemacht worden war. Deswegen hatte er kein Interesse am traditionellen Krimi-Fan. »Den Krimi-Süchtigen haben wir nicht im Auge«, schrieb er seinem Verleger. »Der weiß nichts und behält nichts. Er kauft seine Bücher billig oder holt sie aus einer Leihbücherei. Alles geht zum einen Ohr hinein und durchquert das Vakuum zum anderen hin.«[33] Deswegen distanzierte er sich später von anderen Krimi-Autoren und wollte nicht als einer von ihnen gelten. »Höchstwahrscheinlich«, schrieb er über einige von ihnen, »schreiben sie bessere Krimis als ich, aber ihre Sprache steht nicht auf und lebt. Meine tut das, obwohl es peinlich ist, das selbst zu sagen.«[34]

1939 war Chandlers Selbstsicherheit nicht so groß, wie diese späteren Äußerungen andeuten, aber die Aufnahme, die *The Big Sleep* fand, rechtfertigte seine Hoffnungen. Chandlers Agent Sydney Sanders, der Erfahrung mit *Black Mask*-Autoren hatte und später Joseph Shaw in seinem Büro anstellte, brachte das Buch beim Verlagshaus Alfred A. Knopf, Inc., unter, wo auch Dashiell Hammett erschien. Vor der Veröffentlichung war Chandler natürlich unruhig, weil so viel vom Erfolg dieses ersten Buches abhing. Knopf drängte ihn, an seinem nächsten weiterzuarbeiten, aber Chandler wollte die Reaktionen abwarten. Von der Kritik wurde er sofort als neuestes Mitglied der Hammett-Schule anerkannt, obwohl es mehrere Stimmen gab, die das Werk als schmutzig und pervers bezeichneten. »Ich will keine sittenlosen Bücher schreiben«, protestierte er gegenüber Knopf.[35] »Mir war natürlich klar, daß in dieser Geschichte ein paar ziemlich unerfreuliche Zeitgenossen herumlaufen, aber ich habe in einer harten Schule schreiben gelernt, deshalb sind sie mir vermutlich nicht besonders aufgefallen.«[36] Eine begeisterte Besprechung in der *Los Angeles Times* munterte ihn jedoch wieder auf und er fügte hinzu: »Ich fühle mich heute nicht mehr ganz so als Kenner des Sittenverfalls wie gestern.«[37]

Chandlers erster Roman war tatsächlich ein sehr schöner Erfolg. Innes Rose von der John Farquharson Ltd., der als Sanders' Londoner Vertreter arbeitete, brachte das Buch bei Hamish Hamilton unter und begründete damit eine lebenslange Verbindung zwischen Chandler und diesem Verlag. Die amerikanischen Verkaufszahlen rechtfertigten Knopfs Glauben an Chandler; in einem Vertrag für das nächste Buch bot er ihm 20% Tantiemen für die ersten 5000 verkauften Exemplare und 25% danach – auf der Grundlage des Großhandelspreises. Wenn Chandler die englischen und amerikanischen Verkaufszahlen verglich, bemerkte er immer wieder, daß Hamish Hamilton besser abschnitt als sein amerikanisches Pendant. Der Grund liegt in den unterschiedlichen Lesegewohnheiten der beiden Länder. In England gewährleistet das Bibliothekswesen einen beträchtlich höheren Absatz von Hardcovers als in Amerika. Dagegen verkauft sich in Amerika fast immer ein Vielfaches mehr an Paperbacks als in England. *The Big Sleep*, von dessen erster Knopf-Ausgabe über 10000 Exemplare abgesetzt wurden, lief bemerkenswert gut für ein Erstlingswerk. Nach Ansicht von Frank Gruber, einem Fachmann auf dem Gebiet, »sind von einem durchschnittlichen Kriminalroman in Amerika nicht mehr als 2500 Exemplare absetzbar. Von den jährlichen Neuerscheinungen bringen zwischen 15 und 20 eine Verkaufsziffer zwischen 5000 und 10000, und magere sechs oder acht kommen auf mehr als 10000 verkaufte Exemplare. Diese Zahlen gelten nur für die üblichen $2-Ausgaben, denn die gängigeren Autoren erscheinen auch in auflagenstärkeren, billigeren Ausgaben.«[38] Zu diesen gehörte Chandler, denn Grosset and Dunlap, damals der führende Verlag für Nachdrucke von Originalplatten, brachte eine $1-Ausgabe heraus, von der fast 3500 Exemplare verkauft wurden. Chandler hatte recht, als er mürrisch feststellte: »Da ackert man nun zehn Jahre, ohne weiterzukommen, und dann, in zehn Minuten, ist man ›angekommen‹.«[39]

Sein Erfolg kam keinen Augenblick zu früh, obwohl die materiellen Ergebnisse anfangs mager ausfielen. Glücklicherweise war er wie die meisten *pulp*-Autoren schon an einen einfachen Lebensstil gewöhnt. Im Laufe der Jahre, in denen er für *Black*

Mask schrieb, war er mit einigen seiner Branchenkollegen bekannt geworden, namentlich mit Dwight Babcock, Erle Stanley Gardner, Norbert Davis, Cleve Adams, W. T. Ballard und George Harmon Coxe. Die Verbindungen wurden über Briefwechsel geknüpft, und bald lernte er diejenigen persönlich kennen, die in Reichweite wohnten. Als eine Gruppe ohne literarischen Ruf oder Dünkel verkehrten die *pulp*-Autoren freundschaftlicher miteinander als sonst unter Schriftstellern üblich. Zwei von ihnen, Ballard und Adams, gründeten einen Club, die Fictioneers. Er hatte etwa zwanzig Mitglieder, alle *pulp*- oder Drehbuchautoren, die sich einmal im Monat in Steven Nikobobs Café an der Ecke Ninth Street und Western Avenue in Los Angeles trafen, wo sie einen Speiseraum für sich hatten. Die Zusammenkünfte waren immer zwanglos, und ihr eigentlicher Zweck, wie Ballard sich erinnert, bestand darin, »sich gemütlich einen anzutrinken und dann *en masse* in eine der örtlichen Tingeltangelvorführungen zu gehen.«[40] Die Treffen hatten für die Mitglieder aber auch eine gewisse literarische Bedeutung, denn sie gaben ihnen ein Gefühl der Identität. »Die Fictioneers waren durch die Bank *pulp*-orientiert«, schreibt Ballard, »und der Zusammenhalt der Gruppe beruhte nicht zuletzt darauf, daß die meisten für denselben Markt produzierten. Im Osten gab es unter den Konkurrenten eine Menge übler Nachrede, aber da wir in Hollywood dreitausend Meilen von unserem Markt weg waren, hielten wir zusammen und gaben jede Information weiter, die einem Kollegen helfen konnte.«[41] Chandler kam oft zu diesen Meetings, doch Ballard lernte ihn nie näher kennen. »Er war ein sehr zurückhaltender Mensch, der nach dem Essen am abgeräumten Tisch sitzen blieb, seine Pfeife schmauchte und sich kaum zu etwas äußerte. Die meisten Schriftsteller sprechen gerne über ihre Arbeit (was der einzige Grund für einen Schriftstellerclub ist). Ray tat das selten.«[42]

Ein weiterer *Black Mask*-Autor, der ihn damals kannte, Dwight Babcock, sagt, daß er, obwohl sie sich von Zeit zu Zeit trafen, »nie warm werden konnte mit ihm.« Er beschreibt Chandler als »einen professoralen Typ, intellektueller als die meisten *pulp*-Autoren, die ich kannte. Er war damals ein schweigsamer Mann, trank nicht und war älter als die meisten von uns.«[43]

Von der Gruppe der *Black Mask*-Autoren, die er kannte, stand Chandler wahrscheinlich der gleichaltrige Cleve Adams am nächsten. Chandler und Cissy aßen oft bei den Adams', aber Chandler blieb immer irgendwie distanziert. Er wurde bewundert, weil er in kurzer Zeit so viel erreicht hatte, war aber mit niemandem eng befreundet. Die Chandlers wohnten in der Nähe eines anderen *pulp*-Autors, John K. Butler, in Pacific Palisades, und die Butlers versuchten, die Chandlers in die Gruppe der jungen Schriftsteller einzuführen, die sie kannten und von denen viele in schlechten Zeiten sogar zusammen wohnten. Aber Chandler wahrte Distanz.

Auf den Parties, zu denen er ging, konsumierte er viele Tassen Kaffee, rauchte seine Pfeife und unterhielt sich wenig mit den anderen Gästen. Dwight Babcocks Frau erinnert sich an seine Vorliebe für Katzen. »Bei einer unserer Parties«, schreibt sie, »schien er sich mehr für unsere Katze zu interessieren als für die Gäste. Unsere Katze war für den Abend in unseren Wohnwagen verbannt worden, aber Chandler wollte ihr einen Besuch abstatten, und ich mußte ihn zu ihr führen. Er ließ sich ausgiebig Zeit, sie zu streicheln und zu trösten, weil man sie ausgesperrt hatte. Ich hatte das Gefühl, daß ihm bei unserem Zwiegespräch wohler war als drinnen bei dem Partytrubel.«[44]

Zu derselben Party hatte Chandler einen jungen Schriftsteller mitgebracht, den er flüchtig kannte. Unglücklicherweise betrank sich der Mann, und so brachte Chandler ihn nach Hause, indem er ihn sich über die Schulter warf wie einen Sack Kartoffeln. Mrs. Babcock erinnert sich, wie unpassend sie es fand, daß »ein so würdevoller Mann wie Chandler«[45] einen derartigen Abgang hatte. Trotz seiner Zurückhaltung konnte Chandler sehr direkt sein; er ließ es nicht zu, daß man sich ihm aufdrängte. Einmal gab Mrs. Babcock eine Party für die Chandlers, zu der sie Craig Rice einlud, der damals ein bekannter Krimi-Autor war. Mrs. Rice bewunderte Chandler sehr, doch auf

Drängen ihres Mannes brachte sie auf der Party endlos eigene Gedichte und Klavierkompositionen zu Gehör. Als Mrs. Babcock bei einer späteren Gelegenheit einen weiteren Abend mit den Rices vorschlug, wehrte Chandler ab: »Wenn diese Frau kommt, brauchen Sie mit mir nicht zu rechnen.«[46] Es kümmerte ihn nicht im geringsten, daß Craig Rice sehr viel von seinen Arbeiten hielt.

Der Lebensstandard der *pulp*-Autoren war bescheiden, aber nicht ärmlich. »Eine vierköpfige Familie konnte mit fünfzehn Dollar die Woche gut auskommen«, erinnert sich W. T. Ballard, womit er vermutlich nur die Kosten für Nahrungsmittel meint.[47] Wenn einer der Gruppe mit einer Geschichte Erfolg hatte, gab er eine Party, zu der er alle anderen einlud. »Die meisten von uns standen finanziell auf unsicheren Füßen«, erinnert sich Mrs. Babcock, »aber um so sicherer konnten wir auf unsere Freunde bauen. Auch die Frauen, die sich nur durch die Berufe ihrer Männer kennengelernt hatten, hielten zusammen.«[48]

Einmal wurde ein besonderes Essen für alle veranstaltet, die mit *Black Mask* zu tun hatten. Es fand am 11. Januar 1936 statt, wahrscheinlich, um den Besuch Joseph Shaws vorzubereiten, der eine Reise nach Kalifornien plante. Bei dieser Gelegenheit ließen die zehn Schriftsteller, die da zusammenkamen, ein Gruppenfoto von sich machen. Dann schrieben sie ihre Namen auf ein Stück Tischtuch und schickten beides an Shaw in New York. Zu der Gruppe gehörten W. T. Ballard, Horace McCoy (Autor von *They Shoot Horses, Don't They?*) und, als bedeutendste Mitglieder, Chandler und Dashiell Hammett, der damals in Hollywood arbeitete. Es war das einzige Mal, daß Chandler und Hammett sich trafen, und als Chandler später einmal kurz an dieses Ereignis zurückdachte, sagte er nur, »Hammett sah sehr gut aus, groß, grauhaarig, schweigsam, vertrug unheimlich viel Scotch und kam mir ganz unverdorben vor.«[49] Irgendwie ist es bezeichnend, daß diese zwei Männer, die einander mehr zu sagen gehabt hätten als sonst jemand in der Runde, nie wieder miteinander sprachen.

Chandler war schüchtern, und so wußte er nie genau, wie er sich anderen gegenüber verhalten sollte. Was er an sicherem Auftreten im Ölgeschäft erworben haben mag, verlor er wieder in der Einsamkeit seiner Lehrjahre als Schriftsteller. Als George Harmon Coxe sich 1940 in Los Angeles aufhielt, bat er Chandler, mit ihm im Roosevelt Hotel zu essen. Chandler wohnte damals in Arcadia, am Nordostrand der Stadt. In seiner unbeholfenen Rücksichtnahme auf Coxe aß er vorher zu Hause, um seinem Gastgeber nicht die Kosten für eine Mahlzeit aufzubürden. Coxe erinnert sich an Chandlers leisen Humor und seine Schüchternheit; der Erfolg von *The Big Sleep* hatte ihn in keiner Weise verändert.

Chandlers Mangel an Selbstvertrauen im gesellschaftlichen Umgang ist vielleicht auch auf das Gefühl von Unwirklichkeit zurückzuführen, das in Kalifornien manchmal den überkommt, der nicht dort geboren wurde. Einmal, während eines Abendessens bei Cleve Adams und dessen Frau, hörten sie Kirchenglocken aus dem Tal. Mrs. Adams sagte, wie gern sie das höre, aber Chandler erwiderte, er hasse die Glocken, weil sie ihn an England erinnerten. Nicht, daß er England haßte, er war nur einen Moment traurig, daß er es hatte verlassen müssen. Als Alfred Knopf ihm ein Buch von Max Beerbohm schickte, antwortete er: »Ich bin traurig geworden, als ich das Buch las. Es entstammt einem Zeitalter des guten Geschmacks, in dem auch ich einst lebte. Es ist möglich, daß ich wie Beerbohm ein halbes Jahrhundert zu spät geboren wurde und ebenfalls in eine Zeit der Anmut gehöre. Ich hätte leicht alles werden können, wofür die Welt heute keine Verwendung hat. Also schrieb ich für *Black Mask*. Was für ein trauriger Witz.«[50] In trüben Augenblicken sah Chandler sich im Geiste als jemand, der in der Fremde von Geldüberweisungen lebt; oder als einer von Kiplings versetzten Kolonialoffizieren, die sich schuldig fühlten, weil sie daheim in England versagt hatten: »Sprosse um Sprosse fall die Leiter wir hinab,/ Und unserer Folter Maß ist das Ausmaß unserer Jugend.« Chandler hätte England dafür hassen sollen, daß es ihn für ein Leben ausbildete, das es ihm dann verunmöglichte, aber statt dessen suchte er die Schuld bei sich selbst. Er betete England an und haßte Kalifornien. »Wir sind so wurzellos hier«, schrieb er. »Ich habe mein halbes Leben in Kalifornien zugebracht und ihm soviel Gutes abgewonnen, wie ich konnte, aber ich könnte es ohne Schmerz für immer verlassen.«[51]

Kurz nach der Veröffentlichung von *The Big Sleep* schrieb er an George Harmon Coxe, der gerade in Connecticut ein Haus gebaut hatte, und fragte, ob es möglich sei, dorthin zu ziehen. »Gibt es da einen Platz«, erkundigte er sich, »wo ein armer Mann leben kann? Ich habe genug von Kalifornien und dem Menschenschlag, den es hervorbringt. Wenn ich es nach zwanzig Jahren immer noch nicht fertigbringe, Kalifornien zu mögen, scheint mir der Fall hoffnungslos.«[52] Weiter fügte er über das Thema hinzu: »Ich mag Menschen mit Manieren, Anmut, etwas gesellschaftlicher Intuition und einer Bildung, die ein bißchen über die des *Reader's Digest*-Fans hinausgeht; Menschen, deren höchstes Glück sich nicht in Kücheneinrichtungen und Autos ausdrückt. Ich mag Menschen nicht, die ohne einen Drink in der Hand keine halbe Stunde stillsitzen können, obwohl mir andererseits ein liebenswürdiger Betrunkener lieber ist als Henry Ford. Ich mag eine konservative Atmosphäre, Sinn für die Vergangenheit. Ich mag alles, was die Amerikaner vergangener Generationen an Europa interessant fanden, möchte dabei aber nicht an Normen gebunden sein.«[53]

Als Chandler sah, daß sich die Hardcover-Einkünfte aus *The Big Sleep* nur auf $ 2000 beliefen, tat er, was er konnte, um seine Situation zu verbessern. Sein Agent, Sydney Sanders, erzählte ihm, daß die *slicks* weit besser zahlten als die *pulps;* so schrieb er eine Geschichte, »I'll Be Waiting«, die in der *Saturday Evening Post* erschien. Jahre später beschrieb Chandler, wie das zuging: »Ich schrieb eine Story für die *Saturday Evening Post*, um meinen damaligen Agenten zu beruhigen, der meinte, ich solle *slick*-Autor werden. Dem Herausgeber gefiel sie, aber er ging in Urlaub, und seine Lektoren lehnten sie ab. Es war üblich, daß eine Story von fünf Lektoren gelesen werden mußte, und bei einem NEIN fiel sie unter den Tisch. Als der Herausgeber zurückkam, setzte mein Agent sich mit ihm in Verbindung, und der Herausgeber setzte sich über das Urteil seiner Lektoren hinweg. Vermutlich um das Gesicht zu wahren, verlangten sie eine Reihe von Änderungen, ich war einmal in meinem Leben ein lieber kleiner Junge und nahm sie vor. Dann veröffentlichten sie die Story genau so, wie ich sie geschrieben hatte. Sie ist zu Tode anthologisiert worden, aber ich mag sie noch immer nicht; oder vielmehr, wie sie geschrieben ist. Sie ist zu bewußt stilisiert. Ich habe nie wieder etwas für die *slicks* geschrieben, obwohl sie heute viel liberaler sind als damals. Einer von den Herausgebern der *Post* hat jahrelang versucht, mich zu überreden, weitere Geschichten über dieselbe Figur zu schreiben. Er war offenbar nicht davon zu überzeugen, daß es Figuren gibt, die sich verändern und wachsen und reifen, oder wie immer man das nennen will, und daß es andere gibt, die in einem einmaligen Auftreten erschöpfend dargestellt sind. Manchmal denke ich, daß Herausgeber sehr dumme Leute sein können.«[54]

Es gab eine echte Gefahr, wenn man für die *slicks* schrieb, die Chandler früh erkannte. »Die *slicks* zahlen gutes Geld«, schrieb er, »und es gibt da sehr nette Leute, aber der Haken bei ihnen ist, daß sie nicht sehr verläßlich sind. Sie wissen nie, was sie wollen, und wenn sie danebentippen, ist man seinen Job los. Man kann jahrelang $ 50 000 oder noch mehr für eine Fortsetzungsreihe kriegen, und dann, ganz plötzlich, steht man draußen in der Kälte. Ein Kurswechsel hat einem über Nacht den Markt kaputtgemacht. Und es *kann* sein – muß nicht –, daß man seinen Stil inzwischen so weit hat verkommen lassen, daß man nicht mehr zu der Sache zurückfindet, die man einmal gut gemacht hat, wenn auch ohne viel Lob oder Anerkennung. Wenn man aber Bücher schreibt, verkauft man sein Zeug nicht an Herausgeber, sondern an die Leser. Das braucht viel Zeit und Anstrengung, aber wenn man den Markt einmal hat, verliert man ihn nie wieder, solange man schreiben kann; oder fast nie.«[55]

Es liegt etwas fast Körperliches in Chandlers Abscheu vor

dem »zwitterhaften Gelaber« der *slicks* und seiner Weigerung, sich mit den Junge-trifft-Mädchen-Rezepten und den obligatorischen Happy Ends einzulassen, die die Geschichten zwangsläufig »gekünstelt, unwahr und emotional verlogen«[56] machen. Er war kein Fanatiker; es kam durchaus vor, daß er einzelne Autoren lobte, die für die *Saturday Evening Post* oder *Collier's* schrieben, aber er wußte, daß diese Magazine nichts für ihn waren, und hörte sogar auf, sie in die Hand zu nehmen. »Über allem liegt ein billiger Glanz, bei dem mir ebenso übel wird wie bei schlechtem Parfum«, bemerkte er später einmal.[57] Schließlich war er überzeugt, seine eigenen Arbeiten würden »indirekt totale Verachtung für all das ausdrücken, was die *Post* vertritt.«[58] Daß Chandler 1939, als er wenig Geld hatte, *nicht* bei den *slicks* einstieg, erforderte Mut, zumal er damals glaubte, daß die andere mögliche Einkommensquelle, Hollywood, ein ›Friedhof der Talente‹ sei.

Damals hatte er allerdings keine Zeit, über Zeitschriften herzuziehen, denen er *keine* Beiträge liefern wollte. Anfang Mai 1939, nachdem sie Erle Stanley Gardner in Temecula besucht hatten, um der Hitze in Riverside zu entgehen, wo sie den Winter zugebracht hatten, bezogen Chandler und Cissy ein Häuschen oben in den Bergen in der Nähe des Big Bear Lake, 1200 Meter ü. M.: eine erfrischende Abwechslung gegenüber Los Angeles. Heute ist das Dorf Big Bear die übliche Touristenfalle, mit dem Totem Pole Art Supplies Shop und dem Teddy Bear Café, aber 1939 war es ein schlichter Ort in einer atemberaubenden Szenerie, mit Felsbrocken, die bis ans Seeufer reichten, Pinien, und Schnee in den höheren Regionen.

Bald nach ihrer Ankunft erfuhren sie, daß Alfred und Blanche Knopf sich in Kalifornien aufhielten, und Chandler drängte sie, sich die Berge anzusehen; er empfahl ihnen als Unterkunft die North Shore Tavern am Lake Arrowhead, etwa zwanzig Meilen von Big Bear entfernt. Dort begegneten sie sich zum erstenmal am 13. Mai 1939. Mit seinem steilen Felsenufer ist der Lake Arrowhead größer und schöner als der Big Bear Lake. Im Mai ist die Luft kühl und klar, doch tagsüber scheint eine warme Sonne. Frühlingsblumen mischen sich mit den immergrünen Nadelhölzern, wie in den Voralpen. Die Tavern ist ein einfaches zweistöckiges Haus mit Ziegeldach und einer Terrasse mit Blick auf die Wiese, die zum See hinabführt. Dort lernten sich die Chandlers und Knopfs bei einem Mittagessen kennen.

Sie diskutierten die Möglichkeit, daß *The Big Sleep* von Warner Brothers verfilmt werden könnte, doch das Hauptinteresse galt Chandlers nächstem Buch. Er hatte Knopf darüber bereits geschrieben: »Was die nächste Arbeit betrifft, die für Sie in Betracht kommt, so würde ich, Ihr Einverständnis vorausgesetzt, gern versuchen, ein bißchen aufzudrehen. Es muß natürlich raffiniert, rasant und rassig bleiben, aber ich meine, es brauchte nicht ganz so hart zu sein – oder finden Sie nicht? Ich würde gern etwas machen, was nicht gleich automatisch verfilmt wird, aber dennoch das Publikum nicht enttäuscht, das ich mir vielleicht geschaffen habe. *The Big Sleep* ist sehr uneinheitlich geschrieben. Es gibt Szenen, in denen alles stimmt, aber es gibt auch andere Szenen, die noch viel zu »*pulpy*« sind. Soweit ich dazu imstande bin, möchte ich gern – aber ganz langsam – eine objektive Methode bis zu dem Punkt entwickeln, wo ich meine Leser in einen wirklichen, dramatischen, sogar melodramatischen Roman hinüberziehen kann, der in einem sehr lebendigen und scharf pointierten Stil geschrieben ist, aber ohne zuviel Slang oder Umgangssprache. Mir ist klar, daß man so etwas vorsichtig und in kleinen Schritten machen muß, aber machen läßt es sich schon, glaube ich. An Eleganz zu gewinnen, ohne an Kraft zu verlieren, das ist das Problem. Aber ich sollte wahrscheinlich mindestens drei Kriminalromane schreiben, ehe ich irgendwas anderes probiere.«[59]

Dieser Brief zeigt die Ernsthaftigkeit der literarischen Ambitionen Chandlers und – im Gegensatz zu seiner Verteidigung des Kriminalromans als Literatur – seinen Wunsch, sich allmählich zum »richtigen« Roman hinzubewegen. Seine Notizbücher, von denen nur noch zwei existieren, werfen mehr Licht auf seine literarischen Pläne. Bevor er für den Sommer nach Big

Bear hinaufzog, machte er folgende Aufstellung, die hier, genau wie ursprünglich getippt, wiedergegeben wird:

Da alle Pläne albern sind und die zu Papier gebrachten ohnehin nie verwirklicht werden, machen wir einen Plan, an diesem 16. Tage des Monats März 1939 und zu Riverside, Kalifornien.

Für den Rest von 1939, für ganz 1940, für das Frühjahr 1941 und dann so weiter, falls es keinen Krieg gibt und noch etwas Geld vorhanden ist, um für neue Stoffe nach England zu gehen.

Detektivromane

Law Is Where You Buy It Basiert auf Jade, The Man Who Likes Dogs, Bay City Blues. Thema: der korrupte Ring von Polizei-Schiebern in einer kalifornischen Kleinstadt, die nach außen hin so unschuldig wirkt wie die Morgenröte.

The Brashear Doubloon Satire auf den *pulp*-Roman, mit Walter und Henry. Einige Szenen aus Pearls Are a Nuisance, aber größtenteils neue Handlung.

Zone of Twilight Eine grimmig-witzige Geschichte über den Sohn des maßgebenden Politikers und das Mädchen und die Vermischung von Unter- und Oberwelt. Material: Guns at Cyrano's, Nevada Gas.

Wenn ratsam, Goldfish als Material für einen vierten.

Dramatischer Roman

English Summer Eine kurze, blendend geschriebene, ans Melodramatische grenzende Geschichte voll Tempo und Spannung, basierend auf meiner Kurzgeschichte. Aufhänger ist der Amerikaner in England, dramatisches Thema der Verfall des kultivierten Charakters und sein Kontrast zum naiven, ehrlichen, völlig furchtlosen und großzügigen Amerikaner vom besten Typ.

Lange Kurzgeschichten
Seven From the Stars
Seven from Nowhere
Seven Tales from .. Eine Gruppe von sechs oder sieben

phantastischen Geschichten, einige schon geschrieben, einige schon ausgedacht, eine vielleicht ganz neu. Alle in Ton und Wirkung ein bißchen verschieden voneinander. Das ironische Glanzstück The Bronze Door, die vollkommene phantastische Geschichte voll Atmosphäre The Edge of the West, die Gespenstergeschichte Grandma's Boy, die Farce The Disappearing Duke, die ironische Allegorie The Four Gods of Bloon, das reine Märchen The Rubies of Marmelon.

Die drei Kriminalgeschichten sollten in den nächsten beiden Jahren fertig werden, so gegen Ende 1940. Wenn sie mir genug einbringen, daß ich nach England ziehen, die Kriminalschriftstellerei vergessen und es mit *English Summer* und den Phantastischen Geschichten versuchen kann, ohne mir Sorgen machen zu müssen, ob die sich auch auszahlen, nehme ich sie in Angriff. Aber ich muß Geld für zwei Jahre im voraus und einen sicheren Markt für die Detektivgeschichte haben, wenn ich zu ihr zurückkehre – falls ich das tue. Wenn *English Summer* groß herauskommt, was er eigentlich müßte, wenn mir der richtige Stil gelingt, Stil bis in die kleinste Einzelheit, aber keine Überstilisierung, dann bin ich ein gemachter Mann. Von da an werde ich zwischen dem Phantastischen und dem Dramatischen abwechseln, bis mir ein neuer Typus einfällt. Oder ich mache vielleicht, bloß so zum Spaß, wieder einen liebenswürdigen kleinen Krimi.[60]

An den Schluß von Chandlers originellem Arbeitsplan, der von seiner Frau in sein Notizbuch getippt wurde, setzte Cissy die Anmerkung: »Lieber Raymio, Du wirst lachen, wenn Dir dies hier wieder unter die Augen kommt und Du siehst, was für nutzlose Träume Du hattest! Oder – vielleicht wirst Du auch nicht darüber lachen.« Dieser Zusatz mit seinem freimütigen Hinweis auf das Scheitern ehrgeiziger Pläne zeigt die geistige Vertrautheit und Offenheit, die das Paar trotz seiner Schwierigkeiten verband. Chandler reagierte mehrmals auf Cissys Anmerkung; er kritzelte jedesmal, wenn er sich seinen Plan wieder ansah, eine Antwort hinein. Im September 1940 merkte er an: »Nein, habe nicht gelacht.« Im Februar 1941 bestätigte er das noch einmal mit dem einzigen Wort: »Wahr.« Neun Monate später schrieb er: »Sehr wahr.« Im April 1942: »Gott helfe uns!« Dann, in seiner letzten Anmerkung mit dem Datum März 1944, änderte er seine Meinung: »Ja, ich habe gelacht, weil ich es inzwischen geschafft hatte, wenn auch nicht mit diesen Geschichten.«

Chandler machte auch Randbemerkungen, aus denen hervorgeht, daß der erste Detektivroman *Farewell, My Lovely* wurde, und der zweite *The High Window*. Mit Bezug auf den dritten schrieb er: »Leider wohl von den Ereignissen überholt«, obwohl das Thema beiläufig im ursprünglichen Plan für das Drehbuch *Playback* auftaucht. Bei den phantastischen Geschichten merkte er an: »Und ich bete noch immer, daß ich sie eines Tages machen kann.« Chandlers Aufstellung ist aufschlußreich, weil sie zeigt, daß er sich ein hohes literarisches Ziel gesteckt hatte und in mehr als einem Stil schreiben wollte. Thematisches oder inhaltliches Material findet kaum Erwähnung. Chandler bewunderte in dieser Hinsicht die Franzosen: Sie »sind das einzige Volk, das ich kenne, für die Schreiben in erster Linie Schreiben ist. Die Angelsachsen denken zuerst an das Thema und erst in zweiter Linie, wenn überhaupt, an die Qualität.«[61] In ähnlicher Weise war Chandler am Schreiben als solchem interessiert und daran, wie er mit verschiedenen Formen experimentieren könnte. Das ist das Kennzeichen des Professional. Der Amateur verbreitet sich über sein Thema; der Professional erklärt, daß er jetzt nach dem gerade fertiggestellten Roman zur Abwechslung eine Novelle vorhat. Aber Chandler war sich wahrscheinlich nicht bewußt, daß sein Arbeitsplan auch von persönlichen Wünschen bestimmt wurde. Sein Vorhaben, einen »dramatischen« Roman zu schreiben, der auf seiner Erzählung »English Summer« basieren sollte, ist hauptsächlich ein Ausdruck seines Verlangens, von Kalifornien wegzukommen und in das von ihm idealisierte England zurückzukehren. Hätte er diesem Impuls nachgegeben, wäre er wahrscheinlich in die sentimentale Sprache seiner frühen Lyrik zurückgefallen. Chandlers Aufstellung zeigt, wie er zwischen den Sprachen der beiden Länder hin und hergerissen wurde. Glücklicherweise verstand er es, die Vorzüge einer jeden in seinem Werk miteinander zu verbinden und komische Literatur von höchster Qualität zu schaffen. Das gelang ihm teilweise auch deswegen, weil er eine klare Vorstellung vom Wesen dieser Sprachen hatte.

Chandlers Notizbuch enthält ein kleines Essay mit dem Titel »Anmerkungen (bitte, fasse dich kurz) zum englischen und amerikanischen Stil«. Es ist etwas überholt, weil die Einflüsse, die Chandler für nötig hielt, um einen echt amerikanischen Stil entstehen zu lassen, inzwischen spürbar geworden sind, doch die Konzeption des Textes hat noch immer ihre Gültigkeit. Hier ist er:

Die Vorzüge des Amerikanischen sind weniger zahlreich als seine Mängel und Ärgernisse, fallen dafür aber stärker ins Gewicht.

Wie Shakespeares Englisch ist es eine bewegliche Sprache, die leicht neue Wörter und neue Bedeutungen für alte Wörter aufnimmt. Es übernimmt nach Lust und Laune Möglichkeiten anderer Sprachen, aus dem Deutschen etwa das freie Zusammensetzen von Wörtern und den Gebrauch von Substantiven und Adjektiven als Verben; aus dem Französischen die Vereinfachung der Grammatik, der Gebrauch von man, er etc.

Seine Ober- und Untertöne werden nicht zu etwas gesellschaftlich-herkömmlich Feinem hochstilisiert, was im Grunde zu Klassensprachen führt. Sofern es sie überhaupt gibt, haben sie echte Aussagekraft.

Es ist empfänglicher für Klischees. Man denke an die entsetzliche, weil offenbar unbewußte Verwendung von Klischees bei einem so guten Schriftsteller wie Maugham in *The Summing Up*, die tödliche Wiederholung von Lieblingswörtern, bis man am liebsten schreien würde. Und die Lieblingswörter sind stets nur noch halblebendige archaische Wörtchen wie *jejune* und *umbrage* und *vouchsafe*, die der durchschnittlich Gebildete nicht einmal korrekt definieren könnte. Die Aussagekraft des Amerikanischen ist eher sinnlich als intellektuell. Sie drückt eher Erlebtes aus als Gedachtes.

Es ist eine Massensprache nur in dem Sinn wie sein Baseballslang von Baseballspielern stammt. Das heißt, es ist eine Sprache, die in den Händen von Schriftstellern zu feinen Nuancierungen fähig ist und doch auch von oberflächlich Gebildeten verstanden wird. Es ist nicht natürlich gewachsen, auch wenn seine proletarischen Schriftsteller das gern so hätten. Im Vergleich zum Amerikanischen hat das Englische bestenfalls das Stadium des alexandrinischen Formalismus und Verfalls erreicht.

Es hat Nachteile.

Es überstrapaziert seine Schlagwörter, bis sie nicht nur jeden Sinn verlieren, wie englische Schlagwörter, sondern auch noch Übelkeit erregen wie zu oft gehörte Schlager.

Sein Slang, von Schriftstellern erfunden und einfachen Gaunern und Ballsportlern angehängt, klingt oft unecht, selbst wenn er noch neu ist.

Die Sprache hat kein Gespür für die permanente Entwicklung der Kultur. Das mag oder mag auch nicht am Zusammenbruch des klassischen Bildungssystems liegen und ist im Englischen wohl nicht anders. Mit Sicherheit liegt es an fehlendem historischen Bewußtsein und mangelhafter Bildung, denn das Amerikanische ist eine unruhige Sprache ohne Manieren und Selbstbeherrschung.

Es hat eine allzu große Vorliebe für das Pseudonaive, womit ich den Gebrauch eines Stils meine, wie er von einem sehr beschränkten Verstand gesprochen werden könnte. Wenn ein Genie wie Hemingway ihn verwendet, verfehlt das seine Wirkung sicher nicht, aber nur dadurch, daß auf subtile Weise die Vertragsklauseln umgangen werden, das heißt, durch künstlerischen Einsatz des wirkungsvollen Details, das der Sprechende selbst nie bemerkt hätte. Wird er nicht von einem Genie gehandhabt, ist er so platt wie die Rede eines Rotariers.

Der letzte wichtige Punkt ist sehr wahrscheinlich das Ergebnis eines unterschwelligen, aber noch sehr starken provinziellen

Aufbegehrens gegen die Überlegenheit englischer Kultur. »Wir sind genauso gut wie die, auch wenn wir keine gute Grammatik sprechen.« Diese Einstellung beruht auf völliger Unkenntnis des englischen Volkes als Masse. Sehr wenige Engländer sprechen grammatikalisch richtig. Die es tun, sprechen wahrscheinlich korrekter als ihr amerikanisches Pendant, aber der englische Provinzler verwendet ebenso viel schlechte Grammatik wie der Amerikaner, wovon einiges zwar bis auf Piers Ploughman* zurückgeht, deswegen aber noch lange keine gute Grammatik ist. Bei englischen Akademikern hört man allerdings keine elementaren Fehler im Gebrauch ihrer Sprache. In Amerika hört man die ständig. Es läßt sich natürlich darüber streiten, was richtiger Sprachgebrauch ist, und bis zu einem bestimmten Punkt wird man da selbstverständlich historisch argumentieren und bis zu einem bestimmten Punkt gegenwartsbezogen. Man wird einen Kompromiß finden müssen, oder wir alle werden entweder Ignoranten oder Alexandriner. Aber grob und allgemein und einfach gesagt: hört man amerikanische Ärzte und Rechtsanwälte und Rektoren sprechen, wird einem sofort klar, daß sie ihre eigene Sprache, den Unterschied zwischen gutem oder schlechtem Stil, nicht wirklich kennen. Ich meine jetzt nicht die bewußte Verwendung von Slang oder Umgangssprache; ich meine die rührenden Versuche dieser Menschen, mit ungewohnter Akkuratesse zu sprechen, wobei sie kläglich scheitern.

Ein derartiges Zusammenbrechen der Grammatik hört man in England bei der entsprechenden Bevölkerungsschicht nicht.

Es ist nicht zu übersehen, daß das amerikanische Erziehungssystem ein kulturelles Fiasko ist. Amerikaner sind kulturell kein gebildetes Volk; auch ihre berufliche Ausbildung muß nach Verlassen von Schule und College oft noch einmal begonnen werden. Dabei haben sie einen offenen, wachen Verstand, und wenn ihre Bildung kaum einen deutlich positiven Wert hat, so zeigt sie wenigstens nicht die verdummen-

---

* altsächsisches Stabreimgedicht des 14. Jhs. (A. d. Ü.)

den Auswirkungen einer strengeren Ausbildung. Was an ihrem Sprachgebrauch traditionell ist, wurde von der englischen Tradition übernommen; die Ressentiments über diese Tatsache sind gerade stark genug, um in einen perversen Gebrauch grammatischer Unmöglichkeiten zu münden – »bloß um's denen zu zeigen.«

Die Amerikaner, mit der komplexesten Zivilisation, die die Welt kennt, sehen sich noch immer gern als einfache Leute. Anders gesagt, sie vertreten gern die Ansicht, der Comic strip-Künstler sei ein besserer Zeichner als Leonardo – einfach weil er Comic strips zeichnet, und der Comic strip ist für einfache Leute.

Der amerikanische Stil hat keine Kadenz. Ohne Kadenz hat ein Stil keine Harmonie. Er ist wie eine Flöte, die solo spielt, etwas Unvollständiges, sehr gekonnt oder sehr dumm, je nachdem, aber eben etwas Unvollständiges.

Da Kultur noch immer von Politik beherrscht wird, wird das Amerikanische das Englische noch lange Zeit beherrschen. Das Englische, in der Defensive, ist statisch, und kann nur eine Art gereizter Kritik an Formen und Manieren beitragen. Und das Amerikanische kann sich vorerst nicht mehr vitalisieren als der amerikanische Gentleman amerikanischen Tweed tragen kann. Der ist einfach nicht gut genug. Amerika ist ein Land der Massenproduktion, das den Begriff der Qualität gerade erst entdeckt hat. Sein Stil ist nutzorientiert und im wesentlichen vulgär. Die Amerikaner sind ein oberflächliches Volk mit unangenehm instabilen Emotionen und ohne tiefes Stilgefühl. Ihre Sprache, in den Händen des Mannes von der Straße eher ein Abfallprodukt, hat ebensowenig Tiefgang wie Nazipropaganda. Warum kann sie dann große Literatur hervorbringen oder wenigstens eine Literatur, die so groß ist, wie dieses Zeitalter es erlaubt? Die Antwort ist, sie kann es nicht. Die beste amerikanische Literatur wurde ausschließlich von Männern geschrieben, die Weltbürger sind oder es irgendwann einmal waren. Sie fanden hier eine gewisse Freiheit des Ausdrucks, einen gewissen Reichtum an Wörtern, eine gewisse Breite von Interessen. Aber sie mußten europäischen Geschmack haben, um das Material zu nutzen.

Schlußbemerkung – aus dem Zusammenhang. Die Tonqualität der gesprochenen englischen Sprache wird gewöhnlich übersehen. Die Tonqualität ist unendlich variabel und erlaubt unendlich viele Bedeutungsnuancen. Die amerikanische Stimme ist flach, ausdruckslos und ermüdend. Die englische Tonqualität ermöglicht einem knapperen Vokabular und einem formalisierteren Sprachgebrauch eine unendliche Bedeutungsvielfalt. Ihre Modulationen werden natürlich durch Assoziation in die geschriebene Sprache hineingelesen. Das macht gutes Englisch natürlich zu einer Klassensprache, und das ist sein fataler Mangel. Der englische Schriftsteller ist in erster Linie Gentleman (oder kein Gentleman) und dann erst Schriftsteller.[62]

Anfang 1939, noch in Riverside, begann Chandler über seinen nächsten Roman nachzudenken; da er wieder vorhatte, sich auf bereits veröffentlichtes Material zu stützen, arbeitete er Pläne aus, die schließlich zwei verschiedene Bücher ergeben sollten: *The Lady in the Lake* und *Farewell, My Lovely*. Das erste basierte auf »Bay City Blues« (Juni 1938) und der zuletzt geschriebenen Geschichte »The Lady in the Lake« (Januar 1939); das zweite kombinierte »Try the Girl« (Januar 1937) und »Mandarin's Jade« (November 1937). *The Big Sleep* hatte er in drei Monaten fertiggestellt, deshalb dachte Chandler wahrscheinlich, daß er das nächste Buch, gemäß seinem Arbeitsplan, ebenso schnell würde schreiben können. Doch die Gewohnheit des »Ausschlachtens« brachte ihn in Verzug. Angesichts soviel verwertbaren Stoffs ging er zu der viel langsameren Technik über, gleichzeitig an mehr als einem Roman zu arbeiten. Wie Chandler dabei vorankam, hielt er in einem Tagebuch fest; die Aufzeichnungen zeigen, daß er neben der Arbeit an den Romanen gelegentlich auch noch eine Kurzgeschichte begann oder abschloß. Die später aus Steuergründen ans Licht gebrachten Tagebucheintragungen sind verwirrend, weil Chandler die Gewohnheit hatte, Titel zu ändern oder sogar denselben Arbeitstitel für mehr als eine Story zu verwenden. Am 13. März jedenfalls begann er *The Lady in the Lake* unter dem vorläufigen Titel *Law Is Where You Buy It*. Nach ein paar Tagen merkte er, daß etwas nicht stimmte, und so unterbrach er die Arbeit daran, um zunächst die Geschichte »The Bronze Door« zu beenden. Gegen Monatsende war er mit dem Roman bis zu Seite fünfzehn gekommen, Mitte April hatte er ihn um einige weitere Seiten vorangebracht. Er hieß jetzt *The Girl from Brunette's*. An diesem Punkt etwa gab er auf und fing einen neuen Roman an, den er versuchsweise *The Girl from Florian's* nannte und der schließlich *Farewell, My Lovely* wurde. Es gelang ihm, an dieser Geschichte etwa einen Monat konzentriert zu arbeiten, bis er am 22. Mai, nachdem er 233 Seiten geschrieben hatte, in sein Tagebuch eintrug: »Diese Geschichte wird nichts. Sie stinkt zum Himmel. Ich werde sie wohl wegschmeißen und was Neues versuchen müssen.«[63] Ein paar Tage lang arbeitete er an der Geschichte, aus der schließlich »I'll Be Waiting« wurde, und machte sich dann wieder an die Überarbeitung seines Romanentwurfs. Nachdem er etwa neunzig Seiten durchgesehen hatte, merkte er, daß es hoffnungslos war. In dieser Situation kehrte er zu *The Lady in the Lake* zurück, die er jetzt *Goldfish* nannte. Er kam stetig voran, änderte noch zweimal den Titel *(The Golden Anklet, Deep in Dark Waters)*, bis er wieder bei *Law Is Where You Buy It* landete. Am 29. Juni schrieb er ins Tagebuch: »Tragische Entdeckung, daß eine weitere tote Katze unterm Haus liegt. Mehr als drei Viertel geschrieben, und es taugt nichts.«[64] Chandler schätzte, daß er etwa 55000 Wörter nutzlos zu Papier gebracht hatte. Noch einmal griff er *The Girl from Florian's* wieder auf, schrieb die frühere Arbeit um und kam gut voran, bis er am 15. September die Rohfassung fertig hatte. Das Buch hieß jetzt *The Second Murderer*. »Doch anzunehmen, ich sei mit diesem Entwurf zufrieden gewesen, ist ein großer Irrtum«, erklärte er später, »denn 1940 schrieb ich alles um und brachte es schließlich zu Ende, obwohl es mir 1940, angesichts der Vorgänge in Europa, ziemlich schwerfiel, mich zu konzentrieren. Den Schlußpunkt unter *Farewell, My Lovely* – ich meine den endgültigen – setzte ich am 30. April 1940.«[65]

Diese sprunghafte Arbeitsmethode war aufwendig und kraftraubend und erklärt, warum Chandler während seiner zwanzig Jahre als Romancier so wenig geschrieben hat. Für ihn konnte Arbeit nur dann Qualität haben, wenn einem wirklich etwas an ihr lag; diese Einstellung behinderte ihn sehr, denn nach Kriegsausbruch konnte er für das Schreiben keine große Begeisterung mehr aufbringen. Im August 1939 teilte er Blanche Knopf mit, daß ihm zur Fertigstellung einer Rohfassung von *Farewell, My Lovely* nur noch 12000 Wörter fehlten. »Ich weiß, was ich schreiben will«, fügte er hinzu, »aber momentan ist mir mein Schaffensdrang abhanden gekommen.«[66]

Hitler in ein Land nach dem anderen einmarschieren zu sehen, machte Chandler schrecklich zu schaffen. »Die Anstrengung, nicht an den Krieg zu denken«, schrieb er, »hat mich geistig zu einem Siebenjährigen schrumpfen lassen.«[67] Aus Liebe zu England meldete er sich freiwillig zur Offiziersausbildung in der Kanadischen Armee. Dieses am 29. September, kurz nach Englands Kriegserklärung eingereichte Gesuch wurde hauptsächlich wegen seines Alters zurückgewiesen.

Bei Anbruch des Herbstes und des kalten Wetters in den Bergen bereiteten sich Cissy und Chandler auf ihre Abreise vor. Immer wieder zogen sie um, wenn auch ziemlich lustlos. »Alles in Kalifornien hat etwas von der Wüste«, schrieb er, »sogar die Gemüter der Menschen, die hier leben. In den Jahren, als ich diese Gegend haßte, gelang es mir nicht, hier wegzukommen, und jetzt, da ich den herben Salbeigeruch brauche, fühle ich mich noch immer fehl am Platz.« Um weitermachen zu können, war er auf die Poesie des Unaussprechlichen angewiesen. Er und Cissy hatten einander, doch Chandler verlangte mehr: »Was uns am Leben erhält, sind die Reflexe von Insektenflügeln weit weg in gedämpftem Sonnenlicht.«[68]

Das Gesetz kann man kaufen

Im Dezember 1939 hatten Chandler und Cissy für den Winter eine Unterkunft in La Jolla gefunden, wieder einmal möblierte Zimmer. »Es muß schön sein, ein Zuhause zu haben«, schrieb er an George Harmon Coxe. »Wir haben schon so lange keines mehr gehabt, daß ich mit einem Anflug von Heimweh auf jede Wohnung zurückblicke, in der wir auch nur sechs Monate geblieben sind. Ich glaube, auch hier werden wir nicht lange sein. Zu kostspielig, zu feucht, zu ältlich, eine hübsche Gegend, wie heute nachmittag ein Besucher meinte, für alte Leute und ihre Eltern.«[1] Er schrieb, aber es gelang ihm nicht viel. »Mein zweites Buch mußte ich wegschmeißen, mit dem Ergebnis, daß ich für die letzten sechs Monate nichts vorzuweisen und die nächsten sechs Monate möglicherweise nichts zu essen habe. Für den Rest der Welt ist es aber zweifellos besser, daß ich es weggeschmissen habe.«[2] Da er den Knopfs kein Buch für ihr Frühjahrsprogramm anbieten konnte, schrieb er entschuldigend: »Mir ist lange Zeit nichts geglückt, auch Gesundheit und Gemütsverfassung waren schlecht. Als ich schließlich einen sehr groben Entwurf zustandegebracht hatte, war ich absolut nicht zufrieden damit. Ich mußte ihn für eine Weile beiseitelegen, in der Hoffnung, später herauszufinden, ob er nun wirklich einfach lausig ist oder ob mir das durch eine verzerrte Optik nur so vorkam. Was mich an dem Buch (in absentia) ein bißchen tröstet, ist, daß meine Nachforschungen mich davon überzeugt haben, daß »wirklich einfach lausig« der Normaltemperatur des Kriminalromans entspricht.«[3]

Das Wetter in La Jolla war schlecht; das Rheuma in seinem rechten Arm schrieb Chandler dieser Feuchtigkeit zu. Mitte Januar zog er mit Cissy an den Nordrand von Los Angeles, nach Monrovia, am Fuß der San Gabriel Mountains, aber auch das war nur eine Durchgangsstation. »Ein richtiges Zuhause haben wir noch nicht gefunden«, schrieb er, »aber wir hoffen darauf, und wenn es ein wenig Frieden gibt in dieser Welt, die keinen Frieden kennt – alles, was ich verlange, ist ein ruhiges Fleckchen mit taubstummen Nachbarn –, nehme ich diese Sache wieder in Angriff.«[4] Schließlich blieben sie ein paar Monate im nahegelegenen Arcadia. Den meisten Schriftstellern geht der zweite Roman bekanntermaßen schwerer von der Hand als der erste, und das häufige Umziehen war einem zufriedenstellenden Vorankommen wohl auch nicht gerade förderlich. Trotzdem beendete Chandler dank seiner Disziplin im April das Manuskript, das schlußendlich den Titel *Farewell, My Lovely* tragen sollte. Zwei Monate später arbeitete er an *The High Window*. »Das war nicht alles, was ich bis zum Ende des Jahres schrieb, aber meistens arbeitete ich daran.«[5] Er gab zu: »Hat man eine Menge Material für verschiedene Handlungen herumliegen, und eine bestimmte Mischung wird langsam schal, ist man vielleicht zu sehr geneigt, sie fallenzulassen und etwas anderes anzufangen.«[6] Das Jahr 1940 war kein gutes für Chandler. Er war oft krank und sich seiner Sache nicht sicher; bis November hatte er, wie er später schrieb, »weniger geschafft als sonst manchmal in einer Woche.«[7]

Chandler schwankte auch bei der Auswahl der Titel für seine Bücher. Er wußte, wie wichtig sie waren, und führte in seinen Notizbüchern lange Listen von Möglichkeiten. Hier einige gelungene, witzige Titel, die er nie verwendete: *The Corpse Came in Person* – Die Leiche kam persönlich; *A Few May Remember* – Mancher erinnert sich vielleicht; *The Man with the Shredded Ear* – Der Mann, dessen Ohr in Fetzen ging; *Zone of Twilight* – Zone des Zwielichts; *Parting before Danger* – Abschied, bevor es gefährlich wird; *The Is to Was Man* – Der Ist-bis-war-Mann; *All Guns Are loaded* – Alle Kanonen sind geladen; *Return from Ruin* – Rückkehr vom Ruin; *Lament But No Tears* – Trauer ohne Tränen; *Too Late to Sleep* – Zum Schlafen zu spät; *The Cool-Off* – Auf Eis gelegt. Alle sind atmosphärisch, sollen Stil und Ton des Buches andeuten. Gegenüber Alfred Knopf meinte Chandler , er möge keine Titel »wie ›*Der Seltsame Fall des*‹ oder ›*Das Rätsel von*‹ oder ›*Das Geheimnis von*‹, denn ich finde, sie betonen das Rätsel als solches zu sehr, und ich bin nicht einfallsreich genug, um mir die Art kniffligen, abstrusen Fall auszudenken, auf den die eingeschworenen Fans fliegen. Ein solcher Titel könnte sie dazu verleiten, eine Geschichte zu erwarten, die sie dann gar nicht bekommen.«[8] Er wies auch darauf hin, daß Erle Stanley Gardner diese Art Titel regelrecht zu einem Markenzeichen gemacht hatte. Für *Farewell, My Lovely* wollte Chandler ursprünglich einen anderen Titel, *The Second Murderer*, basierend auf einer Szene in Shakespeares *King Richard III*, in der Richard zwei komische Mörder beauftragt, seinen Bruder Clarence umzubringen, damit der Weg zum Thron frei wird. Dem zweiten Mörder kommen Bedenken, er fängt an, Schuldgefühle zu zeigen. Doch als der erste Mörder ihn an das Geld erinnert, das sie für die Tat bekommen sollen, verliert der zweite Mörder sofort seine Skrupel und sagt: »Recht! er ist des Todes. Den Lohn hatt' ich vergessen.« Chandler empfand diese Anspielung auf elisabethanische Bestechungspraktiken offenbar als sehr passend für einen Roman voller Polizeikorruption und Käuflichkeit. Blanche Knopf war anderer Meinung. Sie schlug *Sweet Bells Jangle* vor, was sie dem Monolog Ophelias über den vermeintlich wahnsinnigen Hamlet entnahm. Chandler konterte mit *Zounds, He Dies* (»Recht! er ist des Todes.«) und teilte Mrs. Knopf mit, ihr Titel klinge reichlich nach Ethel M. Dell.

Chandlers Hartnäckigkeit bei Titeln erklärt sich aus seiner Überzeugung, daß ein Titel einprägsam sein sollte und »eine Idee mit einer Spur Emotion vermitteln soll. Er soll provozierend, aber nicht überspannt sein. Nach Möglichkeit sollte er etwas haben, was einen nicht mehr losläßt.«[9] Hemingways Titel bewunderte Chandler, Maughams dagegen fand er pathetisch: »Ein guter Titel hat etwas Magisches, und für mich ist das Magische der wertvollste Bestandteil einer Geschichte, und der seltenste.«[10]

Am Ende einigte man sich auf Chandlers zweiten Vorschlag, *Farewell, My Lovely,* und das Buch erschien im August. Die Vorbestellungen fielen mit nur 2900 Exemplare (bei *The Big Sleep* waren es 4500) enttäuschend aus; Blanche Knopf konnte es sich nicht verkneifen, Chandler zu schreiben, »die Reaktion des Buchhandels liegt allein am Titel.«[11] Chandler nahm das nicht einfach so hin; er machte sie darauf aufmerksam, daß man es nicht ihm anlasten könne, wenn die Geschäftsführung eine Fehlentscheidung getroffen habe, da Knopf mit dem Titel ja einverstanden gewesen sei. Seine Enttäuschung – denn sein Verlust war weitaus größer als der Knopfs – wurde durch eine lobende Besprechung in den *Hollywood Citizen-News* etwas gemildert, die die lokalen Verkaufsziffern günstig beeinflußte. Daß »ein Kritiker, der zugibt, keine Kriminalromane zu mögen, und sie größtenteils für Schund hält, dieses Buch literarisch ernst nimmt, bedeutet mir eine ganze Menge«, schrieb er. »Eigentlich bin ich nämlich kein Lohnschreiber.«[12] Es ist bezeichnend für das Verhältnis zwischen Chandler und den Knopfs, daß er sich verpflichtet fühlte, den letzten Satz noch hinzuzufügen.

Die Besprechungen von *Farewell, My Lovely* waren äußerst günstig, aber man kann verstehen, warum Chandler sich besonders über das freute, was Morton Thompson in den *Hollywood Citizen-News* geschrieben hatte: »Ich bin jederzeit bereit, den Ruf, den ich jetzt oder künftig als Kritiker haben mag, für die literarische Zukunft dieses Autors zu riskieren. Chandler schreibt durchweg mit erstaunlicher Hingabe an die Erfordernisse seines Handwerks. Er versucht, keinen Kunstgriff auszulassen. Seine Sätze, und zwar alle, zeugen von intensivem Arbeiten, ständigem Feilen und Überprüfen, unablässiger schöpferischer Tätigkeit. Sein Aufbau ist ein Paradoxon von Glätte und Schroffheit. Er hat einen ausgeprägten Sinn für die erzählenden, dramatischen und komischen Elemente. Er setzt dieses Gespür immer ein und erzählt seine Geschichte so gut er irgend kann. Sein Buch und er selbst sind eine Zierde seines Berufes. Himmel, es tut gut, wieder einmal Redlichkeit und Bemühen und feine Regungen zu erleben. Das hat es seit Monaten nicht gegeben.«[13]

Eine solche Kritik kann einem Schriftsteller enormen Auftrieb geben, aber von Besprechungen kann man nicht leben. Chandlers Aussichten, seinen Lebensunterhalt mit Romanen zu verdienen, waren nach seiner eigenen Meinung nicht sehr rosig, denn, wie er Blanche Knopf gegenüber betonte, Rezensionen und Reklame waren bei diesem Buch gut, die Bibliotheken nahmen es in ihr Angebot auf. Er war kein Fachmann für die Umsätze von Kriminalromanen, aber seine Intuition täuschte ihn nicht. »Ich würde gern eine Liste von Krimis sehen, von denen in den letzten fünf Jahren mehr als 5000 Exemplare verkauft wurden«, schrieb er. »Ich glaube, die kann man an den Fingern des Zweifinger-Faultiers abzählen.«[14] Die einzige Lösung für seine finanziellen Schwierigkeiten wäre gewesen, ein Buch zu schreiben, das in einem der *slicks* in Fortsetzungen hätte erscheinen können, aber Chandler wußte, daß er unfähig war, die dort verlangten Null-Acht-Fünfzehn-Geschichten zu schreiben. »Ich könnte einen Bestseller schreiben«, schrieb er später, »hab's aber nie getan. Immer gab es etwas, was ich nicht weglassen konnte; oder etwas, was ich hineinbringen mußte. Ich weiß nicht, warum.«[15] Vorerst hatte er noch allen Grund, entmutigt zu sein. »Wären von diesem Buch 10 000 Exemplare verkauft worden, hätte ich mir vielleicht Illusionen über meine Zukunft gemacht. Nach Lage der Dinge kann ich aber das Gefühl nicht loswerden, daß dieses spezielle Medium so ungefähr die extravaganteste Art ist, seine Talente zu verschleudern, auf die ich kommen konnte.«[16] Der launige Ton dieser Bemerkung läßt jedoch vermuten, daß Chandler nicht daran dachte aufzugeben. Er hatte den einsamen Mut eines Mannes, der seine Arbeit gut machte und wußte, daß *Farewell, My Lovely* ein viel besseres Buch war als *The Big Sleep*.

Farewell, My Lovely ist besser, weil die Geschichte einen eindeutigen Mittelpunkt hat. In *The Big Sleep* wird Chandlers Empörung zu einem Widerwillen gegen die Reichen verallgemeinert, aber hier konzentriert er sich auf Bay City, einen selbständigen Stadtteil von Los Angeles, in dem das Ausmaß der Korruption in Kalifornien intensiver dargestellt wird. »Sicher, es ist eine nette Stadt« sagt Marlowe. »Wahrscheinlich auch nicht schlimmer als Los Angeles. Aber von einer großen Stadt kann man immer nur ein Stück kaufen. Eine Stadt von dieser Größe kann man komplett kaufen, in der Originalschachtel und schön verpackt in Seidenpapier.«[17] Bay City basiert auf Santa Monica, wo Chandler lebte, als er die Geschichten schrieb, von denen der Roman abgeleitet ist. Es ist nicht so vornehm wie Beverly Hills oder San Marino, eine Stadt der Mittelschicht, Häuser im spanischen Stil, weiß verputzt, mit schmiedeeisernen Gittern und Ziegeldächern an sauberen, breiten, palmengesäumten Straßen. Das Geschäftsviertel beschränkt sich auf wenige Straßen, und der Ort hat eine Atmosphäre universeller Biederkeit. Für Chandler war Bay City ein Symbol der Heuchelei: Er haßte die Vorspiegelung von Rechtschaffenheit an einem Ort, der praktisch einigen wenigen Reichen gehörte. »Dieser Grayle platzt vor Geld«, sagt Marlowe von dem Millionär im Roman. »Und das Gesetz kann man kaufen in dieser Stadt.«[18]

Immer wieder war Chandler fasziniert von der Absurdität des Ortes, der etwas von einer komischen Oper hatte. »Neulich dachte ich an Ihren Vorschlag, einen gekonnt beleidigenden Artikel über die Polizei von Bay City (Santa Monica) zu schreiben«, schrieb er 1944 an Charles Morton vom *Atlantic Monthly*. »Zwei Fahnder der Staatsanwaltschaft bekamen einen Tip über eine Spielhölle in Ocean Park, einem miesen Anhängsel Santa Monicas. Sie sind da runtergefahren und haben unterwegs zwei Santa Monica-Polizisten aufgetrieben. Denen haben sie erzählt, sie wollten einen Laden auffliegen lassen, haben ihnen aber nicht gesagt, wo der war. Die Polizisten gingen mit, widerwillig wie sich das gehört für brave Beamte, die das Gesetz nicht gegen einen zahlenden Kunden einsetzen wollen, und als ihnen klar wurde, um welchen Laden es ging, drucksten sie herum: ›Bevor wir das tun, Jungs, sollten wir aber erst mit Captain Brown sprechen. Captain Brown wird das gar nicht gefallen.‹

Die beiden Fahnder trieben sie herzlos in das Zocker-Paradies hinein; mehrere mutmaßliche Spieler wanderten hinter Gitter, und die Gerätschaften (eine Wagenladung voll) wurden als Beweismaterial im örtlichen Polizeihauptquartier sichergestellt. Als die Jungs vom Staatsanwalt sich die Sachen am nächsten Morgen näher ansehen wollten, war alles bis auf ein paar Handvoll weiße Poker-Chips verschwunden. Die Schlösser waren unversehrt, und von dem Lkw samt Fahrer war keine Spur zu entdecken. Die Plattfüße schüttelten ratlos ihre ergrauten Häupter, und die Fahnder fuhren zurück in die Stadt, um die Geschichte dem Geschworenengericht zu übergeben. Nichts wird dabei rauskommen. Es kommt nie was raus dabei. Wundern Sie sich, daß ich Bay City liebe?«[19]

Genau dieses moralische und rechtliche Klima herrscht im Roman. Chandler läßt den schwerfälligen Polizisten Hemingway – der diesen Spitznamen von Marlowe bekommen hat, weil er »dauernd immer wieder dasselbe sagt, bis man anfängt zu glauben, daß es gut sein muß«[20] – über seine Sorgen lamentieren:

»Keiner kann ehrlich bleiben, auch wenn er sich noch so anstrengt«, sagte Hemingway. »Das isses, was los ist mit diesem Land. Wenn er's versucht, wird er ausgezogen bis aufs Hemd. Man muß die dreckige Tour mitmachen, oder man kriegt nichts zu essen. Ein Haufen Arschlöcher denkt, alles, was wir brauchen, sind neunzigtausend FBI-Leute mit Aktenköfferchen und sauberen Kragen. Quatsch. Die Prozente würden die genauso fertigmachen wie uns. Wollen Sie wissen, was ich denke? Ich denke, wir sollten mit dieser kleinen Welt noch mal von vorn anfangen. Nehmen Sie mal die Moralische Wiederaufrüstung, Moral Rearmament, das ist doch was. MRA. Das ist doch was, Baby.«

»Wenn Bay City ein Beispiel dafür ist, wie sie funktioniert, nehm ich Aspirin«, sagte ich.[21]

Das also ist der Hintergrund von Chandlers Komödie. Der Roman ist aufgebaut wie ein Bühnenstück, und die Handlung entwickelt sich durch eine Reihe dramatischer Szenen zwischen den Personen. Die Geschichte beruht auf dem alten Hut mit der verheimlichten Identität, aber Chandler hat damit Erfolg, weil er noch einen alten dramatischen Kunstgriff anwendet, die Dreiecksbeziehung, in der Marlowe gegen die glamouröse Velma Valento (alias Mrs. Grayle) und die schlichtere, aber ehrlichere Anne Riordan ausgespielt wird. Wie viele von Chandlers Arbeiten ähnelt *Farewell, My Lovely* einer Komödie aus der Restaurationszeit in England, wo die Handlung nicht so wichtig ist wie das Bild, das man vom Leben durch die Personen des Stücks bekommt, und die Situationskomik. Auch Marlowe spielt eine Rolle, die am Theater, in Komödien, öfter vorkommt als im Roman. Er fühlt sich von beiden Frauen auf oberflächliche Weise angezogen. Als er Anne Riordans Wohnung verläßt, weiß er, »daß er in diesem Zimmer gern Pantoffeln tragen würde.«[22] Später behauptet er, Frau Grayle sei sein Typ, und sagt, »Ich mag elegante, auffallende Frauen, hartgesotten und voll Sünde.«[23] Doch stets kehrt er in die eigene Wohnung zurück, wo »ein anheimelnder Geruch hängt, ein Geruch nach Staub und Pfeifenrauch, der Geruch einer Welt, wo Männer leben – und immer leben werden.«[24]

Die Regeln der Detektivgeschichte, wie Chandler sie auslegt, sind denen des Lustspiels verwandt; in *Farewell, My Lovely*, wie in den meisten seiner Romane, steht Marlowe wie der Clown in *Pagliacci* vor dem Vorhang, um die Personen seiner *commedia* einzuführen. In diesem kommen ebenso viele Nebenfiguren unterschiedlichster Herkunft vor wie in *The Big Sleep*, aber sie sind repräsentativer. General Sternwood und seine psychotische Tochter Carmen, ganz zu schweigen vom Pornographen Geiger, fielen alle ziemlich extrem aus. Die Figuren in *Farewell, My Lovely* haben vielleicht keine so ausgefallene Lebensgeschichte; dafür werden sie von Chandler lebendig, einprägsam und oft sehr komisch dargestellt. Moose Malloy, der hünenhafte Zuchthäusler gleich eingangs des Buches; Jessie

Florian, die trunksüchtige Witwe eines Barbesitzers; der namenlose schwarze Geschäftsführer des Hotels Sans Souci (»Ärger, Bruder, ist uns grade ausgegangen.«)[25] – alle wirken als Menschen glaubhaft und unmittelbar aus dem Leben in Los Angeles gegriffen. Ein Querschnitt durch die Stadt, oft ein Beweis für den gescheiterten kalifornischen Traum, auch wenn die Handelskammer das Gegenteil behauptet.

Es lohnt sich, einmal näher hinzusehen, wie Chandler seinen Figuren Gestalt gibt. Hier ein Polizist: »Ein Mann namens Nulty bekam den Fall, ein hohlwangiger Sauertopf mit langen gelben Händen, die er beim Sprechen die meiste Zeit über den Knien gefaltet hielt. Er war Zivilfahnder beim Polizeirevier in der 77. Straße; unsere Unterhaltung fand in einem kahlen Raum statt, in dem an zwei gegenüberliegenden Wänden zwei kleine Tische standen, zwischen denen man hindurchgehen konnte, sofern das nicht zwei Leute gleichzeitig versuchten. Der Bodenbelag war schmutzigbraunes Linoleum, und in der Luft hing der Geruch von alten Zigarrenstummeln. Nultys Hemd war abgetragen, und die Manschetten waren gewendet. Er sah so arm aus, daß man ihn für ehrlich halten konnte, aber den Eindruck eines Mannes, der mit Moose Malloy fertig werden würde, machte er nicht.«[26]

Hier stellt Chandler einen Zusammenhang zwischen der Figur und ihrer Umgebung her und demonstriert seine Ansicht, daß Orte *die* Leute kriegen, die sie verdienen, oder zumindest diejenigen beeinflussen, die dort leben. Die Einzelheiten, auf die Chandler Wert legt – die langen gelben Hände, die gewendeten Manschetten, der abgestandene Zigarrengeruch in dem kleinen Raum –, alles weist auf Nultys Scheitern hin. Auch er ist ein Opfer des geplatzten kalifornischen Traums. Die Technik erinnert sehr an Dickens und damit an die Tatsache, daß Chandler, trotz aller Ähnlichkeiten mit dem Lustspiel, einen Roman schrieb und kein Bühnenstück. Chandlers Methode unterscheidet sich insofern von Dickens, als er einen Erzähler einsetzt, dessen Wesenszüge in das Geschehen einfließen. Marlowes Persönlichkeit prägt die Beschreibungen, wodurch die

»objektive Methode«, an die Chandler glaubte, bis zu einem gewissen Grad tangiert wird. Hier eine Beschreibung von Jessie Florians Haus: »1644 West 54th Place war ein ausgedörrtes braunes Haus mit einem ausgedörrten braunen Rasen davor. Um den Fuß einer standhaft aussehenden Palme war ein großer nackter Fleck Erde. Auf der Veranda stand ein einsamer Holzschaukelstuhl, und in der Nachmittagsbrise klopften die ungestutzten Triebe der Weihnachtssterne vom letzten Jahr schwach gegen den rissigen Verputz. Im Hof neben dem Haus zitterte eine Leine brettiger, vergilbter, halbgewaschener Wäsche an einem rostigen Draht.«[27]

Das klingt gewissermaßen halb nach Chandler, halb nach Marlowe; Chandlers Können besteht darin, die beiden Stimmen miteinander zu verschmelzen. Von »ein paar Lampen mit zerschlissenen, einst pompösen Schirmen, die jetzt so fröhlich wirkten wie überalterte Straßenmädchen«[28] würde Marlowe, der Detektiv, wahrscheinlich nicht sprechen, aber er könnte durchaus sagen, daß Mrs. Florians Stimme »schwerfällig und ächzend aus ihrer Kehle kam – wie ein kranker Mann aus seinem Bett.«[29] Was den Leser daran hindert, dem Erzähler zu mißtrauen oder an seiner Echtheit zu zweifeln, ist die Lebendigkeit von Chandlers Sprache. Sie ist bildkräftig genug, um den Leser bei Laune zu halten – ebenfalls ein Stilmerkmal, für das auch Dickens berühmt war.

Chandler hat beim Schreiben selbst seinen Spaß gehabt, was sicher mitverantwortlich für den Humor seiner Bücher ist. »Ich bin ständig versucht, die ganze Sache zu verulken«, schrieb er nach Fertigstellung seines ersten Romans.[30] »Ich merke, wie ich mich dauernd selber auf den Arm nehme«, sagte er, nachdem er drei weitere geschrieben hatte.[31] »Ich genieße es, es macht mir Spaß«, fügte er hinzu. Der beabsichtigte Humor war für seine Leser manchmal zu subtil; er fragte sich: »Wie kommt es, daß die Amerikaner – die doch von allen Menschen ihre Launen am schnellsten ändern können – das stark burleske Element meiner Bücher nicht sehen?«[32] Er war fähig, über sich selbst und die Art zu lachen, wie er oft mit Marlowe identifiziert wurde:

»Ja, ich bin genau wie die Figuren in meinen Büchern. Ich bin hart im Nehmen und bekannt dafür, daß ich ein Wiener Hörnchen mit bloßen Händen zerbreche. Ich sehe blendend aus, bin durchtrainiert und wechsle regelmäßig jeden Montagmorgen mein Hemd. Wenn ich zwischen meinen Aufträgen ausruhe, wohne ich in einem provenzalischen Château am Mulholland Drive. Es ist ein nettes kleines Häuschen mit achtundvierzig Zimmern und neunundfünfzig Badezimmern. Ich speise von goldenen Tellern und lasse mich vorzugsweise von nackten Tänzerinnen bedienen. Aber natürlich gibt es auch Zeiten, wo ich mir einen Bart wachsen lassen und mich in einer Kaschemme an der Main Street verkriechen muß, und es kommt durchaus auch vor, daß mich das Stadtgefängnis, allerdings nicht auf meinen Wunsch, in seiner Ausnüchterungszelle zu Gast hat.

Ich habe überall Freunde. Einige sind sehr gebildet, andere reden wie Darryl Zanuck. Auf meinem Schreibtisch stehen vierzehn Telefone mit je einem direkten Draht nach New York, London, Paris, Rom und Santa Rosa. In meinem Aktenschrank findet sich eine sehr praktische Hausbar, und der Barkeeper, der in der untersten Schublade wohnt, ist ein Liliputaner namens Harry Cohn. Ich bin starker Raucher, und je nach Laune rauche ich Tabak, Marihuana, Maisfasern und getrocknete Teeblätter. Meine Hauptbeschäftigung besteht in Ermittlungen, besonders in den Apartments schlanker Blondinen. Mein Material bekomme ich auf verschiedene Weise, aber mein Lieblingsverfahren (auch bekannt als Jerry-Wald-System) besteht darin, nachts die Schreibtische anderer Schriftsteller zu durchstöbern. Ich bin achtunddreißig Jahre alt, und zwar seit zwanzig Jahren. Ich halte mich nicht für einen Meisterschützen, aber mit einem nassen Handtuch bin ich ziemlich gefährlich. Aber alles in allem ist meine Lieblingswaffe, glaube ich, ein Zwanzig-Dollar-Schein.«[33]

Nachdem sie etwa fünf Monate in Arcadia gewohnt hatten, zogen die Chandlers für den Sommer 1940 hinauf in die Berge oberhalb von San Bernadino. Zuerst versuchten sie es in Fawnskin, dann fanden sie ein einfaches, aber geräumiges Häuschen am Big Bear Lake. Der *Black Mask*-Autor John Butler wohnte in der Nähe, und während des Sommers kamen die Ballards und Adams' zu Besuchen herauf. Chandler begann gerade *The Brasher Doubloon*, woraus später *The High Window* werden sollte, aber wie so oft belasteten ihn Alltagsprobleme so sehr, daß er zum Schreiben keine große Lust zeigte. Gegen Ende des Jahres sagte er zu George Harmon Coxe, er und Cissy hätten entdeckt, daß sie Big Bear nicht mehr mochten. »Komische Sache, die Zivilisation«, stellte er fest. »Sie verspricht so viel, und was sie dann liefert, ist eine Massenproduktion schäbiger Waren und schäbiger Leute.«[34] Sie zogen also um nach Santa Monica, wo sie am 449 San Vicente Boulevard, wenige Blocks vom Meer entfernt, eine Vierzimmerwohnung mieteten. Wie üblich war ihr gesellschaftliches Leben minimal. Chandler hielt Verbindung mit einigen Autoren von den Fictioneers, von denen einer, Norbert Davis, nur zwei Häuser weiter wohnte. Chandlers gesellschaftliche Kontakte wurden durch Cissys unablässige Krankheiten und seine eigene Gereiztheit darüber behindert, daß sie nicht ordentlich eingerichtet waren. Zwar holten sie einige ihrer Möbel aus den Lagerhallen, doch die Wohnung war »irgendwie einfach kein Ort, an dem man bleiben wollte«.[35] Im November besuchte sie Alfred Knopf einmal, aber wie die meisten New Yorker Verleger, die an die Westküste reisen, hatte er wenig Zeit.

Im Februar 1941 wohnten sie in einem einfachen Bungalow an der 857 Iliff Street unweit von Pacific Palisades. »Meine Güte, wir sind schon wieder umgezogen«, begann Chandler selbstironisch einen Brief an Erle Stanley Gardner. »Als wir in dem großen, nagelneuen Apartmenthaus mit allem Drum und Dran in Santa Monica lebten – falls man das so nennen kann –, hatte ich Sehnsucht nach Deiner Ranch. Ich sehnte mich nach irgendeinem Ort, wo ich nachts rausgehen und das Gras wachsen hören könnte. Aber natürlich wäre das nichts für uns beide, selbst wenn ich ein Stück jungfräuliches Land im Vorgebirge bezahlen könnte. Hier ist es jetzt besser, ruhig und ein Haus in einem hübschen Garten. Aber sie fangen gerade an, genau uns gegenüber ein Haus zu bauen. Das soll mich jedoch nicht so stören wie vorher im Apartmenthaus das Quietschen der Sprungfedern bei unseren lieben Nachbarn.«[36]

Den größten Teil des Jahres 1941 arbeitete Chandler, wie immer, an mehr als einem Projekt gleichzeitig. Zwei Romane, *The High Window* und *The Lady in the Lake* wurden nebeneinander geschrieben, mit gelegentlichen Unterbrüchen für eine Kurzgeschichte. Es war ein langsamer, umständlicher Prozeß, aber notwendig für jemanden, der nur schreiben konnte, wenn er dazu in Stimmung war: »Ich bekomme dauernd Aufsätze zu Gesicht, in denen Schriftsteller sich darüber auslassen, daß sie grundsätzlich nie auf Inspiration warten; sie setzen sich einfach jeden Morgen um acht an ihren kleinen Schreibtisch, ob's regnet oder ob die Sonne scheint, ob sie einen Kater haben oder einen gebrochenen Arm oder was weiß ich, und hämmern ihr bißchen Pensum runter. Egal, wie leer ihr Kopf oder wie fade ihre Einfälle – mit solchem Quatsch wie Inspiration haben sie nichts im Sinn. Ich entbiete ihnen meine Bewunderung und gehe ihren Büchern sorgfältig aus dem Weg.

Ich hingegen, ich warte auf Inspiration, obwohl ich sie nicht unbedingt bei diesem Namen nenne. Ich glaube, daß alles Schreiben, das auch nur etwas Leben in sich hat, aus dem Solarplexus kommt. Es ist harte Arbeit insofern, als man hinterher todmüde sein kann, sogar total erschöpft. Im Sinne einer bewußten Anstrengung freilich ist es überhaupt keine Arbeit. Wichtig ist dabei vor allem eins: der Berufsschriftsteller sollte einen bestimmten Zeitraum haben, sagen wir mindestens vier Stunden am Tag, wo er nichts anderes tut als schreiben. Er muß nicht unbedingt schreiben, und wenn ihm nicht danach ist, dann sollte er es auch nicht versuchen. Er kann aus dem Fenster schauen oder einen Kopfstand machen oder sich auf dem Fußboden wälzen, aber er soll nichts Nützliches tun, soll nicht lesen, Briefe schreiben, in Zeitschriften blättern oder Schecks ausfüllen. Entweder schreiben oder gar nichts. Es läuft nach demselben Prinzip ab wie das Ordnunghalten in einer Schule. Wenn man die Schüler so weit bringt, daß sie sich benehmen, werden sie auch was lernen, einfach schon um sich nicht zu langweilen. Nach meiner Erfahrung funktioniert das. Zwei ganz einfache Regeln: 1) Man muß nicht schreiben. 2) Man kann nichts anderes tun. Der Rest kommt von allein.«[37]

Chandler muß viele Stunden damit zugebracht haben, aus dem Fenster zu schauen, denn er brauchte vier Jahre, um die im April 1939 begonnene *Lady in the Lake* fertigzustellen. Für *The High Window* benötigte er nur halb so viel Zeit, vermutlich weil der Stoff für diesen Roman nicht ausgeschlachtet war. Wie die meisten intelligenten Menschen langweilte sich Chandler leicht, und in einer Zeit, da die westliche Zivilisation unterzugehen drohte, muß ihm die Aufgabe, altes Material für einen Roman zu überarbeiten, oft ermüdend und trivial vorgekommen sein. *The High Window* war wenigstens neu, mit unverbrauchten Figuren und Situationen. Bis September 1941 hatte Chandler unter dem Titel *The Brasher Doubloon* eine Rohfassung des Buches fertig, die er an Sydney Sanders schickte, seinen Agenten in New York. Er bekam sie, wie er sich später erinnerte, mit einer brutalen Ablehnung zurück. Chandler schrieb den abschlägigen Bescheid seiner eigenen Ungeduld zu, etwas zu veröffentlichen, und setzte sich hin, um die nötigen Revisionen vorzunehmen. Nach sechs Monaten, am 3. März 1942, wurde das überarbeitete Manuskript abgeschickt. Er hatte die Arbeit beendet, trotz eines weiteren Umzugs, diesmal an eine dieser komischen Adressen in Los Angeles, 12216 Shetland Lane in Brentwood Heights, gleich landeinwärts bei Pacific Palisades. Chandler räumte dem Buch keine großen Chancen ein und schrieb an Blanche Knopf: »Ich fürchte, das Buch wird für Sie nicht zu gebrauchen sein. Keine Handlung, keine sympathischen Figuren, kein gar nichts. Der Detektiv tut nichts. Soviel ich weiß, wird es zur Zeit gerade abgeschrieben [von der Agentur Sanders], was wohl rausgeschmissenes Geld ist, und Ihnen dann vorgelegt; ich halte das nicht unbedingt für eine gute Idee, aber es liegt nicht mehr in meinen Händen. Wie auch immer, Sie sollten sich nicht verpflichtet fühlen, nett zu mir zu sein, und das in einer Situation, in der Freundlichkeit wahrscheinlich nichts nützt. Zu meiner Verteidigung kann ich eigentlich nur sagen, daß ich mein Bestes versucht habe und mir das Ding irgendwie vom Hals schaffen mußte. Sonst hätte ich vermutlich noch ewig und drei Tage daran herumgeflickt.«[38]

Chandler war derart niedergeschlagen, weil sein Agent die Meinung vertrat, der neue Roman entspreche nicht den Publikumserwartungen, eine voraussehbare kommerzielle Reaktion. In seinem Brief an Blanche Knopf fügte er hinzu: »Eins geht mir ziemlich an die Nieren: wenn ich etwas schreibe, was Härte und Tempo hat und voll Mord und Totschlag ist, werde ich in die Pfanne gehauen, weil es Härte und Tempo hat und voll Mord und Totschlag ist, und wenn ich dann versuche, mich etwas zu mäßigen und die geistige und emotionale Seite einer Situation herauszuarbeiten, dann werde ich in die Pfanne gehauen, weil ich das weglasse, wofür man mich beim erstenmal in die Pfanne gehauen hat. Der Leser erwartet von Chandler das und das, weil Chandler früher so geschrieben hat; aber als er früher so schrieb, hat man ihn wissen lassen, es wäre vielleicht viel besser gewesen, er hätte es nicht so geschrieben.«[39]

Glücklicherweise hielt Blanche Knopf das Buch für »ein absolut herrliches Garn, schön gesponnen«,[40] scheute aber wie üblich vor dem Titel zurück. Der Grund für ihre Ablehnung überraschte Chandler: »Auf den Gedanken, die Buchhändler könnten *Brasher* wie *brassiere* (Büstenhalter) aussprechen, wäre ich nie gekommen.«[41] Er versuchte, den Titel zu rechtfertigen, indem er erklärte, die Münze sei tatsächlich 1787 in New York geprägt worden, räumte aber ein, daß die Realitäten eines Schriftstellers nicht die eines Buchhändlers sein müßten. In einem Postskriptum meinte er: »Wie wär's mit *The High Window*? Das ist einfach, suggestiv und weist auf die letztlich entscheidende Spur.«[42] Der Titel wurde akzeptiert; wie die meisten von Chandlers Titeln entsprach er seiner Definition, daß »ein guter Titel der Titel eines erfolgreichen Buches ist.«

The High Window wurde am 17. August 1942 veröffentlicht. Die Aufmachung des Buches gefiel Chandler, aber wie schon bei seinem ersten Roman wollte er sein Foto nicht auf dem Schutzumschlag haben. Chandler haßte es, fotografiert zu werden, hauptsächlich, weil er nicht mehr jung war. Als *Farewell, My Lovely* in Produktion war, bat er Knopf, sein Alter zu verheimlichen, da er es für schlechte Publicity hielt, in mittleren Jahren noch Anfänger zu sein. Sein Äußeres betreffend, schrieb er: »Durch das Gewicht der Meinungen, einige sachkundig, andere ausgesprochen voreingenommen, sehe ich mich gezwungen zuzugeben, daß ich einer der bestaussehenden Männer meiner Generation bin, muß aber auch eingestehen, daß diese Generation heute ein bißchen heruntergekommen aussieht, und ich mit ihr.«[43] Die Sache mit dem Foto führte zu dieser weiteren Bemerkung: »Ich las neulich in einem englischen Buch und stieß auf die Stelle ›einer von diesen Säcken, die ihr Bild auf dem Schutzumschlag ihrer Bücher haben‹ oder so ähnlich. Ich empfinde das fast genauso. Hierzulande ist das natürlich üblich, aber die meisten Schriftsteller sind derart gräßlich aussehende Leute, daß ihre Gesichter etwas zerstören, was sie vielleicht sonst gemocht hätte. Vielleicht bin ich da überempfindlich, aber mehrmals haben mich solche Gesichter derart abgestoßen, daß ich die Bücher nicht lesen konnte, ohne daß sich die Gesichter dazwischenstellten. Besonders diese fetten Krähengesichter von Frauen mittleren Alters.«[44]

Knopf behauptete, von den ersten Verkaufsziffern enttäuscht zu sein, aber Chandler erinnerte Blanche Knopf daran, daß sie ihm gesagt hatte, »4000 Exemplare seien die oberste Grenze für einen Krimi. Entweder haben Sie das bloß gesagt, um ein gebrochenes Herz zu trösten, oder Sie haben keinen Grund, sich zu beklagen.«[45] Alfred Knopf ließ keinen Zweifel daran, daß er Chandler weiterhin veröffentlichen wollte; der Verlag hatte wahrscheinlich also kaum Grund zur Klage. Chandler selbst stand seinem Buch gelassen gegenüber und erkannte dessen Mängel. »*The High Window*«, sagte er, »hatte nicht die Schlagkraft und Originalität, die es mit etwas Werbung zu einem bedeutenden Erfolg hätten machen können. Manchen Leuten gefiel es besser als meine anderen Bemühungen, manchen weit weniger. Aber zu Schreikrämpfen ist es auf keiner Seite gekommen.«[46]

The High Window hat einen sonderbaren Ton, denn es schwankt zwischen Burleske und echtem Zorn gegen rücksichtsloses Verhalten. Wie aus seinem Arbeitsplan von 1939 ersichtlich, wollte Chandler ursprünglich auch mit diesem Roman die Art *pulp*-Stories parodieren, wie er sie geschrieben hatte. Dieses Element bleibt in dem Buch sehr stark und färbt auf die Hauptfiguren ab. Mrs. Murdock, eine weibliche Karikatur Colonel Sternwoods, wird so eingeführt: »Sie hatte viel Gesicht und Kinn. Sie hatte zinnfarbene Haare, in eine gnadenlose Dauerwelle gelegt, einen harten Schnabel und große, feuchte Augen mit dem mitfühlenden Ausdruck von nassen Steinen. Sie trug Spitzen um den Hals, aber es war ein Hals, der in einem Fußballtrikot besser ausgesehen hätte. Sie trug ein gräuliches Seidenkleid. Ihre dicken Arme waren nackt und fleckig. In ihren Ohren steckten Gagat-Knöpfe. Neben ihr stand ein niedriger Tisch mit Glasplatte, darauf eine Flasche Portwein. Sie nahm einen Schluck aus dem Glas, das sie in der Hand hielt, sah mich über den Rand hinweg an und sagte nichts.«[47] Die Beschreibung ist witzig, angemessen für eine der malerischen Nebenfiguren, die in Chandlers Arbeiten häufig auftreten. Aber dieser Matrone aus Pasadena eine der Hauptrollen im Roman zu geben, geht auf Kosten der Glaubwürdigkeit. Es heißt, von einer Karikatur zu verlangen, sie solle eine voll durchgestaltete Figur werden. Mit anderen Hauptpersonen verfährt Chandler ebenso.

Eine seltsame Mischung: das burleske Element des Buches und das zentrale Thema, der Mißbrauch von Macht und die Herrschaft eines Menschen über einen anderen. Dieser Stoff, auch bei Hawthorne und James ein bevorzugter Gegenstand, wird hier hauptsächlich an der Gewalt von Mrs. Murdock über ihren schwachen Sohn und ihre willfährige und neurotische Sekretärin Merle Davis veranschaulicht.

Chandler empfand die Ungerechtigkeit einer solchen Situation, hatte er sie doch selbst bei seinem reichen irischen Onkel und seinem Arbeitgeber Joseph B. Dabney erfahren, gegen den er sich nicht wehren konnte. Jaspar Murdock, dessen Geld seiner Witwe ihre Macht verlieh, scheint das Spiegelbild Dabneys zu sein. Mit Marlowes Worten: »Ich wußte, daß sie die Witwe eines alten Knackers war, der einen Haufen Geld damit gemacht hatte, daß er der Stadtverwaltung hin und wieder unter die Arme gegriffen hatte, und daß jedes Jahr an seinem Geburtstag sein Bild im Lokalteil der Zeitung erschien, mit seinem Geburts- und Todesdatum und der Bildunterschrift: Sein Leben war Dienen.«[48] Genau so ein Nachruf erschien für Dabney in der *Los Angeles Times*, mit einer etwas anderen Legende: »Sein Werk war Geben.«[49] Dabney und seine Frau stifteten dem California Institute of Technology in Pasadena zwei Gebäude im Wert von über einer halben Million Dollar und bedachten wohltätige Institutionen mit Schenkungen, besonders das so herzig benannte Truelove Home der Heilsarmee.

Chandlers Haß gegen mitleidlose Schinder ist so groß, daß *The High Window* zuweilen fast wie ein Traktat klingt. Als Gegengewicht der ernsten Thematik gibt es eine Menge witziger Bemerkungen und komischer Szenen, aber selten verallgemeinert Chandler in anderen Büchern so wie hier in einem Gespräch zwischen Marlowe und zwei Los Angeles-Polizisten, bei dem es um einen Fall geht, wo Cassidy, der Sohn eines reichen Mannes, und sein Sekretär tot aufgefunden wurden. Um die ganze Sache zu vertuschen, wurde der Mord an Cassidy dem Sekretär angehängt. »Habt ihr schon mal darüber nachgedacht«, sagt Marlowe, »daß Cassidys Sekretär vielleicht eine Mutter oder eine Schwester oder eine Freundin hatte – oder alle drei? Daß sie mit Stolz und Vertrauen und Liebe an einem Jungen hingen, der jetzt als Säufer mit Verfolgungswahn hingestellt wird, nur weil der Vater seines Chefs hundert Millionen Dollar hatte?«[50]

Marlowe schließt seine Strafpredigt mit Worten, die seine eigene Rolle erklären: »Solange ihr Jungs eure eigenen Seelen verkauft, könnt ihr meine nicht kaufen. Solange man sich nicht immer und jederzeit darauf verlassen kann, daß ihr in jeder Situation und unter allen Umständen die Wahrheit sucht und findet und die Kugel rollen läßt – solange habe ich das Recht, auf mein Gewissen zu hören und meinen Klienten so gut ich kann zu beschützen. Solange ich nicht sicher bin, daß ihr ihm nicht mehr schadet, als der Wahrheit nützt. Oder solange man mich nicht zu jemandem schleppt, der mich zum Reden bringen kann.«[51]

Chandlers Zorn auf eine Welt, in der unschuldige Menschen unter skrupellosen Reichen leiden, kommt hauptsächlich in der Geschichte von Merle Davis zum Ausdruck, der schüchternen Sekretärin, die nach einer gründlichen Gehirnwäsche glaubt, Mrs. Murdocks ersten Mann aus einem Fenster gestoßen zu haben, weil er zudringlich geworden sei. Gegen Ende des Romans entdeckt Marlowe ein Foto, das Mrs. Murdock als Täterin entlarvt; deshalb sorgt er dafür, daß Merle das Haus verläßt. Ironischerweise will Merle die Geschichte nicht glauben, denn ihrer Meinung nach war Mrs. Murdock immer freundlich zu ihr. Hier geht Chandlers Anklage der Gesellschaft tiefer und zeigt, warum er politischen Lösungen skeptisch gegenüberstand. »Man hat Sie dazu gebracht, zu glauben, daß Sie ihn hinuntergestoßen hätten«, erklärt Marlowe. »Mit Sorgfalt, Absicht und jener Art von gelassener Unbarmherzigkeit, die man nur bei einer gewissen Sorte Frauen im Umgang mit einer anderen Frau findet. Man käme nicht auf Eifersucht, wenn man Mrs. Murdock so ansieht – aber wenn das ein Motiv ist, hatte sie es. Sie hatte noch ein besseres Motiv – eine Lebensversicherung über fünfzigtausend Dollar, falls Vannier [ein Erpresser, der das belastende Foto besaß] einmal durchdrehen sollte. Sie waren für sie nur ein Sündenbock. Wenn Sie aus dem schattenhaften, unbewußten Leben, das Sie gelebt haben, herauskommen wollen, müssen Sie einsehen und glauben, was ich Ihnen sage. Ich weiß, daß es hart ist.«[52]

Der Ernst des Themas zeigt, welchen Ehrgeiz Chandler für den Kriminalroman entwickelte. Außerdem erklärt es vielleicht, warum er glaubte, die Scherze und Charaktere übertreiben zu müssen, um das Buch genießbar zu machen. *The High Window* hat thematische Einheit und ein Tempo, das auf einen neuen Stoff schließen läßt. Aber es ist auch eine sonderbare, eigenartige Mischung von Elementen, die sich nicht so ganz miteinander zu vertragen scheinen.

Im Sommer 1942, als *The High Window* erschien, waren die Chandlers wieder umgezogen – diesmal nach Idyllwild, Kalifornien, in den Bergen oberhalb von Palm Springs. Bald darauf zogen sie nach Cathedral City, das Palm Springs des armen Mannes. Qualitätsmäßig hat Cathedral City sich seit den vierziger Jahren kaum verändert. Das erste, was man sieht, wenn man heute in den Ort hineinkommt, ist der Palm Springs Mobile Country Club – ein Wohnwagen-Camp am Frank Sinatra Drive. Jammervolle Häuschen stehen verstreut auf sandigen Parzellen entlang A-, B-, C- und D-Straßen oder auch Ersten, Zweiten und Dritten Straßen. Es gibt kaum Bäume, die meisten Bungalows haben keinen Anstrich. Daß Chandler dort wohnte, sagt eine Menge über sein Bankkonto aus. Er hatte gehofft, die Trockenheit der Wüste werde seinem Stirnhöhlenproblem beikommen, aber vergeblich. Wie üblich war er weit davon entfernt, glücklich zu sein, auch wenn sein Humor ihn immer wieder herausriß. »Dieser Ort langweilt mich«, schrieb er an Alfred Knopf. »Aber man hat mich gerade dazu überredet, die Berge und die Wüste noch ein weiteres Jahr auszuhalten. Danach zur Hölle mit dem Klima, treffen wir wieder mal ein paar Menschen! Unser Städtchen hier hat nur einen Laden, und die Fleischversorgung würde Sie zum Schreien bringen. Mittwochs macht der Kerl um 7 Uhr früh auf, und sämtliche Wüstenratten warten schon darauf, daß er die numerierten Eintrittskarten verteilt. Jeder, der zu spät kommt, weil er sich noch schnell das Gesicht waschen wollte, wird automatisch als Schmarotzer eingestuft und kriegt eine höhere Nummer, wenn überhaupt. Am Donnerstag um 10 bringen die Einwohner dann ihren Husten und Mundgeruch in den Laden, lassen sich ruhig vor dem Fleischtresen nieder, und die Nummern werden ausgesungen.

Wenn wir uns mit unserer hohen Nummer den Weg zu dem zusammengeschrumpften Haufen Hackfleisch gebahnt haben, werden wir mit einem nervösen Lächeln begrüßt, das an einen Diakon erinnert, den man mit den Fingern im Kollektenteller erwischt, und kriegen genug Fleisch für die Katze. Das passiert einmal wöchentlich und ist alles, was passiert – soweit es Fleisch angeht.

Natürlich fahren wir auch mal nach Palm Springs. Täten wir's nicht, würde ich diesen Brief nicht schreiben. Ich wäre draußen in der Wüste und würde versuchen, ein totes Erdhörnchen auszugraben. Vor vierzehn Tagen stießen wir zufällig auf ein Rippenstück, wir gingen einfach rein, sagten guten Tag, und da lag das verdammte Ding. Wir aßen sechs Tage dran, Abend für Abend, hinter zugezogenen Vorhängen, leise kauend, damit die Nachbarn nichts hörten.

Es gibt einen Haufen prächtiger Burschen in Washington, edelmütig und sauber, aber hin und wieder habe ich doch Appetit auf einen Bissen dreckiger irischer Politik.«[53]

Trotz Cathedral City verbesserte sich Chandlers Situation: er begann etwas an den Nebenrechten zu verdienen, die er an *The Big Sleep* und anderen veröffentlichten Romanen besaß. Im April 1943 brachte Avon *The Big Sleep* in einer 25-Cent-Ausgabe heraus, von der schließlich 300000 Exemplare verkauft wurden, nicht mitgerechnet eine Ausgabe für die Armee, für die keine Tantiemen gezahlt wurden. Trotzdem beliefen sich seine amerikanischen Einkünfte nur auf etwa $ 1500, nicht viel mehr als das, was die billige Ausgabe bei Hamish Hamilton in England mit nur 10000 Exemplaren einbrachte. Das zusätzliche Geld half, aber um sein Einkommen aufzubessern, schrieb Chandler noch ein paar weitere *pulp*-Stories und begann andere, in einem anderen Stil. Nach der Veröffentlichung von *The Big Sleep* brachte Chandler noch drei Geschichten bei *Dime Detective* heraus, von denen er zwei wahrscheinlich früher geschrieben hatte, zusammen mit der Erzählung für die *Saturday Evening Post*. Abgesehen von einer weiteren Geschichte mit dem Titel »No Crime in the

Mountains« veröffentlichte er bis 1951 keine kürzeren Arbeiten mehr.

Chandler realisierte, daß ein Romanautor eine viel breitere und gebildetere Leserschaft hatte als ein Mitarbeiter von Magazinen. Seine späteren Geschichten zeigen Anzeichen von Ungeduld mit der *pulp*-form. »Pearls Are a Nuisance« ist die Burleske, die er als Grundlage für *The High Window* plante. Die beste von ihnen, »The Lady in the Lake«, wurde zu einer der Hauptquellen für den Roman gleichen Titels. »No Crime in the Mountains« scheint als Übung geschrieben worden zu sein. Das Problem, mit dem Chandler in *The Lady in the Lake* fertigwerden mußte, lag darin, vor ländlichem Hintergrund einen wortkargen Landpolizisten mit begrenztem Vokabular zu einer interessanten Figur zu machen. Indem er Big Bear als Modell benutzte, scheint es Chandler nicht schwergefallen zu sein, die um den See verstreuten Häuschen ebenso lebendig zu beschreiben wie Los Angeles; doch die Charakterzeichnung war schwieriger. Ein Vergleich der Kurzgeschichte mit dem Roman zeigt die Mühe, die er sich gab, Marotten und Eigenheiten in äußerer Erscheinung und Sprache zu erfinden, um seinen Landschutzmann glaubhaft erscheinen zu lassen.

Nachdem *The High Window* erschienen war, schrieb Chandler an Knopf: »Ich hoffe wirklich, daß der nächste besser wird und ich eines Tages einen hinkriege, der diesen frischen, unerwarteten Ton hat, der ankommt. Am meisten hofft mein ziemlich empfindlicher Verstand vielleicht, daß ich eines Tages nicht mehr auf Hammett und James Cain herumreiten muß wie der Affe auf dem Leierkasten. Hammett ist schon in Ordnung. Ich gestehe ihm alles zu. Es gab eine Menge Dinge, die er nicht machen konnte, aber was er gemacht hat, hat er hervorragend gemacht. Aber James Cain – bäh! Alles, was er anfaßt, stinkt nach Ziegenbock. Er hat alles, was ich an einem Schriftsteller verabscheue, ist pseudo-naiv, ein Proust in schmierigen Overalls, ein schmutziger kleiner Junge mit einem Stück Kreide vor einem Bretterzaun, wo gerade keiner hinguckt. Solche Leute sind der Abfall der Literatur, nicht weil sie über schmutzige

Dinge schreiben, sondern weil sie es auf schmutzige Weise tun. Nichts ist hart und sauber und kalt und durchgelüftet. Ein Bordell mit billigem Parfum im Salon und einem Eimer Schmutzwasser an der Hintertür. Lieber Gott, hört es sich denn bei mir auch so an? Hemingway mit seinem ewigen Schlafsack wurde verdammt langweilig, aber Hemingway sieht wenigstens alles und nicht nur die Fliegen auf dem Müll.

So! Ich denke, ich werde eine englische Detektivstory schreiben, eine über Polizeichef Jones und zwei ältliche Schwestern im schilfgedeckten Häuschen, etwas mit Latein drin und Musik und Stilmöbeln und dem Gentleman aller Gentlemen – vor allem eines dieser Bücher, in denen alle schöne, lange Spaziergänge machen.«[54]

Während er *The Lady in the Lake* beendete, schrieb Chandler an Knopf, er versuche, sich »einen Titel für Sie auszudenken, den ich dann wieder ändern soll«,[55] doch das Buch wurde im November 1943 mit diesem Titel veröffentlicht. Sein Erscheinen trug sicher dazu bei, Chandler als eigenständigen Autor auszuweisen; seine Beschwerde darüber, mit Hammett und Cain in einen Topf geworfen zu werden, war hauptsächlich Ärger über die Faulheit von Kritikern. Die Abneigung gegen Cain geht tiefer, denn sie reflektiert Chandlers romantisches, ja sentimentales Weltbild. Cains Figuren enden durch ihre übermächtigen sexuellen Leidenschaften immer in scheußlichen Situationen. Seine Geschichten bewegen sich ausweglos abwärts auf eine Katastrophe zu. Darin ist er vermutlich der realitätsnähere Schriftsteller als Chandler, aber ihm fehlt der Idealismus, ohne den das Leben für Chandler unerträglich wäre. Dieser Idealismus findet seinen Ausdruck in Marlowe. Chandlers Widerwille gegen Cains Stil ist ein Aspekt seiner Abneigung gegen dessen moralische Haltung. Chandler übertreibt in seinem Brief an Knopf, denn es gibt durchaus lyrische Stellen in *The Postman Always Rings Twice* und *Serenade,* wo Cain zu zeigen versucht, was hätte sein können; doch seine Figuren sind von Anfang an verdammt und können ihrem Schicksal nicht entgehen. Sein Stil reflektiert diese Sicht der Welt; was fehlt, ist die

Spannung, die entsteht, wenn Menschen auch die Möglichkeit haben, sich zu entscheiden. Darum fehlt Cain die Poesie, die Chandler auszeichnet.

The Lady in the Lake verkaufte sich von allen bis dahin geschriebenen Chandler-Romanen am besten, war aber kein bedeutender Schritt über das hinaus, was er bereits in *Farewell, My Lovely* erreicht hatte. Zwar ist das Buch besser als *The High Window;* dennoch fehlt ihm das Spritzige der frühen Romane, was wahrscheinlich an seiner außerordentlich langen Entstehungszeit liegt: Es ist schwer, Spontaneität über vier Jahre hinweg zu erhalten. Außerdem beeinflußte der Krieg das Buch. Man hat Chandler manchmal vorgeworfen, er ignoriere in seinen Büchern die gesellschaftlichen Verhältnisse und schreibe eskapistische Romane, in denen die Realitäten der Weltwirtschaftskrise und des Krieges unberücksichtigt blieben. Sicher vertraten seine Romane weder den sozialistischen Realismus noch ein bestimmtes Parteiprogramm, aber unterdessen sollte deutlich geworden sein, daß sie die politischen und gesellschaftlichen Realitäten Südkaliforniens illustrieren. In *The Lady in the Lake* spielt auch der Krieg eine Rolle. »No Crime in the Mountains« enthält das absurde Auftauchen eines japanischen Spions und einen Nazi, der »Heil Hitler!« schreit, bevor er statt des Erzählers völlig unbegründet sich selbst erschießt. Im Roman fallen Chandlers Bezugnahmen auf den Krieg jedoch weniger hysterisch und deshalb realistischer aus. Das Buch beginnt damit, daß Arbeiter im Rahmen eines staatlichen Wiederverwertungsprogramms Gummiplatten von einem Gehsteig reißen. Auch durch beiläufige Anspielung auf Figuren, die in der Armee dienen oder sehr bald eingezogen werden sollen, wird auf den Krieg hingewiesen. So sollte es auch sein, denn der Krieg beeinflußte das Leben in Amerika nur allmählich und langsam. Wie Marlowe ihn kommentiert, als er in die Berge hinauffährt: »Der Krieg schien Puma Lake nicht im geringsten zu kümmern.«[56]

Aber es wirkt noch ein sekundärer oder unterbewußter Einfluß auf das Buch. Als Marlowe seinen Klienten zum erstenmal aufsucht, ist alles grau – der Anzug des Klienten, die mattsilbernen Wände des Empfangszimmers, sogar Adrienne Fromsett, die weibliche Hauptfigur der Geschichte: »Sie trug ein stahlgraues Kostüm, unter der Jacke eine dunkelblaue Hemdbluse und eine etwas hellere Krawatte. Die Kanten des gefalteten Ziertuchs in ihrer Brusttasche sahen scharf genug aus zum Brotschneiden. Ein Kettenarmband war ihr einziger Schmuck.«[57] *The Lady in the Lake* ist ein düsteres Buch, weil es sich auf diejenigen konzentriert, die im System Südkaliforniens gefangen sind, statt auf jene, die es dirigieren. Sie sind eher das Fußvolk der Gesellschaft; im Gegensatz zu den malerischen Exzentrikern in *The High Window*, denen das System gehört. Der reichste Mann in *The Lady in the Lake*, Derace Kingsley, ist nur der Chef einer Kosmetik-Firma. »Ich habe eine gute Stellung hier«, erklärt er, als er Marlowe anheuert, »aber es ist eben nur eine Stellung.«[58] Der Roman handelt von all den Durchschnittsmenschen, die sich dem Stil und den Gewohnheiten einer materialistischen Welt anpassen müssen. Jeder steht unter irgendeinem Druck, sogar der Landgendarm, der sich zur Wiederwahl stellt und dessen Wahlslogan lautet: »Behaltet Jim Patton als Sheriff. Zum Arbeiten ist er zu alt.«[59] Wie in der Armee sind es die Umstände, die den Menschen beherrschen – außer Marlowe kann kein einziger frei entscheiden, und der kann es nur, weil er nicht in das Hauptgeschehen verwickelt ist. Was Chandler uns zeigt, ist eine Gesellschaft von Männern und Frauen, die irgendwie versuchen, ihr Leben zusammenzuhalten, aber immer unter Druck und darum anfällig für Gewalt. Sie sind Affen im selben Zoo, und aus diesem Grunde ist *The Lady in the Lake* weniger komisch als Chandlers andere Romane; es gibt auch keine Liebesgeschichte in dem Buch, keine Blondinen, mit denen Marlowe spielen könnte.

Dieser Roman gleicht also einer Moralität, dem Porträt einer Gesellschaft in Schwierigkeiten. Die Polizei, die die Ordnung aufrechterhalten sollte, wird stärker attackiert als in jedem anderen Chandler-Buch. Wieder ist Bay City zusammen mit den Bergen oberhalb von San Bernardino der Schauplatz eines großen Teils der Handlung. Chandler greift nicht die Polizei als Ganzes an, sondern er zeigt, wie ein korrupter Beamter eine ganze Polizeieinheit verseuchen kann. Im Laufe seiner Nachforschungen wird Marlowe von der Polizei bedroht, verprügelt, verhaftet, mit dem Totschläger traktiert und gezwungen, Whiskey zu trinken, um betrunken zu erscheinen. Er kommt hinter Gitter, wird mit Gin abgefüllt, fälschlich des Mordes bezichtigt – alles auf Befehl eines einzigen Polizeibeamten, Lieutenant Degarmo, der sich dann auch, was niemanden überrascht, als der Mörder entpuppt. Er kommt ungeschoren davon, weil niemand anders genug an der Sache liegt, um sich ihm in den Weg zu stellen. Ein paar von Degarmos Kollegen in Bay City wissen die Wahrheit über ihn und andere korrupte Polizisten, aber wie einer von ihnen sagt: »Ach, soll sie doch der Teufel holen, in zwei Wochen bin ich bei der Army.«[60]

The Lady in the Lake hat seine Witze und Sprüche – sonst wäre es kein Marlowe-Buch –, und es hält Chandlers Niveau. Aber vielleicht mehr als die meisten Schriftsteller wurde Chandler beim Schreiben von seiner Stimmung geleitet, die während der Arbeit an diesem Buch meistens nicht gut war. Der Krieg deprimierte ihn, die Einsamkeit seines Lebens dörrte ihn aus. Die Innenwelt seiner Romane, in der er eigentlich lebte, stand im Widerspruch zu seinen alltäglichen Erfahrungen – und das merkt man. Als Autor komischer Geschichten war er in der mißlichen Lage, mit Dingen belastet zu sein, die absolut nicht komisch waren. »Die Geschichte unserer Zeit«, schrieb er später, »ist weder der Krieg noch die Atomenergie, sondern die Ehe einer Idealistin mit einem Gangster, und was aus ihrem gemeinsamen Leben und ihren Kindern wurde.«[61] Doch angesichts einer Welt, die in der Tat vom Krieg verzehrt wurde, und so weniger Menschen, mit denen er reden konnte, fand Chandler es schwierig, seinen Blick für das Komische beizubehalten. Er war reif für eine Veränderung.

Der goldene Friedhof

Das Jahr 1943 war ein Übergangsjahr für Chandler. Er war fünfundfünfzig und schrieb seit zehn Jahren mit mäßigem Erfolg, aber allmählich begannen sich seine Verhältnisse zu bessern. All die Zeit und Energie, die er in seine Arbeit investiert hatte, fing im schlimmsten Jahr des Krieges endlich an, sich auszuzahlen. *The Big Sleep* erschien als Paperback und wurde außerdem von Avon zusammen mit *Farewell, My Lovely* als Doppelband herausgebracht. Gegen Ende des folgenden Jahres waren seine ersten vier Romane in Hardcover-Ausgaben in England und Amerika auf dem Markt, und daneben gab es sie in über einem Dutzend verschiedener Taschenbuch-Ausgaben. Seine Bücher wurden jetzt auch übersetzt, zuerst ins Dänische und Norwegische, dann ins Spanische. Noch hatte der ungeheure Run auf Chandler nicht wirklich eingesetzt, doch es gab Anzeichen, daß er nicht mehr lange auf sich warten lassen würde.

Chandler hatte eine eigenartige Freude daran, seine Bücher wiederzulesen; als er Alfred Knopf für die billige Ausgabe von *The Big Sleep* dankte, stellte er fest: »Ich habe hineingeschaut und fand es viel besser und viel schlechter, als ich erwartet hatte – oder es in Erinnerung hatte. Ich bin dermaßen mit Etiketten wie knallhart und hartgesotten bekleistert worden, daß es beinahe ein Schock ist, im Stil Anzeichen für fast normale Sensibilität zu entdecken. Andererseits habe ich die Vergleiche sicher zu Tode geritten.«[1]

Mit wachsendem Bekanntheitsgrad gewann Chandler neue Bewunderer, darunter James Sandoe, Bibliothekar an der Universität von Colorado, der später für die *New York Herald-Tribune* Kriminalromane rezensierte. Nach Rücksprache mit

Knopf schrieb er Briefe an eine ganze Reihe führender Kritiker von Zeitschriften und Zeitungen, in denen er auf Chandlers außerordentliche Qualitäten als Schriftsteller hinwies. Vielleicht wurden Chandlers Bücher dank Sandoes Briefen üblicherweise wie »normale« Romane besprochen, und nicht in speziellen Spalten, die ein halbes Dutzend Krimis gleichzeitig in Kurzform abhakten. Die *New York Times Book Review* beispielsweise behandelte Chandler stets als seriösen Romancier, aber ihr Herausgeber hatte die perverse Gewohnheit, Kritiker wie John Dickson Carr und Anthony Boucher mit dem Besprechen seiner Arbeit zu beauftragen. Chandler tat so, als interessierten Rezensionen ihn nicht, und war klug genug, nie auf eine zu antworten. Diese Angewohnheit der *Times* jedoch ärgerte ihn, und er schrieb: »Offensichtlich können Leute wie Boucher und Carr gar nicht anders: sie müssen etwas gegen mich haben, weil sie ganz genau wissen, daß ich ihre Art Detektivgeschichten stinklangweilig finde. Fatal dabei ist nur die Annahme, der richtige Mann für eine Buchbesprechung sei jemand, der nach der Gelegenheit giert, dem Autor ein Messer reinzurammen, eine billige Vorstellung von Kritik, die an ihrer eigenen Galle verbittern kann. Wenn meine Ansichten ihnen nicht gefallen, warum setzen sie sich dann nicht hin und weisen sie auf gleichem Niveau zurück, statt zu warten, bis ich etwas anderes schreibe, woran sie dann ihr Mütchen kühlen können? Wenn man mir ein Buch von Herrn John Dickson Carr anböte – vorausgesetzt, ich bespreche überhaupt je ein Buch –, würde ich dann die Gelegenheit beim Schopfe packen, weil ich wüßte, daß ich es nicht mögen und mit Wonne verreißen würde? Ich würde sagen, nein danke, ich tauge nicht für diese Arbeit. Ich habe Vorurteile. Ein Rezensent braucht vielleicht nicht ganz so gerecht zu sein wie Aristides, aber wenigstens sollte er das Gute auch in Büchern sehen können, die ihm persönlich vielleicht nicht so liegen.«[2]

Chandlers literarischer Ruf führte ihn nach Hollywood. Außerdem war ihm klar, daß die Einkünfte aus Buchverkäufen für seinen Lebensunterhalt nicht ausreichen: ein weiterer Grund für ihn, sich dort hinzuwenden. Als die Filmgesellschaften begannen, die Rechte an seinen Romanen zu kaufen, sah er nicht ein, warum er beim Entstehen der Filme nicht mitwirken sollte; sie konnten nur besser werden. Im Juli 1941 unterschrieb er einen Vertrag mit RKO Pictures, die *Farewell, My Lovely* verfilmen wollten. Er erhielt $ 2000 für einen Vertrag, den Chandler später als »ein Beispiel wohl noch nie dagewesener Dummheit seitens meines New Yorker Agenten«[3] bezeichnete, denn er verschenkte damit auch praktisch alle anderen Rechte an RKO. Der Film kam unter dem Titel *The Falcon Takes Over* heraus, mit George Sanders in der Hauptrolle. Er sollte eindeutig an den enormen Erfolg der Filmversion von Dashiell Hammetts *The Maltese Falcon* anknüpfen, die John Huston für Warner Brothers mit Humphrey Bogart in der Hauptrolle gedreht hatte. Im Mai 1942 wurde *The High Window* als Film zweiter Klasse oder *B picture* für $ 3500 an Twentieth Century Fox verkauft und kam im Januar darauf als *Time to Kill* heraus, mit Lloyd Nolan als Star. Unterdessen drehte RKO mit Edward Dmytryk als Regisseur und Dick Powell und Claire Trevor in den Hauptrollen *Murder, My Sweet*, eine Zweitverfilmung von *Farewell, My Lovely*, für die Chandler kein zusätzliches Geld bekam.

Diese Filme waren Teil einer neuen Welle in Hollywood. Wie die *pulps* und die hartgesottenen Detektivstories der dreißiger und vierziger Jahre haben die Mord- und Kriminalfilme ihre Wurzeln in der Prohibition und dem Aufbau des organisierten Verbrechertums überall in den Vereinigten Staaten. Die frühen Gangsterfilme – *Little Caesar*, *Public Enemy*, *Underworld* und *Scarface* – waren fiktive Berichte über tatsächlich existierende Verbrecher wie Al Capone, Big Jim Colosimo, Dutch Schultz und andere Bandenführer, deren Großtaten Schlagzeilen machten. Diese Gangsterfilme, in denen James Cagney, Edward G. Robinson und andere Schauspieler debütierten und stahlharte Schurken darstellten, waren ungeheuer beliebt, weil sie das Privatleben von Ganoven und Bandenführern zu enthüllen schienen. Doch Anfang der vierziger Jahre mußte sich etwas ändern:

Mit der Verfilmung von Hammetts *The Maltese Falcon* wurde der Privatdetektiv-Film als eigenständiges Genre etabliert.

Chandlers Chance kam Mitte 1943, als man ihn bat, zusammen mit Billy Wilder das Drehbuch für James M. Cains *Double Indemnity* zu schreiben. Obwohl jünger als Chandler, hatte Wilder bereits im Deutschland der Vorkriegszeit Erfahrungen im Drehbuchschreiben gesammelt und im Exil in Hollywood mit Charles Brackett zwei Spielfilme geschrieben und auch Regie geführt. Wilder hatte Cains Roman in *Liberty* entdeckt und ihn Joseph Sistrom vorgeschlagen, einem erfahrenen Produzenten bei Paramount, der außerdem ein begeisterter Krimileser war. Als nächstes sprach er mit William Dozier, dem die Drehbuchautoren des Studios unterstellt waren, und schlug vor, an Chandler heranzutreten. Dozier kabelte an Knopf, um Chandlers Adresse zu erfahren, und stellte zu seiner Überraschung und Erheiterung fest, daß er in Los Angeles lebte. Von Paramount zu einer Konferenz eingeladen, machte Chandler in seiner Naivität oder seinem Eifer, den Job zu kriegen, das Angebot, ein Treatment für wenige hundert Dollar zu schreiben. Sistrom rief daraufhin H. N. Swanson an, einen der wichtigeren Hollywood-Agenten, und bat ihn, Chandler zu betreuen und ihm beizubringen, wie man mit den Studios verhandelt. Schließlich wurde Chandler für einen Zeitraum von dreizehn Wochen für $ 750 pro Woche engagiert, eine beträchtliche Summe für einen Mann, der seit zehn Jahren von ein paar tausend Dollar jährlich gelebt hatte.

Anfangs war Chandler nervös und unsicher. Es war für ihn nicht nur ungewohnt, mit jemand anderem zusammenzuarbeiten, auch die Vorstellung, in einem Büro regelmäßig von 9–17 Uhr schreiben zu müssen, entsetzte ihn. Das Gebäude der Drehbuchautoren bei Paramount hieß bei einigen wegen seines klosterartigen Innenhofs *the Campus;* andere nannten es den Turm zu Babel, weil es so viele ausländische, durch den Krieg aus Europa vertriebene Schriftsteller beherbergte. Die Räume hatten kahle Wände und waren mit einfachen Büromöbeln und einem Wandtelefon ausgestattet. Chandler bekam einen dieser

Räume und eine Sekretärin zugewiesen, und dort begann er zu arbeiten.

Wilder wußte, daß Chandler sowohl mit der Studio-Atmosphäre als auch mit dem Drehbuchschreiben nicht vertraut war, und so machte er bei ihrer ersten Besprechung den Vorschlag, sie sollten beide den Text von *Double Indemnity* über das Wochenende mit nach Hause nehmen. Am Montag würde jeder mit einem Vorentwurf wiederkommen, an dem sie dann arbeiten könnten. Wilder, gewöhnt an das gemütliche Tempo festangestellter Drehbuchautoren, kam am Montag mit wenigen Seiten für die Anfangsszene zurück. Chandler, dem Wilder außerdem ein paar Drehbücher mitgegeben hatte, um ihm eine Vorstellung des Mediums zu vermitteln, brachte achtzig Seiten an, die aussahen wie ein fertiges Drehbuch, mit Anweisungen betreffend Beleuchtung und Kameraeinstellungen. Ein rührender Beweis seines ängstlichen Bemühens, professionelle Arbeit zu liefern.

Chandler sagte später, daß seine Zusammenarbeit mit Wilder »eine mörderische Erfahrung war und wahrscheinlich mein Leben verkürzt hat, aber ich habe daraus auch soviel über das Schreiben von Drehbüchern gelernt, wie ich zu lernen imstande bin, was allerdings nicht sehr viel ist.«[4] Ursprünglich war Chandler engagiert worden, weil er ein Ohr für Dialoge hatte, aber sein Gefühl für Dramatik kam der Filmfassung von Cains Roman ebenfalls zugute. Die Geschichte beruht auf einem tatsächlich in New York verübten Mord, bei dem es um sexuelles Angezogen- und Abgestoßensein geht. Eine Frau plant mit einem Versicherungsagenten, ihren Mann durch einen vorgetäuschten Eisenbahnunfall loszuwerden, um die doppelte Versicherungssumme zu kassieren. Der Roman hat ein gemächliches erzählerisches Tempo, das zum allmählichen Klarwerden des Verhältnisses zwischen den beiden Hauptfiguren paßt. Die Filmfassung jedoch zerfällt in eine Reihe von »Sequenzen«, die die Geschichte dramatisch vorantreiben. Sie hält sich eng an den Roman, stellt den Stoff aber an einer Reihe von Konfrontationen dar, die im Buch nicht vorkommen. Verloren geht dabei die stufenweise Verschlechterung der Beziehung zwischen den beiden Verschwörern, die genau das ist, was Cain hauptsächlich interessierte, aber in einer Spielhandlung, die nur anderthalb Stunden dauert, nicht gezeigt werden kann.

Anfangs wollten Chandler und Wilder soviel wie möglich vom originalen Dialog verwenden, doch irgend etwas an ihm stimmte nicht. Auf dem Papier sah es gut aus, aber als sie von Schauspielern eine Szene direkt aus dem Buch sprechen ließen, entdeckten sie, daß es – so Chandler – wie »ein schlechtes High School-Stück klang. Der Dialog war übertrieben, gesprochen klang er dann ganz farblos und zahm.«[5] Sie sprachen mit Cain, der sich damals zufällig in Hollywood aufhielt. Dabei wurde ihnen schließlich klar, daß im Roman die Illusion der Natürlichkeit hauptsächlich durch typographische Mittel erzeugt wurde – das Weglassen von »sagte er« und »sagte sie«, die unbündigen Zeilenenden rechts und das zusammengestückelte Aussehen. Er war fürs Auge geschrieben, aber nicht fürs Ohr. Also mußten sie neue Dialoge schreiben, die einer dramatischen Darstellung standhalten würden. Wilder gibt zu, daß Chandler für diesen Teil der Arbeit das meiste Verdienst zukommt.

Sobald das Drehbuch von *Double Indemnity* fertig war, begannen die Dreharbeiten, denn in den vierziger Jahren produzierte jedes der größeren Studios achtzig bis neunzig Filme jährlich, so daß die Zeitpläne stets knapp bemessen waren. Der Film kam im April 1944 heraus, mit Fred MacMurray, Barbara Stanwyck und Edward G. Robinson in den Hauptrollen. Er fand weithin Beachtung, denn anders als in den meisten Filmen des Genres war von vornherein klar, wer die Verbrecher waren, so daß, wie Wilder bei der Premiere sagte, »wir uns darauf konzentrieren können, was dann folgt – ihre Anstrengungen zu entkommen, das sich immer dichter schließende Netz.«[6] Das Magazin *Life* wählte ihn zum ›Film der Woche‹; er wurde in vielen Zeitschriften besprochen und gelobt. Billy Wilder bekam die meisten Lorbeeren, da er auch Regie geführt hatte. Die Publicity-Leute von Paramount erklärten *Double Indemnity* zu den »zwei wichtigsten Wörtern in der Filmindustrie seit *Broken*

Blossoms«[7] – D. W. Griffiths Film von 1919 mit Lillian Gish in der Hauptrolle. Alfred Hitchcock machte einen Scherz daraus, indem er Wilder ein Telegramm schickte: »Seit *Double Indemnity* sind die zwei wichtigsten Wörter Billy Wilder.«[8] In Hollywood erwarb sich Chandler durch den Film einen Ruf als Drehbuchautor, und das Skript von *Double Indemnity* wurde für einen Oscar nominiert. Es war kaum ein Zufall, daß die einzige Besprechung, die sich auf Chandler konzentrierte, in London geschrieben wurde, und zwar von Dilys Powell von der *Sunday Times*. »Natürlich hat Wilder selbst am Drehbuch gearbeitet«, schrieb sie; »doch im Vorspann fiel mir ein anderer Name auf.« Dilys Powell widmete dann fast ihre gesamte Besprechung den Romanen Chandlers, die sie gerade entdeckt hatte, setzte ihn qualitätsmäßig mit Georges Simenon gleich und pries das Drehbuch von *Double Indemnity*. Sie stellte fest: »Chandler in Bestform schreibt ausgesprochen visuell und erzielt seine Wirkungen durch die Beachtung von Details, die Erwähnung der schockierenden Kleinigkeit.«[9] Diese Besprechung war typisch für die Wertschätzung, die Chandler in England fand, wo sein Werk in mancher Hinsicht besser verstanden wurde als in Amerika.

Wilder sagte später, Chandler sei »einer der kreativsten Menschen«[10] gewesen, denen er begegnet sei, und behauptete, er habe sich sehr schnell dem Medium Film angepaßt; in Wirklichkeit fiel es Chandler schwer, sich an die Arbeit im Studio zu gewöhnen. Die seltsame Atmosphäre dort machte ihn unsicher und scheu, so daß er sich von jedem angegriffen fühlte, der sich wichtig machte. Vor allem konnte er es nicht ertragen, wenn man ihn gönnerhaft behandelte. Sein Verhältnis zu Billy Wilder war kühl und höflich, nicht ohne einen gelegentlichen Krach, den Joseph Sistrom dann schlichten mußte. Wilder meinte später, Chandler habe ihn vielleicht deswegen nicht gemocht, weil er Deutscher sei; wahrscheinlicher ist, daß es die angespannte gemeinsame Arbeit war, die Chandler überempfindlich und argwöhnisch machte. Eines Tages saßen sie an der Arbeit, und da die Sonne durch die Jalousie aufs Drehbuch knallte, sagte

Wilder: »Bring das doch bitte mal in Ordnung, Ray.« Da stand Chandler auf, erklärte, er werde nicht länger mit Wilder zusammenarbeiten, und marschierte aus dem Büro. John Houseman, damals Produktionsassistent bei Paramount, erinnert sich an ein langes, auf gelbes Papier getipptes Dokument, in dem Chandler aufführte, wie schlecht Wilder ihn behandelte, und verlangte, das habe sofort aufzuhören. Zwei Beispiele: »Mr. Wilder habe unter keinen Umständen mit seinem dünnen, am Handgriff mit Leder überzogenen Malakkaspazierstock unter Mr. Chandlers Nase herumzufuchteln oder damit auf ihn zu zeigen, wie er es während der Arbeit zu tun pflege. Mr. Wilder habe es zu unterlassen, Mr. Chandler Befehle willkürlicher oder privater Natur zu erteilen, wie etwa ›Ray, machst du mal das Fenster auf?‹ oder ›Ray, machst du bitte die Tür da zu?‹«[11]

Joseph Sistrom war bei Paramount der einzige, der mit Chandler umgehen und zwischen ihm und anderen vermitteln konnte, besonders den Leuten in den Direktionsbüros, mit denen er im großen und ganzen nichts anfangen konnte. Sistrom war ein Stanford-Absolvent, dessen Vater, ein Engländer, schon vor ihm in Hollywood gearbeitet hatte. Frank Capra beschrieb ihn als jemanden mit »einer schwarzen, unbezähmbaren Mähne; seine Brillengläser waren so dick, daß sie aus Tintenfässern hätten geschnitten sein können.« Er war ein Intellektueller, mit dem Chandler reden konnte. »Ich brauche kein Ei zu legen, um zu wissen, wie die Henne das macht«,[12] war einer seiner Lieblingssprüche.

Wenn Chandler im Umgang mit seinen Altersgenossen oder Vorgesetzten im Studio auch schwierig war: er war aufgeschlossen und hilfsbereit gegenüber jungen Schriftstellern, besonders Anfängern. Meta Rosenberg, damals Assistentin bei William Dozier, besuchte ihn oft in seinem Arbeitszimmer, weil sie von Anfang an erkannte, daß er neben Faulkner, Hammett, O'Hara und Fitzgerald offensichtlich über dem üblichen Niveau des Drehbuchautors stand. Er war schüchtern und überaus bescheiden, ganz anders als die vielen Hollywood-Schreiber, die den Eindruck zu erwecken suchen, sie hätten alles unter Kontrolle.

Teet Carle, verantwortlich für die Werbung bei Paramount und selbst mit literarischem Ehrgeiz belastet, pflegte ebenfalls zu ihm hineinzuschauen. »Er war unglaublich freundlich«, erinnert sich Carle. »Oft schlich ich mich aus meinem Büro fort, um mit ihm reden zu können.«[13] Robert Presnell, Jr., schrieb damals sein erstes Drehbuch für Paramount und war verständlicherweise nervös: »Bei aller Ironie war Chandler mitfühlend und ermutigend; praktisch jedesmal, wenn ich mit hilflosem Gesichtsausdruck bei ihm auftauchte, nahm er sich die Zeit, mit mir zu reden. Er sagte, er liebe Störungen – denn die Dinge, die man tue, wenn man eigentlich etwas anderes tun sollte, machten immer mehr Spaß. Abschweifung sei die Würze des Lebens. Er riet mir zu schreiben, was ich wollte, in der Chefetage könne ohnehin niemand lesen, und selbst wenn, könnten sie immer noch kein gutes Skript von einem schlechten unterscheiden.«[14] Chandler schien das Leben klar und ohne Illusionen zu betrachten, erinnert sich Presnell. Chandler erklärte, die Dinge geschähen nicht nach einem logischen Plan, sondern weil jeder seine Scheibe abschneide. Das ist natürlich das Thema seiner Arbeiten und die historische Realität von Los Angeles.

Das Leben im Studio bekam Chandler gut. Abgesehen von Gesprächen mit seiner Frau und seltenen Zusammenkünften mit *pulp*-Autoren wurden nun zum erstenmal seit zehn Jahren intellektuelle Gespräche zu einem normalen Teil seines täglichen Lebens. Er gehörte zu einem Kreis von Kollegen, in deren Gesellschaft er aus sich herausgehen konnte. »Er unterhielt und stritt sich gerne über alles«, erinnert sich Presnell, »und gewöhnlich dominierte er, aber nie durch Arroganz, sondern durch ironischen Humor. In den Studios ging es damals ziemlich lässig zu, und die Schriftsteller fielen da bestimmt nicht aus dem Rahmen. Wir brauchten sechs bis acht Monate für ein Drehbuch. Es gab eine Dame namens Simone, die im Autorengebäude die Telefonzentrale bediente, immer Kaffee und einen Imbiß bereit hatte (wofür wir alle zahlten), und einen Kühlschrank mit Alkoholika. Wer den Tag mit Champagner beginnen wollte, konnte das. Dort trafen wir uns jeden Morgen gegen zehn, wenn wir zur Arbeit kamen. Das war der Club, und Chandler der Präsident. Wenn die Unterhaltung gut lief, blieben wir den Rest des Vormittags dort hängen.«[15] H. Allen Smith ist ein weiterer Autor, der sich an Chandler bei Paramount erinnert. Er hatte einen breitschultrigen Football-Spieler mit Marlowes Statur erwartet und war folglich erstaunt über den »wohlerzogenen Burschen mittlerer Größe mit schwarzem, gewelltem Haar, Hornbrille und einem sensiblen Gesicht.« Chandler sah aus, »wie man sich einen Dichter vorstellt.«[16] Das Mittagessen nahm Chandler gewöhnlich mit seinen Kollegen am Autorentisch ein, der in einem kleinen Vorzimmer neben dem Hauptspeiseraum stand. Es wurde das *matchgame* oder *wordgame* gespielt, eine originelle Art Kreuzworträtsel, das bei den Paramount-Autoren Tradition hatte; meistens unterhielt man sich allerdings nur, wobei Chandler den Vorsitz führte. Presnell behauptet, Chandler sei der einzige Drehbuchautor, an den er sich aus seiner Paramountzeit erinnern könne, »weil er so lebendig war, so geradeheraus, sich der Menschlichen Komödie so bewußt.«[17]

Chandler selbst dachte gern an diese Mittagessen zurück. »Am Tisch der Drehbuchautoren bei Paramount habe ich einige der besten Witze gehört, die mir in meinem ganzen Leben zu Ohren gekommen sind. Einige der Jungs sind in Bestform, wenn sie nicht schreiben. Ich erinnere mich noch an Harry Tugends wundervolle Bemerkung über einen bestimmten Filmstar; Tugend versuchte sich damals als Produzent und haßte es. Er sagte: ›Also wißt ihr, das ist ein lausiger Job. Da muß man endlos rumsitzen und mit dieser Intelligenzbestie ernsthaft darüber diskutieren, ob die und die Rolle wohl auch gut für ihre ... Karriere sei oder nicht, und dabei hat man alle Hände voll zu tun, nicht vergewaltigt zu werden.‹ Woraufhin ein ziemlich unschuldiger junger Mann sich einmischte: ›Wollen Sie damit etwa sagen, sie sei eine Nymphomanin?‹ Harry schaute mit gerunzelter Stirn in die Ferne, seufzte und sagte dann langsam: ›Tja, wahrscheinlich wäre sie das, wenn man sie ein bißchen abkühlen könnte.‹ Ein anderer Beitrag stammt von Seton Miller, ein miserabler Autor, ansonsten aber ein sehr heller Kopf. Irgendwer sprach über den Film, der Lauren Bacall unsterblich machte, *To Have and Have Not,* und über ihre Gesangsnummer darin. Ein Ahnungsloser sagte: ›Diesen Song haben sie doch bestimmt reinsynchronisiert.‹ Woraufhin Seton Miller schrie: ›Du lieber Himmel, Sie Idiot, denken Sie etwa, es sei jemand losgezogen und hätte nach so einer Stimme *gesucht*?‹«[18]

In seinem Auftreten und Äußeren glich Chandler ganz und gar nicht dem üblichen, knallig gekleideten Hollywoodtyp. José Ferrer, der ihm einmal begegnete, sagt, daß er »ein schwer zu beschreibendes Tweed-Jackett und eine graue Flanell-Hose trug; er schien sich zu freuen, mich kennenzulernen, was mich wunderte, und war so vollkommen anders als das knallharte Philip Marlowe-Image, daß ich ganz durcheinander war.«[19] Im Studio, unter seinesgleichen, war er ungezwungen und beliebt. Aber er zog einen Trennstrich zwischen seinen Arbeitsbekanntschaften und seinem Privatleben. »Mit den meisten Filmleuten kann man gut arbeiten«, sagte er, »aber ich besuche sie nicht gern zu Hause, höre mir nicht gern immer dasselbe alte Gerede an – Filme und nochmal Filme. Außerdem will ich ihren Lebensstandard nicht, und wenn man nicht so teuer lebt wie sie, gehört man einfach nicht dazu.«[20]

Bald nachdem er den Job bei Paramount angenommen hatte, mietete Chandler ein bescheidenes Haus an der 6520 Drexel Avenue, in einem Viertel der unteren Mittelschicht, im Süden von Hollywood, unweit der jüdischen Gemeinde an der Fairfax Avenue. Seit Jahren war es das erste größere Haus, in dem er mit Cissy wohnte, so daß sie endlich ihre Möbel aus dem Lager holen konnten. Abgesehen davon stellte es nichts Besonderes vor, wie die meisten Wohnungen Chandlers in Kalifornien. Man sah dem Haus nicht an, was Chandler bei Paramount verdiente. Später gab er zu, daß er »in Hollywood ein kleiner Widerling war. Ich behielt das Geld. Kein Swimming-pool, keine Steinmardermäntel für ein Liebchen in einem Apartment, keine laufende Rechnung bei Romanoff's, keine Parties, keine

Ranch mit Reitpferden, keine der üblichen Zutaten. Ergebnis: ich habe weniger Freunde, aber eine ganze Menge mehr Geld.«[21]

Mit seinen Tweedanzügen und seiner Pfeife mag Chandler für die Filmleute ausgesehen haben wie ein Professor; er selbst sah sich überhaupt nicht so. Die Arbeit mit anderen Autoren machte ihn geselliger, und damit begann er wieder zu trinken. Eine Pressemeldung von Paramount über Chandler versicherte zwar den Lesern, er trinke nie etwas Stärkeres als Tee, aber er konnte der angenehm alkoholischen Atmosphäre des Autorenhauses einfach nicht widerstehen. Zum Teil läßt sich diese Veränderung bei Chandler Joseph Sistrom vorwerfen, denn er war selbst ein starker Trinker und nahm Chandler am Abend oft mit zu Lucey's, einem berühmten Lokal an der Melrose Avenue, gleich gegenüber dem Paramountgelände. Mrs. Sistrom, die die beiden oft begleitete, erinnert sich, daß Chandler sehr wenig vertrug. Nach zwei bis drei Drinks war er nicht gerade betrunken, aber immerhin beschwipst und nicht mehr fähig, sich kontrolliert zu bewegen. Die Sistroms fuhren ihn gewöhnlich nach Hause; den Weg zu seinem Haus hinauf mußte er geführt werden.

Das Trinken führte ziemlich unvermeidlich zu Frauen. James Cain versichert, daß Chandler und Cissy als »Hollywoods glücklichstes Paar«[22] bekannt waren, aber die Anwesenheit so vieler hübscher Sekretärinnen und Statistinnen auf dem Filmgelände ließ Chandlers sexuelle Interessen wieder erwachen. John Houseman machte Chandlers Public School-Ausbildung für seine plötzliche Sexbesessenheit verantwortlich, doch nach der langen Zeit der Einsamkeit, bevor er nach Hollywood ging, wurde Chandler sich des Unterschiedes zwischen den Mädchen im Studio und seiner dreiundsiebzig Jahre alten Frau an der Drexel Avenue nur zu bewußt. Die Atmosphäre im Autorengebäude half da nicht. William Dozier, der die Autoren unter sich hatte, wollte von deren Privatleben grundsätzlich so wenig wie möglich wissen, solange die Drehbücher termingerecht abgeliefert wurden. Man munkelte aber von Parties, besonders an

Weihnachten, wo das Trinken schon um zehn oder elf Uhr vormittags begann, mit dem Resultat, daß bis am frühen Nachmittag jeder mit jedem ein Verhältnis hatte.

Eine von Chandlers Sekretärinnen bei Paramount meint, die lockeren Umgangsformen im Autorenhaus hätten Chandler bewußt gemacht, daß er in seiner Jugend einiges versäumt hatte. Er wurde melancholisch – Billy Wilder berichtet, wie traurig er ihm oft vorkam –, und diese Stimmung trug ebenfalls dazu bei, daß er trank. In seiner Schreibtischschublade stand immer eine Flasche. Nachmittags gegen drei oder vier begann er zu trinken und trank oft die Nacht durch weiter. Am anderen Morgen sah er jeweils schrecklich aus. Seiner jungen Sekretärin erzählte er dann, wie unglücklich er mit einer fast zwanzig Jahre älteren Frau sei, und erklärte, er habe sie wegen ihres Geldes geheiratet, das ihm ermögliche zu schreiben. Als die Sekretärin fragte, warum er sich nicht scheiden lasse, wenn er sich so schrecklich fühle, sagte Chandler, er sei Cissy verpflichtet und könne sie in ihrem hohen Alter nicht sitzen lassen.

Chandlers Fähigkeit, seine Situation zu dramatisieren und sich leidenschaftlich auszudrücken, brachte ihn dazu, eine Affäre mit der Sekretärin zu versuchen, doch daraus wurde nichts. Wie mehrere andere Frauen, die Chandler damals kannten, fand sie ihn körperlich nicht sehr attraktiv, nicht zuletzt wegen seiner ungewöhnlichen Blässe. Cissy wußte, was vorging, und war äußerst eifersüchtig. Chandler fühlte sich todunglücklich und rief seine Sekretärin manchmal mitten in der Nacht an und bat sie vorbeizukommen. Selbst völlig harmlose Dinge konnten in dieser gespannten Atmosphäre unangenehme Konsequenzen haben. Als *Double Indemnity* in verschiedenen Kinos in Los Angeles voraufgeführt wurde, bat Chandler seine Sekretärin, ihn zu einer der Vorführungen zu begleiten, er erklärte, Cissy habe den Film bereits gesehen und wolle ihn nicht noch einmal sehen. Die Sekretärin war einverstanden. Chandler brachte sie zu einer annehmbaren Uhrzeit zu ihrer Wohnung zurück und fuhr dann sofort nach Hause. Am nächsten Tag kam er verzweifelt zur Arbeit und sagte, er habe die ganze Nacht mit

Cissy gestritten. »Verstehst du«, erklärte er, »ich hatte vergessen, daß es unser Hochzeitstag war.«

Obwohl er bei dieser Sekretärin nicht ankam, hatte er eine Affäre mit einer anderen und verschwand mit ihr für ein paar Wochen. Er kam jedoch immer wieder zurück, vielleicht weil er keinen Geschmack fand an »der billigen Imitation von Häuslichkeit«,[23] ein Merkmal jedes längeren Verhältnisses dieser Art. Cissy und sein Haus blieben der Mittelpunkt seines Lebens. Chandler war auch sensibel genug zu wissen, daß er Cissy mit seinen Eskapaden und seinem Trinken wehtat, und versuchte, es bei ihr wiedergutzumachen. Die Ergebnisse dieser Bemühungen fielen manchmal unfreiwillig komisch aus. Einmal schenkte er ihr eine Lincoln-Limousine, die aber so groß war, daß er sie nur mit viel Mühe fahren und in seine bescheidene Zufahrt hineinmanövrieren konnte. Er war körperlich zu klein für den Wagen und machte hinter dem Lenkrad eine verlorene Figur.

Ursprünglich hatte Chandler gehofft, nach der Fertigstellung von *Double Indemnity* mit Wilder zum Romanschreiben zurückkehren zu können. Seine Erfahrungen in Hollywood hatten ihn dazu gebracht, seine eigene Arbeit neu zu überdenken; er wollte von den Detektivgeschichten loskommen, ohne auf deren Vorteile verzichten zu müssen. Er schrieb Alfred Knopf, was er im Sinne hatte: »Es soll eine Geschichte über einen Mord werden, in die drei Männer und zwei Frauen verwickelt sind, sonst praktisch niemand. Sie soll in Bel-Air spielen; alle diese Personen sind wohlhabende Leute, bis auf den Protagonisten der Geschichte. Der ist mein Problem. Ich würde gern eine Ich-Erzählung mit Philip Marlowe machen. Ich müßte ihn nicht viel weiter entwickeln als ich es schon getan habe, weil er zu den Burschen gehört, die sich der Gesellschaft anpassen, in der sie sich befinden. Aber die Geschichte soll kein Krimi werden. Hoffentlich kann ich es vermeiden, daß ihr das Etikett Kriminalroman aufgeklebt wird. Ob das wohl möglich ist, wenn ich eine Figur verwende, die bereits einen festen Platz in der Kriminalliteratur hat?«[24]

Ehe er diese Flucht vor dem, was er »konventionelle Krimis« nannte, bewerkstelligen konnte, war er wieder bei Paramount. Der Erfolg von *Double Indemnity* führte zu einem Angebot, das zurückzuweisen er sich nicht leisten konnte; es ging um die Bearbeitung von Drehbüchern, die bereits im Entstehen begriffen waren. Das erste war *And Now Tomorrow*, basierend auf Rachel Fields Roman, an dem er zusammen mit Frank Partos arbeitete. Regie führte Irving Pichel, und zur Besetzung gehörten Loretta Young, Alan Ladd, Susan Hayward und Barry Fitzgerald. Das zweite war *The Unseen*, produziert von John Houseman, mit Joel McCrea und Gail Russell in den Hauptrollen. Chandler schrieb das Drehbuch mit Hagar Wilde. Die Filme gehören ganz unterschiedlichen Genres an, der eine romantisch, der andere ein Kriminal-Thriller. Bei beiden hatte Chandler dieselbe Aufgabe – den Dialog auszufeilen. Bei Billy Wilder wußte Chandler, daß der von ihm geschriebene Dialog beibehalten würde, aber er war verärgert und frustriert, als die Regisseure dieser Filme von seinem Text abwichen. Chandler hatte eine klare Vorstellung von der Funktion des Dialogs. In seinen Romanen sind Marlowes Reden nicht bloß wegen der Scherze und witzigen Bemerkungen geschrieben. Sie sind seine Hauptwaffe. Chandler läßt Marlowe Worte wählen, die seine Gegner außer Fassung bringen sollen, so daß sie etwas zugeben, was sie eigentlich verheimlichen wollten. Das ist das eigentlich Dramatische am Dialog: Er ist nicht einfach eine Art zu zeigen, daß die Personen Gefühle haben und nicht taubstumm sind. Aber Chandler hatte bei Paramount viel Zeit hinter den Kulissen zugebracht und bei Dreharbeiten zugesehen; daher wußte er, daß es beim Film, anders als im Roman, falsch war, zu viele Worte zu machen, weil das Medium primär visuell und nicht auditiv ist. »Wenn man sich um Wörter zu sehr um ihrer selbst willen kümmert«, schrieb er, »kann man keine guten Filme machen. Dafür ist der Film nicht da. Die besten Szenen, die ich je geschrieben habe, waren praktisch einsilbig. Und die beste kurze Szene, die ich meines Erachtens schrieb, war eine, in der das Mädchen dreimal in drei verschiedenen Betonungen ›ah-hm‹ sagte, und damit hatte sich's.«[25]

Chandlers Vertrag mit Paramount lief im September 1944 aus; den Rest des Jahres verbrachte er zu Hause an seinem Schreibtisch, während sein Agent einen neuen Abschluß mit dem Studio ausarbeitete. Mittlerweile konnte er sich eine Pause leisten, denn zusätzlich zu seinem Paramount-Honorar, von dem er einen großen Teil in Staatsanleihen anlegte, bekam er $ 7000 als seinen Anteil eines $ 10000-Vertrags, den Knopf mit Warner Brothers für die Filmrechte an *The Big Sleep* abschloß. Chandler konnte das Drehbuch nicht selbst schreiben, weil er bereits an Paramount gebunden war. Diese Unterbrechung seiner Arbeit im Studio bedeutete, daß er wieder einmal in Ruhe zu Hause arbeiten konnte, fern von Versuchungen. Dadurch, daß Chandler nur sporadisch beim Film tätig war, geriet er nicht in den verheerenden Sog, der seine Karriere im Ölgeschäft ruiniert hatte.

Am Neujahrstag 1945 schrieb er an Charles Morton vom *Atlantic Monthly:* »Leider muß ich morgen wieder zur Arbeit. Die Aussicht ist so niederdrückend, daß nicht viel fehlt, und ich lande mit dem Kinn auf der Bordsteinkante.«[26] Die Bedingungen waren allerdings zufriedenstellend: Er hatte einen Dreijahresvertrag, der jedes Jahr sechsundzwanzig Wochen seine Anwesenheit erforderte, mit einem Anfangshonorar von $ 1000 wöchentlich. Außerdem sollte er ein eigenes Originaldrehbuch verfassen. »Ich sitze jetzt an etwas«, schrieb er, »was in Hollywood nicht üblich ist und mir bestimmt viel Spaß macht. Ich schreibe ein Originaldrehbuch – eine Mordgeschichte, aber nicht nur das – und wenn es gut genug wird, habe ich das Recht, ein Buch daraus zu machen.« Sein Hauptinteresse galt der Literatur: für ihn war »Hollywood nur eine Zwischenstation. Wenn ich dabei lerne, Bücher ein bißchen schneller zu produzieren – und das werde ich wohl –, schadet mir das bestimmt nicht. Wahrscheinlich bin ich zu alt und zu abgebrüht, um mich blenden zu lassen.«[27]

Als Chandler zu Paramount zurückkam, erfuhr er, daß die

Studiobosse zitterten, weil ihr höchstbezahlter Schauspieler, Alan Ladd, sehr bald eingezogen werden sollte, und man hatte nichts, was man vorher noch schnell mit ihm hätte drehen können. Da Chandler wie üblich zwei oder drei unfertige Arbeiten zu Hause hatte, sagte er John Houseman, er denke, eine davon ziemlich schnell zu einem Drehbuch umschreiben zu können. Das Studio war entzückt. Joseph Sistrom wurde zum Produktionsleiter ernannt, und Chandler ging an die Arbeit. Mitte Januar gratulierte er sich selbst in einem Brief an Morton: »In weniger als zwei Wochen habe ich eine Original-Story von 90 Seiten geschrieben. Alles diktiert und nichts davon wieder angesehen, bis es fertig war. Es war ein Experiment, und für jemanden, der seit Kindesbeinen an Handlungsverstopfung leidet, kam es einer Offenbarung gleich. Einiges von dem Zeug ist gut, anderes wieder absolut nicht.«[28] Eine Woche später merkte er, daß etwas nicht stimmte: »Ich fürchte, ich werde für einige Zeit in Schwierigkeiten stecken. Ich habe für Paramount ein schnelles Treatment für eine Story gemacht (nur in einem rein technischen Sinn ein Original), und sie besetzen den Film bereits, ohne auch nur eine Zeile vom Drehbuch zu haben. Warum stürze ich mich nur immer in solche Schlamassel?«[29]

Inzwischen hatte man Veronica Lake für die weibliche Hauptrolle ausgewählt, mit Doris Dowling und William Bendix in Nebenrollen. George Marshall, ein fähiger, wenn auch unbekannter Regisseur, sollte Regie führen. Sehr bald begann er mit dem unfertigen Skript zu drehen. Chandler war nervös, fand es aber auch auf eine merkwürdige Art anregend: »Möglicherweise – ich bin da nicht sicher – wird die Renaissance des Films, falls und wenn sie kommt, über das Drehbuch erfolgen, das direkt für die Leinwand praktisch vor der Kamera geschrieben wird. Was man an Präzision verliert, gewinnt man an Schwung; und Schwung ist genau das, was der Film je länger je mehr verliert.«[30]

Mit dem Voranschreiten der Dreharbeiten holte Marshall das Skript allmählich ein. Als immer weniger Seiten für die Produktion zur Verfügung standen, wurde man in der Chefetage langsam nervös. Beim Mittagessen im Speisesaal zog Chandler die Produzenten auf, klopfte ihnen munter auf die Schulter und fragte: »Na, was meinen Sie, sollte als nächstes passieren?« Sistrom und Houseman vertrauten Chandler, doch in der Direktion war die Stimmung düster. Eines Tages rief der Chef der Produktionsabteilung bei Paramount Chandler zu sich und bot ihm einen Bonus von $ 5000, wenn er das Drehbuch rechtzeitig fertigstelle.

Er hätte nichts Ungeschickteres tun können. Statt, wie er dachte, das Problem des Studios zu lösen, hatte der Produktionschef, nach Housemans Aussage, nur erreicht, Chandler »auf drei gänzlich verschiedene Weisen aus der Bahn zu werfen: Erstens, sein Glaube an sich selbst war zerstört. Dadurch, daß ich Ray nie etwas von meinen Befürchtungen mitteilte, hatte ich ihn davon überzeugt, daß ich auf seine Fähigkeit vertraute, das Drehbuch rechtzeitig fertigzustellen. Dieses Gefühl der Sicherheit war jetzt hoffnungslos erschüttert. Zweitens, man hatte ihn beleidigt. Für Ray war der Bonus nichts anderes als Bestechung. Eine große zusätzliche Geldsumme für die Erfüllung eines Auftrags angeboten zu bekommen, für den er bereits einen Vertrag unterschrieben hatte, den er selbstverständlich auch erfüllen wollte, war nach seinen Maßstäben entwürdigend und entehrend. Drittens, man hatte ihm zugemutet, einen Freund *und* Absolventen einer Public School zu hintergehen. Die Art, wie das Gespräch geführt worden war (›hinter deinem Rücken‹), demütigte Ray und erfüllte ihn mit Zorn.«[31]

Chandler war so fix und fertig, daß er Houseman sagte, er könne kein einziges Wort mehr schreiben. Er fuhr nach Hause, sprach mit Cissy über den Vorfall und kam am nächsten Morgen zurück, immer noch überzeugt, nicht weitermachen zu können. Die beiden Männer saßen trübsinnig in Housemans Arbeitszimmer. Nach einer Weile sprach Chandler wieder; da er realisierte, daß sein Rückzieher Houseman in Verlegenheit brachte – etwas, was Public School-Männer einander nicht antun –, sagte er, er könne das Drehbuch vielleicht beenden, wenn er es in betrunkenem Zustand schriebe. Alkohol würde seine

Nerven beruhigen und ihm das Selbstvertrauen geben, das er brauche, um angesichts des Mißtrauens und der Beleidigungen, die er hatte ertragen müssen, weitermachen zu können.

Houseman war bestürzt über diesen Vorschlag, denn er wußte, daß Chandler kein junger Mann mehr war und Arbeit unter solchen Bedingungen seine Gesundheit gefährden würde. Aber Chandler begann eine Reihe von Bedingungen aufzuzählen, die das Risiko zu verringern schienen. Paramount sollte zwei Limousinen stellen, die Tag und Nacht einsatzbereit vor Chandlers Haus stehen mußten. Sie würden für Cissy, die gerade von einer Fußoperation genas, den Arzt holen, das Hausmädchen zum Einkaufen fahren und die fertigen Skriptseiten zum Studio bringen. Außerdem sollten sich rund um die Uhr zwei Krankenschwestern und ein Arzt bereithalten, der Chandler Vitaminspritzen zu verabreichen hätte, da er nie aß, wenn er trank. Weiterhin müßte eine direkte Telefonverbindung zwischen Chandlers Haus und dem Büro des Produzenten bei Paramount hergestellt werden, und zu jeder Stunde sollten Sekretärinnen zum Diktieren, Tippen und für andere Notwendigkeiten zur Verfügung stehen.

Houseman zögerte, weil er zur Verantwortung gezogen würde, wenn etwas schief ging; schließlich ging er aber auf die Bedingungen ein, und die nötigen Vorkehrungen wurden getroffen. Er und Chandler fuhren zu Perino's Restaurant, wo Chandler drei doppelte Martinis vor dem Mittagessen trank und drei Whisky-Sodas danach. Houseman fuhr ihn nach Hause in die Drexel Avenue, und Chandler ging hinein, um sich auf die Couch zu legen. Die Limousinen, die Sekretärinnen, alles war zur Stelle. Ungefähr eine Woche lang arbeitete Chandler so mit kurzen Unterbrechungen. Er verlor nie die Kontrolle über sich, er war ganz einfach in einer anderen Welt. Houseman sah ihn am Tisch im Eßzimmer zusammengesunken schlafen. Er schlief nie lange und machte nach dem Aufwachen sofort weiter, mit einem Glas in der Hand. Abends hörte er mit Cissy zusammen Radio, das klassische Programm der Gas Company von acht bis zehn. Dann ging er in sein Arbeitszimmer und brachte ein paar weitere Zeilen zu Papier, bevor er wieder wegdämmerte. Auf diese Weise wurde das Drehbuch fertiggestellt, einschließlich sämtlicher Änderungen, die der Produzent für nötig hielt. John Houseman schätzt, daß Chandlers Erholung von dieser Tortur einiges mehr kostete als der von Paramount offerierte $ 5000-Bonus.

Gelohnt hat sich die Mühe kaum, denn *The Blue Dahlia* trägt wenig zum Ruhm Chandlers bei. Der Dialog trägt seine Handschrift, er ist lebendig und natürlich, aber es gibt viel zuviel *action*, um Raum für Charakterentwicklung zu lassen. Schuld daran ist nicht allein Chandler, dessen ursprüngliche Idee interessanter war. Fasziniert von den Themen der Rache und des Zufalls in Mordgeschichten, hielt er mehrere Möglichkeiten für Filmstoffe in seinem Notizbuch fest. Eine handelt von einem Mann, der glaubt, seine Frau sei durch einen unglücklichen Zufall ums Leben gekommen, und sich mit ihrem Mörder anfreundet. Der Mörder nimmt an, er solle in eine Falle gelockt werden; die Spannung, die deswegen zwischen den beiden entsteht, führt schließlich zur Entdeckung seiner Schuld. Die erste Fassung von *The Blue Dahlia* enthält einige Elemente dieser Idee. Sie handelt von zwei Kriegsveteranen, von denen der eine an einer Hirnverletzung leidet, die ihn unzurechnungsfähig macht. Die U. S. Navy erhob Einspruch gegen die indirekte Kritik an ihrem Sanitätscorps und verlangte vom Studio, die Geschichte zu ändern. »Was das Marineministerium der Story angetan hat«, schrieb Chandler in ironischem Ton, »war nichts weiter als die Kleinigkeit, mich die Person des Mörders korrigieren zu lassen, so daß aus einer ganz originellen Idee ein Routine-Krimi wurde. Was ich geschrieben hatte, war die Geschichte eines Mannes, der unter dem Streß von großem, berechtigtem Zorn die Frau seines Kameraden umbringt (hinrichtet wäre ein besseres Wort), dann bewußtlos wird und alles vergißt. Danach tut er vollkommen ehrlich sein Bestes, um seinem Kameraden aus der Klemme zu helfen, und sieht sich dabei mit verschiedenen Situationen konfrontiert, die sein Gedächtnis teilweise wiederherstellen. Der arme Kerl kann sich an genügend Einzelheiten erinnern, um anderen klarzumachen, wer den Mord begangen hat, erkennt es aber nie selbst. Er tut und sagt einfach Dinge, die er nur tun und sagen kann, wenn er der Täter ist; aber er weiß nie, warum er diese Dinge getan und gesagt hat, und zieht keine Schlüsse aus ihnen.«[32]

Der fertige Film hat nichts von dieser Subtilität; er ist, wie Chandler sagt, einer der üblichen Action-Thriller. Das liegt aber nicht nur an der Einmischung der U. S. Navy, sondern auch an den Umständen, unter denen Chandler das Drehbuch schrieb. Manche Schriftsteller müssen trinken, um schreiben zu können. Der in Hollywood ansässige Romancier Max Brand sagte, er könne erst anfangen, wenn Alkohol ihn »aus dieser Welt fortgebracht«[33] und in das Reich der Phantasie entrückt habe. Andere Schriftsteller wie Coleridge und Rossetti, die Drogen als Stimulans benutzten, vertraten ähnliche Ansichten. Chandler behauptete gelegentlich, er brauche ebenfalls Alkohol, aber die Erfahrung zeigt, daß er niemals erstklassige Arbeit zustande brachte, wenn er trank. Alle *pulp*-Stories, seine ersten sechs Romane und seine besten Essays schrieb er, als er nicht trank und ein zurückgezogenes Leben mit Cissy führte. Die Drehbücher, seine nicht abgeschlossenen Arbeiten und sein letzter Roman entstanden, als er durch seine Tätigkeit beim Film viel gesellschaftlichen Kontakt fand, Affären hatte oder suchte, und sehr viel trank. Chandler scheint also nur dann fähig gewesen zu sein, in seinen Geschichten eine lebendige und überzeugende Scheinwelt entstehen zu lassen, wenn er allein und vollkommen auf sich selbst angewiesen war – brachte sein Privatleben viel Abwechslung, schrieb er wenig, und was er davon beendete, waren beinahe Parodien seiner eigentlichen Möglichkeiten. In solchen Zeiten war ihm sein wirkliches Leben dramatisch genug; fiktives Drama brauchte er dann nicht. Aber er war Künstler, und Cissy gab ihm den Halt, der seine besten Arbeiten ermöglichte. Es besteht kein Zweifel, daß er das begriff und sie deswegen liebte, trotzdem er gelegentlich von ihr frei sein wollte.

Als er das Drehbuch von *The Blue Dahlia* beendete, erwog

Chandler, einen Roman daraus zu machen, wozu er laut Vertrag das Recht hatte. Paramount ermutigte ihn sogar, weil man das als gute Publicity für den Film ansah. Sein Agent überzeugte die *Saturday Evening Post* davon, sie sollte das Buch in sechs Fortsetzungen bringen; doch am Ende entschied Chandler sich dagegen, teils weil er übermüdet war, teils weil, wie er sagte, »ich gar nicht sicher bin, ob das meine Art Buch ist. Es mag noch angehen, für den Film eine Story zu schreiben, die dem persönlichen Stil nicht entspricht; eine ganz andere Sache ist es, sie als Buch veröffentlichen zu lassen.«[34]

Was er eigentlich wollte, war, den Marlowe-Roman zu Ende zu bringen, den er vor seinem Vertragsabschluß mit Paramount zu schreiben begonnen hatte. Statt dessen erklärte er sich bereit, drei Monate am Drehbuch seines eigenen Romans *The Lady in the Lake* zu arbeiten, der von MGM gekauft worden war. Diesmal hatte Paramount nichts dagegen, daß er sein Talent an die Konkurrenz verschwendete; er begann dort im Juli 1945. Er hatte den Job angenommen, um zu verhindern, daß seine Geschichte von einem Lohnschreiber ruiniert wurde; es gab jedoch von Anfang an Schwierigkeiten, wie Chandler sich erinnert:

»Ich habe einmal bei MGM gearbeitet, in dem Kühlhaus, das sie Thalberg Building nennen, dritter Stock. Hatte einen angenehmen Produzenten, George Haight, ein netter Kerl. Um die Zeit entschied gerade irgend so ein Grützkopf, vermutlich Mannix, die Schriftsteller bekämen keine Couch mehr in ihr Zimmer, weil sie mehr arbeiten würden, wenn sie sich nicht langlegen konnten. Folglich stand auch in meinem Büro keine Couch. Ich war noch nie ein Mann, der sich von Bagatellen umschmeißen läßt; also holte ich mir eine Wolldecke aus dem Auto, breitete sie auf dem Fußboden aus und legte mich drauf. Kurz darauf kam Haight zu mir rein, auf einen kurzen Höflichkeitsbesuch, sah mich, stürzte zum Telefon und schrie hinein, ich sei ein horizontaler Schriftsteller und man sollte mir um Himmels willen eine Couch raufschicken. Trotzdem, die Kühlhausatmosphäre und der Klüngel am Autorentisch in der Kantine schafften mich ziemlich schnell. Ich sagte, ich würde zu Hause arbeiten. Man erklärte mir, Mannix hätte angeordnet, daß kein Schriftsteller zu Hause arbeiten dürfe. Worauf ich antwortete, ein so großer Mann wie Mannix sollte das Privileg haben, seine Meinung ändern zu dürfen. Also arbeitete ich zu Hause und ging nur drei- oder viermal hinüber, um mit Haight zu reden.«[35]

Chandler merkte schnell, daß er sich auf etwas eingelassen hatte, das, wie er damals sagte, »mich zu Tode langweilt«. Seinen Stoff zu schützen, war eine Sache – ihn aus einer anderen Perspektive neu schreiben zu müssen, eine ganz andere. Chandler beschrieb später eine typische Diskussion zwischen ihm und seinem Produzenten, George Haight. Nachdem er ein paar Seiten von Chandlers Skript gelesen hatte, fragte Haight: »Können wir denn nicht was aus dem Buch übernehmen? Ist es nicht eins von deinen Büchern, das wir gekauft haben? Ist das nicht der Grund, warum du hier bist?« Chandler antwortete: »Es hängt mir zum Hals raus, George. Es ist so viel einfacher, was Neues zu schreiben.« Das Gespräch endete wie folgt:

»Um Himmels willen«, erwiderte Haight, »das soll doch eine Adaption von etwas werden, das wir von dir gekauft haben. Und du schreibst dauernd vollkommen andere Szenen. Die sind ja auf ihre Weise ganz schön, aber wie soll ich der Direktion klarmachen, daß ein Autor, der angeheuert wurde, damit er das Drehbuch seiner eigenen Geschichte schreibt, sich um die praktisch gar nicht kümmert?«

»Wahrscheinlich ist es einfach nicht meine Art Story«, sagte ich, »oder nicht mehr. Wenn ein Schriftsteller sich das Herz aus dem Leib schreibt und eine Arbeit so gut macht wie er kann, dann will er die Arbeit einfach nicht nochmal machen, und dann auch noch schlechter.«

»Wir haben das verdammte Ding aber gekauft.«

»Ja, aber für mich zählt nur, daß mir nichts mehr dazu einfällt. Ein anderer Autor könnte die Arbeit vielleicht viel besser machen – natürlich indem er jede Dialogzeile wegläßt, neben der das, was er verbricht, wie eine tote Nelke wirken würde. Die Jungs wollen schließlich auch leben. Sie sind zwar in der Regel nicht bösartig, aber um leben zu können, müssen sie, wenn sie ein Drehbuch übernehmen, es zu *ihrem* Drehbuch machen.«

»Ein mieses will ich aber nicht haben«, sagte der Produzent traurig.

»Du bist Produzent, George. Mittlerweile müßtest du eigentlich wissen, daß es in Hollywood keine zwanzig Schriftsteller gibt, die schreiben können, jedenfalls nicht in dem Sinn, wie wir es verstehen.«[36]

Die Situation zwischen Chandler und dem Studio wurde allmählich unhaltbar – wegen eines Mißverständnisses. »Anfangs nahm ich an«, schrieb er, »daß sie nicht mehr als ein vorläufiges Skript erwarten konnten, denn sie lassen sich sehr viel Zeit mit ihren Filmen. Als ich dem Studio die ersten Seiten geschickt hatte, merkte ich, daß sie es als fertige Drehvorlage betrachteten (die gekürzt werden konnte) und keinen anderen Autor heranlassen wollten. Das setzte mich unter Druck, und ich wurde nervös. Seit Bestehen der Gesellschaft hat MGM noch nie ein Drehbuch innerhalb von dreizehn Wochen gekriegt, aber jetzt redeten sie auf einmal davon, im November mit den Dreharbeiten beginnen zu wollen.«[37] Als seine dreizehn Wochen schließlich abgelaufen waren, hinterließ Chandler ein unfertiges Drehbuch. »Ich habe es nicht abgeschlossen«, gab Chandler zu, »und inzwischen ist es wahrscheinlich völlig versaut (oder ich hab's selbst versaut), aber nachdem das vorbei war, mußte man mir einen Baseballschläger auf den Schädel hauen, um mich aus einem Sessel hochzukriegen.«[38]

Das Drehbuch wurde von Steve Fisher fertiggestellt. Chandler hielt es für so schlecht, daß er seinen Namen nicht damit in Verbindung gebracht haben wollte. Alles an dem Film ärgerte ihn: Als er gedreht wurde, sagte Chandler, er habe gehört, es sei »wahrscheinlich der schlechteste Film, der je gemacht worden sei.«[39] Die von Robert Montgomery, dem Regisseur und Star des Films, angewandte Kamera-Auge-Methode bezeichnete er höhnisch als »uralten Hut in Hollywood. Jeder junge Schriftsteller oder Regisseur wollte das schon ausprobieren. ›Machen wir doch aus der Kamera eine handelnde Person‹ – der Satz ist praktisch an jedem Mittagstisch in Hollywood irgendwann schon einmal gefallen.«[40] Chandler lehnte den Film wahrscheinlich deshalb ab, weil er nicht bis zum Schluß an ihm mitarbeiten konnte oder jedenfalls nicht mitarbeitete. Daß der Film ein Erfolg wurde und eine Menge Geld einspielte, machte die Sache nur noch schlimmer. Die Kamera-Auge-Methode war kein uralter Hut, sondern etwas wirklich Neues; man hatte sie noch nie zuvor in einem Spielfilm benutzt. Laut Robert Montgomery erfordert sie auch eine besondere Schneidetechnik. Für die Schauspieler brachte sie Probleme; einer von ihnen, Lloyd Nolan, erinnert sich, daß sie deswegen das oberste Gesetz der Filmschauspielerei verletzen mußten, nämlich nicht ins Objektiv zu blicken. Beim Drehen hockte sich Montgomery unter die Kamera, um die Schauspieler daran zu erinnern, daß die Kamera Marlowe war, aber es fiel ihnen schwer, immer daran zu denken, nicht Montgomery, sondern das Objektiv über seinem Kopf anzusehen.

Nachdem er MGM verlassen hatte, brachte Chandler Cissy für ein paar Wochen zum Big Bear Lake hinauf. Es war Oktober, mit warmen Tagen und kühlen Abenden am Kaminfeuer. »Es gibt nichts zu tun, und genau das tue ich«, schrieb Chandler. »Wir gehen hinaus in die Wälder, ich hacke knorrige Äste von umgestürzten Bäumen und mache ein paar Klötze Eisenholz oder Bergmahagoni klein, ein sehr hartes rötliches Holz, das wie Kohle brennt. Ich versuche, nicht an Arbeit zu denken, aber das gelingt mir nicht ganz.«[41] Er war zu durcheinander, um viel schreiben zu können; nach seinen Erfahrungen bei Paramount wies er seinen Agenten an, bessere Bedingungen für ihn auszuhandeln. Die maßgebenden Leute wußten, was es Chandler gekostet hatte, *The Blue Dahlia* zu schreiben, und besprachen mit seinem Agenten verschiedene Möglichkeiten, wie er für Paramount arbeiten könnte, ohne »zusammenzuklappen«.[42]

Sein Agent schlug vor, man solle ihm eine Pauschalsumme für einen Film zahlen, ohne ihn einem Termindruck zu unterwerfen. Paramount machte den Gegenvorschlag, er solle wie Billy Wilder als Autor/Regisseur arbeiten oder sogar seine Filme selbst produzieren. Trotz der höheren Einkünfte, die diese Vorschläge in Aussicht stellten, lehnte Chandler ab, weil er nicht so viel Zeit in Hollywood investieren wollte.

Im Januar war das Problem noch immer nicht gelöst, weshalb Chandler sich weigerte, im Studio zu erscheinen, und sich damit entschuldigte, daß Cissy an Grippe erkrankt sei. »Ich habe keine Sekretärin mehr«, schrieb er, »da ich keinen Filmjob mehr habe. Ich bin, was man in Fachkreisen ›suspendiert‹ nennt, weil ich mich weigere, einem Vertrag nachzukommen, der meiner Stellung im Filmgeschäft nicht angemessen ist. Ich habe eine Annullierung verlangt, doch die wurde mir verweigert. Das Ganze ist keine moralische Frage: die Studios haben die moralische Grundlage ihrer Verträge selbst zerstört. Sie zerreißen sie, wann immer es ihnen paßt. Wenn sie einen Autor loswerden wollen, verwenden sie den Ausdruck ›Anpassung des Vertrags‹, was bedeutet, daß man ihm ein paar Wochenhonorare zahlt und ihm dabei androht, ihn noch bis zu seiner nächsten Option zu behalten, obwohl jeder weiß, daß er an nichts arbeitet und kein Produzent auf dem Filmgelände ihn haben will. So sollten beide Seiten vorgehen können.

Eine der Schwierigkeiten ist, daß es völlig unmöglich zu sein scheint, irgendwen davon zu überzeugen, daß ein Mann ein dickes Gehalt – dick im Verhältnis zu einem normalen Einkommen – nicht nur aus taktischen Gründen ablehnt, um ein noch dickeres Gehalt herauszuschlagen. Was ich will, ist etwas ganz anderes: Unabhängigkeit von Termindruck und das Recht, mit den wenigen Leuten arbeiten zu können, die in Hollywood innerhalb der Grenzen einer populären Kunstform die bestmöglichen Filme machen und nicht nur die alten und üblen Klischees wiederholen wollen. Und davon will ich nur ein bißchen.

Wieviel diese Industrie von Moral hält, läßt sich am folgenden

Beispiel ablesen: Gestern, am späten Abend, rief mich ein sehr bedeutender unabhängiger Produzent an und bat mich, ein Drehbuch für eines der am meisten propagierten Projekte des Jahres zu schreiben, und zwar still und heimlich, wobei er genau wußte, daß ich damit meinen Vertrag verletzte. Das ließ ihn völlig kalt; er kam überhaupt nicht auf den Gedanken, daß er mich beleidigte. Vielleicht habe ich trotz meiner Fehler noch so etwas wie Ehrgefühl. Ich kann schon mal streiten, aber dann lege ich den Streitpunkt offen auf den Tisch. Ich bin durchaus bereit, meine Ärmel nach versteckten Karten durchsuchen zu lassen. Aber ich glaube nicht, daß sie das wirklich wollen. Sie wären entsetzt, wenn sie nichts finden. Sie verhandeln nicht gern mit ehrlichen Männern.«[43]

Im Moment saß Chandler am längeren Hebel, denn er konnte sich die aggressive Haltung gegenüber den Studios leisten; er zeigte dieselbe Härte, mit der er schon im Ölgeschäft Erfolg hatte. 1945 zahlte er $ 50000 Einkommensteuer, was, wie er zugab, »für einen Burschen, der vor gar nicht so vielen Jahren noch an alten Schuhsohlen genagt hat, ziemlich respektabel«[44] war. Was er wirklich wollte, war Romane schreiben; für die Studios zu arbeiten, war er nur bereit, wenn es sich für ihn lohnte. Er hatte es endlich ›zu etwas gebracht‹, künstlerisch und finanziell, und er wußte es. Darüber hinaus war er nie gezwungen gewesen, unehrlich zu sein. Er war erfolgreich *und* ein Gentleman – nach seinem Dafürhalten eine Rarität in Hollywood. Einmal schrieb er über eine Gruppe von Studiobossen, die er beobachtet hatte, als sie vom Essen kamen: »Ich war starr vor finsterer Freude. Sie sahen haargenau aus wie eine Horde Obergangster aus Chicago, die angerückt kommen, um einem geschlagenen Konkurrenten das Todesurteil zu verkünden. Schlagartig erkannte ich die seltsame Seelen- und Geistesverwandtschaft zwischen den tonangebenden Leuten von Großkapital und Gangstertum. Dieselben Gesichter, derselbe Ausdruck, dieselben Manieren; dieselbe Art Kleidung, dieselbe übertriebene Lässigkeit in den Bewegungen.«[45]

Chandler hielt immer eine gewisse Distanz. Auch bei Paramount, so erinnert sich Meta Rosenberg, schien er die Gruppe, der er angehörte, und sich selbst innerhalb dieser Gruppe, ununterbrochen aus einer schriftstellerischen Distanz zu beobachten. Durch diese Gewohnheit verlor er viele Illusionen. Für Chandler war »die Anmaßung, die unechte Begeisterung, das dauernde Trinken und Herumhuren, die unablässige Balgerei um Geld, der allgegenwärtige Agent, das Prahlen der hohen Tiere (die meistens absolut unfähig sind, das zu erreichen, was sie eigentlich wollten), die ständige Angst, all das Märchengold zu verlieren und wieder das Nichts zu sein, das sie in Wirklichkeit die ganze Zeit gewesen sind, die gemeinen Tricks – die ganze verdammte Schweinerei einfach phantastisch. Es ist wie eine dieser südamerikanischen Palastrevolutionen, die von Offizieren in Opernuniformen angeführt werden – erst wenn alles vorbei ist und die zerfetzten Toten aufgereiht an der Wand liegen, weiß man plötzlich, daß das nicht komisch ist, daß das der römische Zirkus ist, und verdammt nahe am Ende einer Zivilisation.«[46]

Gleichzeitig war er aber entschlossen, sich auf diesem Jahrmarkt zu holen, was er haben wollte. Nicht umsonst war er ein halber Ire, und er gab sich keine Mühe, seine Gefühle zu verbergen. Über einige Produzenten von MGM bemerkte er: »Eine Menge von diesen Jungs hält sich für Gott den Allmächtigen mit einem Paar Hosen zum Wechseln; leider neige ich dazu, die Richtigkeit dieser Vorstellung in einer etwas sehr deutlichen Sprache anzuzweifeln.«[47] An anderer Stelle meinte er bissig: »Mir geht's nicht ums Geld, ich kämpfe einfach gern.«[48]

Chandlers Schwierigkeiten mit den Studios brachten ihn dazu, seine Ansichten über Hollywood öffentlich zu äußern. Als ernsthafter Künstler, der es haßte, seine Zeit an ein Medium zu verschwenden, das seine besten Bemühungen verfälschte, hatte er über Hollywood oft in Briefen geschrieben und Reportern erzählt, was er vom Drehbuchschreiben hielt. Zu Irving Wallace sagte er, der Drehbuchautor werde »behandelt wie eine Kuh, etwas, was man leermelkt und dann auf die Weide schickt«,[49] und an Alfred Knopf schrieb er: »Ich hatte wirklich gehofft, es gäbe eine Möglichkeit, ohne Zynismus für den Film zu arbeiten. Es gibt sie nicht.«[50] Die Schwierigkeiten mit den Drehbüchern von *The Blue Dahlia* und *The Lady in the Lake* verarbeitete er zu einem Artikel mit dem Titel »Writers in Hollywood«, der im November 1945 im *Atlantic Monthly* veröffentlicht wurde. Chandlers Verbindung mit dem *Atlantic* und besonders mit dessen Chefredakteur, Charles Morton, begann 1944 mit seinem berühmten Essay »The Simple Art of Murder«, in dem er die deduktive Schule der Krimi-Autoren kritisiert und die Arbeiten Dashiell Hammetts gepriesen hatte. Dieser Artikel ärgerte viele Krimifans wegen seiner Angriffe auf heilige Kühe, mit denen Chandler seinen künstlerischen Standpunkt eindeutig demonstrierte und sich zudem als herrlich erfrischender Essayist entpuppte.

Der Erfolg dieses Aufsatzes führte zu einer ausgedehnten Korrespondenz mit Morton, der Themen für weitere Artikel vorschlug. Chandler zögerte, sie zu schreiben, weil er fürchtete, er könnte in »die Sprache des Intellektualismus, die eine abscheuliche Sprache ist«, hineinrutschen.[51] Schließlich ging er dann aber doch auf Mortons Vorschlag ein, einen Essay über Drehbuchautoren in Hollywood zu schreiben. Von Anfang an tat er sich schwer damit, denn obwohl er Hollywoods Autoren verteidigen und sogar stützen wollte, fiel es ihm nicht leicht, allgemein über sie zu sprechen. »Ich weiß nicht, wie ich da aufrichtig bleiben soll«,[52] teilte er Morton mit. Es gab ein paar gute Autoren, doch er mußte zugeben, daß die meisten »stark übertrieben gekleidete, überbezahlte, servile und unfähige Lohnschreiber«[53] waren. Eric Ambler sagte einmal, Hollywood-Autoren ließen sich in zwei Gruppen einteilen – in solche, die außer Drehbüchern auch Romane schreiben, und solche, die nur Drehbücher schreiben. Die meisten guten Drehbücher würden von Romanciers geschrieben: das sei der Grund, warum, so Chandler, »gute Original-Drehbücher in Hollywood fast so selten sind wie Jungfrauen.«[54] Die Lohnschreiber überging Chandler vollständig, die besseren Drehbuchautoren definierte er entweder als den vollkommen anonymen Techniker, der sich der Kamera unterordnet, oder als den »Schriftsteller, dem man erlauben muß, seinen persönlichen Stil mit einzubringen, weil es sein persönlicher Stil ist, der ihn zum Schriftsteller macht.«[55]

Chandler meinte, das Hauptproblem läge darin, wie Hollywoods Anstellungssystem auf die etwa zwanzig Schriftsteller angewendet werde, deren Arbeit etwas tauge. Die Writers Guild zwang die Studios, ihren Autoren feste Gehälter zu zahlen, um zu verhindern, daß sie ausgebeutet würden. Das war an und für sich in Ordnung, verdarb die Schriftsteller aber auch dadurch, daß sie in Versuchung gebracht wurden, möglichst langsam zu arbeiten. Bei Lohnschreibern war das egal, aber das System machte es unwahrscheinlich, daß in Hollywood künstlerisch befriedigende Filme entstanden. Da die Studios ihren Autoren Gehälter zahlten, waren sie rechtmäßige Eigentümer ihrer Drehbücher, mit denen sie dann machen konnten, was sie wollten. Eine solche rechtliche Situation war für jeden Schriftsteller von einiger Substanz ruinös. Außerdem hatte sie psychologische Nachteile, denn ohne das Risiko und den persönlichen Einsatz, die sonst im allgemeinen zum Schreiben gehören, fehlt der innere Drang, ohne den man keine anständige Arbeit leisten kann. »In Hollywood«, schrieb Chandler, »wird die Verbindung zwischen dem Schriftsteller und seinem Unterbewußtsein zerstört. Danach erfüllt er nur noch ein Plansoll; mit dem Herzen ist er ganz woanders.«[56]

Der größte Teil von »Writers in Hollywood« beschreibt einfach das Leben des Drehbuchautors; der Artikel schließt mit der unbegründeten Behauptung, daß der Autor im Filmgeschäft allmählich an Bedeutung gewinne. Als der Artikel herauskam, meinte Chandler, nach dem Ausbleiben des Presse-Echos zu urteilen, sei er mit »frostigem Schweigen« aufgenommen worden. Außerdem informierte man ihn, er habe ihm bei den Paramount-Produzenten geschadet. »Charlie Brackett, dieser erlöschende Esprit, sagte: ›Chandlers Bücher sind nicht gut genug und seine Filme nicht schlecht genug, um diesen Artikel zu rechtfertigen.‹ Ich habe ein wenig Zeit darauf verschwendet herauszufinden, was das wohl bedeuten sollte. Es scheint zu bedeuten, daß man, um über Hollywood offen seine Meinung sagen zu dürfen, (a) entweder ein Versager in Hollywood selbst oder (b) eine Berühmtheit irgendwo anders sein muß. Ich möchte Mr. Brackett erwidern: wenn meine Bücher schlechter wären, hätte man mich wohl schwerlich nach Hollywood geholt, und wären sie besser, wäre ich nicht gekommen.«[57] Jahre später, als er feststellte, daß er die besten Verträge bekommen hatte, nachdem er über Hollywood geschrieben hatte, erklärte er, daß seiner Meinung nach viele Filmleute unterschätzt würden: »Viele von ihnen denken wie ich, aber sie trauen sich einfach nicht, es zu sagen; und jedem, der es tut, sind sie eigentlich recht dankbar.«[58]

Zum Zeitpunkt, als der Artikel herauskam, verhandelte Chandler immer noch über seinen Agenten, H. N. Swanson, mit Paramount. »Ich fühle mich sehr allein«, schrieb er, »mehr noch als zu der Zeit, als ich keinen Cent hatte.«[59] Eine Grippe machte ihn noch empfindlicher. »Ich habe eine sonderbare Phobie vor Verträgen entwickelt, scheine unfähig, als ein freier Mann zu funktionieren, wenn ich in irgendeiner Weise gebunden bin.«[60] Bis zum April war man etwas weiter gekommen: »Wir schließen jetzt einen Waffenstillstand, dem ein Friedensvertrag folgen soll«,[61] schrieb er an Erle Stanley Gardner. »Die große Schwierigkeit beim Verhandeln mit einem Studio ist die, daß die Männer, mit denen man verhandelt, ihrerseits einer übergeordneten Stelle in New York verantwortlich sind, die mit dem Filmemachen nichts zu tun hat, sondern für die Filme nur Reklame macht und sie vertreibt. Für die ist ein Film ebenso eine Ware wie eine Büchse Bohnen. Das persönliche Element können sie nicht mit einberechnen, weil es ihnen nie begegnet.«[62] Schließlich, gegen Ende Mai, nachdem er mehrere vom Studio vorgeschlagene Bücher zurückgewiesen hatte, überredete Chandler Paramount, einen Roman von Elizabeth Sanxay Holding zu kaufen, *The Innocent Mrs. Duff*. Fast sofort gab es Schwierigkeiten, weil der Produzent es »schaffte, der Story jeden Reiz zu nehmen, einfach dadurch, daß er von den handelnden Personen als Ladd und Caulfield usw. sprach, statt sie bei ihren Roman-Namen zu nennen.«[63] Ein paar Wochen lang arbeitete er mit einem Co-Autoren daran, doch gegen Ende des Sommers, nachdem er die vereinbarte Anzahl Wochen abgesessen hatte, verließ er Paramount, ohne das Drehbuch abzuschließen. »Wenn Paramount so vernünftig gewesen wäre, mich nach meinen eigenen Vorstellungen eine Rohfassung des Drehbuchs über Mrs. Duff schreiben zu lassen«, erklärte er seinem Agenten, »ohne die Einmischung eines Produzenten mit seinen Vorstellungen und seinem Ehrgeiz, ein Projekt zu seinem eigenen Vorteil zu dominieren, hätten sie in relativ kurzer Zeit etwas bekommen können, was ihnen auf einen Blick gezeigt hätte, wie der Film laufen würde. Aber nein; sie können einfach nicht kapieren, daß das, was sie von mir wollen, etwas ist, was ich auf meine persönliche Weise schreibe; sie denken, sie können das kriegen, und zugleich jeden Schritt, den ich mache, und jede Idee, die ich habe, kontrollieren. Das geht einfach nicht. Was ich ihnen zu bieten habe, ist nicht biederes Handwerk, sondern eine bestimmte Qualität. Wenn sie die haben wollen, können sie sie woanders nicht kriegen.«[64]

Sobald Chandlers Vertrag mit Paramount ausgelaufen war, arrangierte Swanson ein Gespräch mit den MGM-Chefs. »Ich finde, jeder sollte Samuel Goldwyn diesseits des Paradieses kennenlernen«, lautete Chandlers Kommentar. »Wie ich hörte, fühlt er sich ausgesprochen wohl, wenn er etwas zu Ende bringt.«[65] Chandler dachte nicht daran, bei MGM zu unterschreiben. »Für so herrschsüchtige Leute wie Selznick oder Goldwyn will ich nicht arbeiten«,[66] erklärte er Swanson. »Wenn man mir nicht mehr erlaubt zu schreiben, was ich will, bleibt mir so gut wie nichts.«[67]

Chandlers Karriere in Hollywood näherte sich ihrem Ende, was er zweifellos wußte, aber 1946 war ein arbeitsreiches Jahr für ihn, mit verschiedenen Projekten. Eines davon war Warner Brothers Verfilmung von *The Big Sleep*. Chandler wurde auf das Filmgelände von Warner eingeladen, um mit William Faulkner und Leigh Brackett, den Autoren des Drehbuchs, zu sprechen; außerdem mit Howard Hawks, dem Regisseur, und Humphrey Bogart, dem Hauptdarsteller. Chandler sagte ihnen, daß ihm das Skript gefalle, besonders der Schluß, den Miss Brackett sich ausgedacht hatte. Als der Film gekürzt werden mußte, wurde dieser Schluß durch einen anderen ersetzt, den Jules Furthman schrieb. Chandler und Hawks sprachen auch über eine der Szenen gegen Ende des Films. »Am Schluß des Films«, schrieb er später, »werden Bogart und Carmen von Eddie Mars und seinen Killern in Geigers Haus in die Enge getrieben. Das heißt, Bogart (Marlowe) geht dort in die Falle, das Mädchen kommt vorbei, und sie lassen sie ins Haus gehen. Marlowe weiß, daß sie eine Mörderin ist, und er weiß auch, daß der erste, der durch diese Tür wieder hinausgeht, direkt in einen MG-Kugelhagel läuft. Das Mädchen weiß das nicht. Marlowe weiß außerdem, daß, wenn er das Mädchen in den Tod schickt, die Bande schleunigst abhauen würde, womit er sein eigenes Leben erst einmal gerettet hätte. Er hat keine Lust, Gott zu spielen oder seine Haut dadurch zu retten, daß er Carmen hinausläßt. Er will aber auch nicht Sir Philip Sidney spielen, um ein wertloses Leben zu retten. Also überläßt er die Entscheidung Gott und wirft eine Münze. Bevor er die Münze wirft, spricht er laut eine Art Gebet. Der Kern seines Gebetes ist, daß er, Marlowe, sein Bestes getan habe und nicht durch eigenes Verschulden in die Lage geraten sei, eine Entscheidung zu fällen, die Gott ihm nicht aufzwingen dürfe. Er will, daß diese Entscheidung von der Autorität getroffen wird, die eine solche Schweinerei überhaupt zuläßt. Bei Kopf läßt er das Mädchen gehen. Er wirft die Münze: sie zeigt Kopf. Das Mädchen hält das für eine Art Trick, um sie festzuhalten, bis die Polizei kommt. Sie schickt sich an zu gehen. Im letzten Moment, sie hat die Hand schon am Türknopf, wird Marlowe schwach und geht auf sie zu, um sie am Gehen zu hindern. Sie lacht ihm ins Gesicht und richtet die Pistole auf ihn. Dann macht sie die Tür ein, zwei Zoll auf, und man sieht, daß sie vorhat zu schießen und die Situation sehr genießt. In dem Moment läuft eine MG-Salve über die Türfüllung und reißt das Mädchen in Stücke. Die

Killer draußen hatten in der Ferne eine Sirene gehört, es mit der Angst gekriegt und mal kurz auf die Tür abgedrückt, so als Visitenkarte – ohne damit zu rechnen, jemanden zu treffen.«[68]

Chandlers Szene wurde nicht verwendet. Carmen wird durch die Tür erschossen, aber von Eddie Mars, der seinerseits gleich darauf von Marlowe getötet wird. Da liegt nämlich der Unterschied zwischen Roman und Film: Chandlers Szene kann man lesen, aber nicht spielen.

Chandler gefiel die endgültige Filmfassung, vor allem die Art, wie Bogart Marlowe darstellt. Er schrieb an Hamish Hamilton, »Bogart kann auch ohne Kanone knallhart sein. Außerdem schwingt in seinem Humor dieser bissige Ton von Verachtung mit. Bogart ist genau richtig.«[69] Ihm mißfiel, daß die Konvention verlangte, dem Film einen romantischen Einschlag zu geben, aber er wußte, daß sein Einwand wirkungslos bleiben würde, weil »man in Hollywood keinen Film machen kann, der nicht irgendwie eine Liebesgeschichte ist, das heißt, eine Geschichte, in der Sex an erster Stelle steht.«[70] Chandler bewunderte auch Hawks Arbeit, obwohl er Regisseure im allgemeinen nicht besonders schätzte, und anerkannte, daß Hawks »Gefühl für Atmosphäre und den nötigen Touch von unterschwelligem Sadismus besaß.«[71]

Die bekannteste Episode im Zusammenhang mit dem Film *The Big Sleep* ist Chandlers Antwort auf ein Telegramm von Hawks, in dem dieser anfragt, wer Owen Taylor umgebracht hat, Sternwoods Chauffeur, der in der Familien-Limousine zehn Fuß unter Wasser vor einer Landungsbrücke endet. Chandler mußte selbst im Buch nachschauen, überlegte dann und kabelte zurück: »Ich weiß nicht.«[72] Als er später noch einmal auf die Sache zurückkam, sagte Chandler, Jack Warner, der Chef des Studios, habe das Telegramm, das siebzig Cents kostete, gesehen, Hawks angerufen und gefragt, ob es wirklich nötig sei, wegen so etwas ein Telegramm zu schicken. Chandlers Kommentar: »Auch eine Art, ein Unternehmen zu führen.«[73]

Chandler hatte außerdem direkt mit den Dreharbeiten zu *The*

Blue Dahlia zu tun, wahrscheinlich, weil man angefangen hatte zu drehen, bevor er das Skript abgeschlossen hatte. Eine erfreuliche Erfahrung war es nicht, wie er, vielleicht mit einiger Übertreibung seiner Rolle dabei, berichtet: »Der letzte Film, den ich gemacht habe, hat mich fast umgebracht. Der Produzent war in Ungnade gefallen – er ist inzwischen ausgestiegen –, und der Regisseur war ein lahmer alter Ackergaul, der sich nach dreißig Jahren Regietätigkeit noch immer keinen Namen gemacht hatte. Offensichtlich war er dazu nicht fähig. Also gab es nur noch mich, einen einfachen Schriftsteller, und müde dazu, um die großen Bosse anzuschreien und den Produzenten in Schutz zu nehmen. Ganz nebenbei mußte ich bei einigen Szenen auch noch Regie führen – ich verstehe nichts davon –, um zu verhindern, daß das ganze Projekt zum Teufel ging. Das jedenfalls wurde verhindert.«[74]

Der Arbeitsdruck brachte Chandlers sarkastische Seite zum Vorschein, zum Beispiel in seinen Bemerkungen über »Miss Moronica Lake«[*]: »Einigermaßen brauchbar ist sie nur, wenn sie den Mund hält und geheimnisvoll dreinschaut. Sobald sie versucht, sich zu verhalten, als hätte sie Hirn, fällt sie flach aufs Gesicht. Wieviele Szenen wir rausschneiden mußten, weil die sie vermasselt hat! Es gibt drei gottserbärmliche Aufnahmen von ihr mit verwirrtem Gesichtsausdruck, bei denen ich am liebsten mein Mittagessen über den Zaun schmeißen würde.«[75] Dieser Kommentar mag extrem klingen, aber für diese Welt voll heftiger Rivalitäten, Eifersüchteleien und Ängste fällt er eigentlich recht mild aus. Er zeigt auch, wie wenig Chandler für Schauspieler übrig hatte. Mehr als einmal zitierte er zustimmend seinen Freund Joseph Sistrom, der sagte: *Wirklich gernhaben* kann man einen Schauspieler natürlich nicht.

The Blue Dahlia war ausgezeichnete Publicity für Chandler. Als der Film in die Kinos kam, stellten die Werbeleute des Studios zwar Veronica Lake und Alan Ladd in den Vordergrund, aber viele Kritiker betrachteten ihn als Chandlers Film:

---

[*]Wortspiel mit Veronica und moron = Schwachsinnige(r) A. d. Ü.

sein Name, nicht ihrer, erschien in den Überschriften der Besprechungen. Das gilt vor allem für England, wo die Kunst der Filmkritik durch Dilys Powell, C. A. Lejeune und andere viel früher als in den Vereinigten Staaten ein beachtliches Niveau erreichte. Man kannte Chandlers Romane und sah deshalb seine Filmarbeit in diesem Zusammenhang. »Den ersten Preis verleihe ich diese Woche Raymond Chandler, Drehbuchautor von ›The Blue Dahlia‹«,[76] begann C. A. Lejeune ihre Kritik im *Observer*, in der sie Chandlers Beitrag so eingehend diskutierte, daß alle anderen Namen praktisch unerwähnt blieben. In der *Sunday Times* verfolgte Dilys Powell einen ähnlichen Kurs und betonte, die Hauptschwäche des Films liege darin, daß der Regisseur es versäumt habe, »die düstere Poesie herauszuarbeiten, die Chandlers Romane kennzeichnet.«[77]

Paramount war sich bewußt, daß Chandlers erstes Original-Drehbuch besonderes Interesse erregte. Aus diesem Grund arrangierte Teet Carle von der Reklame-Abteilung ein Dinner zu seinen Ehren bei Lucey's, mit anschließender privater Vorführung des Films. Offizieller Gastgeber war George Marshall, der Regisseur. Man lud die besten Krimi-Autoren Hollywoods zu der Party ein, außerdem Captain Thad Brown von der Mordkommission Los Angeles, der mit mehreren von ihnen, auch mit Chandler, bekannt war. Unter den Gästen befanden sich Craig Rice, damals einer der bekanntesten Kriminalschriftsteller Amerikas, Erle Stanley Gardner, Leslie Charteris, Frank Gruber, Philip MacDonald und Daniel Mainwaring, der unter dem Pseudonym Geoffrey Holmes schrieb. Chandler lud auch ein paar von den alten *Black Mask*-Autoren ein. Bei der Dinnerparty gingen plötzlich die Lichter aus, und als sie wieder angingen, sah man den Küchenchef von Lucey's ausgestreckt auf einem Tisch liegen, offenbar tot. Die Gäste wurden gebeten, den Mord aufzuklären; mindestens einer vertrat die Hypothese, der Mann sei an Nahrungsmittelvergiftung gestorben, nachdem er eines seiner eigenen Gerichte gegessen habe.

Danach wurde *The Blue Dahlia* in einem Vorführraum bei Paramount gezeigt. Viele der anwesenden Autoren fanden mit der für ihren Beruf typischen Großzügigkeit etwas daran zu bemängeln. Teet Carle, der hinten saß, hörte, wie drei oder vier von ihnen sich über Aufbau, Dialog und Handlung lustig machten: »Wie konnte der gute alte Ray bloß zu solcher Effekthascherei greifen?« Wenn sie gewußt hätten, wie sehr Chandler ihre Meinung teilte. Der Anlaß spiegelte die Ambivalenz von Chandlers Jahren in Hollywood wider – die charakteristische Mischung aus Erfolg und Mißerfolg, aus Freude und Frustration.

Gegen Ende des Jahres vergaben die Mystery Writers of America ihre höchste Auszeichnung, einen Edgar (nach Edgar Allan Poe), an *The Blue Dahlia;* außerdem wurde Chandlers Drehbuch für einen Oscar nominiert. Dieser Erfolg hätte es ihm relativ leicht gemacht, einen guten Vertrag mit einem der Studios zu bekommen, doch im Innersten hatte Chandler die Nase voll von Hollywood und Los Angeles. Im Haus nebenan an der Drexel Avenue lebten zwei halbwüchsige Jungen, deren Lärm ihn sehr störte. Körperlich war er erschöpft: »Kann nicht schlafen, kann nicht essen, kann keine Entscheidung treffen, kann kaum aus einem Sessel hochkommen.« Am schlimmsten für ihn war jedoch, daß er sich total isoliert vorkam. »Bitte schreib«, fügte er fast hysterisch als Postskriptum an Charles Morton hinzu, »seit einem Monat habe ich mit keinem gebildeten Menschen mehr gesprochen.«[78]

Er hatte daran gedacht, in eine Klinik in La Jolla zu gehen, »wo man zusammengebrochene Persönlichkeiten aufnimmt, um herauszufinden, ob es noch Sinn hat, sie weiterleben zu lassen.«[79] Statt dessen besuchte er, nachdem er Paramount verlassen hatte, Erle Stanley Gardner für ein paar Tage in Temecula. Durch das ruhige Leben auf der Ranch wurde ihm vielleicht endgültig klar, daß er wirklich eine Veränderung brauchte, denn bald darauf zog er mit Cissy nach La Jolla, wo sie ein großes Haus mit Blick aufs Meer kauften.

Vorstadt wider Willen

La Jolla ist eine dieser amerikanischen Städte, die sich die häßlichen Seiten des Lebens immer sorgsam vom Leibe gehalten haben. Es gibt dort keine Fabriken, Reparaturwerkstätten, Güterbahnhöfe, Reklamewände, Spielsalons, Friedhöfe, Kneipen oder Minigolfplätze. Die Häuser sind groß und die Straßen sauber, alles grünt und blüht. Sogar Geschäfte und Banken haben Blumenkästen vor den Fenstern. In La Jolla leben die Reichen, viele von ihnen im Ruhestand, andere in gehobenen Berufen oder Eigentümer von Geschäften im nahegelegenen San Diego, für das, wie Chandler später bemerkte, La Jolla eine »Vorstadt wider Willen«[1] war.

Als er zum ersten Mal nach La Jolla kam, fand er alles so stinkvornehm, daß er »sich am liebsten mittags um zwölf auf die Straße gestellt und unanständige Wörter gebrüllt hätte.«[2] Doch allmählich hatten er und Cissy die ruhige Eleganz der Stadt und die Höflichkeit ihrer Einwohner schätzen gelernt; niemand war hier aggressiv – nach Los Angeles eine wohltuende Abwechslung. Chandler kaufte das Haus in La Jolla 1946 nicht zuletzt Cissy zuliebe, die er damit für die schlechten Zeiten der späten 20er und der 30er Jahre und seine Eskapaden in Hollywood entschädigen wollte. Cissy war jetzt sechsundsiebzig, und sie paßte in diese Stadt. In Hollywood war sie mit ihren gelben Locken, die sie wie eine gealterte Shirley Temple aussehen ließen, eine sonderbare Figur gewesen, aber in La Jolla paßte sie genau ins Bild.

Das geräumige, einstöckige Haus, »nah am rauschenden Meer«,[3] wurde auf einem Eckgrundstück erbaut, 6005 Camino de la Costa, südlich vom Zentrum La Jollas in Richtung San Diego. Es steht über der Straße am Hang und hat einen mit

Platten ausgelegten Innenhof mit einem kleinen Fischteich und einen Steingarten, der sich hinter dem Haus den Hügel hinaufzieht. Nach Chandlers Meinung war es »ein viel schöneres Heim, als ein arbeitsloser *pulp*-Autor erhoffen darf.«[4] Das Wohnzimmer war groß und luftig, maß etwa sechs mal zwölf Meter und hatte an einer Seite ein großes Fenster mit Blick übers Meer nach Point Loma. Chandler schrieb: »Ein Rundfunkautor war einmal hier, um mich zu besuchen; er hat da am Fenster gesessen und geweint, so schön war es. Aber wir wohnen hier, und zum Teufel damit.«[5] Der Raum war mit Mahagonimöbeln eingerichtet; in einer Ecke stand Cissys Flügel. Eine zum Hof hin verglaste Diele führte rechts ins Eßzimmer, in die Küche und zum Zimmer des Hausmädchens, links zu Cissys Zimmer, zum Gästezimmer und zu Chandlers Arbeitszimmer.

Das Haus war 1946 gebaut worden, so daß die Chandlers wahrscheinlich die ersten Besitzer waren. In sein Arbeitszimmer ließ sich Chandler zusätzlich ein paar Schränke und Bücherregale einbauen, da er dort einen großen Teil seiner Zeit verbrachte. Er zahlte $ 40000 für das Haus; heute ist es dreimal so viel wert.

Anfangs schien das Haus alles zu bieten, was Chandler brauchte, und er war froh, daß er Cissy etwas hatte schenken können, was sie wirklich wollte und mochte. Er hatte das Trinken wieder aufgegeben; Affären hatte er ebenfalls keine mehr – sie wären in La Jolla auch nicht so einfach zu finden gewesen wie in den Studios. Von früheren Besuchen her kannte Chandler eine Anzahl von Schriftstellern in La Jolla, unter ihnen Ronal Kaiser (der unter dem Pseudonym Dale Clark schrieb), Jonathan Latimer, den er bei Paramount kennengelernt hatte, und Max Miller, den Autor von *I Cover the Waterfront*, der ein Stück weiter unten an seiner Straße wohnte. Mit diesen Männern spielte er manchmal Tennis, obwohl seine Augen schlechter wurden, weigerte sich jedoch, dem Beach and Tennis Club beizutreten, weil der keine Juden als Mitglieder aufnahm. Wie in Hollywood waren Chandlers gesellschaftliche Kontakte spärlich, und zwar mehr oder weniger aus demselben Grund –

Cissys Alter. Hin und wieder lud Chandler die Latimers zum Tee ein, ein festes Ritual mit silberner Teekanne und Petits Fours. Das Haus war dunkel, die Vorhänge gegen die sinkende Sonne zugezogen, und die Konversation gewöhnlich steif. Chandlers Nachbar, Max Miller, kam gelegentlich unangemeldet vorbei, doch das trug ihm meistens einen kalten Empfang ein, denn Chandler haßte das Unerwartete. Jonathan Latimer erinnert sich an eine ähnliche Reaktion, als er ein geliehenes Buch zurückgab. Da er zufällig in Chandlers Gegend war, hielt er am Haus und klingelte. Nach langem Warten machte Cissy die Tür auf und sagte: »Ja?« Latimer erklärte, er wolle das Buch zurückgeben und Chandler dafür danken, daß er es ihm geliehen habe. Noch einmal sagte Cissy »Ja«, nahm das Buch und schloß die Tür.

Von Zeit zu Zeit besuchten ihn seine Agenten oder Anwälte, immer aus rein geschäftlichen Gründen. Cissy zeigte sich kurz und zog sich dann zurück; Chandler sprach mit seinen Gästen, die nie lange blieben. Er wollte nicht unhöflich sein, wenn er andere so förmlich behandelte; er wußte einfach nicht, wie er mit ihnen umgehen sollte. Mit Joseph Sistrom und dessen Frau war das anders, denn sie waren Freunde und wurden auch mal zum Essen eingeladen. Aber die unterschwellige Spannung und Nervosität kam oft an die Oberfläche. Cissy machte viele Umstände, so daß allen unbehaglich wurde, Chandler sah besorgt und gereizt zu. Bei einem Dinner war der Braten so zäh, daß Chandler ihn nicht schneiden konnte. Wie sein irischer Onkel rief er die Köchin herein und kanzelte sie ab. Am Tag darauf waren die Sistroms bei den Latimers zum Essen, und als erstes wurden sie gefragt: »Na, wie war's denn?« »Schrecklich«, antworteten sie, und alle lachten.[6]

Es war für alle Beteiligten angenehmer, wenn sie in das Restaurant La Plaza fuhren, ein Steak House, das von einem Mann namens Moe Locke geführt wurde. Sistrom bestritt den größten Teil der Unterhaltung, und die Chandlers, von ihrer Rolle als Gastgeber erlöst, waren entspannter. Einmal jedoch kam der Kellner an ihren Tisch und teilte Chandler mit, J. Edgar Hoover, der mit seinem Freund Clyde Tolson da sei, wünsche, daß Chandler an seinen Tisch komme. Chandler bat den Kellner, Hoover auszurichten, er solle sich zum Teufel scheren. Hoover bekam einen Wutanfall und drohte, er werde Chandler vom FBI überprüfen lassen, aber Tolson konnte ihn schließlich beruhigen.

Obwohl Chandler so gut wie keine gesellschaftlichen Kontakte pflegte, wußte er doch genau, was um ihn herum vorging, und gab amüsante Kommentare über die »arthritischen Milliardäre und unfruchtbaren alten Weiber« ab, die in La Jolla lebten. Einmal wurde er in der Stadtbücherei von der »ältlichen, weißhaarigen, affektierten Bibliothekarin« erkannt, die ihm erzählte, sie habe eines seiner Bücher gelesen, als sie im Krankenhaus lag. »Hoffentlich hat es Sie nicht kränker gemacht«, erwiderte Chandler. »Ich wollte es in eine Ecke schmeißen, so wütend hat es mich gemacht«, sagte sie, »aber ich hab's nicht getan. Der Stil hatte so ein gewisses Etwas.«[7] Auch die örtlichen Exzentriker trugen zu Chandlers Erheiterung bei: »Irgendwo in La Jolla haust ein Pärchen, zwei gnomenhafte weibliche Wesen, die immer große, tief ins Gesicht gezogene Filzhüte, weite, formlose Gewänder unter alten Regenmänteln und Spazierstöcke tragen. Jeden Tag kommen sie an unserem Haus vorbei, die eine immer ein paar Schritte hinter der anderen, nie nebeneinander, als sprächen sie nicht mehr miteinander, würden aber doch durch ein unzerreißbares Band zusammengehalten. Sie sahen aus, als wären sie Grimms Märchen entsprungen. Als sie eines Tages vorbeiwanderten, war ein Immobilienmakler hier, um das Haus zu schätzen; der sah zufällig genau in dem Augenblick aus dem Fenster. Er starrte ein paar Sekunden lang mit offenem Mund und sagte dann plötzlich: »In welchem Land sind wir hier?«[8]

Da er mit anderen Menschen, sogar wenn sie in La Jolla wohnten, kaum mehr als zweimal pro Jahr zusammenkam, brauchte Chandler einen festen Tagesablauf, um sein Leben einzuteilen. Nach Hollywood war es zwar geradezu eine Wohltat, daß sich kein Außenstehender mehr in seine Angelegenheiten einmischte, doch etwas Ordnung war nötig. Im allgemeinen stand Chandler früh auf und ging in sein Arbeitszimmer. Es war klein, aber gemütlich, mit Aussicht auf den Garten, weil er den Blick aufs Meer nicht mochte. »Zuviel Wasser, zu viele Ertrunkene«, sagte er in einem Interview. Nach vier bis fünf Stunden am Schreibtisch aß er mit Cissy im Eßzimmer zu Mittag.

Nachmittags arbeitete Chandler gewöhnlich nicht. Er gehörte nicht zu den Menschen, die sich entspannen – schwimmen gehen oder sich im Patio in die Sonne legen. Er war immer korrekt gekleidet, in Jackett und Krawatte, obwohl sein Äußeres oft etwas Verrutschtes hatte. Wenn er nicht irgend etwas lesen mußte, holte er sein Oldsmobile aus der Garage und fuhr ins Zentrum von La Jolla, um Besorgungen zu machen. Erste Station war das Postamt, wo er sein Postfach leerte; dann machte er Einkäufe oder besuchte seinen Steuerberater, George Peterson, oder einen seiner Anwälte, etwa William Durham; oft schaute er auch bei der Buchhandlung vorbei. Diese nachmittäglichen Ausflüge bildeten sein gesellschaftliches Leben oder zumindest einen Ersatz dafür, weil er durch sie aus dem Haus und unter Menschen kam. Er schwatzte gern einmal mit einem Ladenbesitzer, einem Tankwart oder einem Postangestellten; die Gesellschaft dieser Menschen schien ihm lieber zu sein als die von seinesgleichen, vielleicht weil diese Begegnungen kurz und unverbindlich waren. Er genoß die Anonymität seines Lebens, auch wenn er sich gelegentlich darüber beklagte, nicht erkannt zu werden. La Jolla war jahrelang ein beliebtes Wochenendziel von Hollywoods Schauspielern; die Einheimischen betrachteten es folglich als Ehrensache, sich von Berühmtheiten nicht beeindrucken zu lassen. Für die meisten seiner Mitbürger war Chandler einfach ein gewöhnlicher Bursche, der Bücher schrieb, wahrscheinlich auch noch solche, die sie sowieso nicht lasen, denn La Jolla ist, gelinde gesagt, nicht gerade eine lesefreudige Gemeinde.

Gegen vier war Chandler wieder zu Hause, rechtzeitig zum Tee mit Gebäck und Sandwiches auf einem Silbertablett im Wohnzimmer. Der Nachmittagstee war mehr Cissys als

Chandlers Idee; sie war eine eher konservative Frau, der etwas an Traditionen lag. Abends aßen die Chandlers gewöhnlich zu Hause, meistens ohne Gäste, obwohl Cissy ihre Schwester Lavinia gerne zu längeren Besuchen einlud. Sie gingen selten zum Essen aus, weil, wie Chandler erklärte, »wir schrecklich verwöhnt sind, was Essen betrifft, und auch das überdurchschnittliche amerikanische Restaurant unseren Ansprüchen nicht genügt.«[9] Manchmal gingen sie ins Kino, doch meistens blieben sie zu Hause. Cissy setzte sich vielleicht an den Flügel, oder sie hörten Platten. Verglichen mit Cissy hatte Chandler einen recht einfachen musikalischen Geschmack und spielte immer wieder Ohrwürmer wie etwa die Zithermusik aus dem Film *Der dritte Mann* oder Musical Songs. Wegen ihres Alters ging Cissy früh schlafen; Chandler las bis spät in die Nacht oder diktierte gelegentlich Briefe. Da er an Schlaflosigkeit litt, ging er meistens erst lange nach Mitternacht zu Bett.

In diesen späten Stunden leistete ihm die große schwarze Perserkatze Gesellschaft, die er seit den 30er Jahren hatte. Sie wurde Taki gerufen, weil niemand ihren richtigen Namen korrekt aussprechen konnte: »Take«, das japanische Wort für Bambus. Wer die Chandlers besuchte, konnte oft feststellen, daß die Katze fast wie ein menschliches Wesen behandelt und bei mancherlei Fragen zu Rate gezogen wurde. Taki kümmerte sich »einen Dreck um irgendwen, und darum mag ich sie«, erklärte Chandler einem Reporter. In seiner Isolation stattete er die Katze mit Eigenschaften aus, die vermutlich nicht vorhanden, aber dennoch irgendwie plausibel waren. Chandler bewunderte ihren Sinn für Humor und ihre »absolute Ausgeglichenheit, eine bei Tieren wie bei Menschen seltene Eigenschaft. Und sie war nicht grausam, was noch seltener ist bei Katzen.«[10] Oft schrieb er humorvoll über Taki und nannte sie seine Sekretärin, weil sie, wenn er schreiben wollte, »gewöhnlich auf dem Papier saß, das ich benutzen, oder auf dem Manuskript, das ich überarbeiten wollte; manchmal lehnte sie sich an die Schreibmaschine, manchmal blickte sie auch nur ruhig von einer Ecke des Tisches aus dem Fenster, als wollte sie sagen: ›Mit dem Zeug, das du da machst, verschwendest du meine Zeit, mein Lieber.‹«[11] Chandler und Cissy waren beide tierlieb und erfanden die »Amuels«: Worte für Tiere, bei denen das Besondere für das Allgemeine stehen kann, wie bei Pawlowa für Schwan oder Anatole für Pinguin. Solche Namen benutzten sie auch als Koseworte füreinander. Für Chandler war Taki eine Art Ersatzkind; er sah in ihr, fast immer in humorvoller Weise, einen Fortsatz seiner selbst. Mit gespielter Arroganz versicherte er: »Unsere Katze hat mit der gewöhnlichen, von Abfällen ernährten, bei Nacht vor die Tür gesetzten Vertreterin der Gattung Felis nicht mehr gemeinsam als Louis B. Mayer mit dem Verkäufer eines Delikatessenladens in der Bronx – (oder ist das kein sehr glücklicher Vergleich?).«[12]

Die Ruhe in La Jolla erlaubte es Chandler, ein paar der in Hollywood angefangenen Projekte zu Ende zu führen. Er genoß die literarische und intellektuelle Welt, zu der er durch die *Atlantic*-Artikel wieder Zutritt gefunden hatte. Es freute ihn, im selben Magazin wie Jean-Paul Sartre, Walter Lippmann, Jessamyn West, Kenneth Grahame, Jacques Barzun und Stephen Spender zu schreiben, denn das war der Schlag Intellektuelle, mit denen er aufgewachsen war. Als sein Essay über Hollywood erschien, überließ er das Prestige der Titelgeschichte großzügig Albert Einstein. Was Chandlers indirekter Beteiligung am literarischen Geschehen zusätzlich Würze verlieh, war die Beachtung, die seine Romane fanden. In »Who Cares Who Killed Roger Ackroyd?«, dem 1945 im *New Yorker* veröffentlichten Generalangriff Edmund Wilsons auf Kriminalschriftsteller, wurde Chandler vom Verfasser ausdrücklich verschont. »Sein *Farewell, My Lovely* ist das einzige dieser Bücher, das ich zu Ende gelesen und mit Vergnügen zu Ende gelesen habe«, schrieb Wilson. »Es handelt sich hier nicht einfach um ein sorgfältig konstruiertes Rätsel, sondern um ein Unbehagen, das sich auf den Leser überträgt; um das Grauen vor einer geheimen Verschwörung, die dauernd in den unterschiedlichsten und unwahrscheinlichsten Formen spürbar wird. Damit ein solcher Roman gelingt, muß man Charaktere und Handlungen erfinden und Atmosphäre erzeugen können: All das kann Mr. Chandler, wenn er auch lange nicht an Graham Greene heranreicht.«[13] Der Artikel »The Guilty Vicarage« von W. H. Auden, erschienen in der 1948er Mai-Ausgabe von *Harper's Magazine*, macht einen ähnlichen Unterschied: »Chandler ist am Schreiben interessiert, am Schreiben nicht von Detektivgeschichten, sondern von seriösen Studien eines kriminellen Milieus, des Großen Falschen Ortes, und seine eindringlichen, wenn auch sehr deprimierenden Bücher sollten nicht als eskapistische Literatur, sondern als Kunstwerke gelesen und beurteilt werden.«[14] Eine derartige Beachtung freute Chandler natürlich, zeigte sie doch, wie er in einem Brief an Charles Morton bemerkte, daß ihm gelungen war, was er angestrebt hatte: »Was kann ein Mann wie ich (nicht allzu begabt, aber verständig) mehr erreichen, als aus einem billigen, schäbigen, total bankrotten Genre etwas gemacht zu haben, worüber sich die Intellektuellen in die Haare kriegen?«[15]

Gleichzeitig wollte er sich von dieser Sonderstellung – die ihm die Eifersucht und Mißgunst anderer Krimiautoren eintrug – nicht beeindrucken lassen, weil er die meisten Kritiker für einfach ungebildet hielt. *The Memoirs of Hecate County* bewiesen seiner Meinung nach, daß Edmund Wilson nichts vom Schreiben verstand. Chandler machte sich auch über das Feierliche in Audens Bemerkungen über das »kritische Milieu« lustig; für ihn waren die einzigen brauchbaren Kritiker solche, die wußten, worum es beim Schreiben ging. Als er einwilligte, den Roman *The Golden Egg* von James S. Pollak für das *Atlantic* zu besprechen, definierte er in seiner Rezension Literatur gleich eingangs als »jene Art Stil, dessen Intensität ausreicht, um ihn durch seine eigene Hitze glühen zu lassen,«[16] worauf er bedauernd feststellte, daß Pollak diese Intensität nicht besitze. Die eigentliche Entwicklung Chandlers liegt aber darin, daß er gegenüber den Kritiker- und Intellektuellen-Zeitschriften, für die er in seiner Jugend geschrieben hatte, argwöhnisch und skeptisch geworden war, weil »sie nie wirklich Leben gewinnen, sondern nur Abscheu vor anderer Leute Ansichten über das

Leben. Aus ihnen spricht die Intoleranz der sehr Jungen, das Anämische von geschlossenen Räumen und zuviel Rauchen um Mitternacht.«[17] Chandler hatte vor, seine eigenen literaturkritischen Maßstäbe im *Atlantic* unter dem Titel »Advice to a Young Critic« darzulegen, doch er hat den Artikel nie zu Ende geschrieben. Das überrascht nicht, denn wie er an James Sandoe schrieb: »Wenn man in abstrakten Begriffen denkt, zerstört man seine Fähigkeit, in emotionalen und sensoriellen Begriffen zu denken. Zuweilen verspüre ich den unnützen Drang, jedem, der es hören will, zu erklären, warum mich der ganze intellektuelle Apparat langweilt. Aber dazu müßte man die Sprache des Intellektualismus benutzen: das ist der Haken an der Sache.«[18] Chandler war zu scharfsinnig und witzig, um in Gemeinplätzen zu schwelgen, und konnte in einem kurzen Absatz über eine grammatische Kleinigkeit mehr sagen als die meisten Kritiker in einer gelehrten Abhandlung von 3000 Wörtern Länge. Einmal schrieb er an Edward Weeks, den Herausgeber des *Atlantic*: »Würden Sie wohl dem Puristen, der bei Ihnen die Fahnen liest, meine Empfehlung ausrichten und ihm (bzw. ihr, wenn es eine Sie ist) sagen, daß ich in gebrochener Mundart schreibe, die etwa so klingt, wie ein Schweizer Kellner spricht, und daß ich, wenn ich einen Infinitiv spalte, ihn gottverdammtnochmal in der Absicht spalte, daß er gespalten bleibt, und daß, wenn ich die samtene Glätte meiner mehr oder weniger geschliffenen Syntax mit ein paar jähen Wendungen aus dem Kneipenjargon unterbreche, das mit offenen Augen und wachem, wenn auch entspanntem Verstand geschieht. Die Methode mag nicht vollkommen sein, aber sie ist alles, was ich habe. Ich glaube fast, Ihr Korrektor fühlt sich zu dem freundlichen Versuch bemüßigt, mir unter die Arme zu greifen, aber so sehr ich seine Fürsorglichkeit auch zu würdigen weiß, so sicher bin ich, meinen Weg auch alleine zu schaffen, vorausgesetzt, ich habe beide Bürgersteige und die Straße dazwischen zur Verfügung.«[19]

Dieser Brief hatte ein komisches Nachspiel. Weeks zeigte den Brief der Korrektorin, einer Frau mit dem hübschen Namen Miss Margaret Mutch, und erzählte Chandler, wie amüsiert sie gewesen sei. Vielleicht war es der Name; Chandler dichtete daraufhin jedenfalls »Lines to a Lady with an Unsplit Infinitive«, das folgendermaßen anfing:

> *Miss Margaret Mutch she raised her crutch*
> *With a wild Bostonian cry.*
> *»Though you went to Yale, your grammar is frail,«*
> *She snarled as she jabbed his eye.*
> *»Though you went to Princeton I never winced on*
> *Such a horrible relative clause!*
> *Though you went to Harvard no decent larva'd*
> *Accept your syntactical flaws.*
> *Taught not to drool at a Public School*
> *(With a capital P and S)*
> *You are drooling still with your shall and will*
> *You're a very disgusting mess!«*

Nach einer Reise durch eine Unzahl weiterer grammatischer Fehler endet das Gedicht:

> *She stared him down with an icy frown.*
> *His accidence she shivered.*
> *His face was white with sudden fright,*
> *His syntax lily-livered.*
> *»O dear Miss Mutch, leave down your crutch,«*
> *He cried in thoughtless terror.*
> *Short shrift she gave. Above his grave:*
> *HERE LIES A PRINTER'S ERROR.*[20]

In Hollywood, wo ihm eine Sekretärin zur Verfügung stand, hatte Chandler gelernt, daß man auch anderes als nur Geschäftsbriefe diktieren kann. Er kannte die Tücken des Diktierens und erinnerte sich, wie langatmig Henry James wurde, nachdem er dazu übergegangen war. Aber Chandlers Verstand arbeitete dank seiner humanistischen Bildung präzise genug, um ihn vor Abschweifungen zu bewahren und ihm zu gestatten, »Prosa« zu sprechen, wenn er diktierte. Nach seinem Umzug nach La Jolla schrieb er an Erle Stanley Gardner und besuchte ihn sogar in Temecula, um sich Gardners Diktiergerät anzusehen. Bald darauf kaufte er sich selbst ein solches Gerät, auf das er die außerordentlich vielen Briefe diktierte, die er in den zehn Jahren schrieb, die er mit Cissy in La Jolla lebte.

Diese umfangreiche Korrespondenz war eine direkte Folge seines zurückgezogenen Lebens und der langen Stunden, die er allein verbrachte. Da Cissy bald nach dem Abendessen ins Bett ging, mußte er sich etwas einfallen lassen, womit er sich amüsieren konnte. Oft las er mehrere Bücher gleichzeitig, die dann aufgeschlagen in seinem Arbeitszimmer herumlagen. »So bin ich sicher«, erklärte er, »wenn ich mich lustlos und deprimiert fühle, was nur zu oft vorkommt, daß mir spät nachts, wenn ich sowieso am meisten lese, etwas zu tun bleibt, und nicht nur dieses gräßliche, leere Gefühl, daß kein Mensch da ist, mit dem ich reden oder dem ich zuhören kann.«[21] Zu dieser Tageszeit diktierte er auch seine Briefe.

Chandlers Briefwechsel, die auch aus dem Mangel an Anregung in La Jolla resultierten, waren für ihn eine Möglichkeit, mit anderen Menschen im Gespräch zu bleiben, seine Gedanken zur Diskussion zu stellen, sich zu erinnern und zu grübeln. Viele seiner Briefe – an Hamish Hamilton, an seine Agenten, an Charles Morton – haben Geschäftliches zum Inhalt, doch selten schickte Chandler einen Brief ab, in dem er sich nicht irgendwie zur Literatur, zur Politik, zum Krieg, zu Hollywood oder zu seinem persönlichen Leben in La Jolla äußerte. Sein Briefverkehr mit Hamilton diente auch dazu, den Kontakt mit England nicht abreißen zu lassen; in langen Briefen schrieb er über seine Jugend dort, seine irischen Verwandten, seine Schulzeit in Dulwich und über seine frühen Erfahrungen als Schriftsteller in London. Alles Zeichen dafür, daß er immer noch Heimweh nach England hatte.

Fast seine gesamte Korrespondenz führte er mit Menschen, die er nicht persönlich kannte. Es ist traurig, daß ein Mann von solchem Format einem seiner Briefpartner schreiben mußte,

»meine besten Freunde habe ich alle nicht kennengelernt.«[22] Aber in seinen Briefen konnte er so direkt und offen sein, wie er es in der persönlichen Begegnung wahrscheinlich nie über sich gebracht hätte. Seine Schüchternheit verschwand, wenn er sich an die Schreibmaschine oder ans Diktaphon setzte. Er kam sogar mit dem heiklen Problem der Anrede zurecht, indem er es frontal anging. Als er hörte, daß Hamish Hamilton von seinen Freunden »Jamie« genannt wurde, schrieb er: »Wenn es Sie nicht stört, reden Sie mich doch mit Ray an und lassen Sie mich bitte wissen, wie ich Sie möglichst familiär anreden darf. Ich lebe in einer Welt, wo der Gebrauch des Nachnamens fast eine Beleidigung ist.«[23]

Chandlers Korrespondenz erinnert an die berühmten Briefwechsel der Vergangenheit, aber sie ist beklagenswert einseitig. Seine Briefpartner sind gebildet und intelligent, aber, soweit aus den noch existierenden Briefen ersichtlich, konnten sie ihm nicht das Wasser reichen: Chandlers Briefe sind gewissermaßen Monologe, das Selbstgespräch eines Mannes am Kamin, der intensiv über all das nachdenkt, was er in seinen Romanen nicht unterbringen konnte.

Als Ganzes genommen kann man sie auch als das Notizbuch eines Schriftstellers ansehen, als ein Dokument für Chandlers geistige Spannweite und Entwicklung. In einem Brief an Norton sprach er über die Zukunft des Romans: »Zweifellos bekommen wir jetzt und in Zukunft viele gekonnte Reportagen, die sich als Roman verkleidet haben, aber sie weisen meiner Meinung nach einen großen Fehler auf: sie sprechen die Gefühle nicht an. Selbst wenn diese Art Roman mit dem Tod zu tun hat, und das hat sie ja oft, ist sie nicht tragisch. Eigentlich ist das wohl auch nicht anders zu erwarten; ein Zeitalter, das zur Poesie nicht fähig ist, ist zu keiner Art Literatur fähig, außer der glatten Mache der Dekadenz. Die Jungs können alles sagen, ihre Szenen sind in fast ermüdender Weise sauber und gefällig, sie bringen alle Fakten und alle Antworten, aber sie sind kleine Leute, die vergessen haben, wie man betet. So wie die Welt immer kleiner wird, wird auch der Verstand der Menschen immer kleiner, kompakter und leerer. Diese Schriftsteller sind die Maschinenwärter der Literatur.«[24]

In einem anderen Brief, mit dem er einer Dozentin in New Jersey antwortete, die um nützliche Informationen für ihre Studenten gebeten hatte, schrieb er darüber, wie wichtig Stil ist – und wie schwer zu fassen: »Auf lange Sicht ist, wie wenig man auch darüber spricht oder gar darüber nachdenkt, das Dauerhafteste an der ganzen Schriftstellerei der Stil: Stil ist das Wertvollste, in das ein Schriftsteller seine Zeit investieren kann. Das zahlt sich nur langsam aus, man wird von seinem Agenten verspottet und vom Verleger mißverstanden; es braucht Leute, von denen man noch nie gehört hat, um beide nach und nach davon zu überzeugen, daß der Autor, der seinen Arbeiten einen individuellen Stempel aufdrückt, sich immer auszahlen wird. Er kann das nicht, indem er's einfach versucht, weil die Art Stil, an die ich hier denke, eine Projektion seiner Persönlichkeit ist, und Persönlichkeit muß man erst einmal haben, bevor man sie projizieren kann. Aber selbst wenn man sie hat, bekommt man sie nur dann aufs Papier, wenn man sich auf etwas anderes konzentriert. Hierin liegt eine gewisse Ironie; das ist der Grund dafür, nehme ich an, daß ich inmitten einer Generation von ›gemachten‹ Schriftstellern immer noch behaupte, man kann einen Schriftsteller nicht machen. Wenn man sich zu verbissen mit Stil beschäftigt, kann man keinen schreiben. Egal, wie lange man etwas überarbeitet und ihm den letzten Schliff gibt: das ändert nichts Entscheidendes an der individuellen Eigenart eines Schriftstellers. Die Fähigkeit, seine persönlichen Gefühle und Eindrücke zu Papier zu bringen, macht ihn erst zum Schriftsteller, im Unterschied zu den vielen Menschen, die ebenso gut empfinden und ebenso scharf wahrnehmen, aber meilenweit davon entfernt bleiben, all das in Worten ausdrücken zu können.«[25]

Ein Briefwechsel besonderer Art entwickelte sich zwischen Chandler und James Sandoe, Chandlers Bewunderer von der Universität von Colorado. Als Rezensent der *Herald-Tribune* erhielt Sandoe viele Besprechungsexemplare von Kriminalromanen, von denen er die besten an Chandler weiterschickte. Dessen Antworten bilden über einige Jahre hinweg einen fortlaufenden Kommentar zum Zustand der Kriminalliteratur, insgesamt gesehen meinte er aber, daß das Dumme »mit allen diesen Situations- oder Handlungsgeschichten ist, man merkt am Ende plötzlich, daß man die ganze Zeit Leitungswasser getrunken hat, während man glaubte, funkelnden Burgunder zu trinken.«[26] Chandler interessierte sich für Sandoes Vorhaben, eine kritische Geschichte des Kriminalromans zu schreiben, weil er hoffte, sie werde den wenigen Krimi-Autoren, die wirklich Künstler waren, Anerkennung bringen und die Kluft zwischen Kriminalroman und »seriöser« Literatur überbrücken. »Weder in Amerika noch in England«, schrieb er, »haben die Literaturkritiker je anerkannt, daß in die besten dieser Bücher weit mehr Kunst eingeht als in all diese dicken Wälzer, die sich tiefschürfend über Geschichte oder irgendwelchen Kokolores von ›gesellschaftlicher Signifikanz‹ auslassen. Die psychologische Grundlage dafür, warum Romane, die von Mord und Verbrechen handeln, bei allen möglichen Leuten derart beliebt sind, ist noch nie auch nur angekratzt worden. Ein paar oberflächliche und unerhebliche Versuche, aber nichts sorgfältig, kühl und gelassen. Es steckt viel mehr in diesem Thema als die meisten Menschen meinen, selbst die, die sich dafür interessieren. Man hat das Problem meistens zu leicht genommen, weil man es fälschlicherweise für logisch zu halten schien, daß Kriminalromane, da sie einfach zu lesen sind, auch eine leichte Lektüre seien. Sie sind keine leichtere Lektüre als *Hamlet, Lear* oder *Macbeth*. Sie grenzen an die Tragödie, ohne jemals ganz tragisch zu werden. Ihre Form verlangt eine gewisse Klarheit des Aufbaus, die nur in den gelungensten ›richtigen‹ Romanen zu finden ist. Und zufällig – ganz zufällig natürlich – hat ein großer Anteil der Weltliteratur, die die Zeit überdauert hat, sich in irgendeiner Weise mit dem Tod durch Gewalt beschäftigt. Und wenn man unbedingt ›Signifikanz‹ haben muß (die Forderung nach Signifikanz ist das unvermeidliche Kennzeichen jeder halbgaren Kultur), dann ist es doch durchaus möglich, daß die

Spannungen in einem Mordroman das einfachste und doch umfassendste Symbol für die Spannungen darstellen, denen wir heutzutage unterworfen sind.«[27]

Chandlers Briefe berühren ein weites Feld von Themen, darunter Politik, Erziehung, Sport, und das Weltgeschehen allgemein. Seine Meinungen äußert er freimütig, direkt, skeptisch, und zuweilen ein bißchen naiv oder voreingenommen. Besonders Politik war ihm ein Rätsel, denn er konnte nicht verstehen, warum Menschen sich für die Nullen interessierten, die sie regierten. Ebenso schleierhaft blieb ihm, warum die meisten amerikanischen Intellektuellen Linke oder Kommunisten waren. Dachten sie etwa, unter Stalin hätten sie es besser? Über die Ära McCarthy mit dem Parlamentsausschuß gegen Unamerikanische Umtriebe machte er sich zwar lustig, hatte jedoch kein Verständnis für die unter dem Namen »Hollywood Ten« bekannt gewordenen Drehbuchautoren, die die Aussage vor diesem Ausschuß unter Anrufung des 5. Zusatzes zur Verfassung verweigerten, der Selbstanschuldigung ausschließt: »Ich glaube, die zehn Vorgeladenen hatten eine sehr schlechte Rechtsberatung. Sie hatten Angst zu sagen, sie seien Kommunisten, oder zu sagen, sie seien keine Kommunisten; darum bauten sie ihre Verteidigung falsch auf. Hätten sie die Wahrheit gesagt, stünde ihre Sache vor Gericht jetzt weitaus besser und bei den Bossen in Hollywood bestimmt nicht schlechter.«[28] Chandlers Isolation in La Jolla mag dazu geführt haben, daß er etwas vereinfachte Ansichten äußerte; er stand der ganzen Angelegenheit aber immer noch skeptisch genug gegenüber, daß er die Beweisführung im Fall Alger Hiss und im Meineidsfall der »Hollywood Ten« für von der Regierung manipuliert hielt.

Chandlers Denkweise läßt sich vielleicht am besten anhand eines Briefes an Miss Aron demonstrieren, die ihm, gemeinsam mit dem Rabbiner des Union Temple in Brooklyn, Antisemitismus vorwarf, weil er den Arzt in *The High Window* als »einen großen, dicken Juden mit einem Hitlerschnurrbart, Glotzaugen und der Ruhe eines Gletschers«[29] beschrieben hatte. Auf einen Angriff reagierte Chandler mit einem Gegenangriff: also schrieb er, die Juden sollten reif genug sein, um das Recht auf jüdische Schufte in der Literatur zu fordern. »Ich jedenfalls fordere das Recht«, sagte er, »eine Figur namens Weinstein einen Dieb zu nennen, ohne daß man mich beschuldigt, ich würde alle Juden Diebe nennen.« Er erklärte, daß der Roman-Arzt seinem Verleger Alfred Knopf nachempfunden sei, und beendete den Brief damit, daß er diejenigen, die auf der Suche nach Antisemiten sind, ermahnte, sich nicht um solche Leute zu kümmern, »die einen Juden einen Juden nennen und jüdische Figuren in ihre Bücher aufnehmen, weil es in ihrem Leben viele Juden gibt – alle interessant und alle unterschiedlich, manche vortrefflich und manche ziemlich mies, wie andere Menschen auch. Ihre Feinde sollten sie lieber bei den Unmenschen (die leicht zu erkennen sind) und unter den Snobs suchen, die von Juden überhaupt nicht sprechen. Bei freimütigen Menschen wie mir sind Sie sicher aufgehoben, mehr als sicher«,[30] schloß er.

Da er so lange in Hollywood gelebt hatte, wo viele Juden, vor allem Emigranten aus Mitteleuropa, beim Film arbeiteten, entwickelte Chandler über Juden in Kalifornien und anderen Teilen des Westens allmählich eine Theorie, die er seinem Verleger in England (wo Juden, wie etwa auch in gewissen New Yorker Kreisen, eine andere Position innerhalb der Gesellschaft haben) als gesellschaftliches Kuriosum darlegte. »Was sie zu verübeln scheinen«, schrieb er, »ist das Gefühl, daß der Jude ein besonderer rassischer Typus ist, daß er sich durch sein Gesicht, den Tonfall seiner Stimme, und nur allzu oft durch sein Benehmen von anderen unterscheidet. Sie bekennen sich zu allen möglichen Religionen und zu keiner. Wenn man jemanden einen Juden nennt, denkt man nicht an seine Religion, sondern an bestimmte persönliche Merkmale im Äußeren oder im Verhalten, und das mögen die Juden nicht, weil sie wissen, daß es das ist, was man meint. Sie wollen sein wie jeder andere, nicht zu unterscheiden von anderen, nur daß sie unter Juden Juden sein wollen, damit sie Nichtjuden Gojim nennen können. Aber nicht einmal dann sind sie glücklich, da sie sehr wohl wissen, daß man jemanden nicht dadurch beleidigen kann, daß man ihn einen Goi nennt, ihn aber durchaus beleidigen *kann*, wenn man ihn einen Juden nennt. Solange das so ist, weiß ich nicht, wie man von Juden erwarten kann, nicht überempfindlich zu sein, sehe dabei aber auch nicht ein, warum ich auf diese Überempfindlichkeit soviel unnatürliche Rücksicht nehmen soll, daß ich das Wort Jude nie in den Mund nehme. Manchmal glaube ich wirklich, die Juden verlangen zuviel von uns. Sie sind wie jemand, der darauf besteht, namenlos und ohne Adresse zu sein, aber dennoch unbedingt zu den besten Parties eingeladen sein will.«[31]

Diese Bemerkungen mögen gewisse Juden verletzen, die nicht aufgeschlossen genug sind, Chandlers Aufrichtigkeit zu erkennen. Er sieht vielleicht alles etwas eng, aber er fälscht wenigstens keine Beweise. Zudem tritt eine gewisse humorvolle Unverblümtheit zu Tage, wenn er dankbar zugibt, auch von den Juden profitiert zu haben: »Zwei nichtsemitische Autoren sprachen einmal mit mir darüber, was für Lumpen die Juden doch eigentlich seien, da bemerkte der eine mit zwingender Logik: ›Na ja, immerhin zahlen sie für das, was sie kriegen. Würde ein Haufen irischer Katholiken das Filmgeschäft dominieren, müßten wir für fünfzig Dollar die Woche arbeiten.«[32]

Außer Briefen schrieb Chandler in La Jolla weitere Artikel für das *Atlantic*. 1948 wußte er über das Filmemachen weit mehr als zu der Zeit, als er seinen ersten Essay verfaßte. Vor allem hatte er begriffen, daß Hollywood in erster Linie ein »Geschäft« oder eine »Industrie« war, in der kommerzielle Werte vorherrschten. In solch einer Atmosphäre, schrieb Chandler, »überkommt den Schriftsteller gelegentlich noch Begeisterung, aber sie wird erstickt, ehe sie sich richtig entfalten kann. Leute, die nicht schreiben können, sagen ihm, wie man schreibt. Er trifft gescheite und interessante Menschen, und mit manchen schließt er vielleicht sogar eine dauerhafte Freundschaft, aber das alles ist im Hinblick auf sein eigentliches Geschäft, das Schreiben, völlig nebensächlich. Wer klug ist als Drehbuchautor, trägt – künstlerisch gesprochen – seinen zweitbesten Anzug und nimmt sich die Dinge nicht allzu sehr zu Herzen.«[33] Chandler hatte jetzt sogar genug Distanz gewonnen, um die Komik der Situation sehen zu können; es machte ihm Spaß, einen der absurden »Goldwynismen« zu erzählen, für die Samuel Goldwyn berühmt war: »Als er mit einem Autor über sein Drehbuch verhandelte, schlug er plötzlich mit der Faust auf den Tisch und brüllte: ›Sie stehn mir bis hier, diese Autoren, die in Hollywood Produzenten begaunern wollen. Also hier die Bedingungen. Entweder Sie nehmen den Job oder sie lieben ihn.‹«[34]

Trotz seiner Skepsis war Chandler fasziniert von den Möglichkeiten des Films. Um den Konflikt zwischen kommerziellen und künstlerischen Werten beim Film herauszuarbeiten, schrieb er den Artikel »Oscar Night in Hollywood«, der im Juni 1948 im *Atlantic* erschien. Als erstes stellte er fest, daß die von der Academy of Motion Picture Arts and Sciences vergebenen Oscars nur an Filme gehen, die kommerziell erfolgreich sind. Warum also, fragte er, spielt überhaupt noch jemand bei dem vulgären Affentheater um die Oscars mit? »Als Antwort darauf fällt mir nur ein, daß Kino eine Kunst ist. Ich sage das ganz leise.«[35] Den verschiedenen Regisseuren und Produzenten, denen er in Hollywood begegnete, hatte er das etwas lauter gesagt, aber nur wenig damit erreicht. Trotzdem lernte er, wer die Qualität eines Films entschied. In der Hauptsache waren es die Techniker – der Kameramann, der Beleuchter und vor allem der Cutter, der schneidet und die Szenen zusammenklebt, um sie in einem natürlichen Ablauf erscheinen zu lassen. Da er selbst als Autor oft von eingebildeten Regisseuren angeödet worden war, wußte Chandler, daß die Techniker häufig vor unmöglichen Aufgaben standen. »Der beste Cutter in Hollywood kann einen vom Regisseur verpfuschten Film nicht retten; er kann Szenen nicht fließend aneinanderhängen, die staccato gedreht wurden, ohne auf den filmischen Zusammenhang zu achten. Wenn der Cutter eine Überblendung machen will, um einen abrupten Übergang zu verdecken, kann er das nur, wenn er genügend Film zum Überblenden hat.«[36] Nach Chandlers Meinung hinkten auch viele Regisseure hinter den technischen Möglichkeiten des Mediums her und verschwendeten deshalb beim Drehen viele Meter Film. »Hitchcock hat mir – bei der einzigen Gelegenheit, wo ich mit ihm zusammengetroffen bin – einen Vortrag über diese Art von Verschwendung gehalten. Das Ganze lief darauf hinaus, daß es in Hollywood (und in England) von Regisseuren wimmele, denen es einfach nicht gelungen sei, das alte Biograph zu vergessen. Sie dachten immer noch, der Film interessiere die Leute vor allem deswegen, weil er ›bewegte Bilder‹ zeige. In den frühen Tagen des Films, sagte er, ging das zum Beispiel so: ein Mann besuchte eine Frau in ihrem Haus. Ein Liebespaar, das sich jahrelang nicht mehr gesehen hatte. Der Regisseur drehte das folgendermaßen: Der Mann nimmt ein Taxi, man sieht ihn im Taxi durch die Gegend fahren, man sieht die Straße und das Haus, das Taxi hält an, der Mann steigt aus und zahlt, er sieht die Treppe hinauf, er geht die Treppe hinauf, klingelt, das Dienstmädchen erscheint, er fragt: ›Ist Mrs. Gilhooley da?‹ Das Dienstmädchen antwortet: ›Ich werde nachsehen, Sir. Wen darf ich melden?‹ Der Mann erwidert: ›Finnegan.‹ Das Dienstmädchen sagt: ›Hier entlang bitte.‹ Inneres des Hauses, Flur, offene Tür, das Dienstmädchen steht in der offenen Tür, der Mann tritt ein, das Dienstmädchen geht die Treppe hinauf, der Mann sieht sich im Wohnzimmer um, zündet sich eine Zigarette an. Das Dienstmädchen klopft oben an eine Tür, eine weibliche Stimme ruft ›Herein!‹, es öffnet die Tür. Inneres des Zimmers, das Mädchen sagt: ›Ein Mr. Finnegan möchte Sie sprechen, M'am.‹ Mrs. Gilhooley sagt verwundert: ›Mr. Finnegan?‹ Dann, langsam: ›Gut, Ellen, ich komme sofort hinunter.‹ Geht zum Spiegel, macht sich zurecht, rätselhaftes Lächeln, geht hinaus, man sieht sie die Treppe hinuntergehen und das Wohnzimmer betreten, nach einem leichten, verlegenen Zögern an der Tür. Inneres des Wohnzimmers. Sie tritt ein. Finnegan steht auf. Sie sehen sich schweigend an. Dann lächeln sie, ganz langsam. Der Mann, heiser: ›Hallo, Madge. Du hast dich kein bißchen verändert.‹ Mrs. Gilhooley: ›Es ist lange her, George. Lange her.‹ *Und dann beginnt die Szene.*

Jeder Meter von diesem Zeug ist toter Film, weil alle Akzente, wenn es da überhaupt welche gibt, in der Szene selbst gesetzt werden können. Der Rest ist nichts als Kamera, die in die Bewegung an sich verliebt ist. Klischee, platt, abgestanden und heute ohne jede Bedeutung.«[37]

In einem anderen Brief beschrieb Chandler, wie die Szene gespielt werden sollte: »Taxi kommt an, Mann steigt aus, zahlt, geht Stufen hinauf. Im Innern des Hauses das Klingeln, Hausmädchen nähert sich der Tür. Kurzer Schnitt, das oben im Schlafzimmer schwächer hörbare Klingeln, Hausherrin vorm Spiegel, Kamera schwenkt auf ihr Gesicht zur Nahaufnahme, sie weiß, wer es ist, die Totale zeigt, wie ihr zu Mute ist, ÜBERBLENDUNG zum Teewagen, der durch die Halle geschoben wird. Schnitt, das Innere des Wohnzimmers, Mann und Frau stehen einander nahe gegenüber und sehen sich an. Wird er sie umarmen oder kommt der Teewagen vorher an? Dann der einfach wunderschöne Dialog. SIE: Charles – fünfzehn Jahre ist es her. ER: Fünfzehn Jahre und vier Tage. SIE: Ich kann's kaum – (Klopfen an der Tür). Herein. (Teewagen kommt herein). Du möchtest bestimmt Tee. ER: Gern. SIE: Es ist Oalong, ich baue ihn selbst an. ER: Ich hab mich immer gefragt, was du in deiner Freizeit machst. – Und so weiter.«[38]

Chandler fragte sich zuweilen, ob die meisten Filme nicht einfach deshalb kein Erfolg waren, weil »sie halt den Reiz des Neuen verloren haben. Wir sind wieder da, wo der Stummfilm war, als Warner Vitaphone* kaufte.«[39] Doch in seinem *Atlantic*-Artikel gab er sich optimistischer. Nachdem er sich zu der hohen Qualität von Roberto Rosselinis *Open City* und Oliviers *Henry V.* geäußert hatte, sagte er, man könne den Film nicht mit Literatur oder dem Theater vergleichen. Er habe eher etwas mit der Musik gemeinsam, »und zwar in dem Sinne, daß seine feinsten Effekte keine konkrete Bedeutung haben müssen; daß seine Übergänge mehr aussagen können als die stark herausgestellten Szenen, und daß Überblendungen und Kamerabewegungen, die nicht zensiert werden können, die Gefühle oft viel

---

* Tonverfahren, bei dem der Filmton ab Schallplatte synchron mitlief. (A. d. Ü.)

stärker ansprechen als Handlungen, die der Zensur sehr wohl unterliegen. Der Film ist nicht nur eine Kunst, sondern er ist die einzige Kunstform, die auf diesem Planeten nach Hunderten von Jahren gänzlich neu entwickelt worden ist. Er ist die einzige Kunstform, in der wir, diese Generation, hoffen können, etwas wirklich Hervorragendes zu schaffen.«[40]

Chandlers Artikel wurde auf der Titelseite des *Atlantic* angekündigt. Wie er sich auf Hollywood auswirkte, läßt sich nur schwer sagen, doch ein Jahr nach seinem Erscheinen bemerkte Chandler: »Es findet ein hübsches Gerangel wegen der Akademie statt. Unter dem moralischen Druck haben die Jungs schließlich die Preise mehr oder weniger aufgrund künstlerisch wertvoller Leistungen vergeben (bis auf den Preis für Musik, der stank), und die fünf größeren Filmgesellschaften, die die Kosten der Show mittrugen, haben ihre Beiträge zurückgezogen. ›Also, liebe Leute‹, sagen sie, ohne es zu sagen, ›wir sind ja durchaus dafür, daß die Oscars an die besten Filme gehen, aber wir sind schließlich nicht in diesem Geschäft, um uns zu erholen. Die besten Filme aus Hollywood, kapiert?!‹ Ihnen ist egal, wer der beste ist, solange sie es sind.«[41]

Chandlers theoretisches Interesse an Hollywood wurde durch seine praktische Tätigkeit dort ausgeglichen, denn im Frühjahr 1947 schloß er mit Universal einen Vertrag ab, in dem er sich verpflichtete, für $ 4000 wöchentlich ein Original-Drehbuch zu schreiben. Die Vereinbarung war ungewöhnlich, weil Chandler ein Gewinnanteil an den Einspielergebnissen garantiert wurde und das Studio versprach, das Drehbuch unbesehen zu akzeptieren. William Dozier, damals in der Direktion bei Universal, kannte Chandler von Paramount her und hatte so viel Vertrauen zu seiner Arbeit, daß er auf diese Bedingungen einging. Joseph Sistrom, der ebenfalls zu Universal übergewechselt hatte, wurde zum Produzenten des Films bestimmt, und Chandler lieferte sobald als möglich den Grundriß der Geschichte. Da die Handlung eine Grenzstadt erforderte, wollte Chandler den Film in Vancouver spielen lassen. Der Ortswechsel von Los Angeles weg legt auch den Gedanke nahe, daß ihn seine gewohnten Schauplätze langweilten. Hier der Anfang des Entwurfs:

Die entscheidende Woche im Leben einer jungen Frau, die beschließt, diese sieben Tage in der obersten Suite eines Hotels zu verbringen, unter anderem Namen, ihre wahre Identität sorgfältig und gründlich verschleiert; sie hat vor, alles hinzunehmen, was kommt, und will am Ende der Woche vom Balkon springen.

Im Verlauf dieser Woche wiederholen sich die Enttäuschungen und Tragödien ihres Lebens in Kurzform, so daß sie vom Schicksal verfolgt erscheint, so als passierten ihr immer wieder dieselben Dinge, egal, wohin sie geht.

Ihr Mann, ein mit Orden behängter Schuft, ist tot. Angeblich hat er nach einer ausgedehnten Sauftour zuviel Schlaftabletten geschluckt. Seine Familie, die ihn verehrte, glaubt nicht, daß er überhaupt welche genommen hat. Die Polizei war sich nicht sicher genug, um Stunk zu machen, selbst wenn die Familie das gewollt hätte, was nicht der Fall war. Alles, was *die* wollte, war, Betty nie wieder sehen zu müssen, und das beruhte auf Gegenseitigkeit. Wenn man das nötige Geld und die richtigen Freunde hat, kann man einen Selbstmord immer vertuschen, manchmal auch einen Mord. Die Randolphs mußten eine Legende aufrechterhalten; sie waren bereit, dafür zu zahlen, sogar an Betty zu zahlen. Aber das kostete sie nichts.

Betty kommt also in dem Hotel an, und ihr Name ist jetzt, sagen wir, Elizabeth Mayfield.[42]

Der eigentliche Schauplatz – was Chandler den »Rahmen« des Films nannte – ist das Hotel, und dort lernt Betty Clark Brandon und Larry Mitchell kennen, die Söhne zweier Rivalen, die um die politische Herrschaft über die Stadt kämpfen. Bald darauf findet man den größeren Gauner von den beiden tot auf dem Balkon vor Bettys Zimmer, demselben Balkon, von dem sie sich hinunterstürzen wollte. Betty kann ihre Unschuld nur beweisen, wenn sie ihre persönliche Geschichte erzählt, nur:

täte sie das, würde sie ihre Glaubwürdigkeit in Frage stellen. Als Chandler diese Skizze an seinen Agenten Swanson abschickte, tippte er als kurzes Begleitschreiben dazu: »Swanie, ich glaube, an dem Ding ist was faul.«[43] Ein verständliches Urteil, aber das endgültige Drehbuch ist viel besser. Wie *The Blue Dahlia* ist es in sich geschlossen; Chandler führt jedoch einen kanadischen Polizeibeamten ein, Killaine, der in vieler Hinsicht wie Marlowe handelt. Als der mit dem Fall betraute Beamte riskiert Killaine seine Karriere, weil er an Betty Mayfields Unschuld glaubt. Außerdem verliebt er sich in sie, was zu einem dramatischen Konflikt zwischen seinen Gefühlen und seiner Pflicht als Polizist führt.

Playback ist ein weitaus besseres Drehbuch als *The Blue Dahlia;* die Dynamik der Geschichte steigert sich von Szene zu Szene. Obwohl sie etwas überzogen wirkt, ist die Schlußsequenz – in der ein kanadisches Küstenschutzboot Brandons Motorjacht durch die nebelverhangene Meerenge verfolgt, die Britisch Kolumbien vom Staat Washington trennt – voller Spannung.

Die Schwäche des Drehbuchs liegt darin, daß das zentrale Thema – der Leumund eines Menschen und wie schlechter Umgang auf ihn abfärbt – nie richtig herauskommt. Es konzentriert sich zu sehr auf das Verhältnis zwischen Betty und Killaine und die einzelnen Ereignisse der Geschichte.

Chandler tat sich schwer mit diesem Drehbuch. Die meiste Zeit arbeitete er zu Hause, aber er fuhr auch nach Los Angeles, um mit Joseph Sistrom zu sprechen. Bis August sollte er damit fertig sein, bekam jedoch zweimal Terminaufschub bis im Frühling 1948. Um diese Verzögerungen zu rechtfertigen, schrieb er an Swanson: »Mein Ruf als Drehbuchautor ist mir egal, weil ich nicht gern Drehbücher schreibe und sie nie gern schreiben werde. Ich mache diese Arbeit des Geldes wegen und um eine neue Preisrichtlinie zu schaffen und eine neue Art von Beziehung herzustellen. Ich möchte diese Arbeit gut machen, aber ich werde viel Zeit dazu brauchen, weil ich mich nicht so besonders fühle und den richtigen Dampf nicht habe.«[44] Swanson meinte, er solle aufhören, eine Scheune mit dem Kamelhaarpinsel eines Künstlers zu streichen. In seiner Antwort erinnerte Chandler ihn daran, »daß ich, als ich für *pulps* schrieb, mit einem Kamelhaarpinsel arbeitete, und wenn Sie glauben, das habe sich auf lange Sicht nicht bezahlt gemacht, dann schauen Sie sich doch mal nach einigen von den Jungs um, die Scheunen angestrichen haben.«[45]

Es bereitete Chandler Schwierigkeiten, die Einzelheiten der Handlung herauszuarbeiten und Informationen im richtigen Augenblick bekannt werden zu lassen. »Ich bin ein guter Dialogschreiber«, erklärte er später, »aber nicht gut im Aufbau von Handlungen.«[46] Außerdem erkrankte er mehrmals, unter anderem an Grippe, und gerade als das Drehbuch fällig wurde, verlor er seine Sekretärin. Alles in allem machte ihm die Arbeit nicht übermäßig viel Spaß. »Den ersten Entwurf meines Drehbuchs habe ich fertig«, teilte er Hamish Hamilton mit, »und so wie ich mich aufgeführt habe, hätte man meinen können, ich baue eine Pyramide. Eine ausgesprochen widerliche Arbeit. Jetzt muß ich's ›ausfeilen‹, wie man das hier nennt. Was bedeutet: die Hälfte wegstreichen und die andere Hälfte so dilettantisch wie möglich umschreiben. Das ist eine sehr delikate Kunst, etwa so faszinierend wie Zähne abkratzen.«[47]

Abgesehen von dem Geld, das Chandler bekam, war seine Arbeit am Ende völlig umsonst. Universal geriet in finanzielle Schwierigkeiten und konnte sich Dreharbeiten in Vancouver nicht leisten. Das kanadische Wetter ist unberechenbar; Studios standen dort keine zur Verfügung, man konnte also bei Schlechtwetter nicht auf Innenaufnahmen ausweichen. Universal beschloß daher, das Projekt als Verlust abzubuchen, und Chandlers Drehbuch wanderte in die Schublade.

Trotz der Probleme, die bei der Arbeit an *Playback* auftauchten, fand Chandler Zeit, seine Geschäftsbeziehungen mit Verlegern und Agenten einmal unter die Lupe zu nehmen. Er befand sich in einer Übergangsphase, nicht so abrupt oder definitiv wie seine Metamorphose vom Geschäftsmann zum Schriftsteller, aber er wollte seine Einkünfte konsolidieren. Seine Bücher waren mittlerweile ins Französische und Schwedische übersetzt worden, und bis 1950 würden sie auch auf deutsch und italienisch vorliegen. Er mußte Ordnung schaffen, ehe er seine großen Vorhaben in Angriff nehmen konnte.

Jahrelang wurde er von Sidney Sanders in New York und von H. N. Swanson in Hollywood vertreten; seit 1939 fungierte Alfred Knopf als sein amerikanischer Verleger. Während der ersten zwei Jahre in La Jolla änderte er alle diese Vereinbarungen. Mit Sanders war er nicht mehr zufrieden, seit dessen Vertreter in Hollywood, Gerald Adams, es nicht fertiggebracht hatte, anständige Preise für die Filmrechte an *The Big Sleep* und *Farewell, My Lovely* auszuhandeln. Nicht zuletzt das war der Grund dafür gewesen, daß er Swanson als seinen Agenten in Hollywood engagiert hatte. Außerdem wollte Sanders immer, daß Chandler für die *slicks* schrieb, was dieser rundweg ablehnte. 1946 veröffentlichte Joseph Shaw *The Hard-Boiled Omnibus*, eine Sammlung von Geschichten, die zuerst bei *Black Mask* erschienen waren. Chandler war wütend, weil das Buch, entgegen seinem ausdrücklichen Wunsch, »The Man Who Liked Dogs« enthielt, eine ausgeschlachtete Story. Er betrachtete ihre Wiederveröffentlichung als Betrug an dem Leser, der *Farewell, My Lovely* kannte. Verantwortlich war Shaw, der damals für Sanders arbeitete, aber Chandler gab die Schuld dem Chef der Agentur. »Grundsätzlich ist er dafür verantwortlich«, schrieb er. »Man kann von ihm verlangen, daß er weiß, was in seinem Büro vorgeht.«[48] Nachdem seine Unzufriedenheit mit den Jahren ständig zugenommen hatte, betrachtete Chandler das als Anlaß, seine Verbindung mit Sanders im November 1946 aufzulösen.

Auf ähnliche Weise verschlechterte sich Chandlers Verhältnis zu Knopf. Als Chandler bei der Lektüre des Romans *Blonde's Requiem* von Raymond Marshall entdeckte, daß es sich dabei eindeutig um ein Plagiat seiner eigenen sowie der Werke Hammetts und Jonathan Latimers handelte, beklagte er sich bei Knopf und bat ihn, er möge Crown, dem Verleger des Buches, die Verbreitung des Romans gerichtlich untersagen lassen.

Knopf reichte die Sache lediglich an den Anwalt der Firma weiter, der versicherte, die Ähnlichkeiten seien nicht ausreichend, um Klage wegen geistigen Diebstahls erheben zu können. Das war genau die Art Haltung, die Chandler aufbringen mußte, denn er hatte einen ausgeprägten Sinn für Gerechtigkeit und war selbst ängstlich bemüht, jede auch nur zufällige Verwendung von Ideen anderer Schriftsteller zu vermeiden. In England erwirkte Hamish Hamilton auf Chandlers Bitte hin ein Verfahren gegen Raymond Marshall, der sich als ein gewisser René Raymond entpuppte und *No Orchids for Miss Blandish* unter einem weiteren Pseudonym, James Hadley Chase, geschrieben hatte. Hamilton zwang Raymond zu der Zusage, im *Bookseller* einen Brief zu veröffentlichen, in welchem er das Plagiat zugab, versprach, sich nie mehr etwas Derartiges zuschulden kommen zu lassen, und sich bereit erklärte, die Gerichtskosten zu übernehmen. Chandler konnte die Diskrepanz zwischen dieser rigorosen Verteidigung seiner Interessen und Knopfs nachlässiger Haltung nicht entgehen.

Hinzu kommt, daß Chandler sich schon lange mit Knopf wegen der seiner Meinung nach ungerechten Verteilung der Nebenverdienste stritt, die Autor und Verleger zu gleichen Teilen zuflossen. Man befand sich noch in der Frühzeit der Massenproduktion von Taschenbüchern, doch bald zeigte sich, daß Verträge mit konservativen Verlagen die Autoren entschieden benachteiligten. Chandler erklärte Knopf ganz offen, er glaube nicht, daß »ein Verleger das Recht hat, mehr an Taschenbuchrechten einzustreichen als er an Tantiemen aus seinen Erstdrukken bezahlt.«[49] Vom Erlös seiner vier bei Knopf erschienenen Bücher bekam Chandler an Hardcover-Tantiemen $ 9500, während Knopf und Chandler sich die $ 44 000 teilten, die durch den Verkauf von Taschenbuch-Auflagen hereinkamen. Das heißt, daß Chandlers Gesamteinkommen aus den vier Büchern sich auf $ 31 500 belief, während Knopf $ 22 000 bekam, wobei die Gewinne aus den Hardcover-Auflagen nicht mitgerechnet sind. Chandler meinte, es sei unfair, daß Hardcover-Verleger einen so großen Nutzen aus einem Phänomen zogen, zu dessen

Entstehen sie nichts beigetragen hatten und das sie so wenig unterstützten. Er hielt ein Verhältnis von 75% zu 25% für gerechter.

Nachdem er von Sanders weggegangen war, engagierte Chandler einen englischen Geschäftsberater namens S. S. Tyler, der sich um seine Interessen kümmern sollte, und behielt Swanson als Agenten für Bücher und Filme. Tyler ging sämtliche Verträge Chandlers durch und entdeckte, daß Knopf es versäumt hatte, sich das kanadische Copyright für seine Bücher zu sichern, und somit die Kanadier ermutigte, Raubdrucke herzustellen. Das kanadische Copyright war nötig für den Schutz amerikanischer Bücher, da die Vereinigten Staaten das Berner Abkommen zur Regelung des internationalen Urheberrechts nicht mitunterzeichnet hatten.

Ein weiterer Grund also, sich über Knopf zu ärgern, aber Chandler war noch nicht bereit für einen neuen Verleger, da er noch keine neue Arbeit abgeschlossen hatte. Mittlerweile war ihm klargeworden, daß sein Arrangement mit Tyler und Swanson nicht zufriedenstellend war. Swanson war in Hollywood zu Hause, aber nicht in New York, während Tyler zu wenig Erfahrung im Verlagswesen besaß, um die Informationen, die er bekam, richtig einzuschätzen. Was er brauchte, war ein neuer Agent als Ersatz für Sanders. Am Neujahrstag 1948 schrieb er an Charles Morton, fragte ihn, ob er jemanden empfehlen könne, und legte seine Vorstellungen dar. »Der beste Agent«, schrieb er, »muß nicht unbedingt der größte Fachmann für literarische Qualität sein. Er muß auch nicht unbedingt der am besten organisierte oder der größte sein, obwohl er für mich schon eine solide Basis haben müßte, andernfalls kann er sich die Dinge nicht leisten, die ich will. Ich erwarte von ihm keine bis ins Detail gehende Organisation meiner Geschäfte; Agenten tun so, als schaffen sie das, bringen aber nicht viel zustande dabei. Was ich von einem Agenten erwarte, sind harte aber korrekte Geschäftsabschlüsse; breite Marktkenntnis; Beachtung der Tatsache, daß es auf lange Sicht für mich ein besseres Geschäft sein kann, gelegentlich für wenige Hunderter einen

Artikel für das *Atlantic* zu schreiben, anstatt dieselbe Zeit und Kraft für ein paar Tausender in eine Kurzgeschichte für die *Post* zu stecken. Ich erwarte einen Agenten mit Adlerauge für Verträge, der weiß, wann ein Fachmann hinzugezogen werden muß, und mit der Fähigkeit, darauf zu achten, daß besagter Fachmann mir keine überhöhten Rechnungen schreibt, bloß weil er goldene Berge wittert.«[50]

Morton empfahl Brandt and Brandt in New York, worauf Chandler eine für ihn typische Anfrage und Darlegung seiner Situation an Carl Brandt richtete, den Chef der Agentur. »Ich sitze über einem Kriminalroman, der halb fertig ist. Sprachlich ist er von unvergleichlicher Brillanz, aber mit der Handlung ist irgend etwas schiefgelaufen. Ein altes Problem bei mir.« Er gab zu, daß seine Referenzen dürftig seien, und bekannte sich offen zu seinem Charakter: »Ich bin kein besonders liebenswerter Mensch, so wenig wie ich ein gelöster und produktiver Schriftsteller bin. Ich tue mich mit den meisten Dingen schwer und leide dabei ziemlich. Sehr viel steckt vielleicht sowieso nicht mehr in mir drin. Fünf Jahre Kampf gegen Hollywood haben mir nicht mehr viele Energiereserven gelassen.«[51]

Brandt war hoch erfreut über die Aussicht, Chandler zu vertreten, und da er Ende des Monats nach Hollywood mußte, schlug er ein Treffen vor. Ihr erstes Gespräch führte zu verschiedenen Vorschlägen, darunter die Möglichkeit, Sammelbände mit seinen Erzählungen in England herauszubringen, das *Playback*-Drehbuch zu einem Roman umzuschreiben, eine Sendereihe für den Rundfunk einzurichten – was Brandts Vertreter in Hollywood, Ray Stark, arrangieren sollte – und, als wichtigster Punkt, Chandlers neuen, noch unfertigen Roman *The Little Sister* zu veröffentlichen. Es war gut für Chandlers Moral, eine neue Agentur gefunden zu haben; er war schon eine ganze Weile niedergeschlagen und zu anhaltender Arbeit von hoher Qualität nicht fähig gewesen. Am 1. Juni schickte er die erste Hälfte seines Romans mit folgendem Vorbehalt an Brandt: »Es verstößt gegen alle meine Prinzipien, Ihnen das so halb fertig zu zeigen, aber ich glaube, unter den gegebenen Umständen haben Sie das Recht, sich das anzusehen, wenn Sie wollen.« Er erläuterte, es sei »alles in ein Diktaphon diktiert, ein Instrument, das mir bei der Filmarbeit sehr zustatten kam; ich bin jedoch nicht sicher, ob es auch für Romane geeignet ist.«[52]

Von Anfang an machte Chandler deutlich, daß er kein besonderes Interesse daran hatte, bei Knopf zu bleiben. Abgesehen von seiner Verärgerung über Tantiemen und Urheberrechte war er auch mit Knopfs Verkaufsergebnissen und Werbemethoden nicht zufrieden. Wenn er seine Verkaufszahlen in Amerika mit denen in England und Schweden verglich, mußte Chandler auf den Gedanken kommen, daß es Knopf aus irgendeinem Grund nicht gelungen war, ihn richtig an den Mann zu bringen. Legt man die Bevölkerungszahlen zugrunde, hätte man, nach dem Absatz in Schweden zu urteilen, in Amerika 100 000 verkaufte Exemplare erwarten dürfen. In England, mit einem Markt, der nur ein Drittel so groß war wie der amerikanische, verkaufte Hamish Hamilton ebensoviele Exemplare wie in den Staaten abgesetzt wurden.

Abgesehen davon sprach es nach Chandlers Ansicht auch gegen die Knopfs, daß er nach zehn Jahren nicht »das leiseste Gefühl von Freundschaft oder Wärme« für sie empfand. Obwohl er wußte, daß Knopf ein guter Verleger war, konnte er keine positiven Gefühle für das Haus entwickeln, was ihm merkwürdig vorkam. »Wir sind nie richtig warmgeworden«, erklärte er. »Ich kann nichts mit Leuten anfangen, die immer zugeknöpft sind.«[53]

Nachdem sie Chandlers Verkaufsziffern geprüft hatte, gelangte auch Bernice Baumgarten, Carl Brandts Spezialistin für die Absatzmöglichkeiten von Büchern, zu der Ansicht, daß Knopf nicht der richtige Verleger für Chandler sei. Sie befürwortete den Verlagswechsel unter anderem, weil sie davon überzeugt war, Chandler sollte von einem Unternehmen verlegt werden, das Kriminalromane nicht fest im Programm hatte. Seine Bücher würden dann eine größere Chance haben, als seriöse Literatur behandelt zu werden.

Chandler hatte bereits daran gedacht, zu Houghton Mifflin

überzuwechseln. Er hatte einen persönlichen Brief von Dale Warren, dem Werbeleiter dieses Verlages erhalten, der sich lobend zu seinen Arbeiten äußerte. Seine ersten zwei Briefe an Chandler schrieb Warren auf sein privates Briefpapier. Erst beim dritten Mal, als er Firmenpapier von Houghton Mifflin benutzte, realisierte Chandler, daß er ein Verlagsmann war. Chandler war so angenehm überrascht, einem Geschäftsmann zu begegnen, dessen Geschmack von seinen kommerziellen Interessen unabhängig war, daß er Warren mitteilte, er habe vor, Knopf zu verlassen. Bernice Baumgarten hatte anfänglich einen anderen Verleger ins Auge gefaßt, doch Chandlers Sympathie für Houghton Mifflin und ihr Vertrauen zu diesem Verlagshaus führten zu einem Vertrag über die Herausgabe von *The Little Sister*. Es ist vielleicht ein Zufall, aber Chandler hatte mit dem Lektorat von Houghton Mifflin kaum etwas zu tun; er korrespondierte fast ausschließlich mit Warren und Hardwick Moseley, dem Verkaufsleiter der Firma. Auf diese Weise verhandelte er direkt mit den Leuten, die dafür verantwortlich waren, ob und wie seine Bücher abgesetzt wurden. Als sein letztes Buch erschien, schrieb er Warren die typische Zeile: »Bitte, loben Sie das Buch nicht; verkaufen Sie es!«[54]

Chandler hatte gehofft, bald nach seinem Umzug nach La Jolla mit *The Little Sister* fertig zu werden, aber er mußte den Roman für fast ein Jahr zurückstellen, um das Drehbuch für *Playback* zu schreiben. »Der Status meiner Bücher ist quo«,[55] erzählte er Warren. Er fürchtete, Hollywood habe sein erzählerisches Talent ruiniert; außerdem fing Marlowe an, ihn zu langweilen, obwohl »ich den Burschen aus geschäftlichen oder beruflichen Gründen für zu wertvoll halte, um ihn einfach in der Versenkung verschwinden zu lassen. Aber ich merke, wie ich mehr und mehr meinen Ulk mit ihm treibe.«[56] Trotzdem, im Juli 1948 hatte er die erste Rohfassung des Buches fast fertig. Er wurde immer unzufriedener mit dem Genre. »Ich glaube, das wird meine letzte Marlowe-Story«, sagte er zu Hamilton. »Dabei bin ich mir gar nicht sicher, ob man sie überhaupt drucken sollte. Mehr und mehr kommt mir alles gekünstelt vor. Ich

Chandler als Baby

»Raymond Chandler, relaxing«

Chandler am
Dulwich College

Luftaufnahme und Gesamtansicht der
Schulgebäude und Sportplätze

Im Kilt der
Gordon Highlanders
of Canada, 1917

Nach dem Krieg

Chandler in der Uniform
des British Columbia
Regiment in Seaford,
Sussex 1918

»Cissy«
Pearl Eugenie Hurlburt Chandler

Nach dem Krieg, in Kalifornien

Chandlers Mutter, Florence Thornton Chandler

Bohrtürme von Dabney-Johnston, Signal Hill, in den zwanziger Jahren.
Chandler ganz links in der zweiten Reihe;
Dabney, Mitte der ersten Reihe, mit Hut in der Hand

Black Mask-Dinner, Los Angeles, 1936
Von links nach rechts, stehend: Raymond J. Moffatt, Raymond Chandler,
Herbert Stinson, Dwight Babcock, Eric Taylor, Dashiell Hammett.
Von links nach rechts, sitzend: Arthur Barnes, John K. Butler,
W. T. Ballard, Howard McCoy, Norbert Davis.

Raymond J. Moffatt war kein *Black Mask*-Autor, kam aber zu dem Dinner.
Die Unterschriften wurden auf ein Stück des Tischtuchs geschrieben,
das abgetrennt und an Joseph Shaw geschickt wurde.

Rechte Seite oben: Chandler mit Billy Wilder
in den Paramount-Studios, 1943.

Rechte Seite unten: Hollywood Boulevard in östlicher Richtung.
Graumans *Chinese Theater* befindet sich links im unteren Bildteil:
bei Chandler liegt Marlowes Büro dort, wo die Ivar Avenue
(ganz oben im Bild) diesen Boulevard kreuzt.

Comic-Kurzfassung von *The Big Sleep*, von Milt Gross, erschienen im *Ken-Magazin*, 1940.

Rechte Seite oben: Robert Montgomery und Audrey Totte in *The Lady in the Lake* (MGM, 1946)

Rechte Seite unten: Humphrey Bogart und Lauren Baca in *The Big Sleep* (Warner Brothers, 1946)

Cissy Chandler

Chandlers Haus, 6005 Camino de la Costa, La Jolla

An seinem Schreibtisch
in La Jolla, mit Taki, der Katze

Chandler mit Helga Greene,
Kalifornien, späte fünfziger Jahre

fürchte, Mr. Marlowe hat mittlerweile mehr als nur einen Verdacht, daß ein Mann mit seinen Talenten sich als kleiner Privatdetektiv doch wohl etwas lächerlich macht.«[57] Teilweise rührte Chandlers Unzufriedenheit daher, daß er sich seines Rufes bewußt war. J. B. Priestley, Somerset Maugham und zahlreiche andere Schriftsteller und Kritiker hatten Artikel über ihn geschrieben. Wie Chandler von Marlowe sagte: »Er wird immer unsicherer, weil er versucht, seinem Ruf bei den Pseudo-Intellektuellen gerecht zu werden. Der Junge ist durcheinander. Früher konnte er ohne weiteres ausspucken, hart zupacken und aus dem Mundwinkel sprechen.«[58] Andens Einschätzung ist typisch für die Art Kritik, die ihn verunsicherte: »Hier sitze ich nun, mit einer halbfertigen neuen Marlowe-Geschichte, und amüsiere mich sogar ein bißchen dabei (das heißt, bis ich steckengeblieben bin), und da kommt dieser Auden daher und erzählt mir, daß mir etwas daran liegt, ernsthafte Studien eines kriminellen Milieus zu schreiben. Also sehe ich mir jetzt alles, was ich schreibe, genau an und sage mir dabei: denk immer daran, alter Knabe, das hier muß unbedingt eine ernsthafte Studie eines kriminellen Milieus werden.«[59]

Im August kam ihm das Buch nur noch schlechter vor. Er war voller Zweifel und schrieb, »daß nichts drin ist als Stil, Dialog und Charakterzeichnung. Die Handlung ächzt und knarrt wie ein kaputter Fensterladen im Oktoberwind.«[60] Eine Woche später klagt er weiter: »Die Handlung hat Schwächen. Sie ist episodisch, das Schwergewicht verlagert sich von einer Figur auf die andere, für einen Kriminalroman ist die Geschichte zu kompliziert, während sie einfach als Geschichte über Menschen wieder sehr simpel ist. Sie enthält absolut keine Brutalitäten; alle Gewalttätigkeit spielt sich hinter den Kulissen ab. Spannung und bedrohliche Atmosphäre sind da; sie liegen im Stil. Ich glaube, daß manches doch schön geschrieben ist, meine Reaktionen sind höchst unzuverlässig. Ich schreibe eine Szene, lese sie durch und finde, sie stinkt. Drei Tage später (ich habe inzwischen nichts weiter gemacht als geschmort) lese ich sie erneut und finde sie großartig. Da hast Du's. Auf mich ist eben kein Verlaß, vielleicht bin ich erledigt.«[61] Diesem Brief fügte er ein P.S. hinzu: »In der Geschichte kommt die netteste Hure vor, der ich in meinem ganzen Leben nie begegnet bin.«

Er beendete das Buch schließlich im September; da er keine Sekretärin hatte, riskierte er es, sein einziges Exemplar eingeschrieben an Bernice Baumgarten zu schicken und sie zu bitten, es in New York abtippen zu lassen. Diese Abschriften wurden an Hamish Hamilton verschickt, der das Buch sofort in Druck gehen ließ, und an Carl Brandt, der versuchte, es in den Vereinigten Staaten in Fortsetzungen erscheinen zu lassen. Er konnte es der Zeitschrift *Cosmopolitan* für $ 10000 verkaufen, was ein ansehnlicher Betrag war, obgleich Chandler die Kürzungen »ziemlich widerlich« fand und hinzufügte: »Sie streichen alles heraus, was der Story so etwas wie Qualität verleiht – was zu erwarten war –, aber sie haben tatsächlich auch noch Sachen eingefügt, die ich gar nicht geschrieben habe, so daß ich wie ein Trottel dastehe. (Ich bin natürlich ein Trottel, aber ich versuche es niemand merken zu lassen.)«[62]

Die Fahnenabzüge aus London deprimierten ihn erneut. »Mein Gott, was ein Schriftsteller manchmal mitmacht«, schrieb er. »Hat er das verdammte Buch endlich fertig, haßt er es. Und dann noch die Korrekturen – oh, mein Gott.« Es kamen ihm erneut Zweifel, weil er erkannte, daß er sein Talent mit diesem Stoff unter seinem Wert verkaufte. In freimütiger Selbstanalyse notierte er: »Wenn ein Mann so gut schreibt wie ich (betrachten wir die Sache mal ehrlich), läßt er eine Spalte zwischen der melodramatischen Übertreibung seiner Geschichte und seinem Stil aufgehen.«[63] Um die Kluft zwischen der Detektivgeschichte und der Klasse seines Stils zu überbrücken, verabreichte er *The Little Sister* eine Extradosis Charakterzeichnung, Witz und Beschreibung.

Das Ergebnis ist ein überreifes Buch. Es enthält vieles, was für Chandler typisch ist, aber es findet keine organische Entwicklung gegenüber seinen vorangegangenen Arbeiten statt. Die »kleine Schwester«, Orfamay Quest, ähnelt Merle Davis, der verängstigten Sekretärin in *The High Window*. Doch anders als Merle kommt Orfamay aus einer Familie, in der es einen Hochstapler gibt, der versucht, seine andere Schwester, einen hoffnungsvollen Filmstar, zu erpressen, die wiederum mit einer Prostituierten und einem Erpresser befreundet ist. Diese Verhältnisse geben Chandler Gelegenheit, die Beziehungen zwischen den verschiedenen gesellschaftlichen Schichten Hollywoods darzustellen, obwohl *The Little Sister* in keiner Weise ein richtiger Hollywood-Roman ist. Chandler sprach oft davon, er wolle ein solches Buch schreiben, hielt sich aber nicht für fähig dazu. Das Problem war, wie man die öffentliche Absurdität Hollywoods mit dem Privatleben der handelnden Personen unter einen Hut kriegen sollte. Als er Nathanael Wests *The Day of the Locust* las, merkte er an, er habe auf ihn »soweit ich bis jetzt gekommen bin, keinesfalls den Eindruck eines Hollywood-Romans gemacht, lediglich den eines Romans über einige Leute in Hollywood, und das ist etwas ganz anderes.«[64] Scott Fitzgeralds *The Last Tycoon* bewunderte er mit Vorbehalten. Monroe Stahr, den Helden des Romans, hielt er für »großartig, solange er mit dem Filmgeschäft zu tun hat und mit den Menschen, die er benutzen muß, um Filme zu machen; in dem Moment, wo sein persönliches Leben als das eines nach Liebe hungernden, erschöpften Mannes ins Bild kommt, ist er nur noch irgendeiner dieser Burschen, die zuviel Geld haben und nicht wissen, wohin.«[65] Man konnte eben »nicht gleichzeitig eine Großaufnahme und eine Totale drehen«, ebensowenig läßt sich »die ergreifende Menschlichkeit und die eisige Herzlosigkeit dieses prächtigen aber kindischen Riesen, des Filmgeschäfts, anhand einer nymphomanischen Schauspielerin, eines egozentrischen Regisseurs, eines niederträchtigen Produzenten, vierer ausgeflippter Sekretärinnen und eines süßen jungen Dings im offenen Cadillac demonstrieren.«[66] Der einzige Schriftsteller, den er für fähig hielt, einen Hollywood-Roman zu schreiben, war James Gould Cozzens, Bernice Baumgartens Mann, dem Chandler »die seltene Gabe, einen komplizierten Hintergrund ziemlich rasch zu erfassen und vernünftig darzustellen« zutraute.[67]

The Little Sister zeugt von Chandlers entmutigenden Jahren in Hollywood, wenn auch die meisten Szenen, die den Film zum Gegenstand haben, bloße Dekoration sind. Es gibt eine Szene im Büro eines Agenten, dessen Wartezimmer voll von arbeitslosen Schauspielern ist. Sie ist komisch und traurig zugleich, weil sie zeigt, wie eingebildet alle sind – und wie inhaltslos ihr Leben. Eine andere Szene in einem Filmstudio beginnt damit, daß der Chef des Studios mit seinen drei Boxerhunden im Hof sitzt. Er verwickelt Marlowe in ein Gespräch und sagt: »Das Filmgeschäft ist das einzige Geschäft der Welt, wo man alle Fehler machen kann, die es gibt, und immer noch verdient.«[68] Alles, was man braucht, behauptet er, sind 1500 Kinos im ganzen Land. Marlowe geht dann zu Dreharbeiten, bei denen die Schauspieler ihre Zeit damit verbringen, sich gegenseitig die Schau zu stehlen. In der Mittagspause bemerkt einer: »Wir sind alles Biester. Manche lächeln mehr als andere, das ist der ganze Unterschied. Show Business. Es hat was Billiges. Früher mußten Schauspieler durch die Hintertür. Die meisten sollten das eigentlich immer noch.«[69] Diese Szenen lesen sich, als wolle Chandler sich für all das rächen, was er einstecken mußte, als er in Hollywood arbeitete. Der Agent beispielsweise geht in seinem Büro mit einem Rohrstöckchen auf und ab, eine Gewohnheit Billy Wilders, die Chandler sehr störte, als die beiden bei Paramount zusammenarbeiteten. Marlowes Kommentar: »Sowas gibt's nur in Hollywood, daß ein scheinbar normaler Mensch im Haus hin und her stolziert wie ein englischer Gent, mit einem Affenstöckchen in der Hand.«[70] Hollywoods Biestigkeit scheint auch Chandler angesteckt zu haben.

An diesen Szenen stört vor allem, daß sie mit der Geschichte an sich wenig zu tun haben. Chandler fügte sie ein, weil er Marlowes Bewußtsein zu erweitern versuchte, aber es gelang ihm nicht, sie zu einem integralen Teil des Romans zu machen. Die Nahtstellen werden sichtbar. Auch beschreibende Passagen setzt Chandler ein, um klarzustellen, in welchem geistigen Zustand Marlowe sich befindet. Ein Kapitel beginnt damit, daß Marlowe den Sunset Boulevard entlangfährt und sich über die frisierten Flitzer Gedanken macht, die ständig von einer Fahrspur zur andern wechseln, und über die »schmierigen Hamburger-Buden, die unter dem farbigen Neonlicht wie Paläste aussehen.«[71] Die rastlose Leere, der Mangel an menschlicher Kommunikation, die Gleichgültigkeit und Häßlichkeit deprimieren Marlowe mehr und mehr. Jahre später schrieb Chandler, daß die Szene ein Versuch war, »herauszufinden, ob man allein durch den Ton der Beschreibung eine geistige Verfassung darstellen kann.«[72] Vieles an der Passage ist objektiv, manches maniriert: »Kalifornien, der Warenhaus-Staat. Das meiste von allem und das Beste von nichts.«[73]

Mit *The Little Sister* bemühte sich Chandler, sein Thema ausführlicher zu behandeln und ein besseres Gefühl der Stadt zu vermitteln. Bei einer Fahrt durch Los Angeles hält Marlowe an einer Raststätte, wo er die Mentalität des Inhabers parodiert: »Schlecht, aber schnell. Füttern und Rausschmeißen. Mordsgeschäft. Wir können es uns nicht leisten, daß Sie hier bei Ihrer zweiten Tasse Kaffee sitzen, Mister. Ihr Platz ist Geld wert.«[74] Danach fährt er in nördlicher Richtung bis Oxnard weiter und kehrt dem Meer entlang zurück: »Rechts von mir schleppte sich der große breite Pazifik ans Ufer wie eine Putzfrau, die nach Hause geht. Kein Mondschein, kein Getue, die Brandung hört man kaum. Kein Geruch. Nichts vom wilden, rauhen Geruch der See. Ein kalifornisches Meer.«[75] Die Menschen haben die ganze Landschaft verschandelt: »Ich roch Los Angeles, noch ehe ich da war. Es roch abgestanden und alt wie ein Wohnzimmer, das zu lange abgeschlossen war. Aber die farbigen Lichter täuschten einen. Die Lichter waren wunderbar. Es müßte ein Denkmal für den Mann geben, der die Neonlichter erfunden hat. Fünfzehn Stock hoch, massiv Marmor. Das war doch mal ein Kerl, der aus nichts etwas machte.«[76]

Um den Polizeialltag so authentisch wie möglich darzustellen, benutzte Chandler ein paar Notizen, die er sich Anfang 1945 gemacht hatte, als er Material für *The Blue Dahlia* sammelte. Das waren fast die einzigen Nachforschungen, die er als Schriftsteller je betrieb. Er traf sich mit Captain Thad Brown, dem Chef der Mordkommission von Los Angeles, der ihm das wenige zeigte, was es von seiner Abteilung im Polizeipräsidium zu sehen gab. Hier Chandlers Notizen: »Das Morddezernat der Polizei von Los Angeles ist in zwei Räumen im Erdgeschoß des Rathauses untergebracht. Diese Räume haben je etwa 25 m² und sind mit braunem Linoleum ausgelegt. Der vordere Raum enthält einen Walnußtisch, ein paar Holzstühle, 3 oder 4 Telefone und ungefähr 14 Zivilfahnder in Hart-, Schaffner- und Marx-Straßenanzügen, alle über einsachtzig groß, alle mit Hut, alles harte Burschen. Diese Härte sitzt tief in ihnen drin. Nicht, daß sie die Leute grob behandeln oder sich hartgesotten geben. Es ist eine in Fleisch und Blut übergegangene Härte. Diese Männer können sehr freundlich oder sehr unfreundlich sein, ohne ihren Gesichtsausdruck groß zu verändern. Sie stehen herum, rauchen, reden, telefonieren, und wenn es nötig ist, gehen sie ohne jede Formalität durch die offene Tür in einer Milchglaswand, die den Raum des Chefs der Mordkommission abtrennt. Der hat einen niedrigen Schreibtisch und zwei Telefonapparate auf einem Wandbrett zu seiner Rechten. Auf seinem Tisch befinden sich keinerlei Gegenstände. Er hat einen harten hölzernen Drehstuhl ohne Kissen oder Filzpolster. Sein Tisch steht in einer Ecke des Zimmers (nahe der offenen Verbindungstür), und an einem anderen Tisch von gleicher Höhe sitzt neben ihm eine Sekretärin. Sie hat ein Telefon und eine Schreibmaschine. Sie ist mittleren Alters, hat verblichenes orangegefärbtes Haar, beachtet niemanden und scheint hauptsächlich mit dem Schreiben von Fahndungsberichten beschäftigt. Die Berichte werden mit Einzeilen-Abstand auf Briefbogenformat getippt. Die übrigen Möbel dieses Büros bestehen aus zwei grünen Aktenschränken aus Metall und einem einfachen Holzstuhl. Das ist aber auch absolut alles.«[77]

Chandler benutzte diese Informationen, um *The Blue Dahlia* Authentizität zu verleihen, aber für *The Little Sister* griff er nicht nur auf einzelne Details wie die orangegetönte Sekretärin zurück, sondern verarbeitete seine Erfahrungen zu einer Ansprache, die der Chef des Dezernats, Christy French, von sich gibt: »Mit uns ist das so. Wir sind Polizisten, und alle hassen uns, weil wir Courage haben. Und als ob wir nicht so schon genug Ärger hätten, kommen Sie noch dazu. Jeder macht uns das Leben schwer: die Jungs von den Revieren, die Bande im Rathaus, der diensthabende Chef, die Handelskammer, der sehr ehrenwerte Herr Bürgermeister in seinem getäfelten Büro, das viermal so groß ist wie diese miesen drei Zimmerchen, in denen die ganze Mordkommission arbeiten muß. Als ob wir nicht mit hundertvierzehn Mordfällen im Jahr fertigwerden müßten, von diesen drei Zimmern aus, wo noch nicht mal genug Stühle stehen, damit sich alle von einer Schicht auf einmal hinsetzen können. Unser Leben verbringen wir damit, in dreckiger Unterwäsche zu wühlen und faule Zähne zu riechen. Wir steigen dunkle Treppenhäuser rauf, um einen rauschgiftsüchtigen Irren mit einer Kanone zu schnappen, manchmal kommen wir nicht mal ganz nach oben, und unsere Frauen warten am Abend mit dem Essen, und auch an allen anderen Abenden danach. Wir kommen kaum noch nach Hause. Und an den Abenden, wo wir heimkommen, sind wir so verdammt müde, daß wir nicht essen oder schlafen oder die ganzen Lügen lesen können, die die Zeitungen über uns drucken. Also liegen wir wach im Dunkeln in einem schäbigen Haus an einer schäbigen Straße und hören zu, wie sich die Besoffenen an der Ecke amüsieren. Und grade, wenn wir endlich einschlafen, klingelt das Telefon, wir stehen auf, und alles fängt wieder von vorne an. Wir machen nie etwas richtig – niemals. Nicht ein einziges Mal. Kriegen wir mal ein Geständnis, dann haben wir's aus dem Kerl rausgeprügelt, sagen sie, und irgendein Rechtsverdreher nennt uns vor Gericht Gestapo und grinst, wenn wir mit der Grammatik nicht zurechtkommen. Machen wir mal einen Fehler, dann stecken sie uns wieder in Uniform, und es geht in die Slums, und wir verbringen die schönen kühlen Sommerabende damit, Besoffene aus dem Rinnstein zu ziehen, uns von Huren anschreien zu lassen und schmierigen Chikanos Messer abzunehmen. Aber etwas fehlt uns noch zu unserem Glück, und das sind *Sie*.«[78]

Diese etwas unrealistische Rede ist Chandlers Art, seinem

Buch eine weitere Dimension hinzuzufügen. Er wollte das Verhalten der Polizei psychologisch erklären, denn, wie Marlowe bei anderer Gelegenheit feststellt, »die Zivilisation sagt ihnen nichts. Alles, was sie von ihr zu sehen bekommen, ist Scheitern, Schmutz, Abschaum, Perversionen und Ekel.«[79]

Neben solchen soziologischen Passagen gibt es viele, in denen sich Marlowe und die anderen Personen einfach gegenseitig anpflaumen. Wie bewußt derartige Wortwechsel eingesetzt sind, zeigen Chandlers Notizbücher, in denen er zur späteren Verwendung witzige Vergleiche sammelte – etwa »so exklusiv wie ein Briefkasten«, »einsam wie ein Leuchtturm«, »sexy wie eine Schildkröte« und »systematisch wie eine Hure.«[80] Jedesmal, wenn er einen dieser Vergleiche im Roman untergebracht hatte, vermerkte er das am Rand des Notizbuches mit der Abkürzung L. S. Das läßt vermuten, daß er beim Schreiben dieses Buches müder war als sonst.

Alle diese Kunstgriffe, besonders das Bemühen, den Charakteren mehr Dimension und der Landschaft eine Bedeutung zu geben, waren Versuche, seinem Werk größeres Gewicht zu verleihen. Obwohl sie nicht zur Handlung gehörten, waren sie nützliche Experimente, die schließlich in *The Long Goodbye* Teil eines abgerundeten Ganzen wurden. Inzwischen war Chandler klargeworden, was nicht stimmte: »Ich habe das Gefühl, daß ich in *The Little Sister,* oder in einem großen Teil davon, zu sehr von dem abkam, worum es mir eigentlich geht; ich bin auf eine Nebenstrecke geraten und habe zu sehr mit der witzigen, schlagfertigen Bemerkung herumgespielt. An erster Stelle sollte die Spannung stehen.«[81] Außerdem bemerkte er: »Die Handlung hatte weder genug Schwung noch Phantasie, ich schrieb zu viel drum herum, zuviel Beiwerk.«[82] Was war der Grund, abgesehen von Müdigkeit? Als er das Manuskript an den Verleger schickte, sprach er von einer 75 000 Wörter langen »schlecht geschriebenen und schlecht konstruierten Verhöhnung.« Auch sei es »eine Idee zu deftig für die Vornehmen und ein bißchen zu gebildet für die Demokraten, ganz abgesehen davon, daß nur sechs Morde drin vorkommen. Ich bin eben noch nicht zum Manne gereift. Meine fünf Jahre in den Salzbergwerken haben aus mir einen typischen Fall von gehemmter Entwicklung gemacht; je mehr ich mich vom Filmgeschäft fernhalte, umso besser bekommt mir das.«[83] Aus finanziellen Gründen war ihm das aber nicht ganz möglich. Die drohende Aussicht, wieder an Drehbüchern arbeiten zu müssen, hinderte ihn daran, Romane von gleichbleibend hoher Qualität zu schreiben. Er wußte das, und es ärgerte ihn. Die beste Erklärung für die Mängel von *The Little Sister* findet sich darum in einer Bemerkung, die er Sandoe gegenüber machte: »Es ist das einzige Buch von mir, das ich absolut nicht ausstehen konnte. Ich war in einer schlechten Stimmung, als ich es schrieb, und ich glaube, das merkt man.«[84]

Kein dritter Akt

Die Wochen nach der Veröffentlichung eines Buches sind für einen Schriftsteller immer schwer. Dinge, an die er gewöhnlich nie denkt, machen ihm Sorgen – Buchbesprechungen, Verkaufsziffern, Publicity. Vielleicht genießt er die Beachtung, die man ihm schenkt, aber er muß auch Enttäuschungen einstekken. Die Zahl der Vorbestellungen für *The Little Sister* lag unter 10000 Exemplaren, weniger als erhofft, aber es gab Interessenten für die Rechte an einer Taschenbuchausgabe, die Houghton Mifflin eventuell an den Meistbietenden verkaufen wollte. Von der amerikanischen Hardcover-Ausgabe wurden insgesamt 16000 Exemplare abgesetzt, mehr als von jedem anderen Buch Chandlers. Hamish Hamilton hatte zwar das Buch in England ein paar Monate früher herausgebracht und mit 26000 Exemplaren eine weit größere Anzahl verkauft, aber die Einkünfte waren wegen des niedrigeren Ladenpreises geringer. Alles in allem verdiente Chandler an der Hardcover-Ausgabe $ 10000, eigentlich kein geringer Betrag, doch im Verhältnis zur aufgewandten Arbeitszeit jämmerlich unangemessen.

Das Buch wurde in vielen Zeitschriften besprochen, denn es war nach sechs Jahren das erste neue Buch Chandlers, auf das die Tausende von Lesern, die dem Chandler-›Kult‹ angehörten, wie der Rezensent in der *Time* betonte, lange gewartet hatten. Anthony Boucher von der *New York Times Book Review* griff es an, und zwar ausgerechnet wegen »seines verletzenden Hasses auf die menschliche Rasse.«[1] Eine typischere Reaktion ist jedoch die Entscheidung von *Newsweek*, einen allgemeinen Artikel über die Kriminalschriftstellerei in Amerika zu bringen, der Chandler in den Mittelpunkt stellte. Die meisten amerikanischen Kritiker waren enttäuscht, daß Chandler nicht über das hinauskam, was er mit *The Lady in the Lake* vorgelegt hatte; doch unter anderen machte in England J. B. Priestley den Versuch, Chandler im größeren Zusammenhang der zeitgenössischen amerikanischen Literatur zu sehen: »Ihn zu lesen, ist wie in eine überreife Melone zu beißen und überrascht festzustellen, daß sie einem den Mund zusammenzieht. Er reduziert die leuchtende kalifornische Szene auf blanke Verzweiflung, geleerte Flaschen und ein Berg Zigarettenkippen unter sinnlosem Neonlicht, viel geschickter als es Aldous Huxley und all die anderen können; für mein Gefühl vermittelt er fast besser als sonst jemand das Scheitern eines Lebens, dem irgendwie eine Dimension fehlt und bei dem jeder sich entweder nachdenklich fragt, was nicht in Ordnung ist, oder barbarische Abkürzungen nach Nirgendwo einschlägt.«[2] Diese Reaktion ist kennzeichnend dafür, wie Chandler in England gesehen wurde. Er hatte eine Welt geschaffen, die freier und formloser, aufregender und zugleich deprimierender war als alles, was England bis jetzt erreicht hatte. Und er haßte die menschliche Rasse nicht, er machte sich Sorgen um sie – das war die Wurzel der Aussage seiner Bücher.

Chandler war zu erfahren, um sich von Besprechungen beunruhigen zu lassen, obwohl er sich über einige ärgerte, weil sie einen Ton anschlugen, der seiner eigenen Skepsis sehr nahekam. »Die amerikanischen Kritiken, die ich gesehen oder von denen ich gehört habe, sind im allgemeinen günstig«, schrieb er an Hamilton. »*Time* sagte, ich sei in Gefahr, ein talentierter Lohnschreiber zu werden. Das ist in einer Zeit wie dieser nicht unbedingt ein unangenehmes Schicksal. Der Mann vom *Atlantic* besprach das Buch recht ausführlich, wobei er offen zugab, daß er zu Krimis etwa so stehe wie Edmund Wilson. Ich mißgönne Rezensenten ihre traurigen Vergnügungen nicht, aber es hat etwas reichlich Komisches an sich, wenn ein Mann seine Buchbesprechung damit anfängt, daß er sagt, er liebe diese Sorte Buch nicht, und sich dann daran macht, es hübsch zu verreißen, weil es nicht etwas ist, was es nie zu sein vorgab. In einem Punkt hat er allerdings Recht: das, was meine ›Bücher auszeichnet, sind weiter nichts als unterhaltende, amüsante Ablenkungsmanöver, Schnörkel, aber keine wesentlichen Elemente, die das Genre verändern.‹ Das ist insofern nicht schlecht beobachtet, als es in einfacher Sprache aussagt, was ich schon lange geahnt habe: je besser man einen Krimi schreibt, um so deutlicher demonstriert man, daß der Krimi es nicht wirklich wert ist, geschrieben zu werden. Die besten Krimi-Autoren sind jene, deren Wahrnehmungsvermögen ihren Stoff nicht übertrifft.«[3] In einem anderen Brief führte er diesen Gedanken weiter aus, indem er sagte, er habe nichts gegen einige Einwände, die der englische Kritiker Desmond MacCarthy zu seinem Buch gemacht habe: »Ich finde, er hat gar nicht so unrecht mit seiner Behauptung, daß jemand, der einen Krimi liest, nicht durch guten Stil abgelenkt werden will.«[4]

Hier erkennt man Chandlers Abwehrmechanismus: Er tut so, als würde sein Buch bekrittelt, weil es zu gut sei. Aber er kannte die Mängel von *The Little Sister* und nannte sie lange vor irgendeinem Kritiker beim Namen. Was ihn an diesen Besprechungen ärgerte, war, daß sie seine Fähigkeit anzweifelten, mit dem Kriminalroman das zu tun, was er mit ihm tun wollte. »Ich bin verunsichert«, schrieb er an Hamilton. »Ich scheine meinen Ehrgeiz verloren zu haben und habe keine Ideen mehr. Eigentlich will ich nichts tun, oder vielmehr ein Teil von mir will etwas tun und der andere nicht. Sogar mäßiger Erfolg hat den Nachteil, daß man ihm gegenüber gleichgültig wird, dabei ist es wirklich schade, wenn man das Verlangen verliert, etwas zu tun, das Interesse und Lob auslöst. Ich lese diese tiefgründigen Abhandlungen, etwa in der *Partisan Review*, was das ist, Kunst, was das ist, Literatur, und das gute Leben und Liberalismus, und was genau die Position von Rilke oder Kafka ist, und das Gewäsch über Ezra Pound, der den Bollingen-Preis bekommt, und das alles kommt mir so bedeutungslos vor. Wen interessiert das? Zu viele Menschen sind schon zu lange tot, als daß es jemanden kümmern könnte, was irgendwer von diesen Leuten tut oder nicht tut. Wofür arbeitet man denn? Geld? Ja, aber in einem rein negativen Sinn. Ohne etwas Geld ist nichts weiter möglich, aber sobald man das Geld hat (und ich meine nicht ein

Vermögen, bloß ein paar Tausend Pfund im Jahr), sitzt man nicht da und zählt es und weidet sich daran. Mit jedem Ziel, das man erreicht, verliert man einen Grund, etwas erreichen zu wollen. Möchte ich ein großer Schriftsteller werden? Möchte ich den Nobelpreis gewinnen? Nicht, wenn ich dafür sehr hart arbeiten muß. Was soll der Quatsch, ich finde, den Nobelpreis bekommen sowieso zu viele Zweitrangige, als daß er mich groß jucken könnte. Außerdem müßte ich nach Schweden fahren, mich feinmachen und eine Rede halten. Ist der Nobelpreis das alles wert? Teufel, nein. Oder ich lese in einem Buch wie Haycrafts *Art of the Mystery Story* verschiedene sogenannte kritische Artikel über den Kriminalroman – was für zweitklassiges Zeug! Die ganze Sache spielt sich auf einer Ebene der Herabwürdigung ab; ständig beeilt man sich, die Kriminalgeschichte als Literatur herabzusetzen, aus Angst, man könnte dem Autor der Kritik unterstellen, er halte es für bedeutende Literatur. Diese voreingenommene Haltung ist vermutlich das Ergebnis des Niedergangs der Klassiker, eine Art intellektuelle Borniertheit ohne historische Perspektive. Immer wieder sagen die Leute zu Schriftstellern meines Schlages: ›Sie schreiben so gut, warum versuchen Sie nicht mal einen seriösen Roman?‹ Womit sie Marquand meinen oder Betty Smith. Wahrscheinlich wären sie beleidigt, wenn man vorbrächte, daß die ästhetische Kluft, sofern es eine gibt, zwischen einem guten Krimi und dem besten seriösen Roman der letzten zehn Jahre kaum meßbar ist an irgendeinem Maßstab, an dem man die Kluft zwischen dem seriösen Roman und irgendeinem repräsentativen Werk klassischer Prosa des vierten vorchristlichen Jahrhunderts messen könnte, irgendeiner Ode von Pindar oder Horaz oder Sappho, irgendeinem Chor von Sophokles und so weiter. Es gibt keine Kunst ohne einen allgemeinen Geschmack, und es gibt keinen allgemeinen Geschmack ohne ein in allen Gesellschaftsschichten vorhandenes Gefühl für Stil und Qualität. Seltsamerweise scheint dieses Stilgefühl wenig mit Verfeinerung oder auch nur Menschlichkeit zu tun zu haben. Es kann in einer barbarischen, schmutzigen Ära existieren, aber unmöglich im Zeitalter von

Milton Berle, Mary Margaret McBride, des Buch-des-Monats-Clubs, der Hearst Presse und der Coca-Cola-Maschine. Man kann Kunst nicht dadurch hervorbringen, daß man es versucht, daß man strenge Maßstäbe aufstellt, über kritische Einzelheiten spricht, die Flaubert-Methode anwendet. Sie wird mit Leichtigkeit geschaffen, fast nebenbei und ohne Befangenheit. Man kann nicht schreiben, bloß weil man alle möglichen Bücher gelesen hat.«[5]

Der schwächste Punkt dieser weitschweifigen Ausführung ist der Satz, in dem Chandler behauptet, daß die meisten Menschen mit dem seriösen Roman Marquand und Betty Smith meinen. Daß er Schriftsteller wie Hemingway, Fitzgerald und Faulkner unter den Tisch fallen läßt, ist merkwürdig und läßt sich nur durch den gleichzeitigen Umstand erklären, daß es während der vierziger Jahre, als der Krieg die Menschen beschäftigte, kaum neue Arbeiten von den besten amerikanischen Autoren gab. Chandler bewunderte jüngere Schriftsteller wie James Gould Cozzens und Eudora Welty, doch die setzten noch keine Maßstäbe. Außerdem war es vollkommen logisch für ihn, sich mit John Marquand zu vergleichen, einem Schriftsteller aus Boston, dessen populärste Bücher während dieses Jahrzehnts erschienen und der damals einen hervorragenden Ruf genoß. Seine Bücher waren ein natürliches Dikussionsthema für Dale Warren und Charles Morton; außerdem war er ein Klient von Carl Brandt und gut bekannt mit Bernice Baumgarten. In einem Brief an sie bemerkte Chandler über Marquand, daß »man kein Recht hat, so gut zu schreiben und dann so wenig zu sagen. Er schreibt den perfekten viktorianischen Roman, traurig, aber nicht zu traurig, auf geschlechtslose Weise romantisch, mit schön beobachtetem Detail und der vollkommenen Wirkung eines Stahlstichs ohne jede Farbe. Ich vermute, daß Gott Boston an einem verregneten Sonntag erschaffen hat.«[6]

Immer wieder kam Chandler auf den Vergleich zwischen dem Kriminalroman und dem »richtigen« Roman zurück. Das wurde fast zu einer Besessenheit, die seine eigene Unzufriedenheit offenbarte, seine Sorge, er könnte unfähig sein, die Kluft zwischen beiden zu überbrücken. Er sprach davon, daß Dorothy Sayers es offenbar versucht habe, behauptete aber: »Sie hat es in Wirklichkeit nicht geschafft, weil der Gesellschaftsroman, den sie ins Auge faßte, literarisch zu unbedeutend ist. Sie hat einfach ein Genre der Trivialliteratur durch ein anderes ersetzt.«[7] Chandlers eigener Versuch lag noch vor ihm und sollte für einige Jahre sein ganzes Können beanspruchen. Vorerst konnte er nur einer Hoffnung Ausdruck geben: »Ich bin mir durchaus nicht im klaren darüber, ob das Ganze schlechterdings unmöglich sein soll und ob nicht doch irgendwann einmal, irgendwo, vielleicht nicht im Moment oder von mir, ein Roman geschrieben werden kann, der scheinbar ein Kriminalroman ist und den Reiz des Kriminalromans bewahrt, in dem aber das Schwergewicht bei Charakterisierung und Atmosphäre liegt, wo Gewalt und Furcht mitschwingen.«[8] Chandler lehnte es ab, sich für seine bisherigen Arbeiten zu entschuldigen: »Wenn die Leute mein Buch bloß noch so einen Krimi nennen, kann ich's nicht ändern, aber bei Gott, ich werde das bestimmt nicht selbst tun.«[9]

Chandlers Unzufriedenheit erreichte ihren Höhepunkt, als *The Little Sister* veröffentlicht wurde. Belästigungen und Störungen irritierten ihn; sprunghaft wechselte er von einem Projekt zum andern. Außerdem schuf sein Haushalt Probleme. »Es ist ein hübsches Haus, eines der hübschesten in La Jolla«, erklärte er Carl Brandt, »aber es scheint unmöglich, hier irgendeine fähige Hilfskraft zu kriegen. Abgesehen davon ist das Haus auch zu teuer. Es ist zwar eine gute Investition, und die Steuern hier sind niedrig, aber alles andere in La Jolla kostet zuviel, jede Dienstleistung muß überbezahlt werden, jeder will einen übers Ohr hauen. Früher ist der Ort das wert gewesen. Aber wir haben die alte Abgeschiedenheit nicht mehr.«[10] Chandler fand auch, daß er viel zuviel Zeit mit geschäftlichen Angelegenheiten verbrachte. »Ich schneide mir selbst ins Fleisch, weil ich meine Zeit und Kraft für Dinge verschwende, die mit dem Schreiben nichts zu tun haben.«[11]

Zusätzlich zu seinen finanziellen und literarischen Schwierigkeiten belasteten ihn Cissys chronische Krankheiten und seine eigenen gesundheitlichen Störungen. Er litt an Bronchitis, Halsentzündungen und Hautallergien. Eine davon, angioneurotisches Ödem, war ein Ausschlag, der sich über Brust und Hals ausbreitete. Die Haut war so gereizt, daß Chandler es nur mit Hilfe von Morphium ertragen konnte. Durch eine andere Hautallergie an den Händen bekam er aufgesprungene Finger. Er wurde mit Röntgenstrahlen behandelt und hatte beim Tippen die Finger verbunden. Als sie dann heilten, wurde ihm gesagt, er dürfe kein Kohlepapier und keine Druckerschwärze berühren und solle mit Handschuhen lesen. Er sagte, er komme sich vor »wie eine welkende Bühnenschönheit.«[12] Als wäre das noch nicht genug, bekam er Ende 1949 eine Gürtelrose. »Ich scheine langsam zu zerfallen«, bemerkte er.[13] Diese gesundheitlichen Probleme machten ihm jahrelang zu schaffen und wirkten sich natürlich auch seelisch aus. »Mir geht's hundsmiserabel«, schrieb er an Dale Warren. »Nervös, müde, entmutigt, habe genug von der Chauffeur-und-Cadillac-Atmosphäre hier, die Nase voll von diesem endlosen Hin und Her wegen eines Hausmädchens, bin angewidert von meinem Mangel an Weitblick, daß diese Art Leben nicht zu meinem Temperament paßt.«[14]

Später beklagte sich Chandler noch einmal über La Jolla: »Anscheinend brauche ich die stimulierende Ambiance eines größeren Ortes; ohne sie werde ich einfach schlaff und gleichgültig.«[15] Er hatte niemanden, mit dem er reden konnte; schlimmer war jedoch, daß die Vitalität des Großstadtlebens, die er in seinen Romanen so farbig beschreibt, den stillen Straßen von La Jolla völlig abging. Um dem zu entkommen, machte Chandler große Reisepläne. Seit vier Jahren hatte Chandler vor, England zu besuchen, aber Krankheit, Arbeitsdruck oder Trägheit führten zu Verschiebungen, so daß die Chandlers erst im Herbst 1952 nach England fuhren. Bis dahin machten sie Reisen innerhalb Kaliforniens. Während ihrer ersten Zeit in La Jolla waren sie oftmals bei Erle Stanley Gardner zu Besuch. Als ausgebildeter Anwalt war Gardner, wie Chandler, halb Geschäftsmann, halb Schriftsteller. Immer wieder staunte Chandler über Gardners Arbeitspensum: In Temecula hatte er eine Ranch mit drei Sekretärinnen, die sich um seine Angelegenheiten kümmerten, so daß er seine ganze Zeit dem Schreiben widmen konnte. Dazu war Chandler zu nervös und vorsichtig, als Schriftsteller auch zu unstet und anspruchsvoll. »Ich kenne ihn gut und mag ihn«, schrieb Chandler über Gardner. »Er redet schrecklich viel, bis man nicht mehr kann, ist aber nie langweilig dabei. Er spricht einfach zu laut und zu viel. Jahrelanges Quatschen in ein Diktaphon hat seine Stimme ruiniert, die jetzt das ganze delikate Chiaroscuro einer französischen Taxihupe hat. Seine Arbeitsmethoden sind erstaunlich (er kann in einer Woche oder zehn Tagen mit Leichtigkeit ein ganzes Buch schreiben); hin und wieder kommt etwas ganz Hübsches dabei heraus.«[16]

Um aus La Jolla herauszukommen, unternahm Chandler auch Geschäftsreisen nach Los Angeles; zum Vergnügen fuhr er mit Cissy aber lieber in die Wüste, meistens nach Palm Springs, wo das trockene Klima sich heilsam auf seine Bronchitis und ihren Husten auswirkte. Die beiden müssen in einem Kurhotel ein seltsames Paar abgegeben haben, zwanzig Jahre hinter der Mode zurück, zwei Introvertierte, die nichts weiter wollten, als in Ruhe gelassen zu werden. Im Herbst 1951 buchten sie ein Hotel in der Nähe von Santa Barbara. »Ich weiß nicht, ob Sie je auf einer Ferienranch waren«, schrieb er an Hamilton. »Für mich war es das erste Mal. Die Ranch heißt Alisal, was laut Prospekt spanisch ist und Platanenwäldchen bedeutet. Sie liegt landeinwärts in einem Tal, dem Santa Ynez Valley gleich nördlich von Santa Barbara, und ist fast so trocken wie die Wüste, tagsüber sehr heiß und morgens, abends und nachts sehr kühl. Im Sommer muß es da ziemlich schlimm sein. Wir fanden den Laden sehr amüsant und überaus langweilig, teuer, schlecht geführt, aber gut ausgestattet mit dem üblichen Swimming-pool, Tennisplätzen usw. Die Art Ort, wo Leute, die sonst in Büros arbeiten, Cowboystiefel tragen, wo die weiblichen Gäste zum Frühstück in Levis erscheinen, zum Mittagessen in Jodhpurs, knalligen Hemden und Halstüchern und abends in Cocktail-

Kleidern oder in noch mehr Jodhpurs, knalligen Hemden und Halstüchern. Das ideale Halstuch scheint sehr schmal zu sein, nicht viel breiter als ein Schnürsenkel, wird vorne durch einen Ring gezogen und hängt auf einer Seite des Hemdes herunter. Ich habe nicht gefragt, warum; habe niemanden gut genug kennengelernt. Die Männer tragen ebenfalls knallbunte Hemden, die sie weiteren Mustern zuliebe dauernd wechseln; alle, außer den echten Reitern, die eher langärmlige dicke Woll- oder Woll- und Nylonhemden tragen, hinten mit einer Paßfalte, etwas, das man nur in einer pferdeverrückten Stadt kaufen kann. Die entsprechenden Leute haben hier wahrscheinlich eine Menge Spaß, Leute, die morgens ausreiten und nachmittags schwimmen oder Tennis spielen, sich dann an der Bar zwei oder drei Drinks genehmigen, und – wenn sie dann zum Dinner erscheinen – durchaus fähig sind, sich für die sehr mäßige und viel zu fette Küche zu begeistern. Für uns, die wir ziemlich abgespannt, gesundheitlich nicht auf dem Posten und folglich viel zu anspruchsvoll waren, war diese Ranch eine harte Prüfung. Aber es war amüsant, abends eine ganze Armee von Wachteln unbekümmert an den Bungalows vorbeispazieren zu sehen und Vögel zu beobachten, die aussahen wie Dohlen, die wir sonst noch nie zu Gesicht bekommen haben, nicht mal in den Bergen.«[17] Dort saß Chandler also im Tweedanzug mit Schlips, las die Horatio Hornblower-Trilogie von C. S. Forester und fand sie langweilig. Wahrscheinlich wußte er nicht, daß Forester das College ebenfalls in Dulwich absolviert hatte; es wäre ihm auch egal gewesen. Und bei ihm war Cissy, achtzig Jahre alt jetzt, in Röcken und Kleidern, die diese Tatsache verschleiern sollten.

Obwohl er manchmal wie ein mürrischer alter Mann klang, hatte sein Naturell auch eine heitere Seite, die für die Capricen und Kuriositäten des Lebens durchaus zu haben war. Dieser Charakterzug trat in den letzten Jahren seines Lebens deutlicher hervor; das war seine Art, dem Altern eine lange Nase zu machen. Als er einen neuen Wagen brauchte, holte Chandler sich bei Charles Morton Rat, der etwas von Autos verstand und ihm vorschlug, Triumph- und Jaguar-Sportwagen auszuprobieren. Cissy hätte ihm fast einen Jaguar geschenkt, doch der erwies sich als unbequem. Chandler erzählte Morton, wozu er sich schließlich entschlossen hatte: »Hab's aufgegeben, mich wegen Autos verrückt zu machen; meine Frau hat mir ein 98er Oldsmobile geschenkt, das mehr als gut genug ist für alles, was ich vom Gehsteig auflesen könnte.«[18]

Chandlers Vitalität fand ihren stärksten Ausdruck in seinem Werk, denn in der Welt der Phantasie konnte er sich, anders als in Wirklichkeit, unbekümmert gehen lassen. Gelegentlich aber – wie ein kleiner Junge, der etwas Verbotenes tut – fand er etwas, was ihn diebisch freute. Als er einmal gerade aus San Francisco zurückgekehrt war, schrieb er überschwenglich an Carl Brandt: »Was ich an S. F. so liebe, ist seine ›Geh doch zum Teufel‹-Einstellung. Die engen Straßen sind voller Schilder ABSOLUTES PARKVERBOT und voller geparkter Autos, die aussehen, als stünden sie da schon den ganzen Tag. Zum erstenmal in meinem Leben sah ich einen weiblichen Verkehrspolizisten, ganz echt, voll ausstaffiert mit Blechstern und Pfeife. Und noch einen anderen Polizisten. Der fuhr umher, mit einem Stück Kreide am Ende eines langen Stockes, und etwa einmal pro Häuserblock markierte er damit vom Auto aus irgendeinen Hinterreifen, bloß um in Übung zu bleiben. Die Taxifahrer sind auch herrlich. Das einzige Gesetz, das sie respektieren, ist das der Gravitation. Einen hatten wir sogar, der Straßenbahnen links überholt, ein Vergehen, für das man in Los Angeles wahrscheinlich neunzig Tage kriegen würde.«[19]

Um das Leben in La Jolla finanzieren zu können, bemühte Chandler sich lange Zeit, eine Radio-Show und später eine Fernsehserie zu bekommen, die auf seinen Arbeiten basieren sollten. Der Aufhänger der geplanten Serie sollte Philip Marlowe als Hauptperson neuer Episoden und Geschichten sein. Auf diese Weise hatte man bereits Sendereihen produziert, in denen Dashiell Hammetts Sam Spade und Erle Stanley Gardners Perry Mason auftraten. Chandler war ein schwieriger Verhandlungspartner, weil er auf dem Recht bestand, das Skript zu genehmigen. Er sah in Marlowe ein bedeutendes kommerzielles Eigentum und wollte nicht, daß ein großer Kreis von Radiohörern einen entstellten Marlowe kennenlernte. »Meiner Meinung nach sollte die Philip Marlowe-Serie vom Dialog leben«, schrieb er. »Es gibt sonst einfach nichts, was sie von jeder anderen dieser Shows, wie die üblichen Lohnschreiber sie sich auch ausdenken könnten, unterscheiden würde. Die Handlungen spielen dabei keine Rolle, sie sind bloß Vorwand für die Akteure, irgendwo hinzugehen und etwas zu sagen, aber was sie sagen, darauf kommt es an. Der Dialog muß funkeln.«[20]

1947 verkaufte Chandlers damaliger Hollywood-Agent, H. N. Swanson, der National Broadcasting Company ein Marlowe-Programm, das den Sommer über an die Stelle der Bob Hope-Show treten sollte. Van Heflin übernahm die Rolle des Marlowe und Milton Geiger schrieb das Skript. Chandler war so nervös, daß er Erle Stanley Gardner bat, sich die Sendung anzuhören. Gardner sagte ihm, er halte das Programm für besser als die meisten anderen dieser Art, doch der Ich-Erzähler mache ihm Sorge. Eine Woche später erklärte er, was er meinte: »Ich habe mir gestern abend das Marlowe-Programm angehört und fand es ziemlich schwierig, mitzukommen. Es lief so gedrängt und schnell ab, daß ich nicht entspannt folgen konnte. Ich mußte furchtbar aufpassen, sonst wäre die Geschichte an mir vorbeigezischt, ohne daß ich etwas mitgekriegt hätte. Mir war, als hörte ich einem Kriminalroman zu, der zu einer dreißigminütigen Dramatisierung zusammengepreßt war.«[21] Der Kritiker John Crosby war derselben Meinung, denn er bemerkte: »Wenn die Handlungen noch mehr gekürzt werden, setzt man uns demnächst *Krieg und Frieden* in einer Fünfzehnminuten-Show vor und hat immer noch Zeit für den Werbespot.«[22]

Chandler scheint begriffen zu haben, was mit der Serie falsch lief, aber er bestand nicht auf Skript-Kontrolle: »Ich kann so oder so nicht viel daran ändern.«[23] In einem Brief an Gardner klagte er: »Ich hab's aufgegeben, ihnen erzählen zu wollen, was ich für falsch halte. Ich finde, die Show war schlecht geschrieben und nicht besonders gut gespielt; auch das Hauptproblem einer solchen Show wurde nicht gelöst, nämlich, eine Form und einen Stil zu schaffen, die im Notfall ohne Handlung auskommen. Man kann nicht immer eine gute Story haben.«[24]

Im Herbst wurde die Serie abgesetzt, weil MGM Van Heflin nicht weitermachen lassen wollte. Chandler unternahm erst etwas, um sie wieder ins Leben zu rufen, als er seinen literarischen Agenten gewechselt hatte und von Ray Stark, Brandts Hollywood-Spezialisten, vertreten wurde. Er fuhr nach Los Angeles, um sich mit Stark zu beraten, und bei dieser Gelegenheit wurden seine alten Ressentiments der Stadt gegenüber wieder wach. »Diese Hollywood-Leute sind unglaublich, wenn man eine Weile weg war«, schrieb er. »In ihrer Gegenwart klingt jede ruhige, vernünftige Bemerkung falsch. Ihre Unterhaltungen bestehen aus einem Haufen abgedroschener Superlative, die pro Satz durch vier Telefonate unterbrochen werden.« Mit Stark kam er gut zurecht und berichtete: »Jeder in seinem Bagno ist nett.«[25] Chandler machte Stark klar, daß ihm vor allem an der Qualität des Skripts lag, das er als Schlüssel zum Erfolg der Show ansah. »Lieber einen teuren Autor und billige Schauspieler, als einen großen Star und einen billigen Autor.« Worauf es ankomme, erklärte er, sei, daß »Philip Marlowe einzigartig sein soll: er ist alles, was ich zu verkaufen habe.«[26]

Chandler war hinreichend an dem Projekt interessiert, so daß er eine Liste mit Vorschlägen aufstellte, die demjenigen, der die Serie schreiben würde, übergeben werden sollte. Das Problem mit dem Ich-Erzähler, sagte er, bestehe darin, daß er die Tendenz habe, zu dominieren und unangenehm zu werden. »Um das zu vermeiden, dürfen Sie ihm nicht dauernd die Pointe oder das letzte Wort geben; nicht einmal oft. Überlassen Sie den anderen Figuren die Schlagfertigkeit. Er soll ohne Gag auskommen. Eine vernichtende witzige Bemerkung büßt viel von ihrer Kraft ein, wenn sie keine Antwort provoziert, wenn der Getroffene den Schlag einfach einsteckt. Man muß sich dann entweder selbst übertreffen oder an Boden verlieren.« Chandler meinte, Marlowes witzige Bemerkungen sollten eher »Gefühlsausbrüche« sein als von ihm bewußt eingesetzt werden; außerdem dürfe er nie »im geringsten hämisch wirken.«[27]

Im September 1948 gelang es Stark, »The Adventures of Philip Marlowe« für wöchentlich $ 250 an die Columbia Broadcasting Company zu verkaufen, ein Betrag, der sich auf $ 400 erhöhen würde, falls die Serie durch Werbewirksamkeit einen Sponsor finden sollte. Gerald Mohr bekam die Rolle des Marlowe, Mel Dinelli wurde zum Autor bestimmt, trat aber bald zugunsten des Autorenteams Gene Levitt/Bob Mitchell zurück, die gemeinsam 101 Sendungen schrieben, was zwei Jahren Laufzeit der Show entspricht. Nach den ersten drei oder vier Sendungen bestand Chandler nicht mehr darauf, die Manuskripte vorher zu prüfen. Die meisten handeln von Erpressung und Falschheit. In »The Jade Teardrop«, so die Anmerkung der Autoren, »kann eine Person, die sich eines schweren Verbrechens nicht schuldig gemacht hat, nicht zur Polizei gehen, ohne bekennen zu müssen, daß sie ein geringfügiges Verbrechen begangen hat, das sie gerade wiedergutmachen will.« Eine andere Folge in der Reihe ist fast eine Parodie auf Chandler: »Ein junger Mann liebt ein Mädchen so sehr, daß er sein Leben aufs Spiel setzt, um ihre Leiche aus einem Unfallwagen zu holen, damit sie nicht tot neben einem Killer gefunden wird, den sie liebte.«[28]

Die Show kam gut an und hatte eine hohe Einschaltquote, die höchste aller von diesem Sender ausgestrahlten Programme. Chandler war mit ihr zufrieden, obwohl er es manchmal nicht zugeben wollte, etwa wenn er bemerkte: »Die Figur (wir wollen das aber geheimhalten, sonst hören die womöglich noch auf, mich zu bezahlen) hat mit Philip Marlowe etwa so viel gemeinsam wie ich mit Winnie the Pooh.«[29]

Nach Erscheinen des Buches wurde *The Little Sister* dank der Initiative Starks auch in Form einer Live-Sendung vom Fernsehen ausgestrahlt. Ray Stark versuchte, das Fernsehen auch für die Marlowe-Serie zu interessieren, aber trotz eines Pilotfilms fand CBS keinen Geldgeber für das Projekt; das Radioprogramm lief unabhängig davon weiter. Chandler nahm immer an diesen Verhandlungen teil. Obwohl er Starks Tatkraft bewunderte, kamen ihm doch Bedenken, als die Radio-Show an Century Artists verkauft wurde, eine Werbefirma, an der Stark beteiligt war, anstatt direkt an eine der Rundfunkanstalten. Außerdem hatte seine Zeit in Hollywood ihn zu einem harten Verhandlungspartner gemacht, der nicht daran glaubte, daß er für seine Arbeit – wie Stark ihm anriet – weniger verlangen solle, bloß weil das Fernsehen noch jung war. »Man kann einen Besitz nicht billig an billige Leute verkaufen und dann erwarten, daß er zu etwas anderem als einem billigen Zweck verwendet wird«, erklärte er. »Die Frage ist doch, spielt das eine Rolle? Irgendwie schon, möchte ich meinen.«[30]

Chandler hielt nicht viel vom Fernsehen. Seiner Meinung nach fehlten ihm gute Kameraleute, gute Regisseure und gute Autoren. Wie jeden anderen störten ihn die Werbespots; er benutzte ein *»blabb-off«*, ein Gerät, das den Ton während der Werbesendungen ausschaltete, aber das half nicht viel. »Ich habe neulich zum erstenmal ein bißchen Zeit vor dem Fernseher verbracht«, schrieb er 1950, »und ich finde, daß die Leute, die einigermaßen regelmäßig längere Zeit fernsehen, nicht aufgehört haben zu lesen; sie haben nie damit angefangen. Es ist so ziemlich wie der Schimpanse, der Geige spielte. Er spielte sie ungestimmt; er spielte nichts, was man als eine Melodie hätte erkennen können; er hielt den Bogen nicht richtig; sein Fingersatz war falsch. Aber Himmel, war es nicht wunderbar, daß er überhaupt Geige spielen konnte?«[31]

Nach zwei Jahren wurde die Radiosendung abgesetzt. Chandler stritt sich gerade mit Warner Brothers herum, eine Auseinandersetzung, in die auch Stark verwickelt war. Die Verhandlungen liefen schlecht: am 1. Dezember schrieb Chandler an Carl Brandt, um ihm mitzuteilen, daß er nicht länger von Ray Stark vertreten werden und zu Swanson zurückkehren wolle. Chandler wechselte seine Agenten hauptsächlich, wenn er mit ihrer Persönlichkeit nicht zurechtkam. Über Swanson schrieb er: »Man kann ihn anfassen. Er hat Substanz. Er ist da. Stark ist wie die Reflektion einer flackernden Lampe. So jedenfalls wirkt er auf mich. Seine Fähigkeiten stelle ich ebensowenig in Frage wie ich sagen will, daß er meine Interessen irgendwie vernachlässigt hat. Es ist einfach so, daß ich Swanie mag, ihn schon lange kenne und weiß, woran ich bei ihm bin.«[32]

Swanson machte sich an die Arbeit: im Juli 1951 wurden »The Adventures of Philip Marlowe« wieder gesendet, wie zuvor mit Gerald Mohr in der Titelrolle. Aus finanziellen Gründen hätte Chandler auch gern eine Fernsehshow gehabt, glaubte aber angesichts seiner Maßstäbe und der Leute, die die Entscheidungen trafen, nicht daran, je eine zu bekommen: »Es war schon schlimm genug, diese untermenschlichen Krämerseelen das Radio kontrollieren zu sehen, aber das Fernsehen tut einem etwas an, was das Radio niemals tat. Es hindert einen daran, sich irgendein geistiges Bild zu machen, und zwingt dazu, sich statt dessen eine Karikatur anzusehen. Da gibt es kein Entkommen.«[33] Chandler glaubte das Fernsehen in den Händen von Leuten, die früher zweitklassige Filme gemacht hatten und das Radio beherrschten: »Die Drehbücher sind wahrscheinlich nicht schlechter als bei vielen Radiosendungen, aber weil sie aufdringlicher sind, *erscheinen* sie schlechter. Wenn man fünfzehn Jahre damit verbracht hat, eine Figur zu entwickeln, und zwar eine ziemlich komplexe Figur, kann man sie nicht der Sorte von Leuten überlassen, die diese Shows machen. Die Handlungen finde ich nicht so furchtbar wichtig. Aber ich glaube, der Schauspieler und der Dialog sind sehr wichtig – so sehr, daß ich, würde man mir eine Fernsehserie anbieten (was nicht geschehen ist), auf dem Recht bestehen müßte, den Darsteller des Marlowe gutzuheißen und auch das Skript zu prüfen. Ich kann's mir einfach nicht leisten, diese Figur von ein paar Hornochsen kaputtmachen zu lassen. Eine Stimme wie die Gerald Mohrs vermittelte eine Persönlichkeit, von der man sich je nach seiner Phantasie ein Bild machen konnte. Aber das Fernsehen stopft einem die ganze Sache direkt in den Hals. Und wenn der Darsteller einen einzigen platten, dummen, abgedroschenen Satz sagt, ragt der heraus wie ein Leuchtturm bei Sturm.«[34]

Als CBS im Oktober die Marlowe-Show absetzte, kam Chandler der Gedanke, daß eine Werbefirma wie Ray Starks

Century Artists vielleicht für das Weiterbestehen einer Serie doch nötig sei. Die Sendeanstalten wollten zu viele Rechte. »Der Gedanke, jemanden auf zehn Jahre zu binden und ihn dann nur mit Hundekuchen zu füttern, kommt mir ein bißchen stark vor«, äußerte er sich mürrisch gegenüber Edgar Carter, dem Partner Swansons. Man denkt an zu hoch hängende Trauben, wenn er hinzufügt: »Vielleicht war die Show zu gut, vielleicht wurden nicht genügend Leute zusammengeschlagen, erstochen oder erschossen. Es gibt ein halbes Dutzend Sendereihen dieser Art, sie laufen seit Jahren, werden gesponsert, man weiß, was man von ihnen zu erwarten hat, und es lohnt sich nicht, sich auch nur eine davon anzuhören.«[35]

Feststeht, daß Chandler bei Radio und Fernsehen nicht so erfolgreich war wie einige seiner Zeitgenossen. Die Jahre harten Verhandelns mit den Hollywood-Studios hatten ihn vielleicht zu schwierig gemacht für die Sendeanstalten und Agenten, die Shows dieser Art zusammenstellten. Er scheute nicht davor zurück, sich stur zu stellen, auch wenn das hieß, daß kein Vertrag abgeschlossen wurde. Mitte der fünfziger Jahre hatte man ihn kaltgestellt: als einer der Väter des Genres machte er die unangenehme Entdeckung, daß seine Nachahmer den Radio- und Fernsehmarkt übernommen hatten.

Dennoch war Chandler immer beschäftigt, meistens mit Projekten, die sein Leben als Schriftsteller nur am Rande berührten. Als *The Little Sister* 1949 veröffentlicht wurde, bekam er eine Reihe von Angeboten; seine Reaktion enthüllt viel von seiner Denkweise und seinem Selbstverständnis. Noch vor dem Erscheinungsdatum trat die Doubleday Mystery Guild an Houghton Mifflin heran und bot $ 5000 für das Recht, *The Little Sister* an ihre Mitglieder vertreiben zu dürfen. Das Angebot stieß bei Chandler auf strikte Ablehnung. An Hardwick Moseley schrieb er: »Ich bin gegen diese Sache – absolut dagegen. In vieler Hinsicht ist es schlecht für einen Schriftsteller, wenn er wirklich Geld in die Hände bekommt, aber bei Entscheidungen dieser Art ist es nützlich. $ 2500 [Chandlers Anteil] sind mir einfach nicht wichtig genug; sie sind kein Opfer wert und gefährden möglicherweise einen Ruf, der, entgegen aller Regel, schließlich doch gewachsen ist.«[36] Chandler wollte nicht als Kriminalschriftsteller, sondern einfach als Schriftsteller etwas gelten, ohne jedes modifizierende Adjektiv.

Ein andere Offerte erstaunte ihn noch mehr: »Ich weiß nicht, was mit der Schriftstellerei in diesem Land eigentlich passiert. Ich kriege da ein Angebot über $ 1200 pro Jahr für die Verwendung meines Namens auf dem Titel eines neuen Krimimagazins, *Raymond Chandler's Mystery Magazine*. Ich habe nichts zu tun mit dem Ding, keine Kontrolle über den Inhalt und keinerlei Kontakt mit dem Redaktionsstab. Den Leuten würde nie die Idee kommen, daß ihr Angebot eine Beleidigung darstellt und kein Schriftsteller das Recht hat, an seinem Ruf Geld zu verdienen, ohne etwas dafür zu leisten.«[37] Wie die meisten Autoren brachte Chandler der Werbung zwiespältige Gefühle entgegen. Er wollte, daß seine Bücher gelesen werden, er wollte bekannt sein, aber das Vulgäre der Publicity, das marktschreierische Sichverkaufen, stieß ihn ab. Ihm war bekannt, daß andere Schriftsteller Dinge taten, die er ablehnte: »Sie machen mit der größten Selbstverständlichkeit Autogramm-Tourneen, reden auf Buchmessen und lassen sich gelegentlich als ›Bedeutende Persönlichkeiten‹ fotografieren, ein Glas Whisky-Verschnitt in der Hand, den ich nur im Notfall in den Ausguß schütten würde, aus Angst, er könnte die Leitungsrohre zerfressen. Ich will mit meiner Konservativität niemandem auf die Nerven fallen, aber ich meine doch, daß man irgendwo eine Grenze ziehen muß; ich behaupte sogar, daß man diese Grenze schon aus Gründen der Geschäftspolitik auch dann ziehen muß, wenn einen Moral kaltläßt – vorausgesetzt, man hat nur ein bißchen Ahnung. Aber die Brutalisierung der Geschäftsmoral in unserem Land ist derart weit fortgeschritten, daß kein Mensch mehr ein besseres Gefühl kennt als das, einen leichtverdienten Dollar zwischen den Fingern zu haben.«[38]

Gleichzeitig war er durchaus zur Zusammenarbeit bereit, als *Newsweek* wegen einer Titelgeschichte an ihn herantrat, die zum Zeitpunkt der Veröffentlichung von *The Little Sister* über ihn erscheinen sollte. *Time* hatte ihn 1943 mit der gleichen Absicht interviewt, aber der Artikel wurde nie veröffentlicht. Im Juli 1949 besuchte ihn ein Reporter von *Newsweek* und machte Fotos, doch alles, was dabei herauskam, war ein Artikel über Kriminalromane, in dem er erwähnt wurde. Auf der Titelseite erschien sein Foto nicht. Chandler fühlte sich betrogen und machte seinem Agenten gegenüber, wie es seine Art war, kein Hehl daraus: »Man gibt ihnen alles, was sie wollen, redet sich dumm und dämlich, posiert bis zur Erschöpfung für Gott weiß wie viele Aufnahmen, läßt Abzüge von älteren Bildern für sie machen, und am Ende geben sie einem nicht nur nichts von dem, was sie versprochen haben, sondern besprechen nicht einmal das Buch. Sie ignorieren es völlig. Was dabei wehtut, ist das Schuldgefühl, von dem man nicht einmal etwas hat – wie ein Taschendieb, der ein leeres Portemonnaie erwischt. Wenn man sich zu so einem Handel überreden läßt, weiß man im Innersten, daß das eine faule Sache ist, aber man ist gerade korrupt genug, das zu übersehen, weil man hofft, es könnte verkaufsfördernd wirken. Dann wird man stehengelassen, und das Gefühl der Demütigung ist nicht besonders angenehm. Bei Publicity gibt es keine Kompromisse. Entweder man akzeptiert sie, wo und wann immer man sie kriegt, in jeder Form, egal wie vulgär, oder man folgt seinem Instinkt und erklärt: ›Ich bin nicht an persönlicher Reklame interessiert, zu keiner Zeit, an keinem Ort und zu keinem Zweck.‹«[39] Das war keine unumstößliche Überzeugung: Chandler war auch nur ein Mensch, und ließ sich in späteren Jahren noch oft interviewen.

1949 wurde Chandler auch eingeladen, dem amerikanischen Zweig des PEN-Clubs beizutreten, einem internationalen Verband von Schriftstellern. Er sagte zu Bernice Baumgarten, er wisse nicht, wie er sich verhalten solle: »Die sehen die Einladung offenbar als eine große Ehre an, und mir ist sie scheißegal. Wenn die wüßten, was ich für ein Schweinehund bin, würden sie mich wahrscheinlich nicht wollen. In ihrem Vorstand sitzen ein paar Leute, die ich für Vollidioten halte, aber nicht alle, und das kann ich ihnen ja nicht gut sagen.«[40] Später kam er noch einmal auf das Thema zurück und erklärte, er sei »nicht im geringsten interessiert, aber ich weiß nicht warum. Einmal ein Flegel, immer ein Flegel.«[41]

Nachdem Chandler von Houghton Mifflin unter Vertrag genommen worden war, bekam er hin und wieder Besuch von einem erstaunlichen Typen namens Harrison Leussler, dem Verlagsvertreter für die Westküste, der wegen seiner Wildwest-Manieren den Spitznamen ›Sheriff‹ hatte. Wenn er einmal zu reden angefangen hatte, war er nicht mehr zu bremsen: »Er hat ein paar gute Geschichten drauf und ist durchaus kein Langweiler, aber Mann o Mann, wie hält der das bloß durch? Ich war schlapp wie eine deflorierte Jungfrau, als er gegangen war.«[42] Bei einer anderen Gelegenheit reagierte Chandler energischer: »Wir hatten ihn zum Abendessen eingeladen, und gegen halb zehn war ich so erledigt, daß ich hinausging und mir den Schlafanzug anzog – ein Wink, der in der besten Gesellschaft (sofern es eine gibt) als etwas zu deutlich empfunden worden wäre, aber für ihn war er genau das Richtige. Alles weniger Direkte wäre um einen Meter an ihm vorbeigegangen, und ich war noch nicht soweit, ihm eine Karte hinzuhalten, auf der in Großbuchstaben gestanden hätte: HÖREN SIE UM HIMMELSWILLEN AUF ZU REDEN UND GEHEN SIE!«[43]

Leussler bewunderte Chandlers Arbeiten sehr und schlug Hardwick Moseley, dem Verkaufsleiter, vor, Houghton Mifflin solle eine Auswahl von Chandlers *Black Mask*- und *Dime Detective*-Geschichten herausbringen. Da Empfehlungen seitens der Verkaufsabteilung natürlich Gewicht haben, wurde das Projekt bald näher in Erwägung gezogen. Mehrere Sammlungen von Chandlers Erzählungen waren bereits als Paperbacks erschienen. *Five Murderers* und *Five Sinister Characters* hatte Avon 1944 und 1945 herausgebracht, und im Jahr darauf *Finger Man*. Im selben Jahr veröffentlichte die World Publishing Company *Spanish Blood* und *Red Wind*. Mehrere von diesen Sammelbänden erschienen auch übersetzt in Frankreich, Italien und Argentinien.

Hougthon Mifflin war begeistert vom Gedanken einer Hardcover-Ausgabe mit gesammelten Erzählungen, aber Chandler beantwortete das formelle Angebot des Herausgebers Paul Brooks auf typisch lässige Art: »Ich bin ganz Ihrer Meinung, wenn Sie anmerken, ein Verleger, der einen Band mit Kurzgeschichten erwägt, sollte sich normalerweise auf seinen Geisteszustand untersuchen lassen. Haben Sie das getan?«[44] Er betonte: »Ihnen ist wahrscheinlich klar, daß ich diesen Mist zuerst überarbeiten und redigieren muß. Es gibt da Ungeschliffenheiten, die ich nicht so stehen lassen kann.« Einen Punkt machte er Brooks gegenüber ganz klar: »Sie sagen, ein paar von den Geschichten würde ich bestimmt weglassen wollen. Mit anderen Worten: sie sind Mist. Welche? Ich glaube kaum, daß ich das am besten beurteilen kann.«[45] Er war dagegen, seinen *Atlantic*-Artikel »The Simple Art of Murder« als Einführung zu benutzen, da die Stories nicht hielten, was der Artikel versprach; so wurde der Essay als Anhang in den Band aufgenommen. Chandler schrieb ein kurzes neues Vorwort, das zuerst in der *Saturday Review of Literature* abgedruckt wurde, und der Sammelband als Ganzes bekam den Titel *The Simple Art of Murder*. Im März 1950 erfuhr Chandler, daß auch Hamish Hamilton die Geschichten herausbringen wollte, worauf er Hamilton beschwor, nichts wider sein besseres Wissen zu tun. Hamilton ließ sich jedoch nicht von seinem Vorhaben abbringen und veröffentlichte eine ähnliche Ausgabe, allerdings weniger umfangreich.

Das Buch bekam gute Kritiken; der Vorverkauf in Amerika belief sich auf 5400 Exemplare, was für ein Buch dieser Art als äußerst befriedigend angesehen wurde. Eine Hardcover-Ausgabe der frühen Erzählungen, von denen die meisten während seiner Lehrzeit als Schriftsteller entstanden waren, war ein Beweis für Chandlers wachsende literarische Bedeutung.

Sie brachten allerdings dasselbe moralische Problem mit sich, das Chandler schon zu der Beschwerde bei Joseph Shaw veranlaßt hatte, weil dieser in seine Anthologie eine Geschichte aufnahm, die »ausgeschlachtet« war. Nachdem ein paar Stories aus *The Simple Art of Murder* 1952 als Paperback erschienen waren, erhielt Chandler einen Brief von E. Howard Hunt von der Amerikanischen Botschaft in Mexiko (Hunt gelangte später zu Ruhm wegen seiner Rolle im Watergate-Skandal), in dem Chandler als Selbstplagiator bezeichnet wurde. Chandler erwiderte, es handle sich nicht um ein Plagiat, da er das Copyright besitze und deshalb legal befugt sei, seine Arbeit zu verwerten, wie es ihm beliebe. Er rechtfertigte die Publikation zusätzlich, indem er darauf hinwies, daß eine ganze Generation, der *Black Mask* kein Begriff war, diese Erzählungen nicht kannte. Etwas sardonisch schloß er: »Ich glaube, diesen Brief schreibe ich hauptsächlich deswegen, weil in all den Jahren Sie der einzige Mensch gewesen sind, der diesen Einwand erhoben hat, das heißt, der einzige Mensch außer mir selbst.«[46]

Während er an diesen und anderen Projekten arbeitete, schrieb Chandler auch Artikel – einen weiteren über Hollywood und einen über das Verlagswesen. Der Essay über die Filmindustrie war größtenteils eine Wiederholung seines ersten Beitrags zu diesem Thema, was vermutlich der Grund ist, warum das *Atlantic*, für das er gedacht war, ihn ablehnte. Dieses Manuskript existiert nicht mehr, aber ein anderes, überschrieben »A Qualified Farewell«, blieb erhalten. Es sollte eigentlich im *Screen Writer* erscheinen, dem Verbandsblatt der Writers Guild, aber Chandler zog es zurück, als der Herausgeber wechselte. Obwohl manches aus früheren Artikeln wiederaufgenommen wird, ist es ein gutes Beispiel für Chandlers Stil als Essayist. Die Sätze sind aphoristisch und enthalten ungewöhnliche oder überraschende Bilder und Vergleiche. »Es braucht Leidenschaft«, schrieb er. »Technik allein ist nur ein bestickter Topflappen.«[47] Bezüglich der Hoffnungen des Drehbuchautors: »Man geht mit Träumen hinein und kommt mit dem Eltern-Lehrer-Verein wieder heraus.«[48] Chandlers Analyse überzeugt, doch was haften bleibt, sind seine Bilder, wie in dieser Passage: »Was Hollywood anscheinend haben möchte, ist ein Autor, der bei jeder Drehbuch-Besprechung zum Selbstmord bereit ist. Was Hollywood tatsächlich kriegt, ist ein Bursche, der wie ein brünftiger Hengst schreit und sich dann die Kehle mit einer Banane durchschneidet. Der Schrei demonstriert die künstlerische Reinheit seiner Seele, und die Banane kann er essen, während irgendwer mit irgendwem wegen irgendeines anderen Filmes telefoniert.«[49]

Ein anderes Thema, das Chandler faszinierte, war das Verlagswesen. Bei Verhandlungen mit Verlegern und Agenten sagte er immer deutlich seine Meinung. Carl Brandt erklärte: »Es hat nie viel Zweck, mit Chandler zu streiten. Man muß ihn von selbst darauf kommen lassen.«[50] Als ehemaliger Geschäftsmann glaubte Chandler, er verstehe mehr von finanziellen Dingen als die meisten Schriftsteller, doch sein Geschäftssinn schuf manchmal mehr Probleme als er löste. Gewohnt, mit Ölmagnaten zu verhandeln, fand er den amerikanischen Verleger ausweichend und reserviert: »Versucht man, mit ihm vom Geschäft zu reden, spielt er sofort den Gentleman und Gelehrten, spricht man ihn auf dieser Ebene an, beginnt er prompt, vom Geschäft zu reden.«[51] Diese offensichtliche Schizophrenie war ihm ein echtes Rätsel; er äußerte sich unverblümt darüber zu Paul Brooks bei Houghton Mifflin: »Ein seltsames Geschäft betreiben Sie da. Ich weiß nicht, wie Sie das Gleichgewicht wahren zwischen einem Gefühl für das, was druckenswert ist, und der wirtschaftlichen Notwendigkeit, Schund zu veröffentlichen, der sich verkauft. Braucht man da ein Gemüt mit Kästcheneinteilung oder bloß ein bißchen Zynismus? Wo findet Ihre Seele da Zuflucht?«[52]

Im Ganzen hatte Chandler freundschaftliche Beziehungen zu seinen Verlegern und Agenten, was ihn aber nicht hinderte, bissige Bemerkungen zu machen, besonders über Agenten. »Das Idiotische an Agenten ist«, sagte er, »daß niemand sie mag, niemand sie haben will und sie in vieler Beziehung das nicht tun, wofür sie bezahlt werden. Dennoch hat jeder Angst, ihnen auf die Füße zu treten, einschließlich Verlegern und Herausgebern von beachtlicher Macht und Geltung.«[53]

Schließlich beschloß er, seine Empfindungen gegenüber Agenten in einem Artikel darzulegen, der im *Atlantic* unter dem denkwürdigen Titel »Ten Percent of Your Life« veröffentlicht wurde. Was ihn beim Schreiben am stärksten beeinflußte, war die Erinnerung an die Zusammenarbeit mit Ray Stark in Hollywood. Er hatte Carl Brandt bereits vor den Gefahren gewarnt, die die Agentur in Form einer Aktiengesellschaft mit sich brachte, die damals aufkam und eigentlich ein Trust für Talente war, mit ganz verschiedenartigen Klienten – Schriftstellern, Schauspielern, Produzenten und Regisseuren. In dem *Atlantic*-Artikel beschäftigte sich Chandler kurz mit der herkömmlichen literarischen Agentur, um sich dann der Situation in Hollywood zuzuwenden. »Damit wäre ich«, begann er, »bei der Orchidee dieses Metiers angelangt – dem Hollywood-Agenten –, einem tüchtigeren, gerisseneren und wesentlich skrupelloseren Vertreter. Das ist ein Bursche, der wirklich alles mit seinem Auftreten macht. Er ist gut angezogen und fährt einen Cadillac – oder läßt sich fahren. Er hat einen Besitz in Beverly Hills oder Bel-Air. Man weiß von ihm, daß ihm eine Jacht gehört, und ich meine eine Jacht – keinen Kabinenkreuzer. Nach außen hin hat er eine ganze Menge Charme, weil er den in seinem Gewerbe braucht. Sein Herz dagegen hat etwa die Größe eines Olivenkerns.«[54] Chandlers entscheidendes Argument lautet, daß die hohen Profite, die man in Hollywood herausholen kann, einen skrupellosen Typus Mensch anzogen, dessen einziges Interesse einem schnellen Dollar galt: »Das Gesetz erlaubte ihm, sich als Aktiengesellschaft eintragen zu lassen, meiner Ansicht nach ein fataler Fehler. Damit wurde der letzte Rest von professioneller Einstellung und Verantwortung gegenüber dem einzelnen Klienten zerstört.« Als Folge davon, schon in den frühen fünfziger Jahren, wurden die Klienten, egal ob Schriftsteller, Regisseure oder Schauspieler, »zum Rohmaterial eines Spekulationsgeschäfts. Er [der Agent] arbeitete nicht mehr für den Klienten, sondern der Klient arbeitete für ihn.«[55]

Der Essay fand kaum Beachtung; er war zu spezialisiert. Bernice Baumgarten behauptete, sie habe sich »gewunden«,[56] als sie ihn las; Chandler schlug ihr vor, eine Erwiderung zu schreiben, was sie aber nicht tat. Mit dem Artikel mag Chandler sich Luft gemacht haben, aber die Probleme waren damit nicht aus der

Welt. Einen Agenten zu haben war vielleicht schlecht – keinen Agenten zu haben war noch schlechter.

Mit »A Qualified Farewell« wählte Chandler einen passenden Titel für seinen unveröffentlichten Essay, denn während er an ihm arbeitete, las er die Fahnen von in Produktion befindlichen Romanen, die Stark ihm schickte, damit er prüfe, ob sich eventuell einer zur Verfilmung eignete. Im allgemeinen schickte er sie kommentarlos zurück, aber als er einmal seinen Mangel an Interesse an einem erklärte, den MGM gekauft hatte, fügte er hinzu: »Es wäre für mich gefährlich, etwas mit Goldwyn zu tun zu haben. Wahrscheinlich würde er mich anbrüllen, und ich würde ihn vermutlich mit Goldfish anreden [sein richtiger Name] und aus dem Zimmer gehen. Warum ein derart gewagtes Abenteuer beginnen?«[57]

Erst 1950 erklärte er sich bereit, das Drehbuch für Patricia Highsmiths *Strangers on a Train* zu schreiben. Das Buch sollte unter der Regie von Alfred Hitchcock für Warner Brothers verfilmt werden. »Warum ich's mache?« fragte er rhetorisch. »Teils weil ich dachte, Hitch würde mir gefallen, was auch der Fall ist, und teils weil man es satt kriegt, immer nur nein zu sagen – eines Tages möchte ich vielleicht gern einmal ja sagen, und keiner fragt mich.«[58]

Chandler interessierte sich auch für das Thema der verborgenen Schuld, dem Kern von Patricia Highsmiths Roman. Zwei Fremde begegnen einander in einem Zug. Der eine, ein aufstrebender Architekt namens Guy Haines, wäre glücklicher, wenn seine Frau aus dem Weg wäre, damit er seine Karriere verfolgen und wieder heiraten könnte. Der andere, Charles Bruno, ein betrunkenes und psychotisches Muttersöhnchen, wünscht den Tod seines Vaters, um das Familienvermögen erben zu können. Die beiden Männer essen zusammen im Zug, und jeder erzählt dem anderen seine Geschichte. Da schlägt Bruno vor, die Morde zu tauschen: Guy soll Brunos Vater töten, und Bruno Guys Frau. Keiner von beiden würde gefaßt, da es kein Motiv gäbe, das den Mörder mit seinem Opfer verbände. Guy ist entsetzt und tut Bruno als Geisteskranken ab. Aber Bruno tötet Guys

Frau. Der Rest des Romans beschäftigt sich damit, wie Bruno versucht, Guy durch Erpressung dazu zu bringen, seinen Teil des »Handels« zu erfüllen. Die Geschichte ist albern, weil nicht glaubhaft. Interessant ist sie lediglich als psychologische Studie eines Individuums unter Druck.

Hitchcock wußte, daß der Roman für eine Verfilmung komprimiert werden mußte. Zusammen mit Whitfield Cook, der gerade *Stage Fright* für ihn geschrieben hatte, verwandelte er Guy in einen berühmten Tennisspieler, denn Tennis ist auf der Leinwand sehr wirkungsvoll und enthält ein Spannungselement. Der Vater des Mädchens, das Guy heiraten will, ist im Buch Millionär, wird aber zum Senator umgemodelt, um den Kontrast zwischen Brunos anarchischen Aktionen und den Gesetzen der Gesellschaft hervorzuheben. Schließlich beschränkt sich der Schauplatz im Film auf Forest Hills und Washington, anstatt, wie im Roman, ganz Amerika zu umfassen.

Diese Veränderungen waren alle bereits vorgenommen worden, als Chandler Anfang Juli mit Warner Brothers den Vertrag abschloß, das Drehbuch zu vervollständigen, und zwar für $ 2500 wöchentlich, mit einer Garantie von fünf Wochen. Chandlers Vertrag erlaubte ihm, zu Hause zu arbeiten, deshalb kam Hitchcock zu den Drehbuch-Besprechungen nach La Jolla. Chandler haßte »diese gottserbärmlichen Palaver, die ein unvermeidlicher und zudem mühseliger Teil des Filmgeschäfts zu sein scheinen.«[59] Er wollte nicht im Studio arbeiten, mochte es aber auch nicht, daß Hitchcock ihn zu Hause belästigte, und wurde darüber sarkastisch und unangenehm. Eines Tages, als er an der Haustür darauf wartete, daß Hitchcock sich aus seiner Limousine herausarbeitete, bemerkte er zu seiner Sekretärin: »Schauen Sie sich an, wie dieser fette Bastard versucht, aus seinem Wagen rauszukommen!« Die Sekretärin warnte ihn, man könne ihn doch hören. »Was kümmert's mich?« erwiderte Chandler. Hitchcock fand die Meetings ebenfalls strapaziös und erinnerte sich später: »Wir saßen zusammen, und ich sagte etwa: ›Warum machen wir's nicht so?‹, worauf er antwortete,

›Na, wenn Sie's austüfteln können, wozu brauchen Sie dann mich?‹«[60]

Trotz dieser Schwierigkeiten stellte Chandler bis zum 18. Juli ein erstes Treatment fertig. Er mußte nicht nur einen introspektiven Roman in ein filmgerechtes Drehbuch umwandeln, sondern auch das Problem der Plausibilität lösen. Er glaubte nicht, daß das Publikum Guy einen Mord zutrauen würde; also änderte er das Skript grundlegend. Guy tut so, als wolle er Brunos Vater ermorden, hat in Wirklichkeit aber vor, ihm zu sagen, daß sein Sohn ein Psychopath ist und ärztliche Betreuung braucht.

Die Szene, in der Guy Bruno sagt, daß er sein ›Versprechen‹ halten und seinen Vater töten wird, machte ihm, wie er während der Arbeit an seinem zweiten Treatment notierte, zwangsläufig die meisten Schwierigkeiten:

Ich bin selbst halb verrückt geworden über dem Versuch, diese Szene zu entwerfen. Wie viele Anläufe ich genommen habe, mag ich gar nicht sagen. Verdammt, man kann sie praktisch gar nicht schreiben, wenn man bedenkt, was man alles darin unterbringen muß:
1. Ein durch und durch anständiger junger Mann (Guy) erklärt sich bereit, einen Menschen zu ermorden, den er gar nicht kennt, den er noch nie gesehen hat, nur um einen Wahnsinnigen davor zu bewahren, sich zu verraten und den netten jungen Mann zu quälen.
2. Aufgrund seines Charakters werden die Zuschauer nicht glauben, daß der nette junge Mann irgendwen ermorden könnte oder die Absicht hat, irgendwen zu ermorden.
3. Trotzdem muß der nette junge Mann Bruno und einen angemessenen Prozentsatz des Publikums davon überzeugen, daß die beabsichtigte Tat logisch und unvermeidlich sei. Diese Überzeugung wird die Szene vielleicht nicht überdauern, aber es muß sie geben; wenn nicht – wovon zum Teufel sprechen die beiden dann überhaupt?
4. Die ganze Szene (einmal angenommen, man kann sie so

schreiben) ist ein Flirt mit dem Lächerlichen. Wenn Text und Darstellung nicht genau stimmen, wird sie absurd. Der Grund dafür liegt darin, daß diese Situation grundsätzlich einfach lächerlich ist, was man nur dann einigermaßen vertuschen kann, wenn man eine Art vordergründige Bedrohung entstehen läßt, die in Wahrheit mit der Angelegenheit gar nichts zu tun hat.
5. Oder bin ich doch verrückt?[61]

Chandlers Lösung besteht darin, Bruno den Großteil der Unterhaltung bestreiten zu lassen. Seine Bemerkungen sind wirr, schwanken zwischen blinder Wut und Selbstmitleid, und diese Andeutung von Wahnsinn gibt der Szene die »Bedrohung«, von der Chandler sprach. Guy stellt vor allem Fragen und nickt zustimmend oder gibt unverbindliche Geräusche wie »Mmh« von sich. Ein raffiniert geschriebenes Drehbuch, aber mit den von Chandler erwähnten grundlegenden Schwächen.

Jedesmal, wenn Chandler ein paar Seiten Skript an Hitchcock schickte, waren sie von einem Brief begleitet, der den Mangel an Wahrscheinlichkeit und Logik betonte. Er war überzeugt davon, daß Patricia Highsmith sich um diese Dinge nicht besonders gekümmert hatte. Aber das Problem, vor dem er stand, brachte ihn auch dazu, die fundamentalen Unterschiede zwischen Roman und Drehbuch zu überdenken:

Die Frage, auf die ich wirklich liebend gern eine Antwort hätte, obwohl ich in diesem Leben wohl schwerlich mehr damit rechnen kann, ist folgende: Warum muß man unweigerlich soviel Energie und Gedankenarbeit aufbringen, um für die Handlung eines Films den Mittelweg zwischen scheinbarer Logik und tatsächlichem Schwachsinn zu finden? Warum findet man in den Filmhandlungen immer wieder dieses Element des Grotesken? Wessen Schuld ist das? Ist überhaupt jemand daran schuld? Oder gehört es unabänderlich zum Filmemachen selbst? Ist das der Preis für den Versuch, einen Traum so aussehen zu lassen, als sei er wirklich geschehen? Möglich ist es. Wenn man eine

Geschichte liest, akzeptiert man ihre Ungereimtheiten und Übertreibungen, weil sie nicht phantastischer sind als die Konventionen des Mediums selbst. Aber wenn man wirkliche Menschen agieren sieht, vor einem realen Hintergrund, und hört sie reale Worte sprechen, wird die Phantasie narkotisiert. Man akzeptiert wohl, was man sieht und hört, aber man ergänzt es nicht mit Hilfe der eigenen Vorstellungskraft. Der Film ist wie das Bild einer Dame im Bikini: Hätte sie ein bißchen mehr an, wäre man vielleicht fasziniert, hätte sie überhaupt nichts an, wäre man vielleicht schockiert. Aber so wie sie dasteht, beschäftigt einen nur die Beobachtung, daß ihre Knie zu knochig und ihre Zehennägel zu lang sind. Der moderne Film versucht zu verbissen, realistisch zu sein. Seine Illusionstechniken sind so perfekt, daß das Publikum nicht mehr beisteuern muß als einen Mundvoll Popcorn.

Je lebensnäher man Guy und Bruno macht, desto irrealer geraten ihre Beziehungen zueinander, desto nötiger braucht man eine vernünftige Erklärung. Man würde das liebend gern ignorieren und einfach darüber weggehen, aber man kann's nicht. Man muß sich damit auseinandersetzen, weil man das Publikum ja mit vollem Bedacht darauf gestoßen hat, daß es in dieser Geschichte um den Horror einer Absurdität geht, die Wirklichkeit geworden ist – einer Absurdität (bitte beachten, weil das sehr wichtig ist), die um ein Haar absolut unmöglich wäre. Schriebe man eine Geschichte über einen Mann, der eines schönen Morgens mit drei Armen aufwacht, würde die Geschichte von seinen Erlebnissen wegen dieses zusätzlichen Arms handeln. Daß er ihn hat, müßte man nicht eigens rechtfertigen. Das wäre die Prämisse. Aber die Voraussetzung dieser Geschichte hier ist nicht, daß ein netter junger Mann unter gewissen Umständen einen völlig Fremden ermorden könnte, bloß um einen Wahnsinnigen zu besänftigen. Das ist das Endresultat. Die Prämisse ist, daß man, wenn man einem Wahnsinnigen die Hand gibt, seine Seele vielleicht dem Teufel verkauft hat.[62]

Diese entscheidende Unwahrscheinlichkeit wird nicht beseitigt; in der endgültigen Drehbuchfassung umgeht Chandler das Problem einfach und ersetzt Glaubwürdigkeit durch malerische Szenen. Die geringe Qualität von Chandlers Filmvorlage mag auf die Zweifel zurückzuführen sein, die ihn während der Arbeit befielen. Chandler hatte einen Namen als Dialogschreiber, der Dialog dieses Drehbuchs allerdings ist einfach peinlich. Alles ist übertrieben und allzu dick aufgetragen. Die Beziehungen zwischen den Personen sind so plump gestaltet, daß das Skript zu einer Karikatur menschlichen Verhaltens wird. Von den weniger wichtigen Teilen ist vieles befriedigend gelöst, doch die bedeutenden Szenen sind absurd. Es ist seltsam, aber die Schwächen kommen möglicherweise daher, daß Chandler nach der Vorlage eines anderen Autors arbeiten mußte: Es ist immer leichter, Dialoge für Charaktere zu schreiben, die man selbst erfunden hat. Man weiß, wie sie sprechen. Hinzu kommt, daß Chandlers Dialog in seinen Romanen sehr stark von Erzählstil und Redefiguren der ganzen Geschichte abhängt. Nackt, in einem Drehbuch, ist er weniger überzeugend.

Hitchcock gefiel Chandlers endgültiges Skript nicht: »Die Arbeit, die er geleistet hatte, taugte nichts, so daß ich bei Czenzi Ormonde landete, einer Autorin, eine von Ben Hechts Assistentinnen.«[63] Aber wenn Chandler Hammer und Nagel benutzt zu haben schien, wo eine Heftzwecke genügt hätte, las sich das Skript, nach dem Hitchcock dann drehte, als ob es von Leuten geschrieben worden sei, die Spitzhacken und Vorschlaghämmer schwangen. In Chandlers Drehbuch bleibt Guys Reaktion auf Brunos Vorschlag vage, im Film sagt er: »Natürlich bin ich einverstanden; ich bin mit *allen* Ihren Theorien einverstanden.«[64] Nachdem er zu Beginn der Geschichte mit seiner ungeliebten Frau gesprochen hat, bemerkt er mit Chandlers Worten: »Ich hatte wirklich Lust, ihren hübschen kleinen Hals zu brechen.«[65] Im Film wurde das geändert zu: »Am liebsten würde ich ihr den widerlichen, unnützen kleinen Hals brechen. Ich habe gesagt, ich könnte sie erwürgen.«[66] Dann folgt ein schneller Schnitt auf Brunos Hände, die gerade von seiner Mutter manikürt werden.

Hitchcock machte sich keine Illusionen über sein Werk: »Die Mängel von *Strangers on a Train* liegen in der Untauglichkeit der beiden Hauptdarsteller und in der Schwäche des endgültigen Drehbuchs. Wäre der Dialog besser gewesen, hätten sich stärkere Charakterisierungen ergeben. Sehen Sie, das große Problem bei dieser Art Film ist, daß die Hauptpersonen leicht zu Schablonen verblassen.«[67]

Ob der Film besser wäre, wenn Hitchcock oder Chandler sich anders verhalten hätten, läßt sich nicht sagen. Feststeht, daß die Atmosphäre, in der sie arbeiteten, kaum Herzlichkeit aufkommen lassen konnte. Mitte August begann sich ihre Beziehung deutlich zu verschlechtern. Eines Tages, nach einem Essen mit Hitchcock in La Jolla, mußte Chandler sich mit einer Nahrungsmittelvergiftung ins Bett legen. Er hatte keine Lust zu arbeiten und teilte deshalb Stark mit, Warner Brothers solle seine Honorarzahlungen einstellen. Daraufhin erhielt er einen Brief von Finlay McDermid, dem Leiter der Drehbuch-Abteilung, der ihm seine »persönliche Hochachtung und die des Studios vor Ihrer Integrität« bezeugte.[68] Am nächsten Tag schickte Warners Rechtsabteilung einen jener unnötig verletzenden Bescheide, der lautete: »Da Ihr Gesundheitszustand Sie daran hindert, uns Ihre Dienste zur Verfügung zu stellen, nehmen wir uns das in besagtem Vertrag uns zugestandene Recht, besagten Vertrag hinsichtlich des Ihnen zu zahlenden Entgeltes für obgenannte Zeitspanne außer Kraft zu setzen.«[69] Chandler nahm keinen Anstoß daran, er betrachtete das als zu typisch für Hollywoods Rechtsgebaren, um sich aufzuregen, schrieb aber an Stark bezüglich einer anderen Sache, die ihn interessierte: »Hitchcock scheint ein sehr rücksichtsvoller und höflicher Mensch zu sein, aber er steckt voll kleiner Vorschläge und Einfälle, die sich hemmend auf die Initiative eines Autors auswirken. Man ist in der Situation eines Boxers, der sich nicht auf seinen Gegner einstellen kann, weil er fortwährend durch kurze linke Gerade aus dem Gleichgewicht gebracht wird. Darüber beklage ich mich gar nicht. Hitchcock ist ein ungewöhnlicher Regisseur. Er ist immer bereit, die Logik der Handlung (sofern es sie gibt) einem Kamera- oder Stimmungseffekt zu opfern. Er ist sich dessen bewußt und nimmt das Handikap in Kauf. Er weiß, daß in fast all seinen Filmen irgendwann der Punkt kommt, wo die Geschichte keinerlei Sinn mehr ergibt und zu einer Hetzjagd wird, aber das kümmert ihn nicht. Das macht es dem Autor sehr schwer, besonders wenn er eigene Vorstellungen hat, denn nach Möglichkeit muß er nicht nur Sinn in eine blöde Handlung bringen, er muß das zugleich auch so machen, daß jede Kameraeinstellung oder jeder Hintergrund, der Hitchcock einfallen könnte, in die Handlung eingebaut werden kann.«[70]

Da die Zusammenarbeit mit Hitchcock ihm so schwerfiel, wollte Chandler, daß Stark ihm statt wöchentlicher Bezahlung eine Pauschale aushandelte. Er würde weniger Druck ausgesetzt sein, wenn er nach seinem eigenen Rhythmus arbeitete. Außerdem störte ihn, daß sein Drehbuch von Mitarbeitern Hitchcocks überarbeitet wurde. »Das läuft doch, um es klipp und klar zu sagen, darauf hinaus, daß man mein Hirn nach allem durchstöbert, was womöglich drin ist, und irgendwelche Leute hinter den Kulissen das Zeug dann so umformen, wie er es haben will.«[71]

Stark konnte eine Änderung des Vertrages nicht durchsetzen, und Chandler machte weiter wie bisher – nur unter größerem Druck, weil ihm plötzlich mitgeteilt wurde, das Skript müsse vor Ende September fertig sein, damit Hitchcock mit den Außenaufnahmen in Washington beginnen könne, ehe die Blätter sich verfärbten. Am 26. September schickte Chandler die letzten Drehbuchseiten ab. Am nächsten Morgen rief Western Union an und gab ihm ein Telegramm von Stark durch, mit dem Inhalt, Warner habe die Honorarzahlungen eingestellt. Er hielt das für schnelle Arbeit, doch als er das Telegramm dann in Händen hielt, sah er, daß er schon am Tag zuvor von der Lohnliste gestrichen worden war und somit einen Tag unbezahlt gearbeitet hatte. Entrüstet schrieb Chandler an seinen Agenten und seinen Anwalt und verlangte Bezahlung für diesen zusätzlichen Tag sowie für die Woche, für die er von sich aus auf sein Honorar verzichtet hatte. Außerdem schrieb er einen Brief an Finlay McDermid, in dem er etwas von seinem Ärger über Hitchcock zum Ausdruck brachte: »Ist Ihnen klar, daß dieses Drehbuch ohne eine einzige Beratung mit Herrn Hitchcock geschrieben wurde, nachdem ich mit der endgültigen Fassung begonnen hatte? Nicht mal ein Anruf. Kein Wort der Kritik oder Anerkennung. Schweigen. Absolutes Schweigen seither. Sie sind viel zu klug, um glauben zu können, daß irgendein Autor unter solchen Bedingungen sein Bestes geben kann. Es gibt immer Dinge, die diskutiert werden müssen, Stellen, wo ein Autor Fehler macht, weil er selbst kein Meister der Kamera ist. Und es gibt immer schwierige kleine Probleme, die man nur lösen kann, wenn man die Gelegenheit dazu hat, Gedanken auszutauschen und Standpunkte anzupassen. Ich hatte nichts von alledem. Ich finde das sehr merkwürdig. Ich finde das sehr rücksichtslos. Ich finde das fast beispiellos unhöflich.«[72]

Mittlerweile war Chandler sehr verärgert, und als er erfuhr, daß er den Extratag gearbeitet hatte, weil Starks Büro Warners Bescheid nicht rechtzeitig weitergeleitet hatte, beschloß er, sich von Stark als seinem Agenten zu trennen. Schon früher hatte er geschrieben: »Was mir an den Agenten so auf die Nerven geht, ist nicht der Umstand, daß sie Fehler machen, sondern daß sie sie niemals zugeben.«[73] Seinen Brief an Starks Agentur schloß er deshalb mit den Worten: »*Irgend*eine Erklärung wäre man mir schuldig gewesen. Ich sehe keinen Grund, mir eine solche Behandlung gefallen zu lassen, keinen Grund, mich an eine Agentur zu binden, die das so sehr als Routinesache betrachtet, daß es nicht einmal einer Erklärung bedarf.«[74]

Die Angelegenheit hatte sich nun ziemlich hochgeschaukelt, mit Chandler als Hauptleidtragendem. Ray Stark ließ ihn wissen, Warner Brothers habe ihn nur auf Drängen der Agentur hin behalten, was ihn noch zorniger machte und seine anfänglichen Bedenken gegenüber Hitchcock zu bestätigen schien. »Entweder er findet das Skript abscheulich, oder er ist wegen irgend etwas wütend«, schrieb er. »Selbst für Hollywood, wo ein Produzent einen maßlos liebt, bis die Arbeit abgeschlossen ist, und einen dann am nächsten Tag auf der Straße nicht mehr erkennt, ist das ein starkes Stück.«[75]

Eine weitere Demütigung erfuhr er, als er die letzte, von Czenzi Ormonde umgeschriebene Drehbuchfassung erhielt, mit der Bitte, auf den Vorschlag des Studios einzugehen, das beide Namen im Vorspann erwähnt haben wollte. Natürlich gefiel Chandler diese Skriptversion nicht; er schrieb Hitchcock sogar einen Brief dazu, den er jedoch nie abschickte. Die Frage der Autorenschaft hatte er in einem Brief an seine Agentur bereits vorweggenommen. »Mein Dilemma«, sagte er, »ist, ich sollte es nicht zulassen, daß mein Name mit einer derart kümmerlichen Arbeit verbunden wird, aber aus beruflichen Gründen, der Vollständigkeit halber und weil ich seit Jahren nicht mehr im Zusammenhang mit einem Film genannt worden bin, muß ich wohl annehmen, was da an Lorbeeren auf mich zukommen mag. Eine scheußliche Situation.«[76]

Am Ende akzeptierte er Bezahlung für einen zusätzlichen Arbeitstag und Czenzi Ormonde als Koautorin. Er fand einen Grund für seine Schwierigkeiten, indem er sie einem anfänglichen Fehlurteil zuschrieb: »Mein Fehler war, daß ich mich überhaupt auf das Projekt einließ, denn heute ist mir klar, und vielen Leuten muß das schon lange klar sein, daß ein Hitchcock-Film ganz von Hitchcock sein muß. Ein Drehbuch, das irgendwelche Anzeichen eines eigenständigen Stils aufweist, muß ausradiert oder so lange umgeändert werden, bis es harmlos ist, selbst wenn es dadurch albern wird. Was Hitchcock mit seiner Kamera, seinen Darstellern und seinen Schauplätzen macht, ist völlig in Ordnung, nichts dagegen zu sagen. Und ich will auch nicht sagen, daß seine Filme besser wären, wenn er etwas mehr Sinn für Glaubwürdigkeit der Handlung hätte, weil sie vielleicht gar nicht besser wären. Vielleicht wären sie schlechter. Stark schien Gefallen daran zu finden, mein Skript schlechtzumachen. Aber es war nicht schlecht. Es war weit besser als das, bei dem sie dann gelandet sind. Es hatte einfach zuviel Chandler und nicht genug Hitchcock.«[77]

Abgesehen vom offenkundigen Versuch einer Selbstrechtfertigung zeigt dieser Brief das grundlegende Problem dieses Teams. Chandler und Hitchcock waren sich in vieler Hinsicht ähnlich. Beiden waren Spontaneität und Frische, Personen und Schauplätze wichtiger als Stichhaltigkeit der Handlung. Wie Chandler, der durch seine Romane eine emotionale Reaktion auslösen wollte, war Hitchcock in seinen Filmen hauptsächlich an Stimmungen oder Gefühlen gelegen. Dennoch war eine Zusammenarbeit unmöglich, weil sie es nicht fertigbrachten, ihre Absichten auf einen Nenner zu bringen. Jeder hielt dem anderen die Fehler vor, die er im Grunde selbst hatte. Chandler, der sonst auf Handlung nicht viel gab, störte sich daran, daß Hitchcock die erzählerische Logik seines Drehbuchs nicht beachtete. Hitchcock, denselben Impulsen folgend, konnte Chandler nicht dahin bringen, glaubwürdige Personen zu schaffen.

Chandler scheint von beiden der launenhaftere gewesen zu sein, vielleicht weil er ans Alleinsein gewöhnt war. Erst beschwerte er sich über die Drehbuchbesprechungen mit Hitchcock, dann bemängelte er, daß keine mehr stattfanden. Diese Stimmungsumschwünge, die er in seiner Korrespondenz gewöhnlich scheinbar ruhig und sogar penibel formulierte, waren für einen Schriftsteller, der in alles, was er tat oder sagte, viel Gefühl investierte, ganz natürlich. Sie waren die Quelle seiner Kraft als Romancier, die ihn befähigte, sich in das Innenleben seiner Figuren zu versetzen. Aber sie behinderten ihn stark, wenn er mit jemandem zusammenarbeiten mußte, was sich beim Film nicht vermeiden läßt.

Wie zu erwarten, hatte Chandler keine hohe Meinung vom fertigen Film. »Der Streifen hat keine Kraft, keine Plausibilität, keine glaubhaften Personen und keinen Dialog«, schrieb er, nachdem er ihn gesehen hatte. »Aber natürlich ist er ein Hitchcock, und an einem Hitchcock-Film ist immer was dran.«[78] Der Erfolg des Films verbitterte ihn. »Ich weiß nicht, warum er erfolgreich ist«, sinnierte er in einem Brief an Hamish Hamilton, »vielleicht weil Hitchcock es geschafft hat, so gut wie jede Spur meines Stils daraus zu tilgen.«[79] Er war sichtlich enttäuscht, daß sein Unternehmen mit Hitchcock so schlecht ausgegangen war. Es kam ihn hart an, denn der Erfolg des Films bedeutete ein gewisses Versagen seinerseits, und das wußte er. Ihm blieb nichts anderes übrig, als den Film scheinbar zu ignorieren und den Überlegenen zu spielen.

Diese Enttäuschung wurde hauptsächlich durch andere Arbeiten ausgeglichen, an denen er saß, denn jeden Tag schrieb Chandler etwas, ob es sich kommerziell nun lohnen würde oder nicht. Eine Geschichte aus dieser Zeit heißt »A Couple of Writers«. Sie handelt von einem Ehepaar; beide sind unbedeutende Schriftsteller, die einander wegen ihrer Mißerfolge quälen. Ihr ganzes Leben ist vom Schreiben verseucht: Die Frau, eine Bühnenautorin, redet wie eine Romanfigur; der Mann, ein Romancier, spricht Zeilen aus irgendeinem imaginären Theaterstück. Er ist Trinker, sie ein Miststück. Sie versucht davonzulaufen, kommt aber zurück, weil sie weiß, daß es für sie oder für ihn kein anderes Leben gibt. Er trinkt einfach. Als Chandler diese Geschichte schrieb, war er sich über seine Fähigkeiten und Grenzen als Schriftsteller klargeworden, wobei seine Erfahrungen mit Hollywood sicher halfen. »Schriftsteller tun mir schrecklich leid«, bemerkte er damals. »Sie geben sich solche Mühe, sie sind so verdammt verletzlich, und sie wirken so albern, wenn sie sich übernehmen. Ich sollte dafür dankbar sein, die gekünstelte und intellektuelle Phase so jung durchgemacht zu haben und ihr so völlig entwachsen zu sein, daß sie mir bei anderen, wie alt sie auch sein mögen, immer ein bißchen unreif vorkommt.«[80]

»A Couple of Writers« handelt von jener Sorte Menschen, wie Chandler sie während der 30er Jahre erlebte, als er für die *pulps* arbeitete. »Ich kannte eine ganze Reihe von diesen Beinahe-Schriftstellern«, bemerkte Chandler, als er die Erzählung an Brandt schickte. »Sie bestimmt auch. Einen kenne ich, der verkaufte eine Kurzgeschichte (die zum größten Teil zufällig ich für ihn geschrieben hatte) an diese halbelegante MacFadden-

Gazette, die Fulton Oursler mal herausgab – ich weiß nicht mehr, wie sie hieß. Irgendeine schäbige Gesellschaft kaufte für fünfhundert Piepen die Filmrechte und machte einen sehr schlechten B-Film mit Sally Rand. Daraufhin betrank sich dieser Bursche und behandelte alle seine Schriftstellerfreunde sehr von oben herab, weil sie für die *pulps* arbeiteten. Zwei Jahre später verkaufte er eine Kurzgeschichte an so ein *pulp*, und ich glaube, das ist alles, was er im kommerziellen Sinn zur Literatur beigesteuert hat. Diesem Burschen und seiner Frau zuzuhören, wenn sie Geschichten diskutierten und analysierten, zeigte mir ganz deutlich, wie gut es möglich ist, etwas von Technik zu verstehen, ohne sie einsetzen zu können. Wenn man genügend Talent hat, kann man ohne Mumm gerade so durchkommen; und wenn man genügend Mumm hat, kann man, auch gerade so, ohne Talent durchkommen. Hat man aber beides nicht, kommt man bestimmt nicht durch. Diese Beinahe-Schriftsteller sind sehr tragische Menschen; je intelligenter sie sind, desto tragischer sind sie, weil der Schritt, den sie nicht zu tun vermögen, ihnen so klein erscheint, was er ja auch ist. Und jeder erfolgreiche oder einigermaßen erfolgreiche Schriftsteller weiß, oder sollte wissen, mit welch knapper Not er es schaffte, diesen Schritt zu tun. Aber wenn's nicht geht, dann geht's eben nicht, mehr ist dazu nicht zu sagen.«[81]

Chandler wußte, daß er eine »völlig unnütze, unkommerzielle Geschichte« geschrieben hatte, doch er beschloß, »Carl Brandt damit zu belästigen«,[82] in der Hoffnung, er könne sie unterbringen. Fast ein Jahr lang schickte Brandt die Erzählung herum, doch kaum an Zeitschriften, die sie möglicherweise veröffentlicht hätten. Sie wurde nirgendwo angenommen. Chandler war enttäuscht und sagte zu Bernice Baumgarten: »Wenn etwas so gut, so eindringlich und dabei mit so leichter Hand geschrieben wurde und doch kein Unterkommen findet, warum es dann noch weiter versuchen?«[83] Sie erwiderte, die Zeitschriften hätten die Geschichte deprimierend gefunden und vorgeschlagen, sie glücklich enden zu lassen. Chandler gab darauf die einzig mögliche Antwort: »Wie, zum Teufel, soll ich diese Geschichte glücklich enden lassen? Was ist ›glücklich‹«?[84] Aber es lag nicht am Schluß. Es liegt einem einfach nicht genug an den Figuren, es ist einem egal, was aus ihnen wird. Sie stecken in einer selbstgestellten Falle und haben keine Alternative. Das ist traurig, aber nicht bewegend, und nimmt der Geschichte eine wesentliche Dimension.

Nachdem er aufgehört hatte, für Warner Brothers an dem Hitchcock-Film zu arbeiten, schrieb Chandler an Brandt über seine literarischen Pläne: »Von jetzt an werde ich, was ich schreiben will, so schreiben, wie ich es will. Manches davon geht vielleicht in die Binsen. Es wird immer Leute geben, die sagen, ich hätte meinen alten Schwung verloren, ich brauchte jetzt zu lange, um mich auszudrücken, und mir läge nicht genug an einer spannenden, lebendigen Handlung. Aber für diese Leute schreibe ich jetzt nicht mehr. Ich schreibe für Leute, die unter Schreiben eine Kunst verstehen und eher in der Lage sind, das, was ein Mann mit Worten und Gedanken macht, von dem zu trennen, was er über Truman oder die Vereinten Nationen denkt (von beiden habe ich keine hohe Meinung). Wenn ich eine temporeiche, knallharte Story schreiben möchte, werde ich sie schreiben, aber nicht, weil es einen Markt dafür gibt und ich das schon früher gemacht habe. Wenn ich eine poetische oder ironische fantastische Erzählung schreiben möchte, werde ich sie schreiben. Man muß aus diesem Job etwas Freude herausholen, und das kann man nicht dadurch erreichen, daß man Aufträge ausführt.«[85]

Seit seiner Anfangszeit als Schriftsteller in London verspürte Chandler eine Neigung zu einer bestimmten Art von Geschichte, die er »fantastisch« nannte: »Wahrscheinlich hat jeder Mensch in seinem Herzen so etwas wie einen geheimen Ort, wo er unrealisierbare Lieblingsvorstellungen versteckt. Meine, oder eine davon, ist die fantastische Erzählung – nicht Science-fiction –, eine ganz wirklichkeitsnahe Geschichte gewöhnlich, die als Voraussetzung zwar etwas Unmögliches hat, im übrigen aber ganz logisch ist.«[86] Chandler interessierte sich für die psychologischen Folgen eines fantastischen Vorkommnisses: »Wenn ich von einem Menschen läse, der morgens aufwacht und feststellt, daß er bloß noch zwanzig Zentimeter groß ist, würde mich gar nicht interessieren, wie ihm das passiert ist, sondern wie er damit fertig wird.«[87]

In dem Plan, den Chandler 1939 für seine künftigen Arbeiten machte, war ein Band mit fantastischen Erzählungen vorgesehen. Außer denen, die er schrieb und veröffentlichte, entwarf er mehrere andere zumindest in Gedanken. »Meine Lieblingsgeschichten sind *The Edge of the West* (hier wahrscheinlich ein schlechter Titel, da das walisische Grenzland gemeint ist, nicht unser Westen) und *The Disappearing Duke*. Die erste handelte von einem Mann, dem Sekretär irgendeiner idiotischen Organisation, der Gesellschaft für Feenkunde, der durch ein altes Haus im Westen Englands ins Feenland kam und verschwand. Ein Freund nahm seine Spur auf, fand das Haus, das nur von einem alten Butler bewohnt war, der ihm ein köstliches Essen servierte, nach welchem er (der Mann, nicht der Butler) in den Mondschein hinausschlenderte, und als er sich umwandte, war das Haus verschwunden. Bald darauf befand er sich selbst im Feenland, doch die Feen wollten ihn nicht haben. Er paßte nicht dahin. Sie schickten ihn zurück.

Die andere handelte von einem ›aufstrebenden jungen Romancier‹, ein ziemlich überholter Ausdruck, nehme ich an, der von einer Herzogin zum Tee geladen wurde und sich in sie verliebte. Sein Vater war ein Magier, und mittels ungeheurer Zauberformeln macht er den Ehemann der Herzogin unsichtbar. Sehr unangenehm für den Herzog. Als er es schließlich geschafft hat, in sein eigenes Haus zu kommen, findet ein völlig absurdes Gespräch zwischen ihm und der Herzogin statt, etwa in dem Stil: ›Daß um Himmelswillen die Dienerschaft nichts merkt.‹ Ich weiß nicht mehr, wie die Sache ausging, weil ich mir die Geschichte seit Jahren nicht mehr angesehen habe. Ich erwähne diese beiden nur, um Dir eine Vorstellung davon zu geben, was ich mit ›fantastischer Erzählung‹ meine.«[88]

Der Anfang dieser zweiten Geschichte existiert noch, aber sie wurde wahrscheinlich nie zu Ende geschrieben, denn nachdem man das erste fantastische Element eingeführt hat, weiß man nicht mehr so recht, wie man weitermachen soll. »Das Problem beim fantastischen Roman ist grundsätzlich identisch mit dem« schrieb Chandler, »das den ungarischen Dramatikern so zu schaffen macht – kein dritter Akt.«[89] Zwei seiner Erzählungen – »The Bronze Door«, veröffentlicht 1939, und »Professor Bingo's Stuff«, die 1951 herauskam – bewältigen diese Schwierigkeit bis zu einem gewissen Grad. Die erste handelt von einem Mann, der eine antike Tür kauft und sie in seinem Hause einbaut. Leute, die durch sie hindurchgehen, verschwinden, was den Protagonisten befähigt, sich seiner Feinde mit Leichtigkeit zu entledigen. Die zweite erzählt von einem Mann, der sich dadurch unsichtbar machen kann, daß er eine Prise Schnupftabak nimmt. Das ermöglicht es ihm, den Liebhaber seiner Frau zu ermorden. In beiden Geschichten wirkt sich das fantastische Element, das das Problem der Hauptperson lösen soll, am Ende entschieden zu ihrem Nachteil aus. In »The Bronze Door« läßt der Türenbesitzer sich selbst verschwinden; in »Professor Bingo's Stuff« gesteht der Professor den Mord.

Diese Geschichten sind kein bedeutender Bestandteil von Chandlers Werk, aber sie beleuchten einen eigenartigen Zug seines Wesens; sie wurden von einem romantisch veranlagten Menschen geschrieben. Beide handeln von der Erfüllung eines Wunsches, zeigen aber dennoch, daß sich diese Wünsche nicht verwirklichen lassen. »The Bronze Door« spielt in dem London, das Chandler als junger Mann kannte, und ist als Verulkung der englischen Detektivgeschichte gedacht. Außerdem ist sie fast eine Parabel für sein Leben als Berufs-Schriftsteller. Chandler scheint erkannt zu haben, daß er sich in der Welt, die er zu lieben glaubte, niemals hätte entwickeln können, sich aber in einer, die er verabscheute, entfalten konnte. Die Parallele läßt sich noch weiter ziehen, denn in beiden Erzählungen wird eine Ehe aufgelöst. Es gibt keinen Grund, daraus auf Chandlers Unzufriedenheit mit Cissy zu schließen; eher legt es den Gedanken nahe, daß sich die Freiheit, die man angeblich durch die Auflösung einer Ehe gewinnt, als Falle erweisen könnte. Tatsache ist, daß seine Ehe ihm die Freiheit und das Selbstvertrauen verlieh, dank denen seine besten Arbeiten entstanden.

Anfang der fünfziger Jahre war Chandler unter seriösen Schriftstellern so bekannt geworden, daß er von ihnen nicht nur besprochen wurde, sondern auch Briefe mit ihnen wechselte. Außerdem besuchten sie ihn auch. Als einer der ersten kam J. B. Priestley, der kurz zuvor für den *New Statesman The Little Sister* besprochen und das Buch als einen gelungenen Versuch bezeichnet hatte, »aus einem billigen populären Genre etwas viel Besseres zu machen.«[90] Als Chandler ein Telegramm bekam, in dem Priestley darum bat, um 15 Uhr 30 vom Tijuana-Flugplatz abgeholt zu werden, wo er, aus Guadalajara kommend, landen werde, war Chandler gereizt und verärgert. »Ich wünschte bei Gott, die Leute würden einem etwas *vorher* Bescheid geben«, schrieb er an seine Sekretärin.[91] Aber Priestley kam auf Vorschlag Hamish Hamiltons, also raffte Chandler sich auf und fuhr nach Tijuana – »eine verdammt lange und unerfreuliche Fahrt«[92] – und quartierte ihn in einem Hotel in La Jolla ein, weil Cissy krank war. Später berichtete Chandler: »Er ist ein liebenswerter, angenehmer Bursche; glücklicherweise sehr gesprächig, so daß ich gestern abend nicht viel mehr zu tun brauchte als die Zunge hinter meine Zähne zu klemmen. Er war nicht ganz zufrieden mit meiner Gesellschaft, was ich ihm wirklich nicht verübeln kann, und als ich mich gestern abend spät an der Tür seines Hotels von ihm verabschiedete, machte er wohlmeinend den Vorschlag, daß wir heute abend vielleicht ein paar von den Kollegen treffen könnten. Ich brach also heute morgen in Tränen aus und warf mich Jonathan Latimer zu Füßen, der jeden kennt und jeden mag (während ich das genaue Gegenteil bin); heute abend bringe ich ihn also zu den Latimers, wo eine repräsentative Auswahl von dem versammelt sein wird, was in unserer Stadt als Intelligenz durchgeht.«[93]

Chandler bildete sich diese Unzufriedenheit offensichtlich ein, denn Priestley hatte seinen ersten Abend mit ihm in angenehmer Erinnerung: »Ich war ziemlich überrascht. Er war eher zurückhaltend, eher der Typ, der nachdenklich an seiner Pfeife herumkaut. Mehr Engländer als Amerikaner. Ich glaube sogar, ich habe ihn irgendwo als jemanden beschrieben, der aussieht wie der Wissenschaftler in einer Ealing-Komödie. Er hatte eine ganze Menge trockenen Humor, aber ich würde nicht sagen, daß er ein witziger Gesprächspartner war. Wir haben uns sehr gut verstanden, wenigstens hoffe ich das.« Sie sprachen eher allgemein als über sich selbst, ausgenommen beim Thema Hollywood, das sie beide verabscheuten. Besonders beeindruckt war Priestley von Chandlers Bibliothek: »Er hatte eine enorme Menge Bücher. Eine sehr gute Auswahl, nicht nur zum Angeben – er hatte sie offensichtlich gelesen.«[94]

Priestleys Besuch machte Chandler vor allem deshalb nervös, weil er befürchtete, gönnerhaft behandelt zu werden. Seine endlose Auseinandersetzung mit sich selbst über den Gegensatz zwischen Kriminalroman und seriösem Roman hatte mittlerweile bewirkt, daß jede Begegnung mit einem intellektuell Ebenbürtigen bei ihm ein Gefühl der Unterlegenheit auslöste. Priestley bewunderte ihn offen, aber Chandler war nicht zufrieden: »Er mag meine Bücher, sagt er höflich lächelnd, um das Thema hinter sich zu haben und zu vergessen; im gleichen Atemzug wünschte er, ich würde etwas schreiben, worin keine Morde vorkommen. Ist das nicht typisch? Mordgeschichten à la Edmund Wilson macht man runter, weil sie, sagt man, im allgemeinen von Leuten geschrieben werden, die nicht gut schreiben können. Und sowie man jemanden findet, dem man zugesteht, daß er gut schreibt, sagt man ihm, er solle keine Mordgeschichten schreiben. Übrigens: Haben Sie in letzter Zeit irgendwelchen guten Mist gelesen?«[95]

Am zweiten Abend begleitete Chandler Priestley auf ein paar Drinks zu den Latimers, wo mehrere der Gäste Hollywood-Autoren waren. Danach führte er die ganze Gruppe zum Essen aus. Für einen ehemaligen Trinker muß es ein bizarrer Abend gewesen sein: »Als Priestley hier war, gab ich für ihn eine Party im Marine Room, bei der die Gäste größtenteils von Jack Latimer und seiner Frau eingeladene Annie Oakleys waren, Leute die ich noch nie gesehen hatte und auch nicht wiedersehen will.

Ich glaube, ich trank an dem Abend etwa acht Scotch, womit ich weit unter dem Durchschnitt der Teilnehmer lag, doch ich trank sie aus reinem Selbstschutz. Ohne diese Drinks hätte ich vermutlich die Polizei gerufen, damit sie die Bastarde rauswirft.«[96]

Vielleicht war Chandler erleichtert, als Priestley abreiste, aber jedenfalls besteht kein Zweifel, daß der Besuch anregend für ihn war. »Er spielt die Rolle des freimütigen Mannes aus Yorkshire sehr gut«, schrieb Chandler. »Er war sehr freundlich mir gegenüber und machte – entgegen seinem Charakter – sogar Komplimente. Er ist robust, energisch, gewandt und irgendwie sehr professionell; das heißt, alles, was er erlebt, wird zu Stoff, und das meiste davon wird ziemlich rasch und oberflächlich verarbeitet. Seine gesellschaftliche Philosophie ist für meinen Geschmack ein bißchen zu streng und ein bißchen zu sehr von der Tatsache bestimmt, daß es ihm unmöglich ist, viel Gutes in jemandem zu sehen, der eine Menge Geld gemacht hat (außer durch Schreiben natürlich) oder durch Public School-Akzent oder militärisches Gebaren auffällt, kurz, dessen Sprechweise oder Umgangsformen über dem Niveau der unteren Mittelklasse liegen. Ich glaube, das muß ein großes Handicap für ihn sein, weil in seinen Augen ein wohlhabender Gentleman automatisch ein Schurke ist. Eine ziemlich enge Sehweise.«[97]

Auch andere englische Romanciers schätzten Chandlers Werk, unter anderem Somerset Maugham, den er zwar nie persönlich kennenlernte, mit dem er aber korrespondierte – als Folge eines für ihn gar nicht typischen Wunsches. In einem Brief an Hamish Hamilton machte Chandler folgende Bemerkung: »Übrigens, wenn ich Maugham kennenlernen würde, was leider wohl nie der Fall sein wird, würde ich ihn um ein signiertes Exemplar von *Ashenden* bitten. Ich habe noch nie einen Autor um eine Widmung gebeten; eigentlich messe ich solchen Dingen sehr wenig Bedeutung bei. (Ich hätte freilich nichts dagegen, das Soufflierbuch zu *Hamlet* zu besitzen.) Wahrscheinlich ist es bezeichnend für meinen Geschmack, daß ich gerade *Ashenden* wähle. Aber bei melodramatischen Effekten kenne ich mich ein bißchen aus: *Ashenden* ist allen Spionagegeschichten, die je geschrieben wurden, weit voraus, während seine anderen Romane, so gut sie auch sind, das Feld nicht hinter sich lassen.«[98]

Hamilton sorgte dafür, daß Chandler das Buch mit Widmung bekam. Nachdem er es erhalten hatte, schrieb Chandler einen Brief, der erklärt, warum er sich Maugham als Mensch verbunden fühlte: »Ich habe das Gefühl, er ist im Grunde ein ziemlich trauriger, ziemlich einsamer Mensch. Seine Beschreibung seines siebzigsten Geburtstags ist ziemlich brutal. Ich könnte mir denken, daß er alles in allem ein einsames Leben geführt hat, daß seine erklärte Einstellung, er entwickle kaum Gefühle für Menschen, ein Abwehrmechanismus ist, daß ihm diese äußerliche Wärme fehlt, die die Menschen anzieht, und er gleichzeitig klug genug ist, um zu wissen, daß egal wie oberflächlich und zufällig die meisten Freundschaften sind – das Leben ohne sie eine ziemlich düstere Angelegenheit ist. Ich will nicht sagen, er habe keine Freunde; dazu kenne ich ihn zu wenig. Ich lese das aus seinem Roman heraus, nichts weiter. Im konventionellen Sinn hat er vermutlich viele Freunde. Aber ich glaube nicht, daß sie für ihn ein großes Feuer gegen die Finsternis anzünden können. Er ist ein einsamer alter Adler.«[99]

Ebenso hätte Chandler sich selbst beschreiben können. Er bewunderte auch Maughams Können als Autor, wobei er, wie Maugham selbst, erkannte, wo seine Grenzen lagen: »Ich glaube nicht, daß es je einen professionelleren Schriftsteller gegeben hat. Er sieht seine Fähigkeiten genau und furchtlos, dabei ist seine größte Fähigkeit nicht einmal eine literarische, sondern eher die treffende, unerbittliche Einschätzung von Charakter und Motiv, die kennzeichnend für große Richter und Diplomaten ist. Er hat keinen Zauber und nur wenig Schwung. Sein Stil, der hoch gepriesen worden ist, scheint nicht mehr als gutes, qualifiziertes Beamtenenglisch, das oft hart an Schwerfälligkeit grenzt. Er kann beschreiben, wie und warum Gefühle entstehen, aber die Gefühle selbst kaum. Seine Handlungen sind kühl und tödlich, sein Timing absolut makellos. Als Techniker ist er den guten Zweitrangigen wie Galsworthy und Bennett und J. P. Marquand weit überlegen. Er bringt einen nie so weit, daß man den Atem anhält oder den Kopf verliert, weil er ihn selbst nie verliert. Ich bezweifle, daß er je eine Zeile geschrieben hat, die frisch und neu schien, und viele geringere Schriftsteller haben das. Aber er wird sie alle mit Leichtigkeit überdauern, weil er ohne Torheit oder Einfalt ist. Er hätte einen großen Römer abgegeben.«[100]

Der Briefwechsel zwischen Maugham und Chandler, der durch die Widmung ausgelöst wurde, führte dazu, daß Chandler Maugham Material über den Kriminalroman lieh, das dieser für einen Artikel brauchte, der unter dem Titel »The Decline and Fall of the Detective Story« in Maughams Essayband *The Vagrant Wood* erhalten blieb. Dieser lange Beitrag beginnt mit der altmodischen Detektiverzählung und endet mit zeitgenössischen Werken, einschließlich einer Würdigung Chandlers und Hammetts. Maugham zitiert Chandlers Essay »The Simple Art of Murder« und lobt dann die genaue Beobachtung und den Realismus der beiden Autoren. Für Maugham ist »Raymond Chandler der Vollendetere. Hammetts Handlungsabläufe sind manchmal so kompliziert, daß man Mühe hat, den Faden nicht zu verlieren. Raymond Chandler weicht nicht von der einmal eingeschlagenen Richtung ab. Sein Tempo ist rascher. Er benutzt eine größere Vielfalt von Charakteren. Er zeigt mehr Sinn für das Wahrscheinliche, seine Motive sind plausibler. Beide schreiben ein ausdrucksvolles Umgangsenglisch, entschieden amerikanisch. Raymond Chandlers Dialog scheint mir besser als Hammetts. Bewundernswert handhabt er das typische Produkt des aufgeweckten amerikanischen Geistes, die schlagfertige, witzige Bemerkung, und sein sardonischer Humor ist von gewinnender Spontaneität.«[101] Trotz alledem vertrat Maugham die Ansicht, die Detektivgeschichte sei am Ende, da sich seither kein eigenständiges Talent mehr gezeigt habe; es gebe nur noch Nachahmer, mit mehr Brutalität, Slang und Sex. Maugham schloß deshalb seinen Essay mit einer verblüffenden Bemerkung: »Ich sehe keinen Nachfolger für Raymond Chandler.«[102]

Man sollte meinen, Chandler hätte sich über dieses Lob gefreut, aber er war zu sehr der mit seiner Arbeit beschäftigte Profi, um sich durch liebenswürdige Kommentare beirren zu lassen. Er wies Maughams These, der Kriminalroman sei tot, einfach zurück. »Ich werde ihm demnächst einen langen Brief schicken«, sagte er, »um ein Streitgespräch anzufangen. Vielleicht schreibe ich sogar einen Gegen-Artikel, falls irgendwer ihn drucken will. Was er über Philip Marlowe sagt, würde mir noch besser gefallen, wenn er den Namen Marlowe richtig buchstabiert hätte.«[103] Hier wird die Reizbarkeit eines Menschen sichtbar, der sich so davor fürchtete, herablassend behandelt zu werden, daß er auch Lob nicht akzeptieren konnte.

Ein anderer Besucher in La Jolla, kurz nach Priestley, war S. J. Perelman. Die beiden Männer hatten sich bereits in den vierziger Jahren in Hollywood kennengelernt; danach veröffentlichte Perelman im *New Yorker* unter dem Titel »Farewell, My Lovely Appetizer« eine Parodie auf Chandler. Nachdem Perelman 1951 nach Kalifornien zurückgekehrt war, trafen er und Chandler sich in La Jolla. Offenbar gefiel ihm die Gegend, so daß Chandler Perelman vorschlug, sich mit seiner Familie im nahegelegenen Rancho Santa Fe niederzulassen. Als Perelman abgereist war, zog Chandler Erkundigungen über Häuser und Schulen ein und schickte seine Informationen an Perelman weiter. Er sagte, für das Niveau der örtlichen Schule könne er sich nicht verbürgen, und fügte hinzu: »Ich habe einen Verwandten, glücklicherweise einen entfernten, der noch Schwierigkeiten mit dem Alphabet hatte, als er an der Fairfax High School in Los Angeles seinen Abschluß machte.«[104] Perelman antwortete aus Key West: »Ich residiere in einem Plastikmotel mit Blick auf ein anderes Plastikmotel, das seinerseits Ausblick auf den Golfstrom gewährt, aber außer Ihnen gibt es niemanden in Amerika (oder, was das betrifft, auf der Welt), der den schauerlichen Charme dieses Etablissements schildern könnte. Es ist ungefähr drei Uhr nachmittags, die Sonne knallt erbarmungslos herab, kein Laut außer ab und zu dem Flattern der Wäsche draußen an der Leine und dem gelegentlichen Rauschen der

Toilette von nebenan, mit dem das offenbar heimliche Liebespaar, das sich vor einer Stunde hier hereinschlich, seine Ekstasen interpunktiert. Es lebe der Fortschritt und eine billige, hygienische Orgie.« Nachdem er sich dafür entschuldigt hat, daß er Chandlers Brief so spät beantwortet, beschreibt Perelman, was er zuletzt in Miami Beach erlebte: »Die vier oder fünf Tage davor [vor der Abreise nach Key West] habe ich mir mit Stielaugen Miami Beach angesehen und verschiedene Fleckchen gleich nördlich davon; auch ein deprimierender Anblick. 97 Hotelhochhäuser säumen Miami Beach, alle mit stinkvornehmen Namen wie Lord Tarleton oder Sherry-Frontenac. Ich habe tatsächlich einen Cocktail zu mir genommen (Sie sehen, was ich alles auf mich nehme, um Material zu sammeln), und zwar im Peekaboo Room des Broadripple-Hotels, was eine Zusammenstellung von Silben ist, die ich, würde man mir davon erzählt haben, nicht geglaubt hätte. Wenn man bedenkt, daß ich während der letzten zwei Monate in Las Vegas und Miami Beach gewesen bin und nun, wenn ich hier wegfahre, zu einer weiteren Behandlung nach Las Vegas zurückkehre, werden Sie wohl zugeben, daß ich mein Geld schwer verdiene.« Perelman dankt Chandler für die Informationen über Rancho Santa Fe und ein Diktiergerät, zu dem er anmerkt, er »spare für eine üppige Sekretärin, etwa einssiebzig groß und mit vollem Busen, die bereit ist, auf meinem Schoß zu sitzen und mich davon abzuhalten, an Sex zu denken. Dieses Thema drängt sich momentan hier auf, denn das Zimmer, in dem ich mich aufhalte, hat ein großes Doppelbett, ein Einzelbett und ein Klappbett im Wandschrank. Ich finde es traurig, daß all dieser Platz sinnlos verschwendet wird; und das wird er, wenn die Damen, die ich die letzten zwei Tage hier gesehen habe, alles sind, was zur Auswahl steht. Sämtliche tragen Kneifer auf der Nase, lächeln geziert und sprechen in dem schleppenden Florida-Tonfall, der nach Meinung der Fachwelt in bezug auf seinen Horror-Effekt nur noch vom New Jersey-Akzent übertroffen wird. Trübe Aussichten also, und für etwas Mitgefühl wäre ich dankbar.«[105]

Chandler antwortete darauf so gut er konnte, indem er vorschlug, Perelman solle »den Stoff nicht so verschenken, wenn Sie ihn verkaufen können, es sei denn, natürlich, Ihre Briefe sind einfach Notizen für Artikel.«[106] Bezüglich Rancho Santa Fe erklärte Chandler, die Landbesitzer hätten in ihrem leidenschaftlichen Bemühen, den Ort einfach zu halten, fast alle Annehmlichkeiten beseitigt; es gebe nur ein Geschäft. Klempner, Elektriker und Tischler seien wahrscheinlich so rar, »daß die aristokratische Klasse ihrer Manieren irritierender wirkt als der Gewerkschaftstarif, zu dem sie einem Dreck in die besten Teppiche trampeln.« Trotzdem empfahl er es als geeignet, um Kinder großzuziehen, »nicht, daß ich das als eine der wesentlichen Beschäftigungen ansehe.«[107]

Es ist schade, daß Perelman nicht nach Kalifornien zog, denn durch ihn hätte Chandler die Anregung und Freundschaft erhalten, die ihm in La Jolla so fehlte. Perelman war ihm sofort sympathisch: »Ein verdammt netter Bursche, bescheiden, nicht eingebildet; es ist leicht, mit ihm auszukommen.« Im Gegensatz zu den Typen, die die Hälfte ihrer Zeit damit verbringen, ihre Wichtigkeit hervorzuheben, verschwende Perelman »keine zwei Minuten darauf. Sagte ich zwei Minuten? Keine zehn Sekunden. Man hat den Eindruck, es sei ihm egal, und ich glaube nicht, daß er nur so tut.«[108] Perelman seinerseits hatte eine hohe Meinung von Chandler. »Ich habe seine Arbeiten nicht nur gemocht«, schrieb er später, »nach meinem Dafürhalten war er neben Nathanael West der große Gesellschaftshistoriker von Los Angeles; ich lese ihn immer wieder, weil ich ihn bewundere und sehr witzig finde.«[109]

Chandler war inzwischen an einem entscheidenden Punkt in seiner Entwicklung angekommen. Er hatte schon viel erreicht, aber nicht soviel, wie er sich vorgenommen hatte. Die fünf Jahre seit seinem Abschied von Hollywood waren nicht so ergiebig gewesen wie erwartet. Er hatte einen Roman abschließen können, kannte aber dessen Schwächen. Seine Artikel und Erzählungen waren interessant, aber unbedeutend. Da er in La Jolla lebte, war er gezwungen gewesen, wieder Drehbücher zu schreiben. Dafür bekam er zwar Geld, aber es war eine deprimierende Erfahrung, denn mit seiner Rückkehr nach Hollywood wurde er in die Situation zurückgeworfen, der er eigentlich hatte entfliehen wollen, was ihn viel Energie kostete.

Er war jetzt Anfang sechzig; ihm blieb nicht mehr viel Zeit. Sein in mancher Hinsicht bestes Werk sollte er jedoch unter schwierigeren Umständen schreiben als die Arbeiten der vergangenen fünf Jahre.

Der lange Abschied

Ironischerweise war vielleicht Chandlers Freiheit, zu Hause zu arbeiten anstatt in einem Studio oder einem Büro, einer der Gründe, daß er so wenig schrieb. Irgendwie fühlte er sich gezwungen, sich um alles selbst zu kümmern, auch wenn er sich dauernd darüber beklagte, von seiner Arbeit abgelenkt zu werden. Er war ungemein gründlich und wollte immer sachlich, organisiert und auf jede Eventualität vorbereitet sein. Nie ging ihm etwas aus, ob nun Benzin oder Büromaterial; er gehörte zu den Menschen, die alles kastenweise bestellen. Diese Eigenschaften verraten einerseits eine lebhafte Phantasie, die es ermöglichte, sich Romane auszudenken, aber andererseits eine Angst, die es erschwerte, sie zu schreiben.

Zum Teil lag es auch an Cissys Alter, daß Chandler Haushaltsangelegenheiten regeln mußte. Er mag während der zwanziger Jahre in Los Angeles ein guter Geschäftsführer gewesen sein, aber wie man mit Dienstboten umging, wußte er nicht. Statt der Putzfrau und der Köchin zu sagen, was er wollte, kritisierte er sie, weil sie nicht taten, was er erwartete. Statt den Gärtner anzuweisen, er solle die Azaleen in den Schatten pflanzen, sagte er, nachdem sie alle gesetzt waren: »Haben Sie denn keine Ahnung von Gärtnerei? Azaleen gehören doch nicht in die Sonne.« Chandler suchte den Fehler nicht bei sich; es ist aufschlußreich, wie er die Lage sah: »Die Haushalt-Situation hier ist unmöglich«, schrieb er 1954. »Im Laufe der letzten 8 Jahre müssen wir 60 bis 70 Dienstboten gehabt haben. Mit zunehmender Entmutigung hielten wir keinen länger als drei oder vier Tage aus. Wenige von ihnen waren sauber. Wir hatten vier gute Köchinnen. Eine blieb ungefähr sechs Wochen, aber gegen Ende arbeitete sie offenbar nur noch, um sich den Weihnachtsbonus zu verdienen. Eine war eine nette Deutsche, die dann aber neurotisch wurde, mehrere Unfälle baute, ihr Zimmer in Brand steckte und zu dem Schluß kam, der Job würde ihr nur Unglück bringen. Eine war eine hervorragende Köchin, aber eine ausgesprochen widerliche Person. Die vierte haben wir noch, sie ist schon seit Jahren bei uns, mit Unterbrüchen, denn sie hat eine kleine Tochter und einen Mann mit Arthritis, so daß wir ihrer nie sicher sind.«[1]

Das eigentliche Problem, besonders am Anfang, bestand darin, daß er zu befangen war, um die Leute natürlich behandeln zu können. Einem Besucher fiel auf, daß er »nervös und fahrig ist und einen hektischen, unausgeglichenen Gang hat. Er fühlt sich unbehaglich, wenn er mit Fremden spricht, und vermeidet es nach Möglichkeit, die Person anzusehen, mit der er spricht.« Chandler reagierte die Aggressionen, die sich durch seine Scheu angestaut hatten, durch Sarkasmus ab. Seine beiläufigen Bemerkungen sollten komisch sein, waren es aber nicht ganz. Über Kinder sagte er: »Ich mag die kleinen Bastarde nicht. Ich höre es gern, wenn das Trappeln kleiner Füße sich von mir entfernt, besonders, wenn es etwa zwei Häuser weit weg ist.« Manchmal geriet er in eine Situation, die er nicht meistern konnte, was ihn unerhört grob werden ließ. Einmal, während der Dreharbeiten zu *The Blue Dahlia* bei Paramount, lud Chandler ein paar alte Freunde aus dem Ölgeschäft ins Studio zum Lunch ein. Während sie in der Kantine aßen, kam ein alter Mann zu Chandler an den Tisch und sagte, er bewundere sein Werk so sehr, daß er ihm die Hand schütteln wolle. Chandler, in Verlegenheit gebracht, erwiderte: »Ich schüttele nie jemandem die Hand.« Der alte Mann stand einen Moment ratlos da und ging dann fort. Während er sich entfernte, sagte Chandler laut, so daß man es an den Nachbartischen hören konnte: »Wer ist dieser alte Bastard? Muß man sich mal vorstellen, kommt einfach daher und fällt den Leuten auf die Nerven!« Chandlers Freunde waren sprachlos, aber es gibt eine Erklärung. Chandler schüttelte tatsächlich kaum jemandem die Hand, weil ihm das wegen seiner Hautallergie wehtat; außerdem fand er, daß man es in Amerika damit übertrieb. Wenn er überrumpelt wurde, konnte er die Herzlichkeit nicht aufbringen, an die seine Bekannten gewöhnt waren.

In der ersten Zeit in La Jolla kam Chandler sich lächerlich vor, weil er eine Privatsekretärin hatte, doch das Ausmaß der Arbeit, die er anfangs zu bewältigen hatte, rechtfertigte eine Hilfskraft. Nachdem er es mit mehreren anderen versucht hatte, engagierte er Mrs. Juanita Messick, die ab 1950 etwa vier Jahre für ihn arbeitete. Ihre Anwesenheit hatte einen stabilisierenden Einfluß. Chandler verwandelte zwei der drei Schlafzimmer in den Arbeitsbereich des Hauses. Das zweite Schlafzimmer, neben dem Cissys, wurde das Büro, in dem alle Unterlagen aufbewahrt wurden. In Chandlers Arbeitszimmer am Ende des Korridors standen ein kleiner Holzschreibtisch und ein Bett, da Chandler auch dort schlief. Drehbücher und Briefe war er bereit zu diktieren, doch mit seinen Romanen und Erzählungen verhielt es sich anders. Jeden Tag von neun bis zwölf oder ein Uhr saß er an der Schreibmaschine. Er benutzte gelbes Papier, auf dem er die linke Hälfte frei ließ, um Platz für Korrekturen zu haben und sich unnötiges Neutippen zu ersparen. Er arbeitete schnell, denn das Tippen war das letzte Stadium eines Prozesses, dem viele Stunden Vorbereitung vorangegangen waren. Oft arbeitete er in der Nacht vorher in Gedanken aus, was er ausdrücken wollte, so daß es spontan und frisch wirkte, wenn er es zu Papier brachte. Chandler sagte, die erste Rohfassung stelle lediglich das Material dar, aus dem die Geschichte dann entwickelt werde; an ihr änderte er während der Arbeit wenig, höchstens hier und da einmal einen Satz oder eine Wendung. Er schrieb das ganze Buch oder einzelne Passagen lieber neu, und zwar wieder und wieder. Auf diese Weise hielt er die Sprache so lebendig wie möglich. Wenn er endlich ein Buch hatte, für das er glaubte geradestehen zu können, gab er seinen Stapel halb beschriebener gelber Seiten Mrs. Messick, die das Ganze ins Reine schrieb. Danach gab es kaum noch wesentliche Korrekturen. Wenn die endgültige Reinschrift fertig war, wurde sie an den Verleger geschickt. Erst diese letzte Fassung des Buches besprach er mit Cissy oder mit irgend jemand anderem. Während des Entstehungsprozesses wollte er sich nicht von den Gedanken oder Vorschlägen anderer beirren lassen.

Chandler, Cissy und Mrs. Messick aßen gewöhnlich gemeinsam zu Mittag, wobei sich das Tischgespräch meist um Bücher drehte, von denen das Haus voll war. Cissy war in ihrer Lektüre wählerischer als Chandler, der alles mögliche las, angefangen von Kriminalromanen (um auf dem laufenden zu bleiben) bis zu Büchern über internationale Angelegenheiten, Religion und Philosophie. Er konnte frei aus dem Verlagsprogramm von Hamish Hamilton wählen und bevorzugte dabei neue englische und amerikanische Romane sowie Bücher über Geschichte und Politik. Er interessierte sich für sprachwissenschaftliche Bücher, vermied aber Literaturgeschichte und Literaturkritik. Seinen literarischen Geschmack beschrieb er so: »Ich bin zu Hause bei Avantgarde-Zeitschriften und knallharter Umgangssprache. Die Gesellschaft, in der ich mich äußerst unwohl fühle, ist die halbgebildete Aufgeblasenheit, sagen wir, der *Saturday Review of Literature*. Die versammelt in sich alles, was ich an unserer Kultur verachte, einschließlich der Professoren mit ihren durchgewetzten Ärmeln, die jeden gehässig anraunzen, der den Grips und Mumm dazu hat, Geld zu verdienen.«[2]

Am Nachmittag war Mrs. Messick weiter mit Tippen oder Aktenordnen beschäftigt. Unter Chandlers Anleitung legte sie ein umfangreiches Verzeichnis seiner sämtlichen Arbeiten an und machte Aufstellungen über Einkünfte aus Tantiemen und Nebenrechten, einschließlich Übersetzungen. Chandler führte Buch, um auch selbst die Übersicht über fällige Zahlungen zu behalten, denn Nebenrechte vergab im allgemeinen der Verleger der Hardcover-Ausgabe, der sich diese Einkünfte mit dem Autor teilte. Daneben gab es die übliche Geschäftskorrespondenz – bezüglich der italienischen Übersetzung von *Farewell, My Lovely* und deren Veröffentlichung als Fortsetzungsgeschichte in *La Stampa;* über die Möglichkeit, für Twentieth Century-Fox die Filmvorlage von Daniel Fuchs' *The Long Green* zu schreiben; über die Verleihung eines Preises durch

Ellery Queen's Mystery Magazine an ihn als »einen der zehn besten aktiven Krimi-Autoren«.

Chandler war sich bewußt, daß es Mrs. Messick bei der Arbeit in seinem Hause vielleicht nicht ganz wohl in ihrer Haut war, da sie nicht genau wissen konnte, wo ihre Aufgaben endeten und Cissys anfingen. »Sie brauchen nicht so verdammt höflich zu sein«, sagte er zu ihr. Wenn sie sich langweile, solle sie einfach sagen: »Also ich gehe jetzt ein Weilchen aus« Oder: »Ich fahre heut nachmittag nach San Diego, und wenn Ihnen das nicht paßt, zur Hölle mit Ihnen.«

Eine frühere Sekretärin mit »einer Art Büro-Persönlichkeit« hatte ihn irritiert, weshalb er Juanita Messick ganz entgegen seiner Art mitteilte, wie es um ihn stand: »Dies ist keine Fabrik. Wie Sie inzwischen vermutlich gemerkt haben, ist es das größte Problem in meinem Leben, überhaupt zum Arbeiten zu kommen. Mehr und mehr werde ich im Laufe der Jahre abgelenkt und geärgert von Gärtnern, Klempnern, Elektrikern, Tischlern, Versicherungsleuten und all den Typen, die man für irgendwelche Dinge braucht, die ein Mann, der wirklich ein Geschäftsmann ist (was ich nicht bin), spielend erledigen können und dann vergessen sollte. Für mich wird alles zur Staatsaktion. Ich ermüde viel leichter als früher. Unglücklicherweise bin ich ziemlich streitsüchtig veranlagt, ohne aber über die Ausdauer zu verfügen, die diesen Charakterzug so wirkungsvoll macht. Früher war ich mal eine große Nummer, aber jetzt bin ich gerade noch für einen Rahmenkampf über vier Runden zu gebrauchen. Je mehr von diesem Zeug Sie also selbst bewältigen können, desto besser für mich, um so produktiver wird mein Leben. Das Leben in La Jolla kostet einen Haufen Geld; unsere Art zu leben kostet ebenfalls einen Haufen Geld, obwohl ich nicht finde, daß wir uns Extravaganzen leisten. Und dieses Geld kann ich nicht verdienen, wenn ich mich mit Handwerkern herumplagen muß. Ich weiß nicht, warum zum Teufel ich so viele Briefe schreibe, und ich weiß nicht, warum zum Teufel sie so lang sein müssen, wenn ich sie schreibe. Vermutlich ist mein Kopf einfach so aktiv, daß er mir keinen Dienst damit erweist.

Allzu vieles in mir kriegt nie eine Chance, zur Sprache zu kommen, wahrscheinlich, weil es nicht wichtig genug ist, aber das macht mich schließlich auch nicht einsichtiger.«[3]

Das Problem der Sekretärin machte ihm so zu schaffen, daß er einer anderen Frau, die für ihn arbeitete, eine Erklärung mit dem Titel »Ratschläge für Sekretärinnen« diktierte. Darin führte er aus: »Niemand weiß alles. Es ist unwahrscheinlich, daß Sie über die Handhabung der Sprache ebensoviel wissen wie der professionelle Schriftsteller; selbst wenn Sie es theoretisch, das heißt lehrbuchmäßig wüßten, würden Sie einem fähigen, aktiven Schriftsteller immer noch eine Generation hinterherhinken.«[4] Chandlers angeborener Egalitarismus und fehlende Arroganz verschlimmerten die Dinge. Er redete andere mit dem Vornamen an und wollte, daß sie »Ray« zu ihm sagten. »Ich mag das Arbeitgeber-Arbeitnehmer-Verhältnis nicht«, schrieb er. »Das Wissen, daß ich deshalb, weil ich jemanden für Arbeit bezahlen kann, auch aufhören kann, ihn zu bezahlen, mißfällt mir. Ich hasse es, Macht über andere Menschen zu haben. Ich liebe es, Macht über mein eigenes Denken zu haben, und davon habe ich nicht annähernd genug.«[5] Chandler hielt es für wichtig, offen handeln und sprechen zu können: »Stellen Sie Ihre persönlichen Rechte stets sicher. Sie sind ein menschliches Wesen. Sie werden sich nicht immer wohlfühlen. Sie werden mal müde sein und sich hinlegen wollen. Sagen Sie es. Tun Sie es. Sie werden nervös werden; Sie werden ein Weilchen spazieren gehen wollen. Sagen Sie's und tun Sie's. Wenn Sie zu spät zur Arbeit kommen, entschuldigen Sie sich nicht; geben Sie mir eine einfache Erklärung, auch wenn es eine dumme Erklärung ist. Sie können eine Reifenpanne gehabt haben. Sie können verschlafen haben. Sie können betrunken gewesen sein. Wir sind beide nur Menschen.«[6]

Vielleicht weil ihm klar war, daß er die Sache übertrieb, schrieb Chandler eine Parodie auf seine Erklärung und nannte sie »Ratschläge für Arbeitgeber«. Sie enthält Empfehlungen wie diese: »Seien Sie nie um ein Wort verlegen. Sind Sie es doch einmal, sehen Sie einfach aus wie immer; diese unangenehme

Aura wird genügen. Es ist unpassend für einen Arbeitgeber, ans Telefon zu gehen, wenn es klingelt. Lassen Sie das stets die Hilfskraft tun, besonders wenn sie gerade auf der Toilette ist. In diesem Fall schreien Sie einfach: ›Miss Soundso, ist das DAS TELEFON?‹ – Bringen Sie *andauernd* die Ordner durcheinander. Dadurch wird gewährleistet, daß der Sekretärin die Schuld gegeben werden kann, wenn *Sie* etwas verloren haben.«[7]

Diese Mitteilungen an seine Sekretärinnen diktierte Chandler, ein Verfahren, das den Gedanken nahelegt, daß er Schwierigkeiten hatte, es ihnen direkt zu sagen. Tatsache ist aber auch, daß sein Umgang mit ihnen locker und entspannt wurde, wenn er sie erst einmal kannte; oft waren seine Briefe scherzhaft gemeint, wie dieser an Juanita Messick kurz vor Ostern: »Donnerstag und Freitag bleibt das Büro geschlossen. Am Freitag sollten Sie für drei Stunden in die Kirche gehen. Am Donnerstag werden Sie sich von Ihrem Gewissen leiten lassen müssen, sofern Sie eins haben. Leona [die Köchin] wird vom Mittwochabend an bis zum Montag darauf nicht hier sein, aber diese Zeit kriegt sie nicht bezahlt. Irgendein blöder Quatsch, Hochzeit des Kindes oder sowas. Wahrscheinlich haben die Nonnen ihr erzählt, sie solle die Braut Christi werden. Werden Katholiken mit 8 Jahren konfirmiert? Ich dachte immer, man sollte wenigstens ungefähr wissen, worum es geht.«[8]

Am Abend, gegen fünf Uhr, trank die Sekretärin gemeinsam mit Chandler und Cissy Tee; Taki, die Katze, war immer dabei. Am Ende von Juanita Messicks erstem Jahr als Chandlers Sekretärin starb Taki, so daß sie ein sehr trauriges Weihnachten hatten. Wochen danach schrieb er: »Taki gehörte so sehr zu unserm Leben, daß wir uns auch jetzt noch davor fürchten, in das stille leere Haus zurückzukommen, wenn wir abends fort waren.«[9] Nach dem Tee schlug Cissy dann einen Drink vor, und Chandler holte für seine Frau und die Sekretärin eine Karaffe Sherry. Er selbst trank nie etwas; Mrs. Messick nahm an, er finde keinen Geschmack daran. Alkohol hatte man für andere im Haus, Chandler hatte sein Verlangen danach gemeistert.

Am Schluß des Artikels über seinen bedingten Abschied von

Hollywood hatte Chandler geschrieben: »Ich bin Schriftsteller, und es kommt eine Zeit, wo das, was ich schreibe, mir gehören muß; allein und schweigend geschrieben werden muß; ohne daß mir jemand über die Schulter schaut; ohne daß mir jemand sagt, wie ich es besser schreiben könnte. Es muß kein großes Werk sein, es muß nicht einmal furchtbar gut sein. Es muß einfach nur meins sein.«[10] Genau zu diesem Zweck hatte er Hollywood verlassen, und nach der Veröffentlichung von *The Little Sister* begann er einen neuen Roman. Trotz zahlloser Verzögerungen, Unterbrechungen und häuslicher Schwierigkeiten hatte er bis Ende 1951 von diesem Buch 50000 Wörter auf dem Papier. Er war von der Qualität des Buches nicht überzeugt: »Irgendwo mittendrin werde ich entweder mit einem gräßlich grauen Gefühl aufwachen, durch das einem das Unterbewußtsein mitteilt, daß man eine Platzpatrone abgefeuert hat; oder mit einem relativ warmen Glühen, durch das einen dasselbe Unterbewußtsein wissen läßt, daß man wenigstens bestanden hat.«[11]

Das Buch hieß *Summer in Idle Valley,* erschien dann aber als *The Long Goodbye.* Es lassen sich kaum schlechtere psychologische Bedingungen denken als die, unter denen er dieses Buch schrieb. Cissy war fast ständig krank; Chandlers Selbstvertrauen ließ durch die Sorge um ihre Gesundheit häufig so stark nach, daß seine Arbeit gefährdet war. In einem aufschlußreichen Brief an Hamilton gab er einigen dieser Gefühle Ausdruck:

»Ich hoffe, ich bringe 1952 wieder ein Buch zustande, ich hoffe es sehr. Aber hol's der Henker, ich komme einfach nicht weiter. Die alte Begeisterung ist nicht da. Ich bin ganz kaputt von der Sorge um meine Frau, darum schreibe ich das hier selbst, ohne Durchschrift. Wir haben ein großes Haus, das ziemlich schwer in Ordnung zu halten ist, und die Aussichten auf eine Hilfe sind praktisch gleich Null. Monatelang, nachdem wir unsere letzte Köchin verloren hatten, plagte sich Cissy damit herum, jemanden zu finden, zu ertragen, was wir dann kriegten, es aufzugeben und wieder von vorn mit der Sucherei anzufangen. Wir können hier nicht ohne Hilfe leben. Cissy kann nur noch sehr wenig tun, es ist ziemlich bergab gegangen mit ihr in den letzten beiden Jahren. Sie ist selbst eine vorzügliche Köchin, und wir sind beide sehr wählerisch und verwöhnt, aber das läßt sich nun einmal nicht ändern. Ich habe mir schon gedacht, daß es eigentlich das Vernünftigste wäre, ein kleines Häuschen zu nehmen, das wir allein bewältigen könnten, aber ich fürchte, sie ist nicht einmal dazu mehr imstande. Wenn ich mich an die Arbeit machen will, bin ich bereits müde und mutlos. Ich wache nachts mit furchtbaren Gedanken auf. Cissy hat einen hartnäckigen Husten, der nur mit starken Medikamenten gedämpft werden kann, und diese Medikamente zerstören ihre Lebenskraft. Es ist weder Tb noch Krebs, aber ich fürchte, es ist chronisch und wird womöglich schlimmer statt besser. Sie hat keine Kraft, aber Freude am Leben; weil sie dazu noch eine zähe Kämpferin ist, kämpft sie bis zur Erschöpfung gegen ihre eigene Schwäche an. Obwohl wir versuchen, nicht darüber zu sprechen, fürchte ich, und sie sicher auch, daß sie langsam auf die Invalidität zugeht. Und was dann werden soll, weiß ich offen gesagt nicht. Es gibt Menschen, denen es gefällt, invalide zu sein und nichts mehr tun zu können, aber zu der Sorte gehört sie nicht. Sie haßt Krankenhäuser, sie haßt Krankenschwestern, und für Ärzte hat sie auch nicht viel übrig. Wenn ich mich elend fühle, was bei mir nicht gerade selten vorkommt, spüre ich den eiskalten Hauch der Verzweiflung. In dieser Stimmung kann man keinen Roman voll Schwung und Vitalität produzieren.

Sie sagen nette Dinge über das, was ich schreibe, und ich weiß, Sie meinen es ernst, aber ich habe mich nie als bedeutender Schriftsteller gefühlt. In jeder Generation gibt es unvollkommene Schriftsteller, Leute, die nie viel von sich zu Papier zu bringen scheinen, Männer, deren Leistungen stets etwas Zufälliges anzuhaften scheint. Oft, aber nicht immer, haben sie zu spät angefangen, und ihr Sinn für Qualität ist zu stark ausgeprägt. Manchmal sind sie einfach nicht rücksichtslos genug und halten das Leben anderer Menschen für ebenso wichtig wie ihr eigenes, das Glück anderer Menschen für wesentlicher als den Ausdruck ihrer eigenen Persönlichkeit, sofern sie eine haben. Ich nehme an, daß ich da vielleicht hineingehöre. Ich habe genügend materiellen Erfolg, um da durchzublicken, und nicht genügend Sinn für Bestimmung, um das Gefühl zu haben, daß das, was ich tue, besonders bedeutsam ist.

Denken Sie nicht, ich machte mir Sorgen wegen Geld, denn das tue ich nicht. Es gibt immer Wege, Geld zu machen, wenn man wirklich welches braucht. Eigentlich beneide ich die Leute, die meinen, Kunst und Literatur seien jedes Opfer wert, aber anscheinend empfinde ich das nicht so. Mein Gruß an die Nachwelt ist mein Daumen auf der Nasenspitze und die anderen Finger gespreizt. Verleger lesen zu viele Kritiker, was natürlich bedingt ist durch ihr Geschäft. Und was sind die Kritiker schließlich? Meistens Leute, die es nicht sehr weit gebracht haben und deren Würde im Leben davon abhängt, daß sie an einer Handvoll künstlicher Wertbegriffe festhalten, die andere Kritiker sich ausgedacht haben, die ebenfalls Leute waren, die es nicht sehr weit brachten. Meine Maßstäbe sind zu hoch, als daß ich die erfolgreichen Lohnschreiber besonders bewundern könnte, und zu unorthodox, als daß mich darum kümmern würde, was die großen Weisen sagen. Schön, das alles ist nicht weiter wichtig, nur daß ein Schriftsteller, um glücklich zu sein, gute zweite Klasse sein sollte, und kein verhungertes Genie wie Laforgue. Auch kein trauriger Einsamer wie Heine, kein Wahnsinniger wie Dostojewski; besonders aber kein Krimi-Autor, der etwas Magisches und Schwierigkeiten mit Handlungen hat.«[12]

In dieser Stimmung wagte sich Chandler an sein ehrgeizigstes Projekt, in der Absicht, das Image des Kriminalromans um Klassen zu verbessern. In gewissem Sinn hinderten ihn die Ablenkungen seines Alltags daran, seinen neuen Roman mit aller Gewalt besser machen zu wollen als *The Little Sister:* Er hatte nur Zeit, das Buch so gut zu schreiben wie er konnte. Er sprach kaum darüber, solange er daran arbeitete; doch endlich, im Mai 1952, schickte er die – wie er hoffte – endgültige Fassung des Romans an Brandt and Brandt. Er schrieb Hamilton, er werde bald eine Kopie erhalten, wobei er ihn darauf hinwies, daß dieses Buch etwas länger sei als *The Little Sister*, doch das kümmere ihn nicht: »Es ist nicht als rasche Kost gedacht. Das Zeug, bei dem man auf der Stuhlkante rumrutscht, langweilt mich zu Tode, ich ziehe heute bei weitem die Sachen vor, bei denen man es sich mit einer Pfeife auf einem Sofa bequem macht; dazu noch ein hohes Glas mit einem kühlen Drink, wenn man sich's leisten kann. Wie dem auch sei, ich hab's rausgeschwitzt, und zur Hölle damit.«[13] Bernice Baumgarten erklärte er seine Absichten ausführlicher: »Jedenfalls habe ich dieses Buch so geschrieben, wie ich's wollte, weil ich das jetzt kann. Mir war es egal, ob man die Lösung des Falles ziemlich deutlich voraussah; wichtig waren mir die Menschen, war mir die seltsame, korrupte Welt, in der wir leben, und wie jeder, der darin ehrlich zu sein versucht, am Ende als sentimentaler Esel oder ganz einfach als Trottel dasteht. Genug davon. Es gibt praktischere Gründe. Man schreibt in einem Stil, der nachgeahmt, sogar plagiiert worden ist, und zwar bis zu einem Punkt, wo man anfängt auszusehen, als ahme man seine Nachahmer nach. Man muß sich also an einen Ort begeben, wohin sie einem nicht folgen können.«[14]

Als das Buch eintraf, lasen es Carl Brandt und Bernice Baumgarten; Brandt hielt seine Reaktion darauf in einem dreiseitigen Brief fest. Das Buch gefiel ihm bis auf ein paar Kleinigkeiten, deren Aufzählung allerdings den Großteil seines Exposés ausmachte. Zwei Tage später schrieb Bernice Baumgarten an Chandler und wiederholte im wesentlichen, was Brandt gesagt hatte. Was die beiden am meisten störte, war Marlowes Umgestaltung zu einer christusähnlichen, rührseligen Figur. »Nach unserem Empfinden würde Marlowe durchwegs seiner eigenen Sanftmut nicht trauen und sie und sich selbst fortwährend verspotten«,[15] schrieb sie. Dann folgten etwa ein Dutzend kleinere Einwände. Carl Brandt muß gemerkt haben, daß seine Mitarbeiterin einen falschen Ton angeschlagen hatte, denn er fügte einen Nachsatz hinzu: »Ich teile ihre Ansicht, aber jetzt, da ich die Reinschrift des Briefes lese, sehe ich, daß wir nicht deutlich genug betont haben, wie sehr wir das Buch bewundern.«[16]

Der Brief hätte neu geschrieben werden sollen, was aber unterblieb, und als Chandler ihn erhielt, war er tief beunruhigt. Juanita Messick, die er um ihre Meinung bat, war auf seiner Seite. Dann schickte Chandler ein Telegramm nach New York, in dem er den Roman zur Überarbeitung zurückforderte. Bernice Baumgarten legte dem Manuskript ein Grußwort bei: »Hoffentlich hat unser Brief Sie nicht verärgert.«[17]

Inzwischen schrieb Chandler, um sein Telegramm zu erklären, sein Brief ist freundlich, wenn auch ein wenig bitter. »Mag sein, daß ich zu nichts mehr tauge«, sagte er zur Sentimentalisierung Marlowes. »Ich habe weiß Gott genug Sorgen gehabt, um verrückt zu werden. Da ich so altmodisch bin, nach achtundzwanzig Ehejahren meine Frau noch immer ehrlich zu lieben, halte ich es für möglich, daß ich mein Leben in einer Weise von Gefühlen habe bestimmen lassen, die nicht zu einem erfolgreichen Mann paßt – so sieht doch das Klischee aus, nicht? Natürlich besteht auch die Möglichkeit – sie ist zugegebenermaßen gering –, daß Sie ein bißchen falsch liegen.« Chandler vertraute seinem Instinkt: »Kurioserweise habe ich scheinbar bei dieser Geschichte weit weniger Zweifel als bei *The Little Sister*«.[18]

Zwei Wochen später schrieb er direkt an Carl Brandt, um über seine Fortschritte zu berichten. »Ich nehme eine ganze Menge Änderungen an meinem Buch vor, vor allem gegen den Schluß hin, den ich wohl ganz umschreiben werde. Aber wahrscheinlich habe ich nicht mehr das Selbstvertrauen, das ich hatte, bevor ich Bernices Kommentar erhielt. Einige der Dinge, die sie erwähnte, sind Details, um die ich mich bei der Revision automatisch gekümmert hätte. Andere leuchten mir überhaupt nicht ein. Was die Figur des Marlowe betrifft, liege ich vielleicht völlig falsch, aber ich habe versucht, das Buch so zu schreiben, wie ich es schreiben wollte, und nicht, wie irgendwer meint, daß ich es schreiben sollte. Die Ironie in der Laufbahn eines Schriftstellers – vermutlich werden die meisten Schriftsteller in irgendeiner Form mit ihr konfrontiert – liegt darin, daß er ein paar Bücher schreiben kann, die zum Zeitpunkt ihres Erscheinens ohne großes Interesse hingenommen werden und erst im Laufe der Jahre langsam zu Ehren kommen, um schlußendlich genau von den Leuten, die damals überhaupt nichts Wertvolles an diesen frühen Arbeiten entdecken konnten, als Maßstab für sein späteres Werk benutzt zu werden. Ein Schriftsteller meines Typs sollte niemals eine unfertige Arbeit vorzeigen. Er sollte warten, bis er sicher ist, daß er genau das hat, was er wollte, oder wenigstens die beste Annäherung, zu der er fähig war.«[19]

Bernice Baumgarten antwortete, wie unglücklich es sie gemacht habe zu erfahren, daß sie ihn verärgert habe. Chandler erwiderte, es sei nicht nötig, sich zu entschuldigen. »Man weiß nie, welche Wirkung ein Brief haben wird, weil man nie die Stimmung oder die Umstände kennt, unter denen der Adressat ihn liest. Vollendeter Takt erfordert mehr Wissen als uns gegeben ist.«[20] Dann ging er auf die Schwierigkeiten ein, die er bei der Überarbeitung hatte: »Meine Art zu schreiben verlangt eine bestimmte Menge Elan und gute Laune – das richtige Wort wäre Gusto, eine Eigenschaft, die modernen Büchern vollkommen abgeht –, und Sie können nicht wissen, welche Anstrengung es mich im vergangenen Jahr gekostet hat, auch nur so viel Heiterkeit aufzubringen, daß ich weiterleben konnte, von einem Buch einmal ganz zu schweigen. Finden wir uns damit ab: in den Roman konnte nichts davon eingehen. Ich hatte einfach nichts übrig.«[21]

Chandler unterbrach die Arbeit an seinem Roman für eine Reise nach England. Unbewußt hatte er sich vielleicht schon entschlossen, den Vertrag mit Brandt zu lösen, denn als er nach New York zurückkehrte, rief er nicht einmal bei der Agentur an. Carl Brandt muß gewußt haben, daß das Ende in Sicht war, als er schrieb: »Es tut mir sehr leid, daß Sie keine Gelegenheit fanden, mit uns Kontakt aufzunehmen, so daß wir uns hätten sehen können.«[22] Fünf Wochen später erhielt er ein Telegramm von Chandler: »Hiermit löse ich mein Geschäftsverhältnis mit Ihrer Agentur. Bitte um Bestätigung.«[23] Der Bruch war unvermeidlich; wie bei der Trennung von Knopf ereignete er sich im Grunde schon sechs Monate früher, als Bernice Baumgarten ihren fatalen Brief geschrieben hatte. Die Episode zeigt, wie außerordentlich anfällig das Verhältnis zwischen Kunde und Agentur ist. Die Angestellten einer Agentur müssen zwei diametrale Eigenschaften in sich vereinigen: kaufmännischen Scharfsinn und künstlerisches Urteilsvermögen. Unglücklicherweise wußte niemand bei Brandt and Brandt, wie stark Chandlers Überzeugung war, daß der Agent, »sobald er versucht, den Schriftsteller in seiner Arbeit zu beeinflussen, ihm nur auf die Nerven fällt.«[24] Andererseits hätte Chandler die nötigen Änderungen nicht vorgenommen, wenn er den Brief nicht bekommen hätte. Aber er war nervlich ganz einfach nicht imstande, seine Ehrlichkeit als Künstler über seine Empfindlichkeit als Mensch zu stellen.

Chandlers Arbeitsmethode beim Revidieren eines Buches läßt sich anhand von zweihundert gelben, halbseitig beschriebenen Typoskriptseiten rekonstruieren, die Passagen enthalten, die weggelassen oder umgeschrieben wurden. Sämtliche Entwürfe sind neu, ohne Bezug auf frühere Fassungen. Manchmal kommt derselbe Satz wieder vor, aber jede Szene hat ihre eigene Einheit und Kraft, es gibt kein wörtliches Nachahmen. Die neuen Passagen sind wie Transplantate auf einem lebenden Organismus; sie sind alle durchaus lebensfähig. Die Passagen sind gut geschrieben: Es handelt sich nicht darum, eine schwache oder unklare Szene durch eine bessere zu ersetzen, sondern jede steht einfach für eine andere Weise, die Geschichte zu erzählen. Manchmal werden unwesentliche Teile gestrichen; Chandlers Augenmerk gilt jedoch der Emphase, und die ist eine Frage des Rhythmus.

Es gibt von der Schlußszene drei Fassungen, die zeigen, wie Chandler das Problem der Sentimentalität handhabte. Die Szene beschreibt, wie Terry Lennox Marlowes Büro verläßt: sie ist emotional geladen, weil die Freundschaft, die einmal zwischen den beiden Männern bestand, eines der wichtigsten Themen des Buches darstellt. Hier die erste Fassung:

»Er drehte sich um und ging hinaus. Ich sah zu, wie die Tür sich schloß, und hörte zu, wie seine Schritte sich entfernten.

Nach einer Weile konnte ich sie nicht mehr hören, hörte aber immer noch hin.

Fragt mich nicht warum. Ich habe keine Ahnung.«[25]

Diese Version wird als zu flach verworfen. Die zweite schrieb Chandler ausnahmsweise mit Federhalter:

»Er drehte sich um und ging hinaus. Ich sah zu, wie die Tür sich schloß, und hörte zu, wie seine Schritte sich entfernten. Dann konnte ich sie nicht mehr hören, hörte aber trotzdem immer noch hin. Als könnte er zurückkommen und es mir ausreden, als hoffte ich, er werde das tun.

Aber er tat's nicht.«[26]

Zwar drückt diese Szene Marlowes Gefühle deutlich aus, aber sie ist sentimental; der letzte Satz hört sich an wie eine Stimme, die bricht. Die Schlußfassung lautet:

»Er drehte sich um, ging durchs Zimmer und hinaus. Ich sah zu, wie die Tür sich schloß. Ich hörte seinen Schritten zu, als er den Korridor aus imitiertem Marmor hinunterging. Nach einer Weile wurden sie schwächer, dann verstummten sie ganz. Ich hörte trotzdem weiter hin. Wozu? Wollte ich vielleicht, daß er plötzlich stehenblieb, sich umdrehte und zurückkam, um mir meine Überzeugung auszureden? Nun, er tat es nicht. Ich habe ihn nie wiedergesehen.

Ich habe überhaupt niemanden wiedergesehen – außer den Bullen. Wie man von denen Abschied nimmt, hat noch keiner herausgefunden.«[27]

Das ist vergleichsweise langatmig, dafür aber unterkühlt. Die Einzelheiten des Schauplatzes, etwa der Korridor aus imitiertem Marmor, übernehmen etwas von der emotionalen Last. Im Grunde ändert sich nur der Ton; außerdem fällt Marlowe in dieser Version nicht aus der Rolle, die ihm in dieser Geschichte zugeteilt wurde. Als Schluß ist es auch weniger abrupt, einem Buch dieser Länge eher angemessen als die anderen Fassungen. Allgemein gesehen machen Chandlers Überarbeitungen die Episoden dramatischer und verleihen ihnen eine dichtere Struktur, so daß der Leser sich besser in die Situation der Figuren versetzen kann.

Es besteht kein Zweifel, daß Chandler vorhatte, sein ganzes Ich in *The Long Goodbye* einzubringen. Er wußte, es war seine letzte Chance dafür. Was er am stärksten zum Ausdruck bringen wollte, findet sich zum Teil in dem 1944 erschienenen Roman *Mr. Bowling Buys a Newspaper* von Donald Henderson. Es ist ein gewöhnlicher Kriminalroman ohne besonderen literarischen Wert. Doch für Chandler war er eine Art Wunder. Nie wurde er müde, ihn anderen zu empfehlen, und er verschenkte Dutzende von Exemplaren an Freunde und Bekannte. Der Grund für seine Faszination liegt auf der Hand: Das Buch ist eine deutliche Projektion des Bildes, das Chandler sich von sich selbst machte. Es ist die Geschichte eines Mannes mit einer Public School-Erziehung, der aus irgendeinem Grund nie im Leben etwas erreicht hatte. Um schließlich die Welt doch noch irgendwie auf seine Existenz hinzuweisen, begeht er eine Reihe von Morden, die fast nicht aufklärbar sind, da sie anscheinend kein Motiv haben.

Soweit die Handlung des Romans; das eigentliche Thema des Buches ist aber, daß Mr. Bowlings scheitert, weil er von niemandem geliebt wird. Immer wieder betont Henderson diese These, zum Beispiel, wenn Bowling sich erinnert, wie er als Junge von zu Hause weg ins Internat mußte: »Er brauchte Liebe. Es war nicht gut, darüber zu spotten, es verriet nur, daß man verdammt keine Ahnung hatte.«[28] Wenige Seiten später: »Er hungerte nach Liebe, spiritueller Liebe, und Gott zu lieben schien irgendwie nicht genug; man wollte langes, weibliches, goldenes Haar streicheln.«[29] Bowling heiratet, aber die Ehe scheitert. Dann hat er eine Affäre mit einem Dienstmädchen, doch auch dieses Verhältnis zerbricht. Später folgt dieser Kommentar: »Aus dem einen oder anderen Grund dachte er, das Handicap seines Lebens bestehe darin, nicht geliebt zu werden, und mit Liebe meinte er echte, gegenseitige Liebe, nicht Pyjamas und ein Bett.«[30]

Bowlings Fehlschläge scheinen denen Chandlers sehr ähnlich. Anstatt, wie er wollte, Komponist zu werden, nimmt er einen Job als Verkäufer an. Er lebt in einer heruntergekommenen

Gegend und denkt mit wachsender Bitterkeit an seine Jugend zurück. Was sie verhieß, hat er nicht erfüllt; dazu zählt auch eine Romanze mit einer Jugendliebe, die unerfüllt blieb. Die vielleicht aufschlußreichste Passage findet sich gegen Ende des Buches, wo Mr. Bowling wegen seiner Morde von der Polizei verhört wird: »Kalt nannte der Superintendent den Namen von Mr. Bowlings alter Schule: Das schien Mr. Bowling am härtesten von allem zu treffen. Er war aus dieser Schule und ihren vielgepriesenen Vorzügen herausgerissen und hineingeworfen worden in – was? In eine denkbar unwirtliche, sich immer rascher verändernde Welt, in der für einen Gentleman weniger Platz war denn je, ausgenommen er hatte Geld und einflußreiche Freunde, und das kam Mr. Bowling doch etwas hart vor.«[31]

Es kann kaum einen Zweifel geben, daß Chandler diese Zeilen mit Gefühl las. Das war Dulwich und Los Angeles und das Mädchen mit den kornblumenblauen Augen, das er in einem England zurückgelassen hatte, in dem er sich nicht über Wasser halten konnte. Sogar Mr. Bowlings verzweifelter Entschluß zu morden, findet eine Parallele in Chandlers selbstmörderischen Impulsen. Doch es wäre töricht, den Vergleich zu überzeichnen. Chandler war kein Versager wie Mr. Bowling; er war weltberühmt als der beste Krimi-Autor seiner Zeit, und seine Ehe mit Cissy war eine reife und tiefe Beziehung. Aber das Thema von *Mr. Bowling Buys a Newspaper* – das Bedürfnis nach Liebe und Freundschaft – ist genau der Gegenstand von Chandlers *The Long Goodbye*.

Die Behandlung dieses Themas verlangte grundlegende Veränderungen an der Figur des Marlowe, der nach den Geboten des Detektivromans stets von den anderen Figuren getrennt blieb und sich gefühlsmäßig mit keiner verband. Er war nur ein Katalysator, die Person, die den Vorhang beiseite zog, so daß die Komödie beginnen konnte. Doch als er mit *The Long Goodbye* anfing, hatte Chandler sich entschlossen, auf einer anderen Ebene zu arbeiten. Die komische Weltsicht befriedigte ihn nicht mehr. Der Himmel hatte sich verdüstert: wie Canio in *Pagliacci* erklärte er »*La commedia è finita*«. In dem Maße, wie seine Sicht persönlicher wurde, nahm sein Werk romanhaftere Züge an, glich weniger einem Theaterstück als früher. Das hieß, daß Marlowe zur Hauptperson wurde. In *The Long Goodbye* ist Marlowe ein Mann mit Gefühlen, der nicht mehr zögert, anderen Figuren nahezukommen. Er ist das Mittel, das Chandler benutzt, um die Detektivgeschichte in die Kategorie des seriösen Romans einzugliedern.

Es ist kein Zufall, daß er während der Arbeit am ersten Teil dieses Romans einem völlig Fremden auf fünf Seiten mit fast 2500 Wörtern einen Antwortbrief schreibt, in dem er Einzelheiten aus Marlowes Leben aufzeichnet. Durchgängig tut er zum Spaß so, als sei Marlowe eine reelle Person, indem er etwa sagt: »Marlowe hat nie von seinen Eltern gesprochen, und lebende Verwandte hat er anscheinend keine.«[32] Chandler beschreibt Marlowes Geburtsort in Santa Rosa, Kalifornien, sein Studium an der Universität in Oregon, seine erste Anstellung als Ermittlungsbeamter bei einer Versicherung und einen späteren Job im Büro des Staatsanwalts für den Bezirk Los Angeles. Er beschreibt seine äußere Erscheinung, stellt fest, daß der Schauspieler, der ihn am besten darstellen würde, Cary Grant ist, und nennt weitere Details aus seinem Leben, etwa welche Streichhölzer er benutzt und daß er keine süßen Getränke mag. Er spricht über seinen literarischen Geschmack, über seine Vorliebe für bestimmte Filme, darüber, welche Waffen er besitzt. Marlowes Apartment »besteht aus einem Wohnzimmer, das man direkt vom Flur aus betritt; gegenüber dem Eingang führt eine Glastür auf einen Balkon, der aber nur zur Zierde da ist, zum Anschauen, aber sicher nicht zum Draufsitzen. An der rechten Wand, von der Tür aus gesehen, steht eine Couch. Links, ganz dicht an der Flurwand des Apartmenthauses, führt eine Tür in einen Korridor. Dahinter, an der linken Wand, steht der eichene Schreibtisch mit den herunterklappbaren Seiten, davor ein Sessel usw.; wieder dahinter gelangt man durch einen Bogendurchgang zu Eßnische und Küche.«[33] Und so geht die Beschreibung weiter; sie umfaßt jeden Aspekt von Marlowes Leben und Charakter. Erstaunlich ist, bis zu welchem Grad

Marlowe für Chandler ein wirklicher Mensch wurde. Die Menge der Einzelheiten legt den Gedanken nahe, daß er sich eingehender mit seiner Romanfigur beschäftigte als in den früheren Büchern.

Marlowe war kein verkappter Chandler, auch wenn sie gewisse Charakterzüge gemeinsam hatten. Sie waren beide einsame Männer, isoliert in der Nichtgesellschaft Kaliforniens, und sie vertraten individualistische moralische Standpunkte, die von den Maßstäben der meisten Menschen, mit denen sie zusammenkamen, stark abwichen. Manchmal, wenn für die Figur des Marlowe eine Radio- oder Fernseh-Show angeboten wurde, sagte Chandler zwar »Ich bin Marlowe«, doch das sollte nur die Notwendigkeit unterstreichen, Marlowes Einzigartigkeit zu wahren. In anderer Hinsicht – Chandlers Intellektualismus, Marlowes körperliche Robustheit – unterschieden sie sich deutlich voneinander.

Lange Zeit war man der Ansicht, künstlerische Kreativität sei das Ergebnis eines unbewußten Impulses. So ist beispielsweise behauptet worden, daß Kunst regressiv sei, der Versuch, eine Vision dessen zu erschaffen, wie die Welt hätte sein sollen. Andere Erklärungen für Kreativität stellen die These auf, der Künstler sei schizophren und Kunst ein Zeichen für Ego-Stärkung. Manchmal ist diese letztere Behauptung auf Chandler angewendet worden, und zwar mit dem Hinweis darauf, daß Marlowe ist, was Chandler gerne gewesen wäre – ein großer, starker, harter Bursche, der es gut mit Blondinen kann. Der große Haken an diesen Theorien ist, daß sie nur das Unbewußte berücksichtigen. Sie ignorieren die bewußte geistige Anstrengung, die eine künstlerische Schöpfung erst ermöglicht. Unreife Phantasien haben keinen Bestand vor der rigorosen intellektuellen Aktivität, ohne die Kunst nicht entstehen kann.

Eine fiktive Figur, besonders der Held oder die Hauptperson eines Buches, verkörpert so gut wie sicher etwas von den persönlichen Erlebnissen des Autors und seinen unbewußten Wünschen. Bis zu einem gewissen Ausmaß kann er durchaus dem Autor, oder sogar der überhöhten Vorstellung des Autors von sich selbst nachempfunden sein; doch sobald er zu sprechen und zu handeln beginnt, sobald er seine Romanwelt betritt, entwickelt er eigene Charakterzüge. Sein Verhalten wird durch die Personen beeinflußt, denen er in der Geschichte begegnet, und durch das, was ihm widerfährt. *Darum* geht es bei einer künstlerischen Schöpfung: Man verkleidet nicht notdürftig eine Realität, sondern läßt etwas völlig Neues entstehen. Aus diesem Grund ist sie so gefährlich, eine Bedrohung für die Gesellschaft und sogar eine Kritik an der Natur, wie Claude Lévi-Strauss gezeigt hat.

Chandler wußte, was er tat: Bewußt hatte er eine Figur geschaffen, die seinen ersten fünf Büchern angemessen war; jetzt wollte er mit *The Long Goodbye* einen neuen Weg einschlagen. Antrieb und Bezugspunkt bildete seine persönliche Situation, doch das Schreiben war kontrolliert.

Obwohl in die Form eines Kriminalromans gegossen, in dem Marlowe schließlich den Mörder von zwei Personen aufspürt, handelt *The Long Goodbye* eigentlich vom Wesen der Freundschaft, wie man sie brauchen und mißbrauchen kann, und vom Wesen der Liebe. Die ersten fünf Kapitel des Romans behandeln Marlowes Freundschaft mit Terry Lennox, den er abends gelegentlich bei einem Drink trifft. Lennox ist verheiratet mit der Tochter des Multimillionärs Harlan Potter, den er beschreibt als einen »kaltherzigen Lump. Nach außen ganz viktorianische Würde, innerlich brutal wie ein Gestapo-Offizier.«[34] Terry nennt seine Frau Sylvia ein Luder, gibt aber zu, daß er selbst im Bett eine Niete ist. Marlowe kennt Lennox nur flüchtig, doch er bewundert dessen eigentümliche Würde, seine Höflichkeit, den Ehrenkodex, den er trotz seines verkorksten Lebens respektiert.

Die Beschreibung von Marlowes Beziehung zu Lennox soll Marlowes Verhalten anderen Menschen gegenüber verdeutlichen. Wenn niemand Lennox hilft, tut es Marlowe. Einmal bringt er ihn nach Hause, nachdem Sylvia ihn in einem Nacht-Club sitzengelassen hat; er bringt ihn noch einmal nach Hause, um ihn davor zu bewahren, wegen Stadtstreicherei verhaftet zu werden. Aber Freundschaft bringt auch Komplikationen mit sich. Im weiteren Verlauf des Romans wird Sylvia Lennox ermordet aufgefunden; unter dem Druck ihres Vaters und einer Bestechungssumme erklärt Terry sich bereit, den Mord auf sich zu nehmen. Er verschwindet nach Mexiko und man erklärt ihn für tot. Offiziell ist der Fall abgeschlossen und Potters Name reingewaschen.

Unterdessen lernt Marlowe den berühmten Romancier Roger Wade und dessen schöne Frau Eileen kennen. Sie sind Nachbarn von Terry Lennox und dessen Frau; Wade hat Sylvia in der Vergangenheit Besuche abgestattet. Er ist Alkoholiker und hat sich selbst halb im Verdacht, er habe sie umgebracht, ohne sich daran erinnern zu können. Nach kurzer Zeit wird Wade tot aufgefunden. Marlowe erfährt, daß Wades Frau Eileen früher mit Lennox verheiratet war. Sie hat Sylvia aus Eifersucht ermordet und dann Wade getötet, weil er zuviel redete und unzuverlässig war. Gegen Ende des Buches, als Lennox wieder auftaucht, will Marlowe nichts mehr mit ihm zu tun haben und nennt ihn einen »moralischen Defaitisten«.[35] Seine Willfährigkeit hat zu einem vermeidbaren Mord geführt. Freundschaft, erfährt Marlowe, gilt wenig gegenüber Selbstschutz. Besonders verbittert ist Marlowe über Wades Tod, der arrangiert wurde, um Harlan Potter und Eileen das Leben bequemer zu machen. »Er war natürlich völlig unbedeutend. Bloß ein Mensch mit Blut und Hirn und Gefühlen. Er wußte ebenfalls, was passiert war, und hat wirklich versucht, damit zu leben. Er schrieb Bücher. Vielleicht haben Sie von ihm gehört.«[36]

Marlowes Zynismus ist nun fast vollkommen, aber er gesteht ein, daß er verletzt wurde, und gibt seinen Gefühlen Ausdruck. »Du hattest ein großes Stück von mir gekauft, Terry. Für ein Lächeln, ein Nicken, ein Winken der Hand und ein paar stille Drinks hin und wieder in einer stillen Bar. Es war eine schöne Zeit. Mach's gut, *amigo*. Ich sage nicht Lebwohl. Das habe ich zu dir gesagt, als es etwas bedeutete. Als es ein trauriges, einsames und endgültiges Wort war.«[37] Der einsame Marlowe braucht Freundschaft, aber er wird sie nicht erleben. Er weiß zuviel über sie, wie schwach sie ist, wie sehr eine Sache der Bequemlichkeit. Die Welt ist ein Dschungel, wie in Conrads *Heart of Darkness;* die einzigen, die sie in Gang halten, sind die Polizisten an der Ecke, mit denen Chandler das Buch abschließt.

Chandlers eigenes Gefühl der Einsamkeit in Kalifornien, wo er keine Verwandten oder langjährigen Freunde hatte, beeinflußte die Art, wie er Roger Wade beschrieb. Im allgemeinen ist es ein schlechtes Zeichen, wenn ein Romancier in einem seiner Bücher anfängt, über das Schreiben zu sprechen, doch Chandlers Absicht dabei rechtfertigt diesen heiklen Kunstgriff. In der Gesellschaft, wie sie *The Long Goodbye* porträtiert, wird Wade, die kreativste Figur des Buches, von der ihn umgebenden Macht buchstäblich vernichtet: Er wird ermordet, damit eine Lüge aufrechterhalten werden kann. Wade hat ein Dutzend Romane veröffentlicht, aber es liegt ihm nichts an ihnen. Die meiste Zeit ist er betrunken, hauptsächlich aus einem Gefühl des Ekels vor sich selbst, das alles um ihn herum vergiftet, einschließlich seiner Beziehung zu Eileen. Er weiß, daß er und Eileen ein Spiel spielen und daß das Spiel sie beide langsam zerstört. Eines Nachts tippt er betrunken mehrere Seiten, ein Gemisch aus Selbstmitleid und Ehrlichkeit, in dem das Scheitern eines romantischen Traumes durchschimmert. Die zentrale Stelle dieses Geständnisses lautet: »Lieber schnell jemanden anrufen, bevor die rosa Dinger über mein Gesicht kriechen. Anrufen, bloß schnell anrufen! Sioux City Sue. Hallo, Vermittlung, ein Ferngespräch bitte. Hallo, Fernamt, geben Sie mir Sioux City Sue. Welche Nummer? Keine Nummer, nur Name. Sie finden sie auf der Tenth Street, da geht sie spazieren, auf der dunklen Seite, unter hohen Weizenbäumen mit schwellenden Ähren.«[38]

Aber davor gibt es in Wades Botschaft eine noch aufschlußreichere Aussage: »Los, Wade, stehn wir auf und gehen irgendwohin«, schreibt er. »Irgendwohin, wo wir noch nie waren und wohin wir jetzt nie werden zurückgehen, wenn wir waren.«[39] Diese grammatische Verwirrung geht auf die Vision zurück, die

Chandler selbst in seinem frühen Gedicht »Nocturne from Nowhere« über das Mädchen mit den kornblumenblauen Augen beschrieb:

> *Let me go back*
> *Into that soft and gorgeous future*
> *Which is not past,*
> *Never having happened*[40]

Hier wird etwas Wesentliches über Wade und, im weiteren Sinn, über Chandler und Marlowe ausgesagt. Nichts ist in Wirklichkeit je geschehen, obwohl es in irgendeiner weit zurückliegenden Jugend ein romantisches Empfinden oder Gefühl gegeben hat, wie das Spiel des Lichts auf einem blühenden Kirschbaum oder der Anblick eines unglaublich schönen Mädchens, das im Bus auf der anderen Seite des Mittelganges sitzt. Wie bei den Figuren auf Keats' griechischer Vase bleibt der Traum unerfüllt; wäre er in Erfüllung gegangen, hätte er seine Faszination verloren. Aber Wade wird von diesem Traum verfolgt, der ihn irritiert und ihm seine Grenzen vor Augen führt.

Marlowe bewundert Wade, weil er versucht, diese Wahrheit auszusprechen. Zu Eileen sagt er: »Ihr Mann ist ein Mensch, der sich selbst in die Augen sehen und feststellen kann, was los ist. Das ist keine sehr weit verbreitete Gabe. Die meisten Leute verbrauchen im Leben die Hälfte ihrer Energie für den Versuch, eine Würde zu wahren, die sie nie besessen haben.«[41] Doch für Wade ist Würde gar kein Thema. Er weiß, warum er trinkt und was andere Leute darüber sagen: »Wenn ich ein zehnjähriges Kind hätte, was Gott verhüten möge, würde das Balg mich todsicher fragen: ›Wovor bist du eigentlich auf der Flucht, Daddy, wenn du trinkst?‹«[42] Er ist auf der Flucht vor dem Bild des jungen Mädchens in Sioux City, das auf der dunklen Seite der Straße spazierengeht und alles andere bedeutungslos macht. »Ich habe zwölf Bestseller geschrieben«, sagt Wade, »und wenn ich den Stapel Quatsch da auf dem Schreibtisch je zu Ende bringe, dann sind's vielleicht dreizehn. Und keiner davon ist das

Pulver wert, um ihn zur Hölle zu schicken. Ich habe ein reizendes Haus in einer hochherrschaftlichen Wohngegend, die einem hochherrschaftlichen Multimillionär gehört. Ich habe eine reizende Frau, die mich liebt, und einen reizenden Verleger, der mich ebenfalls liebt, und ich selbst liebe mich am meisten von allen. Ich bin ein egoistischer Hund, ein literarischer Strichjunge oder Zuhälter – suchen Sie sich das passende Wort aus – und ein mit allen Wassern gewaschener Schurke. Also, was können Sie schon für mich tun?«[43]

Wade wird von seiner Vision zerstört, aber Chandler wußte, daß die Medaille auch ihre Kehrseite hat. Man muß ein paar Dinge hinter sich lassen, um etwas anderes zu erreichen. Sein Können als Schriftsteller beruht auf seiner Fähigkeit, beides auszudrücken, die Romantik einer unmöglichen Welt ebenso wie die Beschaffenheit einer möglichen, und, wichtiger noch, das Licht, das jede auf die andere wirft. Marlowe sympathisiert mit Wade, weil seine eigene Einstellung zu Frauen romantisch ist. Nicht zuletzt durch die Konvention der Kriminalgeschichte, die dem Detektiv die Bindung an eine Frau verbietet, konnte er sich diese Denkweise bewahren. In *The Long Goodbye* jedoch versucht Chandler Marlowe als einen Mann zu zeichnen, der Frauen als Frauen akzeptiert. Trotzdem gibt es sogar hier eine seltsame Uneindeutigkeit oder Widersprüchlichkeit, die Chandlers eigene Einstellung zum Sexuellen und seine Erfahrung mit Cissy reflektiert. Später in seinem Leben schrieb er: »Ich habe praktisch nichts über sein [Marlowes] Geschlechtsleben geschrieben, weil ich dachte, das ginge nur ihn etwas an, aber in meinem letzten Buch bin ich von diesem Prinzip doch etwas abgewichen. Es ist undenkbar, daß solch ein Mann kein Geschlechtsleben hat, aber so viele Autoren dieses Genres sind damit allzu marktschreierisch und vulgär umgegangen.«[44] Marlowes Methode, erläuterte er, basiere auf »einer bestimmten, schwer erklärbaren Technik, die im wesentlichen in nichts anderem besteht, als einer Frau das Gefühl zu geben, daß man sie achtet.«[45] Das ist durchaus romantisch zu verstehen, denn Chandler leitet über zu sich selbst und sagt: »Ich nehme an, daß ein Mann, der fast 31 Jahre mit einer Frau verheiratet war, die er anbetete, gewissermaßen zu einem Liebhaber aller Frauen wird und immerzu, auch wenn er es nicht weiß, auf der Suche nach etwas ist, das er verloren hat. Man kann eine Frau nicht zu etwas Billigem machen. Kein Mann meines Typs denkt von ihr genauso wie sie von sich selbst denkt. Ihr Körper ist schließlich etwas Alltägliches für sie; aber für manchen ist er immer so etwas wie ein Heiligtum.«[46] Auf seine eigene Ehe bezogen, äußerte er sich ähnlich: »Hemmungslose Romantiker meines Typs geben sich nie mit etwas zufrieden. Sie verlangen das Unmögliche, und ganz selten einmal erreichen sie es sogar, sehr zu ihrer Überraschung. Ich war einer der Menschen, einer der vielleicht zwei Prozent, die mit einer Ehe gesegnet sind, die nie zur Routine wird. Ich habe nie formell um die Hand einer Frau angehalten. Meine Frau und ich schienen einfach einer in des andern Herz zu verschmelzen, ohne Worte.«[47]

Das ist Chandlers romantische Seite, die ebenso lebendig für ihn war wie ihr Gegenteil. Er war ein Mensch mit sehr widersprüchlichen Impulsen. »Ich bin beides, sinnlich und idealistisch«, sagte er.[48] Als er einmal kritisierte, wie Erle Stanley Gardner bei der Beschreibung von Sex Metaphern einsetzt, um den Leser zu kitzeln, schrieb er: »Sex kann man nicht um sieben Ecken herum abhandeln. Entweder man geht das Sexuelle direkt an oder gar nicht. Alles andere ist ein bißchen ekelerregend.«[49] Ein so hartes Wort mag ein Hinweis auf das Leben sein, das er mit Cissy führte. Chandler wußte, daß sie nicht mehr und vielleicht nie eine dieser goldhaarigen Blondinen mit rosigem Teint gewesen war, die in seinen Büchern vorkommen. Was das betrifft, war er gescheitert, wie seine frühen Seitensprünge und Sauftouren bewiesen. Das Verhältnis zu Cissy war innig, erfüllte aber gewisse Bedürfnisse seines Wesens nicht. Da Cissy jetzt eine achtzigjährige kranke Frau war, ging Chandler wie Marlowe allein ins Bett. Chandler besaß genügend Selbstbeherrschung, um über lange Strecken seines Lebens das Trinken aufzugeben; während seiner letzten Jahre mit Cissy in La Jolla gab er wahrscheinlich auch jeden Geschlechtsverkehr auf.

Es wäre übertrieben zu sagen, daß er von Sex abwechselnd angezogen und abgestoßen wurde, aber die Art, mit der er Marlowe die Avancen des psychotischen jungen Mädchens, Carmen Sternwood, in *The Big Sleep* zurückweisen läßt, deutet zweifellos auf starke Emotionen hin. Als Marlowe Carmen kokett auf ihn wartend in seinem Bett vorfindet, wirft er sie hinaus. Dann öffnet er die Fenster und lüftet das Apartment. »Ich ging zurück zum Bett und blickte darauf nieder. Auf dem Kissen war noch der Eindruck ihres Kopfes, auf den Laken der ihres verruchten kleinen Körpers zu sehen. Ich stellte mein leeres Glas ab und riß die Laken voller Wut in Fetzen.«[50]

Für einen Mann, der zu Frauen eine Einstellung hat, die Chandler als natürlich bezeichnete für »jeden kräftigen und gesunden Mann, der zufällig nicht verheiratet ist«, ist das eine außerordentlich heftige Reaktion. Man möchte meinen, daß Carmen irgendwie eine Bedrohung für die Art von Lebenskompromiß darstellte, für die selbstauferlegten Einschränkungen, die Chandler von Marlowe verlangte, damit er überhaupt glaubwürdig sein konnte.

In dem Brief, auf den Chandler mit seiner langen Beschreibung Marlowes antwortete, erwähnte der Verfasser eine von Gershon Legman in *Love and Death* (1949) vertretene Theorie, Marlowe sei homosexuell. Chandler erwiderte: »Die Bemerkungen von Mr. G. Legman können Sie getrost vergessen, da Mr. Legman mir zu dieser ziemlich großen Gruppe amerikanischer Neurotiker zu gehören scheint, die sich eine enge Freundschaft zwischen zwei Männern nur homosexuell vorstellen können.«[51] Ähnliche Behauptungen sind über Chandler selbst gemacht worden, ohne daß zu ihrer Stützung etwas anderes vorgebracht werden konnte als Chandlers ausgesprochene Abneigung gegen Homosexuelle, die eine unterdrückte Neigung verdeckt haben soll. Auf der anderen Seite gibt es zahlreiche Beweise für Chandlers Heterosexualität.

In *The Long Goodbye* sorgt Chandler dafür, daß Marlowe sofort mit Frauen zu tun bekommt. Die erste ist Eileen Wade, eine Blondine mit den verräterischen kornblumenblauen Augen. Zu Beginn des Romans küßt er sie, aber es gefällt ihr nicht. »Das war falsch«, sagt sie. »Sie sind ein zu netter Mensch.«[52] Später versucht sie dann, ihn zu verführen. Sie sind in ihrem Schlafzimmer, und als sie sich geküßt haben, sagt sie, er solle sie zum Bett tragen. »Ich tat es. Als ich meine Arme um sie legte, berührte ich bloße Haut, weiche Haut, weiches, nachgebendes Fleisch. Ich hob sie auf und trug sie die paar Schritte zum Bett und legte sie darauf. Sie behielt die Arme um meinen Hals. So etwas wie ein pfeifender Laut drang aus ihrer Kehle. Dann warf sie sich herum und stöhnte. Ich war so scharf wie ein Zuchthengst. Ich verlor die Kontrolle. Man bekommt nicht sehr oft eine solche Einladung von einer solchen Frau.«[53]

Der Hausboy unterbricht sie, und der Bann ist gebrochen. Eileen bleibt auf dem Bett und gibt weiterhin Laute von sich, doch Marlowe hört sie jetzt nur noch als »seltsame Geräusche«.[54] Er geht nach unten, trinkt über die Hälfte einer Flasche Scotch und bleibt stockbesoffen auf der Couch liegen. Die Passage ist merkwürdig wegen ihrer Sprache und der Art, wie die verführerischen und abstoßenden Aspekte der Sexualität nebeneinandergestellt werden. Sie schildert beides, Angezogensein und Abscheu. Die Szene wirkt nicht so heftig wie das Zerfetzen des Bettzeugs in *The Big Sleep*, aber sie ist eine überzeugende Studie über Selbstbeherrschung. Marlowe ist von sich ebenso entsetzt wie von der Situation. Er sieht sich selbst als Zuchthengst, und die Gewalt seiner Leidenschaft erregt ihn und ekelt ihn gleichermaßen.

Die Handlung verhindert es, daß zwischen Marlowe und Eileen eine Beziehung entsteht, aber bald fühlt sich Marlowe zu Linda Loring hingezogen, Harlan Potters anderer Tochter, die mit einem fürchterlichen Snob verheiratet ist, dem sie bald den Laufpaß gibt. Die wichtigste Begegnung zwischen den beiden findet am Ende des Romans statt und zeigt, wie Chandler erneut versucht, sich auf Neuland zu begeben. Linda kommt mit einer Reisetasche zu Marlowe ins Apartment. Beide sind müde und ausgelaugt; durch die Reisetasche kommt es zu einem schlechten Anfang. Marlowe will sie ins Schlafzimmer bringen, woraufhin Linda ihm vorwirft, voreilige Schlüsse zu ziehen. »Zum Teufel mit dem blöden Ding!« sagt Marlowe darauf. »Erwähnen Sie es noch ein einzigesmal, und ich schmeiße es die Treppe runter. Ich hab Sie zu einem Drink eingeladen. Ich gehe jetzt in die Küche und hole das Zeug. Und damit hat sich's. Mir ist nicht im Traum eingefallen, Sie betrunken machen zu wollen. Sie wollen nicht mit mir ins Bett gehen. Das versteh ich vollkommen. Warum sollten Sie auch.«[55] Linda sagt, er brauche doch nicht gleich so in Wut zu geraten. Marlowe entgegnet: »Das ist bloß wieder so ein Spielchen. Ich kenne fünfzig davon und hasse jedes einzelne. Alles Heuchelei, mit ganz bestimmten Hintergedanken.«[56]

Chandler beschreibt Marlowes nervöse Aggressivität überzeugend; nachdem sie sich beruhigt und geliebt haben, läßt er Linda den Vorschlag machen, sie sollten heiraten. Aber Marlowe weiß, daß das bei ihr nur eine Art Spiel ist, daß sie ihn nicht wirklich liebt. Auch sie weiß das und weint an seiner Schulter. Am nächsten Tag geht sie, die Episode ist abgeschlossen. Aber Marlowe wurde viel stärker berührt als in jedem der anderen Romane. Diesmal geht er ins Schlafzimmer und zieht die Laken heraus, um das Bett zu machen. »Auf einem der Kissen lag ein langes dunkles Haar. In meiner Magengrube lag ein Klumpen Blei.«[57]

Vom Beginn des Buches an ist klar, daß Chandler mit *The Long Goodbye* sein Hauptwerk als Romancier vorlegen wollte. Es hat eine Weite, die seinen anderen Büchern abgeht. Es ist nicht so spritzig und flott wie *Farewell, My Lovely*, aber hier wollte Chandler etwas anderes erreichen. *The Long Goodbye* enthält die verschiedensten Kommentare über die Gesellschaft, in der Marlowe lebt. Sie sind viel wichtiger für die Geschichte selbst als in *The Little Sister*. Im ersten Teil des Buches wird Marlowe von der Polizei verhört und dann unter dem Verdacht der Mittäterschaft hinter Gitter gebracht. Dieser merkwürdige Grund, jemanden einzubuchten, hat keinerlei rechtliche Grundlage; außerdem muß die Polizei von Los Angeles Verdächtige nach dem dritten Tag freilassen, um die Habeaskorpusakte nicht zu verletzen. Dennoch ist es keine sehr angenehme Erfahrung, und Chandler benutzt die Gelegenheit zu beschreiben, wie es ist, eingesperrt zu sein, das Unpersönliche, die Langeweile. Als ein Anwalt Marlowe besucht, um mit ihm seine Freilassung zu planen – was er ablehnt –, diskutieren die beiden Männer über eine Reihe illegaler Polizeimaßnahmen. Diese Bemerkungen zur Gesellschaft fügen sich organisch in die Geschichte ein und sind nicht aufdringlich. Nur ein Kapitel gehört irgendwie nicht dazu; Chandler schildert darin einen typischen Tag im Leben Marlowes. Die Telefonanrufe und Besucher haben mit der eigentlichen Handlung nichts zu tun, aber alles wird so amüsant erzählt, daß man es Chandler durchgehen läßt. Manchmal verfehlen die Einschübe ihre Wirkung, so etwa Chandlers ausführliche Abhandlung über Blondinen. Hier scheint er alle Lücken füllen zu wollen, damit dieser Roman ein eindeutiger Chandler wird. Solche Passagen sind weitgehend Geschmackssache. Am besten sind diejenigen, die Marlowe und die Welt, in der er lebt, miteinander verbinden, wie dieser Kapitelanfang, der in einem Hotel in Beverly Hills spielt:

»Um elf Uhr saß ich in der dritten Nische rechts, wenn man vom Speisesaal hereinkommt. Ich hatte die Wand im Rücken und konnte jeden sehen, der kam oder ging. Es war ein klarer Morgen, kein Smog, nicht einmal Hochnebel; die Sonne blendete auf der Wasserfläche des Swimming-Pools, der gleich hinter der Spiegelglaswand der Bar begann und sich bis zum äußersten Ende des Speisesaals erstreckte. Ein Mädchen mit enganliegendem weißem Badeanzug und phantastischer Figur erklomm die Leiter zum Sprungturm. Ich betrachtete den schmalen weißen Streifen, der sich zwischen der Bräune ihrer Schenkel und dem Badeanzug zeigte. Ich betrachtete ihn mit sinnlichen Augen. Dann war sie außer Sicht, verdeckt vom tiefen Überhang des Daches. Einen Augenblick später sah ich sie mit einem Anderthalbfachen nach unten hechten. Die Gischt spritzte hoch zur Sonne empor und machte Regenbögen, die fast so hübsch waren wie das Mädchen selbst. Dann kletterte sie die Leiter herauf, streifte die weiße Kappe ab und schüttelte das Ergebnis ihrer Bleichkünste auseinander. Sie wackelte mit dem Hintern zu einem kleinen weißen Tisch hinüber und setzte sich neben einen Athletentyp mit weißen Drellhosen, Sonnenbrille und so gleichmäßig dunkler Bräune, daß er nur der Bademeister sein konnte. Er langte hinüber und tätschelte ihr den Schenkel. Sie öffnete einen Mund wie ein Feuereimer und lachte. Das ließ mir jeden Appetit sofort vergehen. Das Lachen konnte ich nicht hören, aber das Loch in ihrem Gesicht, als sie ihre Zähne wie einen Reißverschluß aufmachte, das langte mir völlig.«[58]

Ohne etwas über das Leben in Beverly Hills zu sagen, sagt dies alles.

Das Bild, das Chandler in *The Long Goodbye* von Südkalifornien zeichnet, ist düster. Eines Abends steht Marlowe, bevor er schlafen geht, am Fenster seines Apartments und blickt hinaus auf die Stadt. Er horcht auf den Straßenlärm und sieht den von grellem Licht erhellten Himmel. Ab und zu hört er das Heulen der Sirene eines Polizeiwagens oder der Feuerwehr; dabei denkt er: »Vierundzwanzig Stunden am Tag läuft jemand davon, läuft jemand hinter ihm her. Da draußen in der Nacht der tausend Verbrechen starben Menschen, wurden verstümmelt, von fliegendem Glas zerschnitten, vom Steuerrad zerquetscht oder von schweren Reifen. Menschen wurden zusammengeschlagen, ausgeraubt, gewürgt, vergewaltigt und ermordet. Menschen waren hungrig, krank, gelangweilt, verzweifelt vor Einsamkeit oder Reue und Angst, waren zornig, grausam, fiebernd erregt, von Schluchzen geschüttelt. Eine Stadt, nicht schlimmer als andere, eine Stadt, reich, voll Leben und Stolz, eine Stadt, verloren, geschlagen und voller Leere.«[59] Was kann ein Mensch in einer so vieldeutigen Welt ausrichten? Marlowes Antwort ist romantisch: Er hat seine Selbstachtung, die ihm erlaubt, zu einem Polizisten zu sagen, er solle sich zum Teufel scheren, und er hat genug Erfahrung, um zu glauben, daß Freundschaft und Liebe gegen Habgier kaum eine Chance haben. Noch immer ist er der Held, wie Chandler ihn in »The Simple Art of Murder« definierte – der Mann, der »durch diese schäbigen Straßen geht«, aber selbst »nicht schäbig ist, der eine reine Weste hat und keine Angst.«[60]

Diese Einstellung könnte sentimental erscheinen, denn sie stellt Marlowe auf eine höhere Ebene als die anderen Figuren. »Ich finde es gar nicht schlimm, daß Marlowe sentimental ist, denn das ist er im Grunde immer gewesen. Seine Härte war immer mehr oder weniger ein oberflächlicher Bluff.«[61] Wie sich das auf *The Long Goodbye* als Chandlers Bemühung um den vollendeten Roman auswirkt, hängt weitgehend davon ab, wie man den Roman definiert. Im größten Teil der seriösen europäischen Romanliteratur weiß die Hauptfigur am Schluß des Romans mehr als am Anfang. Seine Menschlichkeit ist gegen die Normen der Gesellschaft auf die Probe gestellt worden. Er kann versagen oder erfolgreich sein, ablehnen oder annehmen, was die Erfahrung ihn lehrt, aber er kennt die Konsequenzen. Er ist ohne Illusionen, obwohl er wie Don Quixote vielleicht weiß, daß Illusionen notwendig sind, um überleben zu können. Madame Bovary, Anna Karenina, Charles Gould in *Nostromo,* Molly Bloom in *Ulysses,* Christopher Tietjens in *Parade's End,* sie alle kämpfen mit einem Verhaltenskodex. Ob sie sich nun am Ende von ihm befreien oder von ihm besiegt werden: sie klammern sich nicht mehr an ihn. Sie werden sie selbst.

Dieselbe Tendenz findet sich im amerikanischen Roman; aber in der weniger hoch entwickelten, relativ formlosen Gesellschaft der Vereinigten Staaten reagieren die Romanhelden anders. Einige berühmte Beispiele des neunzehnten Jahrhunderts – etwa Natty Bumppo, Huckleberry Finn und Melvilles verschiedene Wanderer – laufen einfach davon, um Zuflucht in der Wildnis zu finden. Nachdem jedoch auch der letzte weiße Fleck auf der Landkarte verschwunden war, ging diese Möglichkeit verloren. Die Helden sind gezwungen, gegenüber der Welt, in der sie leben, eine ambivalentere Haltung einzunehmen. Sie wissen, was Macht und Geld sind, und kämpfen darum, aber um die Zivilisation überhaupt am Leben zu erhalten, neigen sie dazu, an irgendeinem Verhaltenskodex festzuhalten. In diesem

Sinn ist der amerikanische Roman weniger reif als der europäische.

Wie man *The Long Goodbye* beurteilt, hängt davon ab, welche Maßstäbe man anlegt. Sicher erreicht Marlowe nicht das Maß an Einsicht und Befreiung, das von den großen Helden des europäischen Romans erreicht wird. Aber mit den Helden und Heldinnen von Hemingway, Faulkner, Steinbeck und Dreiser hat er durchaus etwas gemeinsam. Diese Männer und Frauen sind hin- und hergerissen, versuchen, mit ihrer Umwelt ins Reine zu kommen. Um sich selbst einen gewissen Halt zu geben, entwickeln sie Verhaltensmuster, die es ihnen ermöglichen, sich zu behaupten. Ihr Leben mag tragisch sein oder an genau dem Kodex scheitern, nach dem sie leben oder eben nicht leben können, aber sie haben kaum eine Wahl, sich anders zu verhalten. Chandler scheint eine klare Vorstellung von der Wirkung gehabt zu haben, die seine Nationalität auf Marlowe ausübte, denn er schrieb in sein Notizbuch: »Für mich ist Marlowe der amerikanische Geist: eine kräftige Portion robusten Realismus'; ein Schuß guter, handfester Vulgarität; ein starker Oberton beißenden Witzes; ein ebenso starker Unterton reiner Sentimentalität; ein Meer von Slang; und ein völlig unerwartetes Ausmaß an Sensibilität.«[62]

In Gesellschaft der oben genannten Autoren und mit einer solchen Hauptfigur kann *The Long Goodbye* sich sehen lassen. Chandler läßt Marlowe neue Erfahrungen machen und deckt Seiten von ihm auf, die bis dahin verborgen geblieben waren. Er ist mit Terry Lennox befreundet und hat eine kurze Affäre mit Linda Loring. Am Ende bleibt nur eine leere Stelle, ein Loch, das mit irgend etwas gefüllt werden muß, und sei es mit einem Verhaltenskodex, der sentimental anmutet; aber das ist das Wesen Amerikas, wie Chandler es sah.

Die Sache hat noch eine andere Seite, die zu betrachten sich lohnt. Chandler hatte die visionäre Kraft eines ernstzunehmenden Schriftstellers, aber aus finanziellen Gründen begann er seine Laufbahn in einem Genre, das ihn einschränkte. Gleichzeitig setzte der Kriminalroman kreative Kräfte in ihm frei, die der sogenannte seriöse Roman nie provoziert hätte. Ein seltsames Paradoxon, das auch Licht auf *The Long Goodbye* wirft. Zum Teil läßt es sich erklären, wenn man Chandlers Lage in Kalifornien in Betracht zieht. Anders als James, Joyce oder Conrad, die alle aus Welten, die sie verabscheuten, ins Exil gegangen waren, war Chandler aus einer Welt ins Exil gegangen, die er zu lieben glaubte. Anstatt in seinem angebeteten England lebte er in einem Land, wo Wertbegriffe sich mit den Gezeiten zu ändern schienen. Kein Wunder, daß er sich an den Kodex des Public School-Gentlemans klammerte und ihn auch auf den Helden seiner Romane übertrug.

Auch Chandlers Auffassung von Humor erfordert als Ausgleich Sentimentalismus, um sie genießbar zu machen. Ein großer Satiriker wie Swift, dessen Hauptwaffe der Witz war, vermochte eine Weltsicht zu vermitteln, die ganz aus einem Stück war und nirgends weich wurde. Aber für Autoren wie Dickens oder Mark Twain, die stark von Gefühlen abhingen, war das Grauen unerträglich, mit dem die Welt sie umgab. Aus Mitgefühl mit ihren Figuren machten sie deren Realität erträglicher, indem sie den Humor einführten. Sie taten das nicht unbedingt bewußt, eher, weil ihre Stimmung sich änderte, was bei Schriftstellern dieser Art natürlich ist. Außerdem gehen Komödie und Sentiment seit jeher Hand in Hand; Beispiele sind die *commedia dell'arte* und der traurige Clown, den Charlie Chaplin in unserer Zeit so berühmt gemacht hat. Chandler gehört keinem der beiden Extreme an: Seine Auffassung von Humor ist nicht so großzügig wie Dickens', und seine Satire nicht so bitterböse wie Swifts. Er liegt irgendwo dazwischen, ein Intellektueller mit Gefühlen. Aus diesem Grund hat die Figur des Marlowe beides, Witz und Sentimentalität.

Bei alledem machen nicht die Ideen den Reiz von *The Long Goodbye* aus, sondern der Stil. Früher schon hatte Chandler einen für seine Leistung in diesem Buch relevanten Punkt geklärt: »Es gibt einen großen Unterschied, für mich wenigstens, zwischen einem tragischen und einem jämmerlich unglücklichen Schluß. Auf der Ebene des Vorstadtromans kann man keine Tragödie schreiben; es kommt nur Elend dabei heraus, ohne die läuternde Wirkung erhabener Gefühle. Und natürlich ist die Qualität der Gefühle eine Frage der Projektion, wie sie gelöst wird, wie der Gesamteffekt eines Stils aussieht. Dabei zählt nicht, ob die Menschen, über die man schreibt, Heldenformat haben.«[63]

In *The Long Goodbye* versuchte Chandler, seine Muskeln zu strecken, etwas anderes zu machen, denn er wollte etwas Neues. Trotzdem wurde er durch eine neue Aufgabe immer beunruhigt. »Ganz gleich, was er früher gemacht hat«, sagte er vom Schriftsteller, »was er jetzt zu tun versucht, macht ihn wieder zu einem Anfänger, egal wieviel Können und Routine er in technischen Dingen erworben hat, nichts kann ihm jetzt helfen außer Leidenschaft und Demut.«[64] Dabei wußte Chandler, was er hatte, sonst wäre er kein Schriftsteller gewesen. Er kannte sich gut genug, um ohne falsche Bescheidenheit zu zitieren, was sein englischer Verleger von ihm hielt: »Für Jamie Hamilton bin ich nicht bloß ein knallharter Autor; ich bin der beste, den es in meinem Genre gibt, der beste, den es je gegeben hat; knallhart bin ich nur durch Zufall; im Grunde bin ich ein eigenständiger Stilist mit einer sehr gewagten Phantasie.«[65]

Was *The Long Goodbye* aber schließlich zum Erfolg werden ließ, war Chandlers Einstellung zum Schreiben; sie durchsetzt alle seine Arbeiten und gibt ihnen Farbe. Er mußte in La Jolla Stunden mit Einkäufen und Besorgungen zubringen, eine schwerkranke Ehefrau pflegen und mußte nachts viele Stunden totschlagen, weil er an Schlafstörungen litt. Doch zum Ausgleich hatte er die Freude, sich morgens an seine Schreibmaschine setzen zu können. Er hatte von einem Schriftsteller gehört, er hasse das Schreiben; diese Einstellung erstaunte Chandler so sehr, daß er einen Brief an Hamish Hamilton schrieb, der vielleicht besser als alles andere die Leistung erklärt, die er mit *The Long Goodbye* vollbrachte: »Aber ein Schriftsteller, der das eigentliche Schreiben haßt, der keine Freude daran hat, mit Worten etwas Magisches zu schaffen, der ist für mich überhaupt kein Schriftsteller. Das eigentliche Schreiben ist doch das, wofür man lebt. Der Rest ist etwas, was man durchstehen muß, um zum Wesentlichen zu kommen. Wie kann man das eigentliche Schreiben hassen? Was gibt es zu hassen daran? Ebenso gut könnte man sagen, ein Mensch hacke gern Holz oder putze gern das Haus und hasse den Sonnenschein oder die Nachtluft oder das Nicken der Blumen oder den Tau auf dem Gras und den Gesang der Vögel. Wie kann man das magische Element hassen, das aus einem Abschnitt oder einem Satz oder einer Zeile Dialog oder einer Beschreibung etwas macht, was eigentlich eine neue Schöpfung ist?«[66]

Nachtstück

Nach dem Ende des Zweiten Weltkriegs machte Chandler häufig Pläne, nach England zu reisen. Fast vierzig Jahre waren vergangen, seit er dort gelebt hatte, Jahre, die ihn in einen Anglophilen verwandelten. Auch Kalifornien trug zu dieser Entwicklung bei. »Ich betrachte mich noch immer als verbannt und möchte zurückkommen«, schrieb er Hamish Hamilton 1946.[1] Er liebte englische Bücher und Zeitschriften und bewahrte einige typisch britische Eigenheiten, ohne dabei jedoch gekünstelt oder affektiert zu wirken. Vor allem die englischen Umgangsformen imponierten ihm. Deren Vollkommenheit illustrierte er gern durch eine Geschichte, die der amerikanische Kritiker Logan Pearsall Smith von sich erzählt hatte: Wie er »auf krummen Wegen zu einer Einladung in ein Landhaus mit einer sehr alten Bibliothek gekommen war, die er durchstöbern wollte: der alte Herr, sein Gastgeber, wanderte herum und spähte gelegentlich durch die Bibliotheksfenster, während Smith beim Schmökern war; er selbst betrat das Zimmer nie; Smith aß Tag für Tag mit der Familie, die ihn niemals fragte, was er in der Bibliothek suche; und er reiste schließlich ab, ohne sie über die Angelegenheit aufzuklären, ein Beweis seiner guten Erziehung, an den nur ein kluger Mann hatte denken können.«[2]

Chandlers Korrespondenz mit Hamish Hamilton, die Nahrungsmittelpakete, die er während des Krieges und danach an Hamilton und seine Mitarbeiter schickte, hielten eine enge Verbindung mit England aufrecht; in seiner Sehnsucht wurde es für ihn zum neuen Jerusalem. Als er 1949 eine Reise plante, schrieb er an Hamilton: »Ich komme nach England nicht als ein Autor, der mal einen Besuch macht, Gott behüte, sondern als ein Mann, der England liebte, als sein Herz jung war, und der seitdem nie wieder so geliebt hat und nie wieder so lieben wird.«³ Dann erzählte er eine Anekdote, um seine Gefühle zu veranschaulichen, eine Beobachtung in einem kleinen Hotel in Luxemburg: »Die Stimmung war fröhlich, Menschen aus fast allen Ländern Europas waren da und ließen sich's wohlergehen. An zwei Tischen, nur an zweien, saßen Engländer; am einen ein früher gutsituiertes, jetzt nicht mehr so gutsituiertes älteres Paar, am andern ein entlassener Panzeroffizier mit seiner Mutter. Auf allen Tischen im Speisesaal des Hotels, nur auf diesen beiden nicht, standen Weinflaschen. Das ist eine wahre Geschichte. Die Engländer konnten sich keinen Wein leisten. Diejenigen, die nie kapituliert hatten, tranken Wasser, damit diejenigen, die kapituliert hatten, Wein trinken konnten.«⁴

Obwohl er sein Reiseziel derart idealisierte, gab es auch Kleinigkeiten, die ihn abschreckten. »Was mich stört an dem Gedanken, nach England zu fahren«, klagte er Carl Brandt, »ist der blödsinnige Papierkrieg, die Reservierungen, die Termine, nicht zu wissen, wohin. (Bestimmt nicht ins Dorchester, da könnte man ebenso gut in diesem Stinkloch, dem Beverly Hills Hotel, bleiben.)«⁵ 1949 wollte er einen Film in England machen; Ray Stark konnte jedoch den Vertrag nicht abschließen, weshalb Chandler sich entschloß, auf eigene Kosten zu fahren. Er bombardierte Hamilton mit Fragen: »Was brauche ich, falls überhaupt, an besonderer Kleidung? Brauche ich einen Smoking usw.?«⁶ Wegen gesundheitlicher und anderer Schwierigkeiten verschob sich aber die Abreise des Ehepaars Chandler bis 1952. Ursprünglich hatten sie vorgehabt, auf einem der Schiffe der Cunard Linie zu buchen, doch dann fand er heraus, daß es durch den Panamakanal direkte Überfahrten von Los Angeles nach London gab. So erübrigte sich ein Aufenthalt und Schiffswechsel in New York: »Der einzige Sinn einer Seereise ist der, daß man nicht vom Schiff kann, daß man sich langsam und qualvoll an ein schreckliches Einerlei gewöhnt und daß man sich nach einer Weile wundert, es überhaupt nicht so schrecklich zu finden. Aber man will das verfluchte Ding bestimmt nicht auch noch wechseln, bevor man am Ziel ist.«⁷

Da er ein zurückgezogenes Leben führte, hatte Chandler so gut wie keine Ahnung von Reisevorbereitungen. Zugleich war er ängstlich darauf bedacht, jedes Detail im voraus zu regeln, um Pannen in letzter Minute zu vermeiden. Das bedeutete eine umfangreiche Korrespondenz mit Roger Machell von Hamish Hamilton über Unterkünfte in Londoner Hotels und viele Telefonate und Briefwechsel mit dem Reisebüro wegen Buchungen. Sogar die Paßfrage wurde zum Problem. Es ist typisch für Chandlers Beziehung zu Cissy, daß sie einen gemeinsamen Paß ausstellen ließen; das Foto zeigt ein sehr hageres, verhärmtes Paar. Sogar Nahrungsmittelpakete, unter anderem mit Schinkenkonserven, Tee und je drei Flaschen Whisky und Gin schickte er an seine Londoner Adresse. Einiges davon war als Geschenke für seine Londoner Briefpartner gedacht, aber er wollte kein Risiko eingehen. Auch ein neues Testament setzte er auf.

Schließlich und endlich gingen Chandler und Cissy am 20. August an Bord der *MS Guyana* der schwedischen Johnson-Linie. Das Schiff fuhr von Los Angeles aus durch den Kanal und ging bei verschiedenen karibischen Inseln vor Anker, denn es war ein kombiniertes Fracht- und Passagierschiff. Die Überfahrt dauerte etwa drei Wochen; Chandler fand das Schiff tadellos, wobei er anmerkte, es werde unentwegt gestrichen. »Eigentlich habe ich kaum etwas anderes getan als essen, Taschenbücher lesen und schlafen«, schrieb er an einen alten Schulfreund.[8] Die Reise wurde jedoch kein voller Erfolg, da Cissy, die nur an Tweedsachen für London gedacht hatte, für die Zeit in Panama und den Tropen keine leichte Kleidung einpackte, so daß sie sich nur in den klimatisierten Innenräumen aufhalten konnten.

Gegen Ende der ersten Septemberwoche legten sie an den Tilbury Docks an der Themse an. Roger Machell holte sie ab und fuhr sie ins West End, wo sie im Connaught Hotel am Carlos Place abstiegen, auf halbem Wege zwischen Berkeley Square und Grosvenor Square. Cissy fühlte sich nicht wohl, weshalb Chandler sich von Kleinigkeiten irritieren ließ. Sie waren immer nervös, wenn sie sich nicht auf vertrautem Terrain befanden, und London war ihnen fremd. Kurz nach ihrer Ankunft verletzte sich Cissy den Fuß beim Einsteigen in ein Taxi. Es war eine schlimme Schürfwunde, aber sie versuchte, nicht viel Aufhebens davon zu machen. Dann wurden sie von Hamish Hamilton und seiner Frau zum Dinner eingeladen. Hamilton erwähnte beiläufig, Chandler dürfe im Smoking kommen, was Chandler außer Fassung brachte, weil er keinen mitgenommen hatte. Hamilton lenkte sofort ein, der Abend könne auch informell stattfinden, doch nun begann Cissy zu fürchten, daß sie kein ausreichend elegantes Kleid für die Party habe. Den ganzen Nachmittag suchte sie mit Chandler die Bond Street nach etwas Passendem ab, aber nichts war recht. Eine Stunde vor Beginn des Essens rief Chandler an und sagte ab. Verzweifelt über das mögliche Fehlen seines Ehrengastes schlug Hamilton vor, er könne doch allein kommen, nur war Chandler jetzt so mit den Nerven am Ende, daß er sich entschieden weigerte und sagte, er finde es empörend, von ihm anzunehmen, er würde seine Frau im Stich lassen. Die Dinnerparty fand also ohne die Chandlers statt.

Schon vor diesem Zwischenfall machte der Gedanke an eine Begegnung mit Chandler Hamilton unruhig: »Nach so vielen Jahren der Brieffreundschaft hatte ich fast Angst, Ray in London zu treffen. Von Leuten, die ihn kannten, hatte ich gehört, er sei schwierig und ganz anders als das liebenswürdige Bild, das ich mir von ihm gemacht hatte. Glücklicherweise ging alles gut. Mit seinem dünnlippigen Mund und der Angewohnheit, die Brauen zusammenzuziehen und die Unterlippe vorzuschieben, sah er grimmiger aus als ich erwartet hatte, doch bald merkte man, daß das nur eine Marotte von ihm war. Nur schade, daß er sich in London anfangs ein bißchen einsam fühlte, und daß ich nicht so viel Zeit zum Reden und Trinken übrig hatte, wie es ihm lieb gewesen wäre.«[9]

Erfolgreicher war ein Abendessen bei der Filmkritikerin Dilys Powell und ihrem Mann Leonard Russell, dem Literaturredakteur der *Sunday Times*. Zu den Gästen zählten Val Gielgud von der BBC und Nicolas Bentley, der Sohn des Autors von *Trent's Last Case,* das Chandler in »The Simple Art of Murder« verrissen hatte. Dilys Powell hat den Abend selbst beschrieben: »Er kam zu dem Essen mit seiner Frau, Cissy, die wesentlich älter war als er. Sie war reizend, ruhig, duftig und für ihr fortgeschrittenes Alter noch immer duftig blond. Er war offensichtlich sehr stolz auf sie. Wir fanden ihn anfangs aber doch ein bißchen schwierig und gereizt. Man hatte das Gefühl, daß er sich irgendwie als etwas Besseres vorkomme, und weiß Gott, wir machten uns alle ganz klein, damit er sich um so erhabener fühlen konnte, so sehr bewunderten wir ihn. Es war in gewissem Sinn eine fast zu formelle Party: Ich erinnere mich noch, wie ich nach dem Essen versuchte, den Blick des wichtigsten weiblichen Gastes, Cissys nämlich, diskret einzufangen. Das gelang mir nicht, und Ray, mein Tischnachbar, sprang plötzlich auf und rief: ›Cissy, du erlebst gerade ein uraltes englisches Zeremoniell.‹ Er hielt die ganze Sache offenbar für einen riesigen Witz. Er war auch sehr verärgert, als man nach dem Essen die Frauen den Männern entführte. Das paßte ihm ganz und gar nicht.«[10]

Auch J. B. Priestley gab ein Essen für Chandler, in seiner Wohnung in Albany, gleich am Picadilly. Priestley hatte von Cissy in Kalifornien nicht viel gesehen, weil sie während seines Besuches krank war, so daß er beim Essen, wie er sich erinnerte, »einen völlig falschen Eindruck von ihr erhielt, einfach weil ich ihr wirkliches Alter nicht kannte; sie kam mir vor wie eine nicht sehr gut erhaltene Frau Anfang sechzig, ganz angenehm und gute Unterhaltung und so weiter, dabei war sie natürlich, wie ich später erfuhr, viel später, damals tatsächlich schon um die achtzig und dafür wirklich sehr ansehnlich.«[11]

Glücklicherweise bestand die Reise nicht nur aus Parties. Chandler legte besonderen Wert darauf, ein paar Männer aus Hamish Hamiltons Lager kennenzulernen, die die Bücher verpackten, die er so oft von dem Verlag bekam. Einer davon war Arthur Vincent, genannt »Vince«, den, ebenso wie die anderen, die Aussicht auf Chandlers Besuch ein bißchen einschüchterte.

Autoren kennen im allgemeinen nur die editorische Seite eines Verlagshauses, aber Chandler war eine Ausnahme. Innert kurzer Zeit verstand er sich großartig mit den Lagerarbeitern und zog mit ihnen in ein Pub, wo er wieder mit Darts – Pfeilwerfen – vertraut gemacht wurde. Arthur Vincent fragte ihn: »Also, Ray, wie zum Teufel kommen Sie auf so einen Kerl wie Marlowe? Beschreiben Sie mit dem Ihr eigenes verdammtes Leben?« Chandler erwiderte: »Um Himmelswillen, Vince, nein. Ich wünschte, ich hätte den Mut dazu.«[12]

Ein anderer Freund war Frank Francis, Inhaber des Piccadilly Bookshop, bei dem Chandler später viele Bücher bestellte. Francis erinnerte sich später an den ersten von vielen Besuchen: »Er war kurz angebunden, sehr zurückhaltend und sehr still, höflich. Er stellte sich mir vor und setzte sich; nachdem ich mich an den Gedanken gewöhnt hatte, daß er *der* Chandler war, führten wir oft lange Gespräche. Ich entdeckte, daß Mr. Chandler, wenn er einen mochte, darauf bestand, mit dem Vornamen, Ray, angeredet zu werden, und wenn ich Mr. Chandler zu ihm sagte, wurde er richtig wütend. Er setzte sich immer hin und beobachtete die Leute und hörte ihnen zu, wenn sie ein ausgefallenes Buch kauften. Da mein Geschäft ziemlich klein ist, kannte ich die meisten meiner Kunden sehr gut; wenn sie gegangen waren, gab er gewöhnlich einen Kommentar über sie ab, und ich merkte, daß er ein scharfer Beobachter war und den Charakter eines Menschen sehr genau beurteilen konnte.«[13]

Chandler und Francis gingen gelegentlich in ein Pub, wobei Chandler nie daran dachte, etwas Stärkeres als Bier zu bestellen. Es machte Chandler Spaß, der Held des Tages zu sein, er war dankbar für die ihm zuteil werdende Aufmerksamkeit. An einem englischen Sonntag, »trüb genug für eine Überquerung des Styx«, schrieb er einen Brief an Paul Brooks von Houghton Mifflin: »In England bin ich ein Autor. In den USA bloß ein Krimischreiber. Kann Ihnen nicht sagen, warum.«[14] In Amerika war Chandler immerhin so bekannt, daß er von der Harvard Summer School als Gastdozent eingeladen wurde, doch eine wirkliche Berühmtheit war er weder in den Vereinigten Staaten noch in England. Dennoch kannte man ihn in englischen Literaten- und Intellektuellenkreisen gut. 1949 hatte Alistair Cooke eine seiner Radiosendungen aus Amerika dem Kriminalroman der hartgesottenen Schule gewidmet und sie mit der Prophezeiung abgeschlossen, man werde sich an Chandler noch erinnern, »wenn viele von denen, die wir heute als unsere literarischen Giganten ansehen, in Schulbüchern begraben sind.«[15] In London wurde Chandler von der Presse interviewt; obwohl seine Nervosität ihn manchmal zu einem schwierigen Gesprächspartner machte, notierte Cyril Ray in der *Sunday Times* »nur wer im Herzen jung geblieben ist, kann einen solchen Schlips tragen.«[16]

Die Beachtung, die man Chandler schenkte, brachte ihm aber auch zu Bewußtsein, daß sich niemand für Cissy interessierte. Er wurde abweisend und stolz und nahm jede Andeutung übel, an seiner Ehe sei etwas Seltsames. Doch seine Gereiztheit rührte zum Teil zweifellos auch von der Verpflichtung her, sich ständig um sie und ihre speziellen Probleme zu kümmern. Wie viele amerikanische Touristen zeigten sie vorhersehbare Reaktionen: Die Bar im Connaught war kalt wie ein Eisschrank; das Essen fanden sie ungenießbar, auch in guten Hotels; alles war teuer und die angebotene Ware Schund.

Trotz allem konnte Chandler sich mit einem seiner alten Freunde aus Dulwich treffen, mit William Townend, der zum Lunch nach London kam; außerdem stattete er dem Public Schools Club, dem er als Übersee-Mitglied angehörte, einen Besuch ab, einfach um sich dort mal umzusehen. Daraufhin bekam er eine Rechnung über eine Guinee zugeschickt, die einen geharnischten Beschwerdebrief an den Sekretär zur Folge hatte. Die Begegnung mit Townend machte ihm den Unterschied zwischen dem Nachkriegsengland und dem Land bewußt, das er als junger Mann gekannt hatte. Insgesamt fand er es »weitaus freundlicher und reizvoller« als er es in Erinnerung hatte. »Von der heutigen Generation der Engländer gewann ich einen sehr guten Eindruck«, schrieb er. »Bei der Arbeiterklasse und der Schicht, die keine Public School besuchen konnte, gibt es eine gewisse Aggressivität, die ich persönlich für neu und durchaus nicht unangenehm halte, da sie in Amerika noch ausgeprägter ist. Die echten Public School-Typen mit ihrem vogelartigen Gezwitscher wirken langsam sowieso ein bißchen lächerlich.«[17] Eric Partridge, den Chandler damals auch traf, weil er mit ihm über den Gebrauch von Slang und Umgangssprache korrespondiert hatte, erinnerte sich, daß er ernsthaft über die Zukunft der Gesellschaft sprach und über politische und wirtschaftliche Fragen gut informiert schien.

Vor der Rückkehr nach Amerika mußte Chandler sich impfen lassen; seine Reaktion darauf war so stark, daß er mehrere Tage das Bett hütete. An seinem letzten Tag in London kam er auch nicht mehr darum herum, für Hamish Hamiltons Werbeabteilung von einer »russisch-armenischen Dame im Kittel und mit einer Frisur im Apachen-Stil«[18] fotografiert zu werden. Doch diese Unannehmlichkeiten wurden durch die ungetrübte Freude ausgeglichen, Roger Machell zu treffen, der, mehr als seine anderen neuen Freunde und Bekannten, Chandlers Vorstellung vom englischen Gentleman, der ihm seit Jahren vorschwebenden überlebensgroßen Gestalt, zu entsprechen schien. Für Chandler war Machell »ein lustiger, eher untersetzter, frohsinniger Typ mit einem drolligen Humor und jenen ungezwungen guten Manieren, wie man sie außer bei einem echten Aristokraten selten antrifft. Er ist ein Urgroßneffe von Queen Victoria, er ist der Enkel des Prinzen von Hohenlohe, und seine Mutter, Lady Soundso Machell, wohnt im St. James Palast. Warum, weiß ich nicht, denn keine dieser Informationen stammt von Machell selbst. Im Krieg wurde er schwer verwundet, ging aber leichthin darüber hinweg. Er schien es für bezeichnend zu halten, daß er verwundet wurde, während er gerade von einem französischen Bistro aus London anrief. Eine Bombe fiel auf das Bistro und jagte ihm ein Stück der Wand durch die Brust. Er wäre um ein Haar getötet worden, scheint aber unter keinerlei Nachwirkungen zu leiden. Er sagte, er habe einen Posten als Major bei irgendeinem Regiment bekommen, wisse aber nicht wie, wahrscheinlich reines Glück, oder irgendwem sei ein schwerer Fehler unterlaufen. Als er sich eines Morgens in Uniform in einer Londoner Kaserne melden wollte, war gerade Wachablösung. Er sagte, er habe nicht gewußt, ob er die Wache oder ob die Wache ihn zu grüßen hätte, weshalb er einfach draußen in seinem Wagen sitzen blieb, bis alles vorbei war. Er hat eine Art, sich selbst auf die Schippe zu nehmen, die infolge seiner schier magischen Ausstrahlung nie übertrieben, aufgesetzt oder künstlich wirkt. Er bewohnt eine hübsche Zimmerflucht im alten Albany, fährt eine alte Klapperkiste von Wagen, mixt in einer 2-Liter-Wasserkanne absolut irrwitzige Martinis (von denen zwei Sie für eine Woche flachlegen würden), und hat mit uns eine wunderschöne Tour durch London gemacht, auch durch das ausgebombte East End, wobei er dauernd Kommentare abgab wie ›Also gehn wir mal da runter und schauen uns den Tower an, vorausgesetzt, ich kann ihn finden‹ oder ›Da drüben, das ist St. Paul's oder so was in der Art‹. Wir sind aus dem Kichern überhaupt nicht mehr herausgekommen, obwohl er bestimmt nicht mit Absicht komisch sein will. Ich behaupte, daß ein Mensch, dem sowas gelingt, und der dabei vollkommen natürlich bleibt, ein kleines Genie ist.«[19]

Chandlers Rückkehr nach Kalifornien über New York war ein einziges Ärgernis: seine Briefe darüber zeigen ihn als Nörgler, der an allem etwas auszusetzen hat. »Ich mochte die *Mauretania* nicht«, schrieb er an Hamilton. »Das war überhaupt kein Schiff. Das war bloß ein verdammtes schwimmendes Hotel.«[20] Die Angestellten der Cunard-Linie machten ihn wütend, weil sie zuerst einen Koffer nicht finden konnten, den er am Laderaum abgegeben hatte, und ihn dann nach anderthalb Stunden, ohne jede Erklärung, anbrachten. Cissy mußte die ganze Zeit auf dem Pier stehen, während Chandler auf der Suche nach seinem Koffer vor Wut kochend hin und her rannte; als niemand für die Verzögerung die Verantwortung übernahm oder sich entschuldigte, schleuderte er einen entrüsteten Brief an die Zentrale der Gesellschaft in London aufs Papier. Glücklicherweise ließen die Zollbeamten sie durch, ohne ihr Gepäck zu durchsuchen.

In New York wohnten die Chandlers ein paar Tage im Hampshire House, das ihnen ebenfalls nicht gefiel. Ralph Barrow, ein alter Freund, früher Rechtsanwalt in Los Angeles, kam aus Old Chatham, New York, um sie zu besuchen. Außerdem traf Dale Warren von Houghton Mifflin aus Boston ein und aß ein paarmal mit den Chandlers. Trotz ihres ausgedehnten Briefwechsels waren sie sich noch nie begegnet. Für Warren fiel das Gespräch nicht gerade erfreulich aus, denn immer wieder kam es zu peinlichen Unterbrüchen, die überbrückt werden mußten. Chandlers Scheu und Reizbarkeit machten die Situation auch nicht angenehmer, weshalb er nach seiner Ankunft in Kalifornien an Warren schrieb und seine Animosität damit entschuldigte, er leide an einer »unbewußten Abneigung dagegen, irgend etwas mit New Yorker Taxifahrern zu tun zu haben. Wer von den Kerlen nicht dauernd jammert oder prahlt, macht aus einer Fahrt um zehn Ecken eine geführte Stadtrundfahrt.«[21] New York selbst erschien ihm als »schmutzige, gesetzlose, brutale, hartgesottene Stadt. Daneben wirkt Los Angeles geradezu zivilisiert.«[22]

Die Chandlers fuhren mit dem Zug zurück nach Kalifornien, eine dreitägige Reise, und ebenfalls ein Alptraum. Cissys Schürfwunde am Fußgelenk entzündete sich, was Chandler den groben Handtüchern im Zug zuschrieb, aus denen nach seiner Meinung das Waschmittel nicht restlos herausgespült war. Juanita Messick und ihr Mann holten die Chandlers am Bahnhof ab und brachten sie zum Essen nach Hause. Sie bemerkte, daß er weniger anglophil war als vor der Reise. Krankheit und Erschöpfung zwangen sie, Lavinia Brown, »Cissys unglückliche Schwester«,[23] wie Chandler sie beschrieb, die während ihrer Englandreise das Haus bewohnt hatte, zu bitten, ihnen während der ersten Zeit noch etwas zur Hand zu gehen.

Nach einer Verschnaufpause schrieb Chandler an seine Freunde in England, um ihnen für ihre großzügige Freundlichkeit zu danken. In seinem Brief an Hamilton faßte er zusammen, was die Reise für ihn bedeutet hatte: »Also, Jamie, ich will offen sein. Wir haben London geliebt und uns dort sehr wohlgefühlt. Die kleinen Unannehmlichkeiten, die wir in Kauf nehmen mußten, lagen nur an unserer Unerfahrenheit und würden uns wohl ein zweitesmal nicht passieren. Alle Deine Leute waren wunderbar zu mir. Ich war wirklich sehr gerührt. Ich bin es einfach nicht gewohnt, derart zuvorkommend behandelt zu werden. Einiges war bedauerlich für mich, etwa daß ich mehrere Tage durch die Schutzimpfung verlor, daß ich in keine einzige Gemäldegalerie gekommen bin, daß ich im Theater nur ein ziemlich armseliges Stück gesehen habe, daß ich nicht bei Dir zum Essen gewesen bin. Ich habe zuviel Zeit damit verbracht, von mir selbst zu reden, was mir keinen Spaß macht, und zu wenig Zeit damit, anderen Leuten, die von sich selbst redeten, zuzuhören, was mir Spaß macht. Ich bedaure es, nie aufs Land gefahren zu sein. Und so kindisch es klingen mag, mir tut es ausgesprochen leid, daß ich mir nicht für einen Tag einen Rolls Royce mit Chauffeur gemietet habe, um mich nach Oxford oder Cambridge oder zu so einem Ort kutschieren zu lassen. Aber alles in allem habe ich eine ganze Menge unternommen, wovon mir alles gefallen hat. Und das verdanke ich vor allem Dir.«[24]

Chandlers düstere Stimmung hielt an bis in den Winter. Die Überarbeitung von *The Long Goodbye* und die Krankheit seiner Frau machten ihm schwer zu schaffen. Bezüglich der Überarbeitung teilte er Hamilton mit: »Es ist mir immer klar gewesen, daß der liebe Gott, hätte er gewollt, daß ich ein bedeutender Schriftsteller werde, mir nicht erlaubt haben würde, zwanzig Jahre meines Lebens in Büros zu verschwenden. Es gibt Dinge beim Schreiben, die ich liebe, aber es ist ein einsamer und undankbarer Beruf; persönlich wäre ich lieber Anwalt oder sogar Schauspieler geworden.«[25] Zunächst jedoch war Cissys Krankheit Chandlers Hauptsorge. Kaum einen Monat nach ihrer Rückkehr mußte sie ins Krankenhaus. Nachdem sie nach Hause zurückgekehrt war, schrieb Chandler an Hamilton: »Sie ist ziemlich mitgenommen und noch immer im Bett. Sehr schwach, sehr weiß, sehr zerbrechlich. Ich habe versucht, an dem Buch zu arbeiten und bin ein bißchen weitergekommen, aber es fällt mir schwer, mich längere Zeit zu konzentrieren, und ausreichend Schlaf zu finden. Sei bitte so geduldig mit mir wie Du kannst.«[26]

Weihnachten feierten die Chandlers in diesem Jahr nicht. Cissys Leiden ließ Chandlers weiche und sentimentale Seite intensiver hervortreten, wie beispielsweise in einem Weihnachtsbrief an Leonard Russell: »Lassen Sie mich Ihnen und Dilys Powell nun wünschen, was in dieser tristen Welt an Frieden und Glück noch verbleibt – rote Sonnenuntergänge, der Duft von Rosen nach einem Sommerregen, weiche Teppiche in stillen Zimmern, Kaminfeuer und alte Freunde.«[27]

Cissys Krankheit hatte sich seit einiger Zeit verschlimmert, obwohl niemand zu wissen schien, woran sie eigentlich litt, wahrscheinlich eine Art Emphysem. Vor der Reise nach England war sie bei einem Spezialisten in San Diego in Behandlung, der eine Klinik leitete. Dort hatte man sie geröntgt, untersucht und ihr Spritzen verabreicht, die ihre Schmerzen lindern sollten. Cissy verabscheute Krankenhäuser, so daß Chandler, der stets auf sie einging und immer dabei war, wenn sie untersucht wurde, den Vorschlag machte, Dr. Helming, ihr Hausarzt, solle sie nach Anleitung des Spezialisten in La Jolla behandeln. »Zu diagnostischen Zwecken ist eine Klinik mit ihren Spezialisten ja vielleicht ideal«, schrieb er, »aber was man sonst dort bekommt, ist hartgesottene Effizienz, einen derart ausgeprägten Sinn für Eile, daß man seinen Arzt praktisch am Ärmel festhalten muß, wenn man ihn etwas fragen will. Es gibt keine Wärme, nichts Persönliches, kein Entgegenkommen, kein Gefühl für den Patienten als Individuum; oder wenn es ein solches Gefühl gibt, wird es nicht gezeigt.«[28]

Chandler wußte wahrscheinlich, daß Cissy unheilbar krank war. Sie war über achtzig; es gab keine Möglichkeit mehr, die Ausbreitung ihrer Krankheit zu verhindern. »Ich habe eine kranke Frau, die sich nicht erholt«,[29] notierte er. Alles, worauf er hoffen konnte, war etwas, wodurch ihre Schmerzen erträglicher würden. Aber auch Chandler selbst erkrankte häufig: »Ich bin ein verbrauchter, müder Mann«, schrieb er in einer Notiz für seine Sekretärin. »Ich habe meinen Appetit verloren und soviel Gewicht, daß ich zwei neue Löcher in meine Gürtel machen mußte. Meine Sachen passen mir nicht mehr.«[30] Als Hardwick Moseley sich nach seinem Befinden erkundigte, antwortete er fast bissig: »Ich fühle mich hundeelend, vielen Dank, laboriere an einer dieser lausigen Virus-Infektionen herum, die die Ärzte erfunden haben, um ihre Unwissenheit zu kaschieren.«[31]

Trotz all dieser Schwierigkeiten hatte Chandler zuviel Sinn für Humor, um die Welt ganz ernst nehmen zu können. Er schrieb Juanita Messick kurze Briefe über verschiedene Dinge, wie etwa die Bedienungsanleitung für einen neuen Fleischgrill, den er gekauft hatte. »Was für einen Quatsch diese Verkaufsexperten sich ausdenken! Nehmen Sie die Zigarettenwerbung. Jede Lieblingssorte ist milder und schonender als jede andere. Die ideale Zigarette hat überhaupt keinen Geschmack. Warum also rauchen? Was wir zum Braten brauchen, ist ein nichtspritzendes Steak, ein Steak ohne Fett oder andere Schadstoffe, vor allem ohne Geschmack. Was wir brauchen, ist ein steakloses Steak, gebraten auf einem hitzelosen Bräter in einem nichtexistenten Herd, gegessen von einem zahnlosen Gespenst.«[32]

Diese Heiterkeit wurde zum Teil künstlich erzeugt. Als Chandler 1952 nach La Jolla zurückkehrte, verkündete er, er habe auf der *Mauretania* gelernt, wie man trinkt. Er hatte den Gimlet entdeckt, einen Cocktail aus Gin und Limonensaft. Abends vor dem Essen tranken Chandler und seine Frau einen einzigen Gimlet, nichts weiter. Davor hatte er zu Hause seit sechs Jahren nichts mehr getrunken. Allmählich, in dem Maße, wie Cissys Kräfte merklich schwanden, begann Chandler die Menge, die er zu sich nahm, zu steigern. Zu Juanita Messick sagte er, er werde etwas Champagner trinken, gerade genug, um den hoffnungslosen Zustand seiner Frau nicht mehr so schmerzhaft zu empfinden, aber nicht genug, um betrunken zu werden. Sie sagte, sie glaube nicht, daß er das könne, doch über einen beträchtlichen Zeitraum hinweg leerte er eine Kiste Mumm-Champagner nach der andern.

Was ihm jedoch in Wahrheit ermöglichte durchzuhalten, war

seine Arbeit. Seine Briefe an Hamish Hamilton und Roger Machell klingen meistens zuversichtlich. Er frotzelte Machell wegen eines Interviews, das aus Publicity-Gründen während seines Aufenthaltes in London arrangiert worden war. Wie gewöhnlich kritisierte er die Fotografie: »Die Hände sind offensichtlich die eines Würgers«, schrieb er. »Die Beschreibung von Chandler würde niemand, der ihn kennt, als zutreffend bezeichnen. Meine Körpermaße nennt er ›unter dem Durchschnitt‹. Was ist sein Maßstab? Ich wiege nur selten weniger als 84 kg, oft sogar fast 90 kg. Ist das in England unter dem Durchschnitt? Und mit Schuhen bin ich gut eins achtzig. Meine Nase ist nicht scharf, sondern stumpf – Ergebnis des Versuchs, einen Gegner zu stoppen, als er den Ball gerade wegkickte. Für eine englische Nase ist sie nicht einmal besonders markant. Drahtiges Haar wie Stahlwolle? Quatsch. Es ist schlaff. Geht leicht vornübergebeugt, soso. Chandler kam kreuzfidel in die Cocktailbar getrabt, genehmigte sich rasch hintereinander drei doppelte Gimlets und fiel flach auf die Schnauze, wobei sich sein stahlwolliges Haar anmutig auf dem Teppichmuster kräuselte. Kein Wunder, daß dieser Herr Forster mich für einen guten Beobachter hält. Nach seinen Maßstäben wäre jeder, dem auffällt, wie viele Wände ein Zimmer hat, ein guter Beobachter.«[33]

Mit seiner Überarbeitung kam er gut voran. Am 11. Mai 1953 schrieb er Hamilton, er habe jetzt *The Long Goodbye* zu etwa vier Fünfteln durch, allerdings sei es praktisch eine neue Fassung des Romans, da er nicht an etwas Bestehendem herumfeilen könne: »Wenn es nicht stimmt, muß ich jedesmal von vorn anfangen und es neuschreiben. Das kommt mir einfacher vor; es ist nicht einfacher, ich weiß, aber es kommt mir so vor. Hin und wieder hänge ich in einem Kapitel fest, und dann frage ich mich, warum. Aber einen Grund gibt es immer, ich muß einfach warten, bis er mir aufgeht.«[34] Ende Mai versprach er, das endgültige Manuskript werde Mitte Juni fertig sein, und er hielt Wort. Einige kleinere Korrekturen waren noch nötig, in Rechtschreibung und Wortgebrauch. Einiges davon ist amüsant. Auf eine Anfrage von Roger Machell antwortete Chandler, ›bastardly bastard‹ sei korrekt. »Vielleicht denke ich dabei an einen Song, der beginnt: ›A bastardly Bastard from Bastardville.‹ ›Dastardly‹ (= ›memmenhaft‹) ginge nicht, das ist, was wir hier ein ›Zwei-Dollar‹-Wort nennen; Marlowe würde es nur ironisierend benutzen. Es hat etwas Pompöses, eine senatorenhafte Pseudo-Würde, ich meine, für uns hat es das jedenfalls.«[35] Um Zeit zu sparen, erstellte Houghton Mifflin den Satz für die amerikanische Ausgabe des Buches nach den Fahnenabzügen von Hamish Hamilton, doch als Chandler die Korrekturfahnen erhielt, entdeckte er zu seinem Kummer zahlreiche Fehler.

»Was mich fertigmacht, sind die Kleinigkeiten, die sprachlichen Schlampereien, die unnötigen Tautologien, Dinge, die auf dem Papier nicht so wirken, wie ich es mir vorgestellt habe. Das alles läßt mich schlecht aussehen. Sie würden vermutlich erwidern, daß solche Dinge keine Rolle spielten, daß niemand sie bemerkt. Doch wenn Sie das behaupteten, wäre ich der Ansicht, daß Sie völlig unrecht hätten. Die Leser bemerken sowas. Wenn es mir auffällt, warum dann nicht auch anderen?«[36]

Früher hatte Hamilton schon einmal die Länge des Buches beanstandet – 130 000 Wörter – was, wie er meinte, einen höheren Verkaufspreis nötig mache. Chandler konnte nicht glauben, daß es so lang sei, mehr als 112 000 Wörter gab er nicht zu. Zu seiner Verteidigung schrieb er folgende typische Antwort: »Ein Schriftsteller, dessen Effekte so sehr von Ausschmückungen abhängen, dessen Interesse weit weniger der Handlung einer Geschichte gilt, als vielmehr deren Wirkung auf seine Romanfiguren; ein Schriftsteller, der meint, daß die beste Art und Weise, über Wichtiges zu reden, das Reden über Kleinigkeiten ist, – ein solcher Schriftsteller (jetzt höre ich mich langsam an, als hielte ich eine Rede vor dem Parlament) läßt sich nicht auf ein Drittel seiner Länge reduzieren, ohne daß man ihn damit lächerlich macht. Die Story gliche einem Cäsar-Salat ohne Anchovis, ohne Parmesan und ohne Knoblauch-Croûtons. Oder gibt es bei euch keinen Cäsar-Salat?«[37]

Ende 1953 kam *The Long Goodbye* in England mit einer Erstauflage von 25 000 Exemplaren heraus und wurde allgemein wohlwollend aufgenommen. Es freute Chandler besonders, daß Leonard Russell ihn in der *Sunday Times* als Romanautor und nicht nur als einen Krimischreiber behandelte; er meinte, das passiere ihm zum ersten Mal. Er wurde aber auch von Krimispezialisten, deren Genre er zu entkommen suchte, besprochen. »Maurice Richardson vom *Observer* ging mir wirklich auf die Nerven«, schrieb er über den ständigen Krimi-Kritiker dieses Blattes. »Beinahe wäre ich schwach geworden und hätte ihm geschrieben, aber das ist verlorene Liebesmüh'«.[38] In den Vereinigten Staaten, wo das Buch im März 1954 mit einer Auflage von etwa 15 000 Exemplaren erschien, wurde es ebenfalls günstig besprochen, jedoch nicht als der entscheidende Schritt vorwärts angesehen, als den Chandler den Roman betrachtete. Der Kritiker von *Time* war sich bewußt, daß das Buch »die Grenze zwischen einem guten Kriminalroman und einem guten Roman überschritten habe«,[39] doch der *New Yorker* bemerkte boshaft, daß ein Werk, das »Nymphomanie in gehobenen Kreisen und was dort sonst noch so passiert« zu behandeln scheine, »kaum dieses Aufsehen wert ist«.[40] Chandler fand sich ganz gut mit der Möglichkeit negativer Kritiken ab: »Es ist immer ein Unglück, auf einem literarischen Gebiet ernstgenommen zu werden, wo Qualität weder erwartet noch gewünscht wird. Den Puristen fällt es schon schwer genug, Popularität zu verzeihen – selbst eine bescheidene Popularität wie die meine; aber Popularität plus Streben nach irgendeiner Form von literarischer Bedeutung – das geht viel zu weit. Was müssen sie mit Maugham durchgemacht haben!«[41]

Die Aufmerksamkeit und das Lob, die er erhielt, freuten Chandler, lenkten ihn auch ab, doch er war nicht blind für die Realitäten der Welt, in der er lebte. In der Woche, in der sein Buch in Amerika herauskam, übermittelte er Hardwick Mosely in Boston folgendes Häppchen Californiana: »Eine Familie, die eine Straße hinter unserer wohnt, hat einen schwarzen, französischen Pudel, klein, Stofftiergröße, schätze ich. Das Tier bekommt Klavierstunden, 35 Dollar im Monat. Bis jetzt kann er ›Peter, Peter Pumpkin eater‹ spielen – technisch nicht besonders überzeugend, aber aller Anfang ist schwer, n'est-ce pas? Jeder so gut er kann. Man hofft, daß er später mal sein Debut in der Carnegie Hall geben wird. Die Leute können es sich leisten, mehr braucht's nicht. Es ist angenehm, ehrgeizige Nachbarn zu haben und in einem Milieu zu leben, wo Geld für Kunst ausgegeben wird, und nicht nur für Cadillacs, Jaguars und farbige Butler.«[42]

Doch hinter der Fassade guter Laune verbargen sich unlösbare Probleme. Gegen Ende des Jahres 1953 – *The Long Goodbye* war beendet und kein neues Projekt in Sicht – schrieb Chandler ein langes Memorandum an Juanita Messick, in dem er ihr klarmachte, daß er keine Ganztagssekretärin mehr brauchte. Glücklicherweise war sie zu demselben Schluß gekommen und hatte Pläne für eine Lehrerausbildung gefaßt, so daß sich keiner von beiden verletzt fühlte. In diesem Brief erwähnte er auch Cissys Gesundheitszustand: »Ihr Herz scheint immer müder zu werden. Bei der kleinsten Anstrengung ringt sie um Atem. Das deutet darauf hin, daß sie nicht genug Sauerstoff bekommt. Ich bin ziemlich pessimistisch, und ich glaube, ich werde noch einen weiteren Arzt zuziehen müssen, da Helming ebenfalls pessimistisch ist, auch wenn er versucht, nett zu sein. Die Tatsache allein, daß er pessimistisch ist und es zeigt, ist schlecht.«[43]

Einen Monat später ging es Cissy wesentlich schlechter: »Es ist 3.40 Uhr morgens; wenn ich ein bißchen benommen klinge, dann weil ich eine schwere Nacht hatte und ziemlich müde bin. Doch aus irgendeinem Grund fühle ich mich nicht schläfrig – habe bloß Kopfweh. Cissy ist es sehr schlecht gegangen, deshalb bin ich um 3.40 Uhr noch wach. Der Doktor ist erst vor einer halben Stunde gegangen. Die Medizin, die sie gegen ihren Husten nimmt, führt leicht zu Verstopfung, und von Zeit zu Zeit setzt ihr das alles sehr zu. Dieses Mal war es so schlimm, daß sie rasende Schmerzen bekam.«[44]

Im Frühjahr 1954 erhielt Chandler einen Brief von James Fox, einem jüngeren Kriminalschriftsteller, den er schon seit einiger Zeit kannte, und der ihm eines seiner Bücher widmen wollte. Wenig später trafen sie sich zum Abendessen in La Jolla; bei dieser Gelegenheit schlug Fox, der Europa gut kannte, ihm vor, die Chandlers sollten an die französische Riviera ziehen, wo sie ein passendes Haus finden und dank des günstigen Wechselkurses gut mit einem Dollareinkommen leben könnten. Chandler zeigte sich interessiert, doch es war ihm klar, daß Cissys Zustand das nicht zuließ: »Man geht abenteuerlustig irgendwohin, nimmt's wie's kommt und lernt mit der Zeit, wo's lang geht. Aber das kann man nicht machen, wenn man jemanden bei sich hat, der vor jeder erdenklichen Anstrengung bewahrt werden muß. So hatten wir zum Beispiel vor kurzem ein paar Stunden lang einige Leute zu Gast. Wir mochten sie, und meine Frau war gerne mit ihnen zusammen. Solange sie da waren, schien es ihr gut zu gehen. Aber nachdem sie gegangen waren, hustete sie vier Stunden lang. Niemand war schuld; es wurde ihr gar nicht bewußt, daß sie sich verausgabte. Sie genoß es. Trotzdem: der Preis für einen solchen unschuldigen Abend war vier Stunden Husten.«[45] Seine Lage kam ihm ausweglos vor, seine Ablehnung La Jolla gegenüber wurde immer stärker. »Auf ganz Kalifornien trifft zu, was jemand von der Schweiz gesagt hat: *un beau pays mal habité.*«[46]

Dann, im Mai, erhielt Chandler einen anderen Bericht: »Meine Frau ist gerade von einem Lungenspezialisten in San Diego untersucht worden, der zu dem Ergebnis kam, daß ihrer Lunge nichts fehle, daß sie keine Bronchitis, noch daß sich ungewöhnlich viel Narbengewebe gebildet habe und der Husten wahrscheinlich mit dem Zustand ihres Herzens zusammenhänge.«[47] Chandler glaubte der Diagnose, denn schließlich kostete sie den Arzt einen Patienten; doch das bedeutete, daß alles wieder von vorne losging – das Aufsuchen der Scripps-Klinik in La Jolla und vielleicht sogar eines Spezialisten in Los Angeles. »Gott, wie diese Quacksalber einen auf Trab halten!« schrieb er. »Ein Zentimeter medizinisches Protokoll bedeutet ihnen mehr als ein Kilometer Menschenleben. Wenn sie nicht wissen, was mit dir los ist, werden sie alles tun, damit du nicht dahinter kommst, sie werden dich mit gewinnendem Lächeln von einem zum anderen schicken, bis du schließlich an Altersschwäche oder Erschöpfung stirbst.«[48] Einen großen Teil des Sommers war Cissy sehr krank, wurde in Krankenhäuser eingeliefert und wieder entlassen, und Chandler konnte sich einen ironischen Kommentar über einen Arzt nicht verkneifen, der ihre Krankheit nicht zu diagnostizieren vermochte: »Vielleicht hat sie gar keinen Husten. Vielleicht bilden wir beide uns das nur ein.«[49] Ihre letzten Tage schildert Chandler selbst am besten. »Du hast, als wir in London waren, vielleicht bemerkt, daß Cissy gesundheitlich ziemlich hinfällig war«, schrieb er an Hamilton. »Als wir zurückkamen, sah sie besser aus und fühlte sich auch besser als in den ganzen letzten Jahren, aber es hielt nicht an. Sie hatte ein obskures, und wie mir gesagt wurde, ziemlich seltenes Leiden, das man Lungenfibrose nennt. Ich glaube, sie wissen nicht sehr viel darüber, was es ist und wie es verursacht wird. Es besteht in einer langsamen Verhärtung des Lungengewebes, die unten an der Lunge beginnt und nach oben fortschreitet. Der Teil, der von der Fibrose befallen wurde, gibt keinen Sauerstoff mehr an das Blut ab, was natürlich das Herz und die Atmung immer stärker belastet.«[50] Chandler beschrieb die Ärzte, die sie zwei Jahre lang konsultierten, und deren Behandlungsversuche: Kortisonspritzen, ACTH, sogar afrikanisches Schlangenkraut. Cissy kam in Krankenhäuser und wieder raus, ständig waren Krankenschwestern um sie, und schließlich kam ihre Schwester Vinnie, um bei ihr zu wohnen. Am 7. Dezember 1954 wußte Chandler, daß sie sterben würde: »Mitten in der Nacht erschien sie plötzlich im Pyjama in meinem Zimmer; sie sah aus wie ein Geist; irgendwie war sie der Krankenschwester entwischt. Wir brachten sie ins Bett zurück, und sie versuchte es noch einmal, aber diesmal paßte die Krankenschwester auf. Um 3 Uhr morgens am 8. Dezember war ihre Temperatur so niedrig, daß es die Schwester mit der Angst bekam und den Arzt rief; noch einmal erschien die Ambulanz und brachte sie ins Krankenhaus. Sie konnte nicht schlafen, und ich wußte, sie würde eine Menge Zeug brauchen, um dahin zu kommen. Deshalb nahm ich immer Schlaftabletten mit, die sie in ihrem Taschentuch verknotete, damit sie sie heimlich nehmen konnte, wenn die Schwester mal nicht im Zimmer war. Sie lag die ganze Zeit unter dem Sauerstoffzelt, aber sie zog es immer wieder beiseite, um meine Hand zu halten. Ihr Verstand war ein wenig getrübt in manchen Dingen, aber in anderen fast zum Verzweifeln klar. Einmal fragte sie mich, wo wir wohnten, in welcher Stadt wir lebten, und dann bat sie mich, das Haus zu beschreiben. Sie schien nicht zu wissen, wie es aussah. Sie wandte dann meist den Kopf zur Seite, und wenn ich nicht mehr in ihrem Gesichtskreis war, schien sie mich ganz zu vergessen. Jedesmal, wenn ich sie besuchte, gab sie mir unter dem Sauerstoffzelt hindurch ihr Taschentuch, damit ich die Schlaftabletten hineinlegen konnte. Ich fing an, mich deswegen zu beunruhigen und erzählte es dem Arzt; aber der meinte, daß die Mittel, die sie bekäme, viel stärker als irgendwelche Schlaftabletten seien. Am 11., als ich sie wieder besuchte, hatte ich keine; sie gab mir unter dem Sauerstoffzelt hindurch das Taschentuch, und als sie erkannte, daß ich nichts für sie hatte, drehte sie ihr Gesicht weg und sagte, ›Hast du es so gewollt?‹ Gegen Mittag dieses Tages rief mich der Arzt an und sagte, es sei besser, wenn ich käme, um mit ihr zu sprechen, da es die letzte Gelegenheit sein könnte. Als ich hinkam, versuchte er, Venen in ihrem Fuß zu finden, er wollte Demerol injizieren. Welche Ironie, daß ich in meinem letzten Buch über Demerol geschrieben hatte! Er schaffte es, sie zum Einschlafen zu bringen, doch in der Nacht war sie wieder hellwach. Das heißt, sie schien hellwach, aber ich war nicht mal sicher, daß sie mich erkannte. Noch während ich dort war, schlief sie wieder ein. Kurz nach Mittag am 12. Dezember, einem Sonntag, rief mich die Schwester an und sagte, es ginge ihr sehr schlecht; das ist etwa die drastischste Aussage, die man je von einer Krankenschwester hören wird. Vinnies Sohn war hier bei Vinnie, und er fuhr mich mit 80 Stundenkilometern ins Krankenhaus. Dabei übertrat er auf mein Geheiß alle Verkehrsregeln, denn die Polizisten von La Jolla waren Freunde von mir. Als ich eintraf, hatten sie das Sauerstoffzelt weggenommen; sie lag mit halb offenen Augen da. Der Arzt hatte ihr das Stethoskop aufs Herz gesetzt und horchte. Nach einer

Weile trat er zurück und nickte. Ich schloß ihr die Augen, küßte sie und ging weg.

In gewissem Sinne hatte ich natürlich schon lange vorher von ihr Abschied genommen. Oft erinnerte ich mich während der vergangenen zwei Jahre mitten in der Nacht, daß es nur noch eine Frage der Zeit war, wann ich sie verlor. Aber das ist nicht dasselbe, wie wenn es dann geschieht. In Gedanken von dem geliebten Menschen Abschied zu nehmen, ist etwas anderes, als ihr die Augen zu schließen und dabei zu wissen, daß sie sich nie wieder öffnen werden. Aber ich war froh, daß sie starb. Der Gedanke, dieser stolze, furchtlose Vogel könnte für den Rest seiner Tage im Zimmerkäfig eines elenden Sanatoriums eingesperrt sein, war für mich so unerträglich, daß ich ihn überhaupt kaum zu Ende denken konnte. Mein Zusammenbruch kam erst nach der Beerdigung, zum Teil weil ich unter Schock stand, zum Teil weil ich ihrer Schwester beistehen mußte. Ich schlafe in ihrem Zimmer. Ich glaubte erst, ich könnte das nicht ertragen, aber dann dachte ich, wenn das Zimmer leer bliebe, würde es sich mit Gespenstern füllen; jedesmal, wenn ich an der Tür vorüberginge, würde mich Grauen überfallen, und das einzige für mich wäre doch, selbst einzuziehen und es mit meinem Krempel zu füllen, um das Durcheinander zu schaffen, in dem ich zu leben gewohnt bin. Es war die richtige Entscheidung. Ihre Kleider umgeben mich, doch sie sind alle in Schränken oder in Schubladen verborgen. Ein paar sehr gute alte Freunde wohnen im Moment bei mir; sie sind über alle Maßen geduldig und liebevoll, aber sie können mein Grauen nicht für mich ertragen. Dreißig Jahre, zehn Monate und vier Tage lang war sie das Licht meines Lebens, mein ganzes Streben. Alles, was ich sonst tat, war nur das Feuer zum Wärmen ihrer Hände.

Das ist alles, was zu sagen bleibt.«[51]

Dieser Brief wurde in der ersten Januarwoche 1955 geschrieben. Er illustriert Chandlers ungewöhnliche Fähigkeit, den Nerv zu treffen, das zu sagen, was nie gesagt wird, ohne die wichtigen Einzelheiten zu vergessen. Doch nach Cissys Tod konnte er nichts anderes tun als durchhalten. Da er, was die

Beerdigung anging, ratlos war, suchte er Hilfe bei Juanita Messick, die eine Trauerfeier in einer der kleinen Kapellen der St. James' Episcopal Church vorschlug. Sie empfahl eine Kapelle, weil die Chandlers in La Jolla nur wenige Leute kannten. Chandler stimmte zu, bestand jedoch darauf, daß der Trauergottesdienst in der Hauptkirche abgehalten wurde. Um dem für ihn beinah unerträglichen Anlaß gewachsen zu sein, trank Chandler eine ganze Menge. Cissys Sarg – offen und von Hunderten von Blumen umgeben – wurde im Kirchenschiff aufgebahrt. Etwa acht Leute waren anwesend: Vinnie und ihr Sohn, Juanita Messick, Jonathan Latimer und Stuart Palmer, der mit James Fox aus Hollywood kam. Irgendwie überstanden sie den Gottesdienst; danach brachte man Cissys Körper in einem Leichenwagen fort. Er wurde verbrannt und ihre Asche in einer Gruft im Cyprus View Mausoleum in San Diego beigesetzt. Chandler ging nicht mit zum Mausoleum, weil er zu betrunken war. Außerdem war für ihn ohnehin alles vorüber. Auf diese Weise zeigte er dem Tod seine Geringschätzung. »Ich gehöre zu denen, die nicht an persönliche Unsterblichkeit glauben, da ich ihre Notwendigkeit nicht sehe«, schrieb er später. »Gott findet vermutlich etwas Erhaltenswertes, aber was, weiß ich wirklich nicht. Er entdeckt vielleicht sogar in mir, einem sinnlichen, zynischen, sardonischen Menschen, irgendeine Essenz, die es verdient, erhalten zu bleiben, aber ich glaube nicht, es würde irgend etwas sein, womit ich etwas anfangen könnte. So vieles an uns wird durch Äußerlichkeiten, durch die Umwelt bedingt und durch unsere Erfahrungen im Leben verursacht; so wenig an uns ist rein und unverfälscht.«[52]

Doch im Augenblick fühlte er nur Leere. Nach der Beerdigung begab sich die kleine Gruppe zu Chandler nach Hause, wo viel getrunken wurde. Chandler wollte die Realität auslöschen. Es war ein irischer Leichenschmaus, nur ohne Katharsis: das Trinken half ihnen nicht, das Erlebnis zu verkraften, es betäubte sie bloß. Chandler wollte Stuart Palmer die Katze schenken, die er als Ersatz für Taki gekauft hatte, ein Zeichen dafür, wie verloren und unglücklich er sich fühlte.

Zu gegebener Zeit fuhr Vinnie wieder weg, und für eine Weile leisteten ihm sein früherer »Geschäftsführer« S. Stapleton Tyler und dessen Frau Gesellschaft. Chandler wirkte äußerlich ganz gefaßt; er war sogar fähig, mit einiger Objektivität über seinen Zustand zu sprechen. Als die Tylers nach Hause fuhren, kam Vinnie zurück, damit er nicht so allein war. »Ich versuche, nicht zu viel an Cissy zu denken«,[53] schrieb er an Hamilton. »Spät nachts, wenn alle schlafen, wenn das Haus still ist und das Lesen Mühe macht, höre ich leichte Schritte auf dem Teppich und sehe ein gütiges Lächeln, das am Rand des Lampenlichts schwebt, und ich vernehme eine Stimme, die mich bei einem Kosenamen nennt. Dann gehe ich zur Anrichte, mixe mir einen steifen Brandy mit Soda und versuche, an etwas anderes zu denken.«[54] Er holte ein paar seiner Gedichte hervor, fand sie aber zum Lesen zu traurig, besonders nachts. Am Tag war er sich auch über ihren Wert im klaren, den er mit »zweitklassig, Epoche König Georgs V.« einstufte. Er verbrachte viel Zeit damit, Pläne für eine Rückkehr nach England zu schmieden. Doch er hatte auch schlimme Augenblicke, wie er sie Roger Machell beschrieb: »Ich bleibe die halbe Nacht auf und spiele Schallplatten ab, wenn ich deprimiert bin und mich nicht so betrinken kann, daß ich mich besser fühle. Meine Nächte sind ziemlich übel. Und es wird nicht besser. Ich bin seit Samstagmorgen allein, abgesehen von Mabel, der Perle, meiner pennsylvania-deutschen Köchin und Haushälterin. Sie hat eine Menge guter Eigenschaften, aber unter Gesellschafthaben verstehe ich etwas anderes.

Morgen ist oder wäre unser einunddreißigster Hochzeitstag. Ich werde das Haus mit roten Rosen füllen und mir einen Freund einladen und mit ihm Champagner trinken, wie wir es immer gehalten haben. Eine sinnlose und vermutlich törichte Geste, weil meine verlorene Liebe ja doch endgültig verloren ist und ich an ein Leben nach dem Tod nicht glaube. Aber trotzdem werde ich's tun. Wir harten Burschen sind allesamt hoffnungslos sentimental.«[55]

Die sentimentalen Phasen wurden abwechselnd von heftigen

Depressionen und Anfällen von Selbstmitleid abgelöst. Er zog sich immer mehr zurück, blieb in Cissys Zimmer und verließ es kaum noch. Er trank übermäßig, diesmal Whiskey. Vinnie kam zurück, um bei ihm zu wohnen, aber das half nichts. Nur zwei Tage vor der geplanten Feier seines Hochzeitstages telephonierte er mit seinem Freund Bruce Weston, einem Captain der Polizei von La Jolla, und sagte, wenn er nicht schnell herkäme, fände er eine Leiche auf dem Fußboden vor. Das war das dritte Mal seit Cissys Tod, daß er mit Selbstmord drohte. Einmal rief er sogar Roger Machell in London an, doch als die Verbindung stand, verfiel er in Schweigen, das nur durch die verärgerten Anweisungen der Vermittlung unterbrochen wurde: »Sprechen Sie, Kalifornien. Sie sind jetzt mit London verbunden. Sprechen Sie, Kalifornien.«

Dann, am Nachmittag des 22. Februar, 14 Tage nach der verunglückten Feier des Hochzeitstags, kündigte er Bruce Weston wieder an, er wolle sich erschießen. Während er noch am Telefon sprach, betrat Juanita Messick das Haus und bekam diese Drohung teilweise mit. Nachdem er aufgelegt hatte, fragte er sie, ob sie das Gespräch mit angehört habe. Sie bejahte und erklärte, er benehme sich ausgesprochen dumm. Sie überredete ihn, den Morgenmantel anzuziehen und im Wohnzimmer ein wenig fernzusehen, während sie in die Küche gehen wollte, um Kaffee zu kochen. Von dort sah sie einen Polizeiwagen den Hügel herunterkommen; deshalb öffnete sie die rückwärtige Tür und signalisierte, daß alles in Ordnung sei. Sie kehrte ins Wohnzimmer zurück und fand es leer. Sie suchte ihn im Schlafzimmer, im Ankleideraum, der zum Bad führte. Kein Chandler. Dann hörte sie einen Schuß. Sie rannte zur Vordertür, um die Polizei aufzuhalten. Da fiel noch ein Schuß.

Ein sehr unerfahrener junger Polizist betrat das Haus und öffnete ziemlich schlotternd die Badezimmertür. Chandler stand in der Wanne, den Duschvorhang um sich gewickelt. In der Hand hielt er einen Revolver Kaliber 38 und blickte einigermaßen beschämt drein. Die eine Kugel hatte die Decke durchlöchert. Die Polizei brachte ihn zu Bett; dann bestimmte der

Sergeant, er müsse in die psychiatrische Abteilung des Kreiskrankenhauses eingewiesen werden. Man füllte das Einweisungsformular aus und führte Chandler, noch immer im Pyjama und Morgenmantel, die Eingangstreppe hinunter und zum Streifenwagen. Er war immer noch ziemlich betrunken, erschien aber jetzt ziemlich munter und zufrieden mit sich, als er im Fond des Wagens weggebracht wurde. Der Polizeibericht sagt aus, daß er benommen und verwirrt war und auf die Fragen der Polizei nicht reagierte.

Chandlers eigene Erinnerung an diese Episode unterscheidet sich davon nur im Detail: »Ich könnte Ihnen ums Leben nicht sagen, ob ich wirklich die Absicht hatte, die Sache zu Ende zu bringen, oder ob mein Unterbewußtsein nur eine billige dramatische Vorstellung gab. Der erste Schuß ging jedenfalls ganz ohne meine Absicht los. Ich hatte diese Pistole noch nie benutzt; der Abzug war so empfindlich, daß ich ihn kaum berührt hatte, um meine Hand in die richtige Position zu bringen, als der Schuß auch schon losging und die Kugel rings an den Kachelwänden der Duschkabine abprallte und oben in die Decke fuhr. Sie hätte mir ebenso leicht auch in den Bauch schlagen können nach dem Abprall. Die Ladung kam mir reichlich schwach vor. Das erklärt, warum der zweite Schuß (der die Sache nun besorgen sollte) überhaupt nicht losging. Die Patronen waren etwa fünf Jahre alt, und in dem Klima hier hatte sich die Ladung, vermute ich, wohl zersetzt. An diesem Punkt ging bei mir das Licht aus. Der Polizeibeamte, der hereinkam, erzählte mir später, ich hätte auf dem Boden der Dusche gesessen und versucht, mir die Waffe in den Mund zu schieben, und als er mich dann aufgefordert habe, sie ihm zu geben, hätte ich bloß gelacht und sie ihm ausgehändigt. Daran erinnere ich mich absolut nicht. Ich weiß auch nicht, ob es ein emotionaler Defekt ist, daß ich überhaupt kein Gefühl von Schuld oder Verlegenheit empfinde, wenn ich den Leuten in La Jolla begegne, die alle wissen, was passiert ist. Es kam hier über den Rundfunk, Nachrichtenagenturen und Zeitungen im ganzen Land brachten es; ich erhielt stapelweise Briefe aus allen Himmelsrichtungen, einige freundlich und mitfühlend, andere vorwurfsvoll, ein paar unglaublich lächerlich.«[56]

Die ungewöhnliche Anteilnahme der Presse war vielleicht im Nachhinein erfreulich, doch zunächst einmal saß Chandler im Kreiskrankenhaus. Glücklicherweise hatte Neil Morgan, ein junger Freund von ihm, der bei der *San Diego Tribune* arbeitete, so eine Ahnung, Chandler könnte Hilfe brauchen. Am nächsten Morgen auf dem Weg zur Arbeit hielt er am Krankenhaus und besuchte Chandler, der sehr elend aussah und sich schämte. Auf die Frage, was ihm fehle, antwortete er, »Mir fehlt ein Bad und eine anständige Tasse Kaffee«.[57] Morgan erwirkte seine Entlassung, in die unter dem Vorbehalt eingewilligt wurde, daß er sich in ein privates Sanatorium und unter die Aufsicht eines Arztes begebe. Er brachte ihn dann in ein Hospital in Chula Vista, nahe der mexikanischen Grenze, südlich von San Diego, das für Entziehungskuren bekannt war. Von dort wegzukommen, war etwas schwieriger, wie Chandler herausfand. »Ich hielt es sechs Tage aus«, schrieb er später, »und dann hatte ich den Eindruck, ich würde mit halben Versprechungen an der Nase herumgeführt, so daß ich verkündete, ich hätte die Absicht, mich selbst zu entlassen. Großes Erdbeben. Das ginge nicht, auf gar keinen Fall. Na schön, sagte ich, dann zeigen Sie mir einmal das Gesetz, das mich hier festhält. Es gab keins, und er [der Psychiater der Klinik] wußte das. Also gab er schließlich zu, daß ich jederzeit fortgehen könnte, aber ich sollte wenigstens in sein Büro kommen und mit ihm sprechen. Damit war ich einverstanden, nicht weil ich mir etwas davon erhoffte, sondern weil es sich vielleicht in seinem Patientenbericht besser machte. Außerdem, und vorausgesetzt, daß er völlig offen mir gegenüber gewesen wäre, hätte ich ihm möglicherweise helfen können.«[58]

Dieser Bericht hört sich ein bißchen prahlerisch an; allerdings hatte Chandler wenig für diesen »psychiatrischen Schnickschnack«[59] übrig und schilderte Nervenheilanstalten in seinen Romanen ohne sonderlichen Respekt. Er rief Neil Morgan an und bat, ihn abzuholen. Als er sich verabschiedete, »küßte mich die Oberschwester und sagte, ich sei der höflichste, der rücksichtsvollste und entgegenkommenste Patient, den sie dort je gehabt hätten, ich wäre ja gar nicht totzukriegen, und Gott solle jedem Arzt beistehen, der mich zu etwas zwingen wolle, von dem ich nicht auch überzeugt wäre, daß ich's tun sollte.«[60]

Zu Hause angekommen, lud er Morgan etwas hastig zu einem Drink ein und telefonierte dann mit dem Grundstücksmakler, um ihm zu sagen, daß er das Haus dem erstbesten Interessenten verkaufen würde.

Der Tod seiner Frau und sein eigener Selbstmordversuch waren mit die emotional verheerendsten Ereignisse in seinem Leben. Er hatte hart gearbeitet, um sein ehrgeizigstes Projekt zu Ende zu bringen, mit dem Wissen, daß seine Frau »zentimeterweise«[61] starb. Dann starb sie, und er war ganz allein. Sein Leben war jetzt in jeder Hinsicht leer, die Zukunft erschien völlig sinnlos. Lange Zeit war er nicht zu trösten, trieb Tag für Tag am Rand der Verzweiflung dahin. »Ich habe viel Sympathie und Wärme erfahren und viele Briefe bekommen«, schrieb er an Leonard Russell, »aber Ihrer ist irgendwie einmalig, weil er von der Schönheit spricht, die entschwunden ist, anstatt damit zu kondolieren, daß das verhältnismäßig nutzlose Leben weitergehe. Sie war all das, was Sie sagen, und mehr. Sie war das Schlagen meines Herzens – dreißig Jahre lang. Sie war die Musik, kaum hörbar, am Rande des Tons. Es war mein großer und nun sinnloser Kummer, daß ich nie etwas geschrieben habe, das ihrer Aufmerksamkeit wirklich würdig gewesen wäre; kein Buch, das ich ihr widmen konnte. Ich hatte es vor. Ich dachte nach darüber, aber ich habe es nie geschrieben. Vielleicht hätte ich es gar nicht schreiben können.«[62]

Innerhalb weniger Wochen gelang es Chandler, das Haus, mit seinem Ausblick auf das Meer bei Camino de la Costa, zu verkaufen. Es fiel ihm nicht leicht: »Gestern habe ich die ziemlich schmerzliche Angelegenheit zu Ende gebracht, die Möbel aus dem Haus zu schaffen, um es für den neuen Besitzer freizumachen. Als ich durch die leeren Räume ging, die Fenster kontrollierte und so, fühlte ich mich ein bißchen wie der letzte Mensch auf einer toten Welt.«⁶³ Die Möbel wurden wieder in einer Lagerhalle untergestellt, seine Bücher wanderten in Kisten und wurden in der Garage von Marge Suman gestapelt; sie war es, die sich im Büro seines Steuerberaters wirklich um seine Belange kümmerte. Es war bezeichnend, daß diesem Mann ohne Freunde unter seinen Kollegen die einfachen Leute von La Jolla halfen, die mit Kunst nichts im Sinn hatten und Hilfe leisteten, wann und wo sie gebraucht wurde.

Die letzten Tage in La Jolla verbrachte er im Del Charro-Motel, eine einfache, aber akzeptable Unterkunft, und fuhr dann mit dem Zug nach Chicago, wobei er beabsichtigte, unterwegs seinen Freund Ralph Barrow in Old Chatham, New York, aufzusuchen, ehe er sich nach England einschiffte. In Chicago wurde er von Vincent Starrett, dem Journalisten, abgeholt und aß mit ihm und dessen Frau zu Mittag. Chandler war noch immer unsicher auf den Beinen und seine Finger sprangen wieder auf, weshalb er Handschuhe tragen mußte; als er in Old Chatham ankam, machte ihm auch noch die Stirnhöhle zu schaffen. Trotz allem war er guter Dinge. »Bis heute ist das Wetter mies gewesen, und ich habe es genossen«, berichtete er Hardwick Moseley. »Welch ein Vergnügen, nach der ewigen Milde Südkaliforniens durch den Schnee zu schlittern und den scharfen Wind zu fühlen.«⁶⁴ Außerdem beeindruckte ihn das Anwesen seines Gastgebers. »Hier gibt es Landsitze«, schrieb er Neil Morgan. »Dieses Gut hier umfaßt über hundert Morgen verwildertes Ackerland. Der letzte Eigentümer war eine reiche Frau, die die Farm nicht bewirtschaftete, und in den zwanzig Jahren, die sie hier lebte, wuchsen jede Menge Bäume überall. Wir haben Bäche und Wasserfälle, zugefrorene Wasserbecken und Schnee. Ich ersticke fast in Stilrichtungen: Frühamerikanisch, Cape Cod, Georgianisch, Revolutionszeit, Holländisch und etwas, das mir verdächtig nach Dixie aussieht. Jedenfalls hat es eine riesige Veranda mit Säulen.

Ich weiß nicht, wie lange ich bleiben kann. Gestern fuhren wir nach Chatham, (es gibt etwa sechs Chatham, vergessen Sie deshalb das OLD nicht), um die Wäsche vom Waschsalon abzuholen. Der Mann trug sie raus zum Wagen, sah, daß ich ein wenig alt und gebrechlich war und sagte: ›Danke, Mr. Barrow.‹ Ich sagte (wie immer die Antwort zu schnell parat): ›Oh, ich bin nicht Mr. Barrow. Ich bin nur ihr Liebhaber.‹ Er zuckte mit keiner Wimper; aber warten Sie mal, bis die Postmeisterin im Ort brühwarm von der Sache erfährt. Entweder schleifen sie mich hinter einem Streitwagen her oder erschießen mich mit einer Armbrust.«[65]

Seine Stirnhöhle plagte ihn weiterhin; deshalb fuhr er zur Behandlung nach New York. Zunächst wohnte er im Waldorf und war erbittert über die Preise dort. »Diese Stadt ist der Neppladen des Universums«,[66] schrieb er an Roger Machell und erklärte, daß er für eine Kanne Kaffee auf seinem Zimmer drei Dollar bezahlen mußte. Wieder allein, fing er zu trinken an. Schon bald war er im New York Hospital wegen Stirnhöhlen-Untersuchungen und einer Entziehungskur. Nach seiner Entlassung zog er ins Grosvenor Hotel, 35 Fifth Avenue, das er der kalten Pracht der großen Hotels im oberen Stadtteil vorzog. Es war eine Nervenbelastung für ihn, auf den Tag seiner Abreise mit der *Mauretania* zu warten, denn abgesehen von Dorothy Gardiner, der Sekretärin von Mystery Writers of America, die lediglich eine Bekannte war, hatte er wirklich keine Freunde. Da war er nun eine Weltberühmtheit, seine Bücher wurden in ein Dutzend Sprachen, einschließlich Japanisch, übersetzt, aber es gab niemanden in New York, den er gut genug kannte, um ihn anzurufen.

Die Rückkehr nach England bedeutete, daß er allein ein neues Leben beginnen mußte. Er hatte zwei Krisen überstanden, fühlte sich allerdings immer noch schwach. So viel war jetzt schon von seinem Leben vorüber, daß es Mut brauchte, überhaupt nur an die Zukunft zu denken. Oft gab er auf. Im Grosvenor Hotel trank er vor sich hin, rief Ralph Barrow und Juanita Messick an und drohte, er werde aus dem Fenster seines Hotelzimmers springen. Irgendwie schafften sie es, ihn so lange am Apparat zu halten, bis jemand vom Hotel in sein Zimmer kam und ihn ins Bett brachte.

Am Tag danach ging es ihm gewöhnlich wieder gut, denn solche Krisen reinigten die Luft. Er fing sogar an, New York zu mögen. Es war noch immer eine harte Stadt, »aber sie hat auch etwas Magisches«,[67] schrieb er einem Freund in Kalifornien. Er versuchte, sich selbst aufzumuntern, indem er sich vornahm, er werde ein neues Buch, *Playback*, fertigschreiben. Glücklicherweise ging es ihm finanziell gut; sein jährliches Einkommen bewegte sich zwischen 15 000 und 25 000 Dollar – alles Tantiemen und Nebeneinkünfte. In seinem Testament verfügte er sogar die Stiftung eines Preises für den besten Kriminalroman des Jahres, unter der Aufsicht von Hamish Hamilton und Ralph Barrow.

So wechselte seine Stimmung ständig; eigentlich kämpfte er ums Überleben, während er auf den Tag der Abreise wartete. Seine Erfahrungen quälten ihn, doch er wollte auch in angemessener Weise festhalten, was er liebte. Einen Monat nach Cissys Tod schrieb Chandler ein Gedicht mit dem Titel »Requiem«, das ein ganz anderes Gefühl einfängt, eine bestimmte Kraft wiedergibt, mit der er sich gegen das Verzweifeln stemmte:

There is a moment after death when the face is beautiful
When the soft tired eyes are closed and the pain is over,
And the long, long innocence of love comes gently in
For a moment more in quiet to hover.

There is a moment after death, yet hardly a moment
When the bright clothes hang in the scented closet
And the lost dream fades and slowly fades,
When the silver bottles and the glass, and the empty mirror,
And the three long hairs in a brush and a folded kerchief,

And the fresh made bed and the fresh, plump pillows
On which no head will lie
Are all that is left of the long wild dream.

But there are always the letters.

Nachtstück

I hold them in my hand, tied with green ribbon
Neatly and firmly by the soft, strong fingers of love.
The letters will not die.
They will wait and wait for the stranger to come and read them.
He will come slowly out of the mists of time and change,
He will come slowly, diffidently, down the years,
He will cut the ribbon and spread the letters apart,
And carefully, carefully read them page by page.

And the long, long innocence of love will come softly in
Like a butterfly through an open window in summer,
For a moment more in quiet to hover.
But the stranger will never know. The dream will be over.
The stranger will be I.[68]

Dann und wann für immer

Am 12. April 1955 reiste Chandler mit der *Mauretania*, auf der er eine Einzelkabine Erster Klasse gebucht hatte, nach Southampton ab. Ein tapferer Entschluß für einen Mann, der Einsamkeit verabscheute, jedoch Mühe hatte, sich unter Fremden wohlzufühlen. Vieles hängt bei einer Transatlantikreise vom Zufall ab: sie kann aufmunternd oder ermüdend sein, je nach Wetterlage und Tischgesellschaft. Glücklicherweise war Chandlers Platz neben Jessica Tyndales, der amerikanischen Repräsentantin des englischen Bankunternehmens Guinness Mahon. Sie war eine fähige, verständige Frau und eine angenehme Gesprächspartnerin, um die er sich kümmern und die er ein bißchen verwöhnen konnte, wie er es immer gerne tat. Die Reise verlief für Chandler ereignislos, bis auf die Nachricht, daß *The Long Goodbye* von Mystery Writers of America den Edgar für den besten Kriminalroman des Jahres erhalten hatte. Aus diesem Anlaß gab er für seine Tischgenossen eine kleine Party. Später schickte er von London aus ein für ihn charakteristisches Telegramm: »Ich bin natürlich tief dankbar für den Edgar als Höhepunkt einer ziemlich langen und fragwürdigen Karriere, die mir wenigstens bewiesen hat, daß unsere besten Arbeiten, wie wenig geschätzt auch immer zunächst, gelesen, gemocht und – sogar in extremen Fällen – von den Kritikern gewürdigt werden, lange nachdem die meisten sogenannten ›bedeutenden‹ Werke schon den Wert zehn Jahre alter Telefonbücher erreicht haben. Ich liebe Euch alle, und, wie wir in London sagen, ›Thank you so very much‹.«[1]

Als er am 19. April in Southampton ankam, hatte er bereits die Rolle übernommen, die er ab und an bis zu seinem Lebensende spielte. Roger Machell hatte angeboten, ihn am Schiff abzuholen, aber Chandler schickte ihm ein geheimnisvoll klingendes Telegramm: »Nicht kommen. Habe Frau mit viel Gepäck.«[2] Aus der Zugfahrt nach London machte er ein halbes Abenteuer; er kümmerte sich um Jessica Tyndales Bequemlichkeit und Bedürfnisse und war ein besorgter Begleiter und Führer. Als er jedoch im Connaught, das er schätzte, abstieg, begann seine Stimmung umzuschlagen. Er erinnerte sich, daß er drei Jahre zuvor mit Cissy dort gewohnt hatte und erzählte einem Reporter vom *Daily Sketch,* daß er und Cissy hier »die glücklichste Woche unseres Lebens nach dem Krieg verbrachten. Aber ich schlafe kaum mehr als vier Stunden pro Nacht. Oft überhaupt nicht. Gespenster umgeben mich. Gedanken, die mich wachhalten. Ich stehe auf, ziehe mich an und wandere herum, in einer Umgebung voll quälender Erinnerungen. Versuche, unsere wunderschöne Zeit zusammen in mein Gedächtnis zurückzurufen. Zurückzudenken. Meinem Leben fehlt etwas.«[3]

Chandler ging nach London, weil er hoffte, dort ein neues Leben beginnen zu können, aber als er schließlich da war, fühlte er sich so einsam, daß es ihm gleichgültig wurde, was mit ihm geschah. Mit Trinken begann er, seiner Empfindsamkeit auszuweichen und sie zu betäuben. Er behielt jedoch sein Elend niemals für sich. Vielleicht wußte er, welchen therapeutischen Wert es für jemanden hat, über einen erlittenen Verlust zu sprechen, denn er war außerordentlich offen, sogar gegenüber Zeitungsreportern, die er nie zuvor getroffen hatte. Patrick Doncaster interviewte ihn für den *Daily Mirror,* doch das Gespräch wurde wegen eines Zeitungsstreiks nie veröffentlicht. Sie redeten über Mädchen in Hollywood, dann wechselte Doncaster plötzlich das Thema:

»›Mrs. Chandler‹, sagte ich sanft.

Er setzte seinen Gimlet ab, ein Getränk aus Gin und Limone, bei dem man eher an *pukka sahibs* und die Vorposten des *Empire* denkt als an einen Kriminalschriftsteller aus Hollywood, dessen Romanheld Scotch zwitschert.

›Was ist mit Mrs. Chandler?‹, fragte er gereizt. ›Sie ist tot;

starb letztes Jahr.‹ Er sah weg, hinüber zur Bar. Er rutschte unruhig hin und her. Ein erstickter Laut drang aus seiner Kehle. ›Ich bin noch nicht darüber weg‹, sagte er ruhig, und eine dicke Träne rollte ihm die Wange hinunter.«[4]

Ian Fleming, der später mit ihm zusammentraf, wußte noch, »daß er sehr freundlich zu mir war und sagte, ihm gefiele mein erstes Buch, *Casino Royale*, aber er hatte keine Lust, viel über etwas anderes als über den Verlust seiner Frau zu reden, worüber er so unverhüllt sprach, daß ich verlegen wurde, während ich mich gleichzeitig zu ihm hingezogen fühlte. Er zeigte mir ein Foto von ihr – eine attraktive Frau, die irgendwo in der Sonne saß.«[5]

Von seiner Einsamkeit zur Verzweiflung getrieben, drohte Chandler wiederholt mit Selbstmord. In der Hoffnung, seine Niedergeschlagenheit zu mildern, gaben Hamish Hamilton und seine Frau Yvonne ihm zu Ehren ein Essen. Dort begegnete er einer Reihe literarischer Persönlichkeiten, die ihm, wie gewöhnlich, Unbehagen einflößten. Natasha Spender, Stephen Spenders Frau, eine warme und mitfühlende Person, bemerkte, daß er sich miserabel fühlte und lud ihn, um ihn aufzumuntern, für die folgende Woche zum Abendessen ein. Damit begann eine längere Freundschaft zwischen beiden; gleichzeitig wurde er in den Bekanntenkreis der Spenders eingeführt. Damals war Stephen Spender Herausgeber von *Encounter* und kannte in London viele Schriftsteller. Zu der Dinnerparty, die in ihrem Haus in St. John's Wood stattfand, luden die Spenders einige junge Leute ein, die Chandler vielleicht amüsant finden würde. Eine davon, Jocelyn Rickards, erinnert sich, daß sie sich auf Anhieb gut verstanden, weil sie beide prätentiöse literarische Diskussionen nicht ausstehen konnten.

Zuerst war Chandler von der Aufmerksamkeit, die ihm zuteil wurde, verwirrt und schrieb einen naiven Brief an Hamish Hamilton über die Party bei den Spenders: »Die ganze Sache gestern abend war reichlich eigenartig. Natasha Spender ist eine charmante und aufmerksame Gastgeberin; sie servierte ein ausgezeichnetes Essen, und alle besoffen sich. Sie hoben mich ein bißchen zu hoch in den Himmel, glaube ich.«[6] In seiner Verwirrung bekannte Chandler: »Ich habe ständig die Namen verwechselt, ausgenommen bei einem kleinen dunklen Mädchen mit sehr affektierter Stimme (vielleicht nur in meinen Ohren), die ihren Namen in meinen Taschenkalender schrieb, sich selbst zum Essen mit mir einlud und kaum Zweifel daran ließ, daß sie für so gut wie jeden Vorschlag zu haben war. Ein Mann fuhr mich ins Hotel zurück, und sie kuschelte sich an mich und sagte, sie lebe mit ihm seit zwölf Jahren, habe aber vor fünf Jahren schon aufgehört, mit ihm zu schlafen. Ich habe nicht die leiseste Ahnung, was das alles soll, aber ich konnte sie nicht davon abbringen, zum Essen zu kommen.«[7] Chandler sprach auch von »Sonja Soundso«, die sagte, »ich sei der Liebling der britischen Intellektuellen, alle Dichter schwärmten von mir, und daß Edith Sitwell senkrecht im Bett säße (wobei sie vermutlich aussieht wie Heinrich IV, Dritter Teil) und voll Leidenschaft mein Zeug lese. Sie erzählten, Connolly habe eine Abhandlung über mich geschrieben, die als beispielhaft gelte. Das Ulkige daran war, daß sie es anscheinend ganz aufrichtig meinten. Ich versuchte, ihnen klarzumachen, daß ich bloß ein schäbiger Schundautor sei und in den Staaten kaum über einem Mulatten rangiere.«[8]

Die erwähnte Sonja – Sonja Orwell – weiß noch, daß es ein fröhliches, ausgelassenes Dinner war. Die Gäste bewunderten Chandler über die Maßen, außerdem erschien er ihnen sehr pittoresk. Konnte er *sie* nicht verstehen, so fanden sie ihrerseits seinen amerikanischen Akzent und Slang sehr interessant. Wie in seiner auffallenden Kleidung – kalifornische Anzüge in hellen Farben, zu denen er gelbe Handschuhe trug –, lag darin eine zusätzliche Attraktion, die ihrer englischen Vorliebe für Exzentrisches sehr entgegenkam.

Allmählich veränderte er sich. Bei einem Menschen, der einen Verlust erlitten hat, tritt zuweilen ein merkwürdiger Nebeneffekt dieser inneren Leere auf: er entdeckt ungeahnte Talente an sich. In Gesellschaft einer hübschen Frau, die keine bestimmten Absichten verfolgte, blühte Chandler sogar richtiggehend auf;

jetzt gab er selbst die Scherze und Sprüche von sich, die zuvor nur in seinen Büchern gestanden hatten. Befreit von der Annahme, Cissy oder sich selbst verteidigen zu müssen, wurde er immer extrovertierter. Dilys Powell erinnert sich, daß er eines Abends während einer Dinnerparty in ihrem Haus vom Tisch aufstand, plötzlich die Arme um sie schlang und rief: »Also, wann gehen wir zu handfesten Zärtlichkeiten über?«[9] Er genoß es, als Berühmtheit gefeiert zu werden und wurde allmählich ruhiger. »Man geht mit acht Leuten zum Lunch, und fünf davon laden einen für den nächsten Tag zu einer Dinnerparty ein«, schrieb er. »So ist Essen, Trinken und Miteinander-Schlafen praktisch alles, was man macht.«[10] Selbst sein Äußeres hatte sich gewandelt. Der dünne pfeifenrauchende Einsiedler früherer Jahre war fülliger geworden; wenn es ihm gutging, erweckte er den Eindruck eines sehr vornehmen Mannes von Welt, einer Berühmtheit mit silbernem Haar und Stil.

Wenn er sich gut fühlte, war er lustig und vergnügt. Den meisten Spaß bereitete ihm, seine »Freundinnen« zum Essen auszuführen. Sie waren alle im Durchschnitt dreißig Jahre jünger als er, und es stärkte sein Ego, sich mit einer hübschen Frau in guten Restaurants zu zeigen. Er fand heraus, welche die besten waren – White Tower, Boulestin's, das Café Royal, das Connaught und das Ritz – und aß häufig dort, so daß er bekannt und erkannt wurde, was ihm sehr recht war. Bei einigen hatte er sogar eine laufende Rechnung. In Restaurants sprühte er manchmal so vor Witz, daß die Leute an den Nachbartischen aufhörten zu reden, um seine Späße mitzubekommen. Helga Greene, die Tochter des Präsidenten der Guinness Mahon-Bank, die Chandler durch Jessica Tyndale kennenlernte, sagte, »mit ihm befand man sich in der angenehmsten Gesellschaft von der Welt, und er lockte das Beste aus einem heraus. Andere Freunde erzählten mir, sie hätten gar nicht gewußt, daß sie so witzig sein konnten, ehe sie ihn kennenlernten. Er war so anregend und hatte immens viel Charme.«[11]

Aber wie immer bei Chandler gab es noch eine andere Seite, die nach Ausdruck verlangte: wie Natasha Spender sagt, »wechselte er ganz plötzlich von Überschwang zu Bedrücktheit.«[12] Die Mädchen, die er zum Essen ausführte, gingen nicht nur zu ihrem eigenen Vergnügen mit. Sie hatten erkannt, daß er in Wahrheit traurig war und litt. Deshalb bildeten sie das, was Natasha Spender einen »Lotsendienst« nannte, um sicherzugehen, daß er nicht vernachlässigt wurde. Man beabsichtigte damit, wie Jocelyn Rickards sich erinnert, »ihn gesellschaftlich beschäftigt zu halten, da er viel zu sehr ein Gentleman alter Schule war, als daß er eine mit ihm verabredete Frau versetzt hätte, weil er vielleicht den Tod bevorzugte.«[13] Natasha Spender hoffte, daß ihre Aufmerksamkeit »ihn bis zu dem Punkt bringen würde, wo er wieder leben wollte« und »dem stufenweisen Selbstmord durch Trinken Einhalt geboten würde.«[14] Eine aus dieser Gruppe, Alison Hooper, berichtet, daß sie ihm »in kritischen Stunden abwechselnd Gesellschaft leisteten – so zu Essenszeiten, wobei man ihn dazu bringen wollte, wenigstens ein bißchen zu essen, weil er, wie viele Alkoholiker, zum Hungern neigte. Wir hatten eine Mittagessen-Wache, eine Trink- und Dinnerschicht – gelegentlich sogar einen Wachdienst für die frühen Morgenstunden.«[15] Wenn er viel trank, konnte er sehr anstrengend sein; anfangs wußten seine Freunde nicht, was sie mit ihm anfangen sollten. Chandler hatte eine bestimmte Art, den Leuten unter die Haut zu gehen; wenn er eine Freundschaft einging, sollte sie gegenseitig sein, weshalb er oft große Ansprüche stellte. Alison Hooper denkt an ihn zurück als an »eine verirrte Seele, deren Hilflosigkeit bei Frauen einen Kindermädchen-Reflex auslöste, auch wenn diese Hilflosigkeit von seinem charakteristischen sardonischen Humor durchsetzt war.« Wenn er übermüdet und deprimiert war, rief er seine Freunde oft mitten in der Nacht an und bat sie, zu ihm zu kommen. Lehnten sie das ab, wurde er unleidlich und provokant und sagte Dinge wie »Dann ist dir also egal, was mit mir passiert?« oder »Ist das alles, was unsere Freundschaft dir bedeutet?«[16] Eingedenk seiner Großzügigkeit und Heiterkeit in besseren Zeiten leisteten sie ihm dann Gesellschaft.

Die Inanspruchnahme wuchs ins Unerträgliche, doch je näher

seine »Freundinnen« ihn kennenlernten, desto besser gelang es ihnen, mit dem fertigzuwerden, was einige seine »emotionale Erpressung« nannten. Eines Nachmittags besuchte ihn Jocelyn Rickards und fand ihn mit einer Flasche Ballantine's Whiskey im Bett vor. Sie war bestürzt, ihn in diesem Zustand anzutreffen, und schalt ihn, indem sie ihn einen hoffnungslosen Fall nannte. Sie sagte, sie wolle nichts mehr mit ihm zu tun haben, stürzte aus dem Zimmer und ging nach Hause. Kurz danach, denn sie wohnte in der Nähe, klingelte das Telefon: Chandler. »Niemand hat jemals in meinem ganzen Leben so mit mir gesprochen«, jammerte er. »Um so schlimmer« antwortete sie, »dann wärst du nicht da, wo du jetzt bist.« Es entstand eine Pause, dann sagte Chandler, »ich weiß, ich bin schlimm, aber weißt du, wie sagt man, ›Jeder so gut er kann‹.«[17] Sie lachte, womit ihr Groll verflog. Fast immer wußte Chandler, was er anstellte, und hatte die Offenheit, es zuzugeben.

Die Anstrengungen, die so viel Trubel mit sich brachten, forderten ihren Tribut von Chandler. Von Kalifornien her an intensives gesellschaftliches Leben nicht gewöhnt, begann er zu zerbrechen. Er trank zuviel, wurde vergeßlich und reizbar. J. B. Priestley lud ihn als Ehrengast zum Dinner ein, aber er tauchte nicht auf. Als er deswegen kritisiert wurde, antwortete er: »Alles, was man in einer Situation wie dieser tun kann, ist, beschämt zu sein. Ob man sich schuldig fühlt oder nicht.« Er gab an, er habe nicht mitbekommen, daß »die Party für mich gegeben wurde. Ich habe das einfach überhaupt nicht so gesehen.« Um weitere Einladungen abzublocken, fügte er hinzu: »Auf Parties bin ich jetzt langweilig, da ich außer Wasser nichts trinke. Meine Leber hat angefangen, mich gelb zu färben.«[18] Ungefähr zu diesem Zeitpunkt wurde er auch von Eric Ambler und seiner Frau zu einem Abendessen ihm zu Ehren eingeladen. Unter den Gästen waren Noël Coward und Somerset Maugham. Wiederum erschien Chandler nicht. Er lud Ambler zum Lunch ein, um sich zu entschuldigen, und erklärte, er sei unzuverlässig, was Verabredungen dieser Art angehe. Als logische Folge wurde er immer seltener zu Parties gebeten. Chandler, der Gefeierte, wurde nicht mehr gefeiert. Das Problem entstand durch Verbindung von Nervenschwäche und Alkohol: Weil er wußte, er würde prominente Leute treffen, versuchte er, seine Befangenheit mit ein paar Whiskies zu dämpfen; sollte er sich dann auf den Weg zu der Party machen, war er dazu nicht mehr in der Lage. Spontane Begegnungen bekamen ihm besser, da er sie ohne Erwartungsangst erleben konnte. Außerdem mißtraute er intellektuellen Diskussionen und fürchtete sich, gönnerhaft behandelt zu werden. Hauptsächlich wurde Chandlers kindliche Hilflosigkeit, die das Trinken noch verschlimmerte, jedoch von seiner Einsamkeit und seinem Gram verursacht. Was ihm am meisten zusetzte, war, daß er sich gelegentlich bewußt wurde, wie sehr er seinen eigenen Verhaltenskodex als Gentleman hinterging. Das steigerte seine Verzweiflung zusätzlich.

Von Zeit zu Zeit machte er den Versuch, sich zusammenzureißen. Auf Drängen seiner Freunde hin konsultierte er Ärzte und unterzog sich medizinischen Untersuchungen. Er versuchte, mit dem Trinken aufzuhören, aber, wie sich Natasha Spender erinnert, waren die Kuren, denen »er sich immer mutig unterwarf – was er manchmal sehr dramatisierte«,[19] gewöhnlich von kurzer Dauer. Er mißachtete den Rat seiner Ärzte, und sie wiederum lehnten eine weitere Behandlung ab.

Zum Glück für seine Gesundheit wurde er auch von seiner Stellung als Person des öffentlichen Lebens in Anspruch genommen. Er gab laufend Interviews und stellte fest, wie er dem Kriminalautor Hillary Waugh schrieb, daß er nicht nur als ein Krimischreiber, »sondern als amerikanischer Romancier von einiger Bedeutung« eingeschätzt werde. »Hier kommen Leute – gebildete Engländer – zu mir in dieses ziemlich exklusive Hotel und danken mir für das Vergnügen, das meine Bücher ihnen bereitet haben. Irgendwie glaube ich nicht, daß wir diesen Status in Amerika je erreichen werden.«[20] Er hatte sich mit Ian Fleming angefreundet, da sie sich beide etwas außerhalb der hochgestochenen literarischen Strömung aufhielten, und besprach Flemings letzten Roman *Moonraker* für die *Sunday Times*. Er war entzückt, als *Daily Express* eine allgemeine Umfrage lancierte, um festzustellen, wer die beliebtesten Autoren, Filmschauspieler, Künstler und Unterhalter waren, und zwar getrennt nach hochgestochenen, mittelgestochenen und tiefgestochenen Ansprüchen. »Marilyn Monroe und ich« schrieb er mit offensichtlichem Vergnügen, »waren die einzigen, die überall gestochen haben.«[21] Im Sommer 1955 wurde Chandler in eine hitzige öffentliche Kontroverse verwickelt. Er schrieb einen Brief an den *Evening Standard,* mit dem er gegen die bevorstehende Hinrichtung von Ruth Ellis, einer verurteilten Mörderin, protestierte. Es bestand kein Zweifel an ihrer Schuld, doch Chandlers ritterliche Instinkte wurden verletzt durch »die Vorstellung, daß ein hochzivilisiertes Volk Ruth Ellis einen Strick um den Hals legen, sie durch eine Klappe fallen lassen und ihr Genick brechen sollte.« Er wandte sich nicht gegen das offizielle Gerichtsurteil, sondern gegen die »mittelalterliche Grausamkeit des Gesetzes«,[22] das er als obszön empfand. Der Brief erschien zu einer Zeit beträchtlicher öffentlicher Aufregung im Zusammenhang mit der Todesstrafe; zahlreiche weitere Prominente, auch Parlamentsabgeordnete, unterstützten Chandlers Haltung. Aber alles war umsonst, und der Mann mit dem unglücklichen Namen Dr. Charity (= Barmherzigkeit) Taylor, Direktor des Holloway-Gefängnisses, vollstreckte das Urteil; Ruth Ellis wurde im Juli gehängt.

Es war noch kein Monat seit seiner Ankunft in England vergangen, als Chandler aus dem Connaught flog, weil er eine Frau auf sein Zimmer mitgenommen hatte, und nach dieser Demütigung zog er ins Ritz. Doch der Übergangscharakter des Hotellebens behagte ihm nicht. Mit Unterstützung von Helga Greene und Alison Hooper fand er eine Wohnung, 116 Eaton Square. Schräg gegenüber wohnte Jocelyn Rickards und ein paar hundert Meter weiter Ian Fleming. Helga Greene, die gleichfalls in der Nähe wohnte, war geschieden und hatte gerade eine literarische Agentur gegründet. Als sie erfuhr, daß Chandler keinen Agenten mehr hatte, war sie bemüht, ihn für ihr Unternehmen zu gewinnen.

Der Umzug nach Eaton Square änderte sein Leben nicht

grundsätzlich, aber er genoß das heimatliche Gefühl, eine Wohnung zu haben, und schätzte die Eleganz des langen Platzes mit seinen Gärten und den überdachten Hauseingängen zur Straße hin. Doch selbst hier sorgte Chandler für Aufregung. Wie er seinen Freunden berichtete, bekam er eines Nachts auf dem Heimweg eins über den Schädel und wurde beraubt. Keiner nahm ihm die Geschichte ab, obwohl man sie bewunderte, da sie einfallsreich eine Platzwunde erklärte, die er sich wahrscheinlich zugezogen hatte, als er betrunken hinfiel. Chandler mochte solche Stories: manchmal bestand er auf ihnen und malte sie sogar noch aus; wurden Einwände dagegen laut, konnte er aber auch zugeben, daß sie Hirngespinste waren.

»Ich glaube kaum, daß Sie mich erkennen würden, wenn Sie mich jetzt sähen« schrieb er kurz nach seinem Umzug an Neil Morgan. »Ich bin so verdammt vornehm geworden, daß ich mich manchmal selbst verabscheue. Meistens gebe ich mich mit der St. John's Wood-Chelsea Literatur- und Kunstclique ab, und möglicherweise sind die ein wenig eigen. Natürlich kenne ich auch ein paar Cockneys, aber die Leute, mit denen ich rumrenne, haben Redewendungen, die man übersetzen muß. Zum Beispiel: ›Ich bete sie einfach an‹, bedeutet, ›ich würde ihr ein Messer in den Rücken rammen, wenn sie einen Rücken hätte‹; ›Sie sind wirklich ausgesprochen kostbar‹, heißt, ›was für ein Mist, aber dieses Weib hatte ja nie Geschmack‹. ›Dafür könnte ich mich schon ziemlich erwärmen‹ will sagen, ›Her damit, aber rasch‹; und ›ich bin einfach wahnsinnig verliebt in ihn‹ meint nur, ›er hat genug Geld, die Getränke zu bezahlen‹.

Der Frühling war wunderschön, die Plätze in der feurigen Pracht der phantastischsten Tulpen, manche über ein Meter hoch. Kew Gardens ist ein wahres Farbenparadies: Rhododendron, Azaleen, Amaryllis, blühende Bäume jeder Art. Das ist atemberaubend nach dem harten, staubigen Grün Kaliforniens. Die Läden sind hübsch dekoriert und voll mit allen möglichen herrlichen Sachen. Harrods ist bestimmt das beste Kaufhaus der Welt. Nichts in New York oder Los Angeles kommt ihm gleich.

Aber erst die Frauen! Wenn sie je vorstehende Zähne hatten, dann habe ich jedenfalls jetzt nichts mehr davon gesehen. Ich bin hier auf Parties Mädchen begegnet, bei deren Anblick Hollywood Kopf stehen würde. Und sie sind so verdammt anständig, daß sie sich nicht einmal das Taxi von einem bezahlen lassen wollen. Wenn man sie gut genug kennt, kann man ihnen das Geld heimlich zustecken, aber man darf es nicht dem Fahrer geben. Wenn man will, daß sie mit einem ins Bett gehen, muß man fünfmal bitte sagen. Sie erwarten, als Damen behandelt zu werden. Sie sind durchaus gewillt, mit einem zu schlafen, wenn sie einen mögen und man sie mit Achtung behandelt, denn in einem Land, wo es so enorm viel mehr Frauen als Männer gibt, läßt sich das fast nicht vermeiden; doch sie wollen nicht als Betthäschen behandelt werden. Sie verlangen, daß man behutsam und mit viel Gefühl vorgeht, und ich meine wirklich, daß sie recht haben.«[23]

Nach dem Tod seiner Frau veränderte sich Chandlers Geschlechtsleben. Während der letzten Jahre in La Jolla waren seine physischen Bedürfnisse unter einer Lawine anderer Notwendigkeiten begraben. Mit Cissys Tod zerbrach ein Gefühl der Sicherheit, aber es wurde ihm auch bewußt, daß er nun sexuelle Möglichkeiten hatte, in deren Genuß er seit Jahren nicht gekommen war. Als er in England ankam, hatte er nur mit seinen eigenen Hemmungen zu kämpfen. In einem Interview für den *Daily Express,* wo er über Marlowes Beziehung zu Linda Loring in *The Long Goodbye* spricht, sagt er, »die Affäre, die er hatte, hätte ich selbst gern.«[24] Zweifellos beeinträchtigte sein Trinken diesbezügliche Heldentaten, und er war so oft krank, daß Sex einfach kein Thema war. Nichtsdestoweniger schätzte er die Vorzüge des englischen Lebens: »In den Künstlerkreisen Londons ist etwa ein Mann von dreien homosexuell, was für die Frauen sehr schlimm ist, aber gar nicht schlimm für mich.«[25]

Für Chandler war das England der fünfziger Jahre ein gutes Land, um darin zu leben, denn es kannte nicht die puritanische Einstellung gegenüber Sex, die Amerika beherrschte. Chandler fühlte, daß in ihm so etwas wie eine damit einhergehende Veränderung vorging, als er notierte, »als meine Frau noch lebte, rauchte ich von morgens bis abends Pfeife und genoß es. Gewöhnlich trank ich eine ganze Menge Tee, und meine Frau mochte das, ebenso wie sie mich gerne Pfeife rauchen sah.«[26] Nach ihrem Tod rauchte Chandler nie mehr Pfeife, obwohl er weiterhin Tee trank. Was er sich ersehnte, war eine neue Verbindung, die den Platz der vergangenen einnahm, eine, die ihm im körperlichen wie im häuslichen Sinne wieder ein intensives Erleben schenken sollte.

England schien alles und doch nichts zu bieten. Er hatte seine »Freundinnen«, aber keine einzige, die er lieben und beschützen konnte. Auch litt er unter der Erkenntnis, daß er oft seinem Bild vom Benehmen eines Gentleman nicht entsprach. Das versuchte er auf andere Weise wieder gutzumachen. Immer freigebig, beschenkte er die, die freundlich zu ihm gewesen waren. Er schickte Rosensträuße, Orchideenzweige, Schmuck, Seidenstrümpfe dutzendweise und sogar Geld an alle, die er gernhatte. Das Schenken half ihm vermutlich, an seine Nützlichkeit zu glauben: statt sich lebensmüde und unnütz zu fühlen, fing er an, sich als Retter in der Not zu sehen. Diese Rolle erforderte ein gewisses Maß an Phantasterei, weil er für seine »Freundinnen« ergreifende Umstände ersinnen mußte, die ihn auf den Plan rufen würden. Natasha Spender führt aus, »in seiner Vorstellung wurden wir alle Figuren eines Raymond Chandler-Romans.«[27] Er schuf für sich künstlich die Art Probleme, die er früher in seinen Büchern Marlowe lösen ließ. Chandlers Selbsttäuschung war ein Symptom seiner Krankheit, denn, wie seine Romane zeigen, hatte er einen klaren Blick für die Realitäten des Lebens. Doch er war auch Romantiker, und diese Seite seines Wesens wurde nun die beherrschende in seinem Leben.

Natürlich konnte er nicht für jede ihr edler Ritter sein, deshalb konzentrierte er sich zunehmend auf Natasha Spender. Er bildete sich zum Beispiel offenbar ein, sie habe kein Talent zur Musikerin. »Das stimmt nicht« schreibt sie, »ich verfolgte damals eine ziemlich erfolgreiche Laufbahn als Konzertpianistin.«

Für ihn war sie indessen eine Dame in Nöten. Allerdings scheint es, daß sie sich der Rolle, die sie in seiner Vorstellung spielte, nicht bewußt war. »Natürlich war es rührend von ihm, sich zu sorgen«, schreibt sie, »aber *wir* sorgten uns alle um ihn.«[28]

Die Freundschaft zeichnete sich gleichermaßen durch Illusionen und großartige Gesten aus. Einmal mußte Natasha Spender mit einem Orchester ein Konzert in Bournemouth geben, aber sie erwähnte es nicht vor Chandler, weil sie ihn für zu krank hielt, um hinzukommen. Er erfuhr jedoch davon, stand von seinem Krankenlager auf, legte volle Abendgarderobe an, mietete einen Wagen, um nach Bournemouth zu fahren und sie anschließend heimzubringen. Der Bürgermeister und andere hohe Beamte hatten einen Empfang und ein Essen in einem der Bäderhotels vorbereitet, wo Chandler, den Anblick eines Gespenstes bietend, unerwartet auftauchte. Er war ziemlich betrunken; als er an den Tisch trat, war alles, was er sagte, »Ich bin gekommen, Sie nach Hause zu geleiten!« Er wurde überredet, Platz zu nehmen; nach dem Essen begab er sich mit Natasha Spender zum Rolls Royce hinaus, dessen Rücksitz mit Blumen und Eiskübeln voller Champagner beladen war. Sie starteten in Richtung London und hielten von Zeit zu Zeit, um Champagner zu trinken. Auf dem Hinweg hatte sich Chandler mit dem Chauffeur angefreundet und bestand darauf, daß er ebenfalls Champagner trank. Während sie durch die Nacht fuhren, wurde Chandler gegen jede Erwartung immer nüchterner. Irgendwann dann, mitten in seinem außergewöhnlichen Auftritt mit Wagen, Blumen und Champagner, wandte er sich zu Natasha Spender und sagte: »Ich weiß, was Sie alle für mich tun, und ich danke Ihnen dafür, aber die Wahrheit ist, ich will wirklich sterben.«[29] Er sprach ohne jede Spur von Selbstmitleid.

Wenn er wollte, konnte Chandler erkennen, was mit ihm los war. Das Gegengewicht zu seiner Sentimentalität bildete ein klares, unbestechliches Auge. Mehr als einmal erzählte er die Geschichte von »dem Burschen, der seiner Braut den kleinen See bei St. Cloud mit den Schwänen darauf zeigen wollte, an den er sich so lebhaft von seiner Kindheit in Frankreich her erinnerte. Es sollte einer der Höhepunkte ihrer Flitterwochen werden. Als sie ankamen und den Ort besichtigten – kein See, keine Schwäne. Es hatte dort nie einen See und nie Schwäne gegeben.«[30]

Im Sommer traf er sich weiter mit Natasha Spender und führte sie oft in seine Lieblingsrestaurants zum Essen aus. Dann entdeckte er, daß sie krank war. Da Chandler ebenfalls einen Krankenhausaufenthalt hinter sich hatte, beschlossen sie mit Stephen Spenders Einverständnis, zur Erholung und auch wegen der Abwechslung zusammen nach Italien zu fahren. Sie wohnten in einem kleinen Hotel am Gardasee und besuchten unter anderem Venedig und Verona. Um ihn beschäftigt zu halten, damit er nicht wieder zu trinken anfinge, ließ sich Natasha Spender von ihm auf Besichtigungen begleiten; aber Chandler machte sich nicht gut als Tourist und zeigte geringes Interesse für Ruinen und Gebäude. »Ich sitze lieber im Caffè Dante in Verona und trinke Caffè gela con latte, also eisgekühlten Kaffee mit Sahne.«[31]

Ende September lief Chandlers Aufenthaltserlaubnis für England ab; deshalb kehrte er mit der *Queen Elisabeth* nach New York zurück. Er war sehr ungehalten darüber, daß er das Land verlassen mußte, und sein Trinken hatte ihn schwach und hinfällig gemacht. Er beschrieb seine Mitpassagiere in der Ersten Klasse als »viele fette amerikanische Geschäftsleute und ein paar englische, die genauso abstoßend sind. Die üblichen, beängstigend herausgeputzten Frauen mit allabendlich wechselnden Pelzen, ein Grüppchen sympathischer Leute, die keine Veranlassung gaben, sich ihnen zu nähern.«[32] Er war reserviert und reizbar. »Ich sitze allein in einer Ecke, mein Rücken auf beiden Seiten geschützt. Einmal sagte ich einem Passagier Guten Morgen, aber das war ein Versehen – ich hatte jemand anderen damit gemeint.«[33]

Was die Reise besonders unangenehm werden ließ, war, daß Chandler immer noch eine Entziehungskur machte, und den Atlantik ohne Alkohol zu überqueren ist kein Vergnügen. Den einzigen heiteren Moment der Reise ersann Chandler für eine Person, die ihm ein Dutzend Rosen in die Kabine geschickt hatte: »Ich trug eine davon in meinem Knopfloch und wurde fast sofort von einem reizenden alten Herrn angesprochen.«[34] Nach der Ankunft in New York fuhr Chandler zu den Barrows in Old Chatham, um bei ihnen zu wohnen. Die Monate in England hatten seine Feinfühligkeit gesteigert; wie viele zurückkehrende Amerikaner fand er sein Heimatland primitiv und unangenehm. Das Wetter war so kalt, daß er Roger Machell schrieb: »Ich fühle mich wie einer der armen Kerle, die die Nazis in Eisbäder setzten, um festzustellen, was der menschliche Organismus aushalten kann. Ich muß mir die Koteletten auftauen, ehe ich mich rasieren kann.«[35]. Bei einer Springkonkurrenz, der er als Zuschauer beiwohnte, ärgerte er sich über den Mangel an Eleganz und Stil. Die männlichen Reiter »wirkten klotzig und unbeholfen.« Ihre Jacken »waren zu verdammt rot« und Chandler »erschien das alles als eine nouveau riche-Anstrengung, etwas zu tun, was ihnen nicht im Blut lag.«[36] Es ist klar, daß er sich nicht wohlfühlte: »Mir fehlen alle sehr – selbst die Leute, die ich nicht mag.«[37]

Von Old Chatham aus reiste er wieder nach New York, wo zu seinen Ehren von Mystery Writers of America eine Cocktailparty gegeben wurde. Am 3. November war er wieder in La Jolla, wohnte im Del Charro und rauchte Craven A-Zigaretten in schmerzlicher Erinnerung an London. »Fühle ich mich wohl?« fragte er Helga Greene. »Nein. Bin ich glücklich? Nein. Bin ich schwach, niedergeschlagen, zu nichts gut, ohne sozialen Nutzen für die Gemeinschaft? Ja. Vor meinem Zimmer ist ein beleuchtetes Schwimmbecken. Wie eklig!«[38]

Unterdessen beunruhigten ihn schlechte Nachrichten über Natasha Spenders Gesundheit. Er entschloß sich deshalb, nach England zurückzukehren, und buchte einen Flug mit Scandinavian Airlines. Kurz bevor er abflog, schrieb er seinem Freund Neil Morgan, der im Begriff war zu heiraten, einen amüsanten Brief, in dem sich die Munterkeit widerspiegelte, welche die Aussicht, London wiederzusehen, in ihm ausgelöst hatte:

Am Vorabend meiner Abreise in Regionen, wo Eskimos darben und die Eisbären Fäustlinge und Überschuhe tragen und trotzdem grollen, (hat man schon mal einen Eisbären erlebt, der wirklich jemanden leiden mochte?) und am Vorabend Deines Eintauchens in die Ehe mit einem bildhübschen Mädchen – ich weiß nicht genau, ob ›Eintauchen‹ das Wort ist, nach dem ich suche – darf ich Dir jene magische Fähigkeit wünschen, mit der Maeterlincks Esel zu hören vermochte, wie sich die Rosen öffnen, wie das Gras wächst, wie sich das Übermorgen naht. Darf ich Dir die magische Sehkraft des Vogels wünschen, der am Morgen nach dem Regen den Wurm sieht, der mit seinem anderen Ende flirtet? (Dieser Witz wurde mir geklaut und gelangte irgendwie schließlich zu Groucho). Darf ich Dir die Erkenntnis wünschen, (das geht mir jetzt nicht so flott von der Hand) daß Ehen nicht stattfinden – sie werden gemacht; daß immer ein Schuß Disziplin nötig ist; daß, wie ungetrübt die Flitterwochen auch verlaufen mögen, der Moment kommen wird, – wenn vielleicht auch nur flüchtig – wo Du wünschst, sie fiele die Treppe runter und bräche sich ein Bein. Dasselbe gilt auch für sie. Doch diese Anwandlung geht vorbei, wenn man Geduld hat. Hier ein paar brauchbare Ratschläge. Ich kenne mich aus.

1. Halte sie kurz am Zügel und laß sie nicht auf die Idee kommen, daß sie *Dich* lenkt.
2. Wenn der Kaffee mies ist, dann verliere kein Wort darüber – gieße ihn auf den Fußboden.
3. Erlaube ihr nicht, mehr als einmal im Jahr die Möbel umzustellen.
4. Keine gemeinsamen Konten; es sei denn, daß sie für die Einzahlungen zuständig ist.
5. Wenn es Streit gibt, denk dran: Immer bist DU schuld.
6. Halte sie von Antiquitätenläden fern.
7. Lobe nie ihre Freundinnen zu sehr.
8. Vor allem, vergiß nie, daß eine Ehe in einer Hinsicht sehr einer Zeitung gleicht. Man muß sie an jedem verdammten Tag eines jeden verdammten Jahres wieder neu machen.[39]

Nachts an einem Freitag im Spätnovember flog Chandler von San Diego nach Los Angeles und von dort über den Nordpol nach Dänemark, wo er am Morgen darauf eine BEA-Maschine nach London nahm. So unbequem das Fliegen damals auch war, gab ihm Chandler den langen Tagen auf See gegenüber den Vorzug. Bei seiner Ankunft im Connaught erfuhr er, daß Natasha Spender sich einer Operation würde unterziehen müssen. Nach Rücksprache mit Stephen Spender schlug er sofort eine Reise nach Madrid und Tanger vor, damit sie vorher zu Kräften kommen konnte. Die Spenders dachten, daß Ferien auch Chandlers Gesundheit guttun würden, da er wie gewöhnlich zu viel trank. Einmal unterwegs, mußte Chandler plötzlich mehrere Sprachen sprechen: »Spanier sind dumm und wollen nichts lernen«, schrieb er, ziemlich gehässig. »Mit Französisch kommt man überall durch, bei Englisch und Italienisch wird man nur verständnislos angeschaut. Von Deutsch haben sie noch nie etwas gehört. Die Araber haben viel mehr Hirn als die Spanier, aber man wird sie leid, es gibt so viele davon.«[40] Chandler ist nie ein begeisterter Tourist gewesen.

Von Tanger aus begaben sie sich hoch in die Berge: »Chauen hat ein wunderbares Klima – es ist so ziemlich der einzige Ort in Europa und Nordafrika, wo man mit Sicherheit mitten am Tag sonnenbaden kann. Es liegt ungefähr so hoch wie Big Bear, ist aber voller Blumen und Grün; am oberen Rand eines reizvollen Tals steht ein neues Hotel.«[41] Doch abgesehen von einer Reise nach Tetuán verbrachten sie die meiste Zeit in Tanger, das Chandler gefiel – »sauber, polizeilich gut organisiert, mit einem Klima, das noch besser ist als das kalifornische.«[42] Besonders beeindruckte ihn, daß Tanger als internationale Stadt keine Einkommensteuer kannte. Ein- oder zweimal besuchten sie den Ehrenwerten David Herbert, einen jüngeren Bruder des Earl of Pembroke, der in den Hügeln hinter der Stadt wohnte. »Er ist sehr witzig und amüsant« schrieb Chandler, »und verfügt über diese außerordentlichen Manieren, die man nirgendwo sonst als bei echten englischen Blaublütigen antrifft. Das heißt, es scheint so, als habe er überhaupt keine, wenigstens keine erkennbaren.

Er erzählte, daß er noch ganz klein war, als sein Großvater eines Nachts starb, und er nichts davon mitbekam, bis am nächsten Morgen ihr Mädchen ins Kinderzimmer kam und zu ihnen sagte: ›Good morning, my Lord. Good morning, my Lady. Good morning, Master David.‹ Worauf David in Tränen ausbrach, weil er der einzige war, dem man keinen höheren Rang verliehen hatte.«[43]

Nach vierzehn Tagen Erholung kehrten sie nach London zurück; Natasha Spenders Operation verlief erfolgreich. Unterdessen führte Chandlers chronisches Trinken, das durch seine Sorge um Natasha Spender und seine anhaltenden Depressionen noch schlimmer geworden war, zu einem neuen gesundheitlichen Zusammenbruch. Eines Nachts kurz vor Weihnachten wurde nach Mitternacht der Hotelarzt alarmiert und Chandler mit dem Krankenwagen in die London Clinic gebracht. Nach zwei Wochen mit Untersuchungen und relativer Ruhe wurde er entlassen; es hieß, er leide an einer Form von Malaria. »Das krampfartige Erbrechen, der Schüttelfrost, das Fieber, die 48-Stunden-Grippe usw. waren damit erklärt«, schrieb Chandler. Sein Fall sei verhältnismäßig leicht, sagte er, doch die Krankheit war lästig, »denn zwischen den Anfällen fühlt man sich vollkommen oder fast vollkommen in Ordnung; deshalb bringt man sie nicht miteinander in Verbindung. Man glaubt, jeder Anfall habe seine eigene Ursache.«[44]

Chandlers Wille, gesund zu werden, wuchs durch die Annahme, daß seine Hilfe Natasha Spender nützen könnte. Aus seinen intensiven Gefühlen entwickelte sich eine allgemeine Zuneigung zu London, sogar im Januar, wenn es um vier Uhr nachmittags schon dunkel ist. »Ich spazierte den ganzen Weg die Bond Street zur Oxford Street hinauf und dann zur Tottenham Court Road, schließlich nahm ich die U-Bahn nach Green Park, unweit vom Ritz«, schrieb er an James Fox. »Merkwürdig, aber seit meiner Zeit als junger Mann in London hatte ich die U-Bahn nicht mehr benutzt. Nur einmal bin ich mit einem Bus gefahren. Aber es ist einfach verdammt dumm, überall im Taxi hinzufahren, so wie ich es bisher gemacht habe, ganz besonders in einer Stadt mit derart hervorragenden öffentlichen Verkehrsmitteln. Es kostete mich zwei Pence von Tottenham Court Road und Oxford Street bis hierher. Mit dem Trinkgeld hätte mich ein Taxi ca. fünf Pfund gekostet.«[45]

Chandlers Experiment mit der U-Bahn fiel mit seiner Einsicht zusammen, daß er sparsamer leben müßte. Mit Hilfe der Spenders fand er eine kleine Wohnung im Haus 49 Carlton Hill in St. John's Wood, N. W. 8. Das Haus lag ganz nahe bei Abbey Road, nur ein paar hundert Meter von den Spenders in Loudoun Road entfernt. Wer London gut kennt und ein Auto hat, hält St. John's Wood für still und bezaubernd. Abgesehen von der Nähe zu den Spenders war es für Chandler aber eine völlig unpassende Wohngegend. Er haßte seine »scheußliche Wohnung«[46] und meinte, seine Adresse habe »kein Format«.[47] Die Familie Spender samt den Kindern versorgte ihn mit Mahlzeiten und setzte sich an bösen Tagen mit ihm zusammen, aber Chandlers Gesundheitszustand blieb schlecht. Die wirkliche Ursache dafür war ihm jedoch klar, denn damals schrieb er, »Aber was mir in Wirklichkeit fehlt, ist ein Heim und jemand, um den ich mich in einem Heim kümmern könnte, wenn ich eins hätte.«[48]

Seine Sehnsucht nach einem Mittelpunkt in seinem Leben und die enttäuschte Hoffnung, daß Natasha Spender es mit ihm teilen werde, bewirkten, daß er immer verzweifelter wurde. Sie machte ihn darauf aufmerksam, daß sie Pflichten als Ehefrau und Mutter habe, doch Chandler tat ihre Ansichten als Humbug ab. Mrs. Spender schreibt, »er fühlte sich ängstlich und ›bedroht‹, wenn man gegen seinen eigenen starren und höchst persönlichen Moralkodex opponierte, der dann energisch dazu benutzt wurde, die Vorstellungen anderer Leute mit Anschuldigungen wie ›Schwindel‹, ›Heuchelei‹, ›Snobismus‹ und dergleichen kaputtzumachen.«[49] Sie meint, seine Einsamkeit und die Angst, im Stich gelassen zu werden, hätten ihn dazu gebracht, die Zuneigung anderer auf die Probe zu stellen, indem er sich schwierig benahm. »Sie nannten mich einmal einen ›leidenschaftlichen Moralisten‹: das war eine zutreffende Bezeichnung, denn das ist es, was ich zu sein glaube«, schrieb er später an einen anderen Freund. »Ich bin peinlich genau, was meinen eigenen Kodex angeht, aber ich schere mich einen Dreck um die heuchlerische bürgerliche Moral.«[50] Diese Haltung war bequem, denn Mrs. Spender erinnert sich, daß er durchaus dazu imstande war, ihre Argumente für sich zu nutzen und fast triumphierend zu sagen, da sie an christliche Nächstenliebe glaube, sei sie verpflichtet, sich um ihn zu kümmern.

Chandlers Hang zum Tyrannen war ein Teil seines Wesens; andererseits konnte er völlig entwaffnend sein: als Natasha Spender ihm gegenüber äußerte, sie glaube, daß die meisten Menschen ihre Neurosen während der Kindheit erwerben, antwortete er: »Dazu kann ich nichts sagen. Meine ziehe ich mir so nach und nach zu.« Es war nicht einfach, mit ihm zu diskutieren.

Tief in seinem Innern war Chandler von einem Verlangen beherrscht, das außer einer vollkommenen Beziehung nichts gelten ließ. Er träumte von einer romantischen Erfüllung, der Vereinigung mit dem Mädchen mit den kornblumenblauen Augen. Dabei wußte er längst, und darin lag seine Qual, daß es nie dazu kommen würde. Trotzdem blieb das der zentrale Traum seines Lebens.

Die Situation in Carlton Hill verschlimmerte sich unweigerlich. Chandlers Hoffnungen und Hirngespinste kollidierten mit Stephen und Natasha Spenders Auffassung von ihrer Beziehung. Wütend widersetzte er sich jedem Versuch, ihn wie ein Familienmitglied zu behandeln.

Schließlich begann er die Sorte Dinnerparty zu verabscheuen, die er früher so gemocht hatte. »Bis zu einem gewissen Punkt ist London wunderbar«, schrieb er, »aber ich habe die durchtriebenen Weiber satt, Liebling hinten, Liebling vorne, wenn man ihnen begegnet; dabei halten sie schon einen Satz Messer für deinen Rücken bereit.«[51] Zu den Parties, an denen er teilnahm, wurden oft Homosexuelle eingeladen. Das brachte Chandler in Wallung; er begegnete ihnen mit seinem »häßlichen habsburgischen Lippenspiel«,[52] wie Fleming es ausdrückt. »Meine Reaktion auf sie mag unnachsichtig sein«, gab Chandler zu; »sie machen mich einfach krank. Ich kann nichts dafür.«[53] Ein anderes Mal erklärte er seine Aversion gegenüber der Homosexualität damit, daß sie uns an »unsere eigenen normalen Laster« erinnere, die uns auf ihre Weise »zuweilen mit der gleichen Abscheu erfüllen.«[54] Was ihn jedoch am meisten bekümmerte, war sein eigenes Verhalten. »Sich zu verstellen ist zu schwierig und zu anstrengend«, schrieb er. »Diese feine Anpassung des Benehmens, die einem erlaubt, in Anwesenheit anderer mit der geliebten Frau in einem Raum zu sein und sich weder zu zärtlich und vertraulich zu geben, noch zu still und zurückhaltend, um das erstere zu vermeiden, ist eine zu subtile Form der Etikette für mich.«[55]

Chandler war oft so krank und unbeherrscht, daß seine gesellschaftlichen Verwicklungen und Ansichten zur Moral völlig an der Wirklichkeit vorbeigingen. Allmählich erkannte er die Unsinnigkeit seiner vernarrten Liebe. Über Natasha Spender schrieb er später »nie werde ich ihre Zuneigung und Hilfe vergessen, die ich von ihr erhielt, als ich sie am nötigsten brauchte, und sie wird nie erfahren, daß, wenn ich mich in London betrank, besonders in Carlton Hill, das nicht geschah, weil ich betrunken werden wollte, sondern weil ich wußte, daß meine Lage hoffnungslos war und es mir vollkommen egal war, was ich tat, wenn ich nur für eine kurze Weile vergessen konnte, wie hoffnungslos sie war.«[56]

Diese quälende Situation fand ein Ende, als Chandler zum zweitenmal gezwungen war, das Land zu verlassen. Er hatte die ihm gesetzlich zugestandene Aufenthaltsdauer in England für 1955 bereits überschritten, wofür er hohe Steuern bezahlen mußte; einen ähnlichen finanziellen Schlag konnte er sich 1956 nicht leisten. Deshalb flog er am 8. Mai mit der BOAC von London nach New York. Das war zu der Zeit, als es im Flugzeug noch Klappbetten gab; Chandler hatte eins, meinte aber, daß sie wohl für Zwerge gedacht seien. Dann kam die übliche Tortur am Zoll. »Mein Gott, welche Barbaren«, stellte er fest. »Sicher gibt es kein Land auf der Welt, das einem die Einreise dermaßen verleidet.⁵⁷« Jessica Tyndale holte ihn mit dem Wagen am Flughafen ab und fuhr ihn ins Grosvenor Hotel. »Ich konnte es kaum erwarten, die Tür hinter mir zu schließen und eine Flasche Scotch mit Eis zu bestellen«, schrieb er.⁵⁸

Das ließ nichts Gutes ahnen. Seine Erlebnisse in England und die unvermittelte Rückkehr nach Amerika hatten ihn ziemlich mitgenommen. Obwohl er sich dessen wahrscheinlich nicht bewußt war, würde die Verschlechterung seines Zustandes früher oder später einen Punkt erreichen, von wo aus sie nicht mehr rückgängig gemacht werden konnte, höchstens hin und wieder für kurze Zeit stabilisiert. In New York traf er häufig mit Jessica Tyndale und ihrem Mann zusammen, obwohl ihn Gespräche über Politik langweilten und er sich nach London zurücksehnte. »Ich habe es vermieden, über England zu reden«, schrieb er, »auch wenn ich es wollte. Man kann einen rechten Langweiler abgeben, wenn man das tut.«⁵⁹ Er fuhr nach Old Chatham, um die Barrows zu besuchen, doch er bemerkte »verglichen mit dem wachen und lebendigen Verstand der Engländer, die ich kenne, kommen sie mir träge vor.«⁶⁰ Anwesend waren auch Hardwick Moseley und dessen Frau. Chandler trank eine ganze Menge und begann, das »in Fleisch und Blut übergegangene, sich selbst genügende Leben«⁶¹ der Barrows, das ihm so sehr fehlte, unausstehlich zu finden. Er weigerte sich, etwas zu essen, und saß praktisch den ganzen Tag lethargisch herum. Schließlich fiel er die Treppe hinunter, und man kam überein, daß er nicht länger bleiben konnte. Die Moseleys fuhren ihn nach New York zu Jessica Tyndale. Zwei Tage später wurde er mit dem Krankenwagen ins New York Hospital gebracht. Es ging ihm so schlecht, daß er sechzehn Stunden lang Bluttransfusionen bekam. Die Malaria-Diagnose wurde verworfen. »Was mit mir los war, – und zwar schon seit längerer Zeit – war eine totale geistige, körperliche und seelische Erschöpfung, kaschiert nur dadurch, daß ich genügend Whisky trank, um mich auf den Beinen zu halten, und eine schwere Unterernährung«,⁶² schrieb er an Neil Morgan. Das Krankenhaus setzte ihn auf eine Diät mit hohem Proteinanteil, die schon nach fünf Tagen anschlug. »Ich fühlte mich glücklich, absolut glücklich, zum erstenmal seit meine Frau starb. Alles andere war nur Theater. Das hier war echt, und die Stimmung hat sich nicht geändert.«[63] Detaillierter schilderte er Helga Greene, was sich zugetragen hatte: »Es war, als hätte eine höhere Macht auf mich herabgeblickt und beschlossen: ›Dieser Mann hat genug; genug gelitten, genug gefehlt, aber immer zu viel geliebt. Mit seinem Kummer soll es ein Ende haben. Selbst kämpfen wird er nicht mehr müssen.‹ Eine merkwürdige, fast mystische Erfahrung, gar nicht mein Stil.«[64]

Aus dem Krankenhaus entlassen, zog er für ein paar Tage ins Grosvenor, um sich weiter zu kurieren: »Ich habe verdammt wenig zu tun, außer Briefeschreiben, Lesen, mit Bus oder Taxi ins Zentrum zu fahren und ein bißchen rumzulungern oder einen Spaziergang durchs Village zu machen, das mich immer wieder fasziniert – mit seinen anheimelnden Häusern, den kleinen Sackgassen, den in seltsamen Farben bemalten Eisengeländern, den unzähligen versteckten Restaurants und den Leuten dort, wie sie sich kleiden und aussehen, als gehörten sie zu einer ganz anderen Welt als das Geschäftszentrum von New York.«[65] Er suchte Brentano's auf und aß Lunch mit seinem französischen Herausgeber, Marcel Duhamel von Gallimard, der zufällig in der Stadt war.

Mitte Juni kehrte er nach La Jolla zurück und bezog binnen kurzem eine Wohnung – 6925 Neptune Place, nicht weit von seinem früheren Haus, am Strand mit Blick auf den Pazifik, in einem Apartmenthaus mit Patio. Die Wohnung hatte zwei Schlafzimmer, doch vor allen Dingen einen Raum, wo er seine Papiere aufbewahren konnte, wenn er abwesend war. Er holte einen Teil seiner Möbel aus dem Lager und versuchte eine Auswahl aus seiner Bibliothek zu treffen. »Guter Gott«, schrieb er, »was soll ich bloß mit all den Büchern anfangen, die einmal ein großes Haus überschwemmt haben? Ich glaube, mit Besitz muß man erbarmungslos umgehen.«[66]

Chandler langweilte sich auch weiterhin und hatte Heimweh

nach London. »Ich bin nicht amerikafeindlich«, sagte er, »doch für Leute wie mich ist hier einfach kein Leben möglich.« Das Schlimmste war, wenn er allein zum Essen ausgehen mußte. »Vier Tage die Woche habe ich jemanden, der mich begleitet, aber die übrigen drei sind die Hölle.« Er ging auf einige Parties, aber sie machten nichts leichter. »Ich habe den Anblick von Haut so entsetzlich satt, die wie eine versengte Orange aussieht, und von diesem Gelächel, das einer klaffenden Wunde gleicht. Ich habe Leute satt, die niemals ihr Glas absetzen, und Cocktailparties, wo sich niemand (außer mir) setzen kann. Nicht alles an meinem Land ist hoffnungslos gewöhnlich, doch dieser Teil davon bestimmt.«[67]

Allzubald fand er sich wieder in derselben Chula-Vista-Klinik, in die ihn 1955 Neil Morgan gebracht hatte. Er widersetzte sich diesem Aufenthalt, doch Juanita Messick überzeugte ihn von dessen Notwendigkeit. Er ließ sich nicht davon abhalten, eine Flasche mit ins Auto zu bringen, und war wütend, als er sie nicht ins Sanatorium mitnehmen konnte. Mitte Juli wurde er entlassen und unternahm eine Reise nach San Francisco, um Louise Landis Loughner zu besuchen, eine Frau, die ihm nach seinem Selbstmordversuch einen reizenden Brief schrieb. Chandler hatte eine ganze Kiste voll Verehrerpost von Frauen, und als er Mrs. Loughners Telefonnummer herausbekommen hatte, nahm er Kontakt mit ihr auf. Wieder einmal interessierte er sich für eine Frau, die er in Schwierigkeiten wähnte; er war aber nicht robust genug, die Rolle des edlen Ritters wirkungsvoll zu spielen. Nach einem erneuten alkoholischen Exzeß begab er sich in ein Krankenhaus in Pasadena. Nach seiner Entlassung traf er sich erneut mit Mrs. Loughner; im Oktober teilte er seinem Rechtsanwalt mit, er wünsche, sein Testament zu ihren Gunsten zu ändern, da er sie heiraten wolle. Die Basis, auf der diese Ehe gegründet werden sollte, scheint ausgesprochen schwach gewesen zu sein; jedenfalls war nach einem gemeinsamen Wochenende im November alles vorbei. »Ich kann Zank nicht ausstehen«, erklärte Chandler. »Ich streite mich nicht; es heißt, dazu gehören zwei. Das stimmt nicht. Ich bin sehr betrübt darüber und sehr allein, aber ich weiß, daß so etwas immer wieder vorkommen würde.«[68]

Chandlers Bruch mit Mrs. Loughner ereignete sich ganz kurz vor Natasha Spenders Ankunft in Amerika. Sie war auf einer Tournee, mit Gastspielen in Boston und Washington, und nahm Chandlers Einladung, ihn zu besuchen, an. Sie trafen sich in Arizona und fuhren – vermutlich des Ulks wegen – nach Chandler, das außerhalb von Phoenix liegt, wo sie eine Zeitlang im Hotel San Marcos wohnten. Bei Mrs. Spenders Ankunft gewann Chandler den Eindruck, daß sie müde und nervös sei, wohingegen sie sich wegen seines fortgesetzten Trinkens sorgte. Die Wüstenluft wirkte sich auf beide heilend aus; Chandler merkt an, daß sie »als Besucher von Sehenswürdigkeiten ganz unersättlich«[69] gewesen sei, und sagte, er habe »ganz Arizona mit ihr abgefahren, Berge, Wüsten und lauter so verdammtes Zeug.«[70] Am 20. Dezember kamen sie in Palm Springs an und blieben dort über Weihnachten. Anfang Januar fuhr Chandler nach Los Angeles, wo Natasha Spender bei alten Freunden wohnte – Professor Edward Hooker von der University of California und seiner Frau. Sie trafen sich alle zweimal zum Dinner; einmal waren auch Gerald Heard und Christopher Isherwood dabei. Chandler schrieb, daß er Isherwood mochte und sich in seiner Gegenwart wohlfühlte; aber in Isherwoods Erinnerung war die Atmosphäre gespannt wegen Chandlers Abneigung gegenüber Homosexuellen. Chandler sagte, Gerald Heard amüsiere ihn, obwohl er dessen autoritäre Anwandlungen nicht leiden konnte: »Amerikaner haben anscheinend gar nichts dagegen, einen ganzen Abend lang belehrt zu werden. Ich habe was dagegen, ganz egal, wie gescheit der Vortrag ist.«[71] Natasha Spender hielt Chandler manchmal vor, er sei grob, aber er war der Meinung, daß es nichts zu tadeln gab, wenn man geradeheraus war: »Ich glaube, außerordentlich grob sind jene Leute, die ein sehr privates und intimes Gespräch führen, das andere ausschließt, vielleicht sogar den Ehrengast, wie es mir selbst schon passiert ist. Man kann diese Leute nicht unterbrechen, denn sie unterbrechen sich ständig gegenseitig, und einer von ihnen ist immer am Reden.«[72] Bedauerlicherweise starb Professor Hooker ganz plötzlich wenige Tage nach dieser Party; deshalb lud Chandler Mrs. Hooker nach Palm Springs ein, wo sie sich nach der Beerdigung ein paar Tage Ruhe gönnen sollte.

Am 26. Januar 1957 fuhr Natasha Spender nach Los Angeles ab, um Mrs. Hooker und Isherwood noch einmal zu besuchen, ehe sie nach New York reiste. Chandler war enttäuscht, daß sie die ihr in Kalifornien verbleibenden Tage nicht mit ihm verbringen wollte; an ihrem letzten Abend in Palm Springs jedoch führte er sie in ein elegantes Restaurant und machte den Anlaß fast zu einer Staatsaffäre. Natasha Spenders Besuch in Kalifornien hatte seine alten Sehnsüchte wieder aufflammen lassen, aber nun dämmerte ihm, daß seine Hoffnungen gegenstandslos waren, daß eine enge Verbindung zwischen ihm und ihr nie in Frage gekommen wäre. Trotzdem bestätigte er erneut, wie tief er ihr verpflichtet sei, und schrieb: »Es ist vollkommen klar, daß ich ihr enormen Dank dafür schulde, daß sie mir das Leben wieder erträglich gemacht hat.«[73]

Seine Stimmungen schwankten zwischen Trauer und Bitterkeit. Er spürte, daß er »immer noch der Außenseiter, stets zur Verfügung, nie wirklich benötigt«[74] war, und versuchte, zu einer Einstellung zu gelangen, mit der er leben konnte. Obwohl er sich damit abzufinden begann, daß Natasha Spender ihm aus Mitleid geholfen hatte – »dasselbe hättest Du für jeden getan, der in großen Schwierigkeiten steckt«,[75] schrieb er ihr –, schmerzte ihn die Enttäuschung. In dem Bemühen, wieder zur Wirklichkeit zurückzufinden, schrieb er: »Für mich wird London immer mit einer verlorenen Liebe verknüpft sein; indessen glaube ich nicht, daß es je die wahre Liebe war. Ich war nur benommen durch das, was ich da plötzlich erlebte, als ich bereits mehr oder weniger überzeugt war, ich könne nichts anderes mehr erleben als unendlichen Kummer.«[76] Chandler fühlte sich dennoch zu einer Geste verpflichtet. Er bat deshalb im Juni seinen Londoner Anwalt, Michael Gilbert, Natasha Spender etwas zu übermitteln, was, wie er sagte, »seinem Wesen nach ein Abschiedsbrief«[77] sei. Das machte ihn nicht besonders glücklich, schenkte ihm aber einen klaren Kopf: »Die meisten Menschen passen sich den Situationen an, in die das Leben sie hineinzwingt. Ich bin zufällig der ewige Rebell. Vielleicht ist es das irische Blut in mir. Jedenfalls: so unmöglich ich auch sein kann – meine Seele gehört mir, und ich halte sie sauber.«[78] Während der ersten Jahre nach Cissys Tod versuchte Chandler weiterzuarbeiten, doch er besaß weder die innere Sicherheit noch die Ruhe, um irgend etwas Wesentliches zustande zu bringen. Sein Aufenthalt in England hatte ihm den Unterschied zwischen britischem und amerikanischem Englisch bewußt gemacht, weshalb er etwas mit einem englischen Hintergrund schreiben wollte. Er war besonders versessen darauf, ein Stück zu verfassen.

Um sein Ohr für den englischen Dialog zu schulen, produzierte er eine Reihe kurzer Sketche, alles Episoden, die er unter »Eine Methode, die Nachbarn zu schockieren« zusammenfaßte – ein Titel, der auf dem beruht, was Natasha Spender seine »virtuosen Improvisationen bei Lunches im Connaught«[79] nennt, die in der Tat die Leute an den Nachbartischen ergötzten. Chandler bezeichnete sie auch als »Pornografische Sketche«, da ein paar davon mit Sex zu tun hatten. Er schickte sie an verschiedene Freunde, zum Beispiel Dilys Powell und Helga Greene, und bat sie, ihn wissen zu lassen, wo er etwas falsch gemacht habe. Hier ist der Anfang von einem, betitelt »Schneller, Langsamer, Keins von beidem«, dessen Thema auf der Hand liegt:

»Also wirklich, so ungern ich gerade jetzt unterbreche, – ist das Tempo nicht, nun, vielleicht kann man sagen, ein bißchen adagio?«

»Das tut mir entsetzlich leid. Ich hatte ja keine Ahnung, daß du den Zug noch kriegen mußt. Hättest du es lieber presto agitato?«

»Liebling, darum geht es überhaupt nicht. Also, wie drückt man das gemeinhin aus?«

»Gemeinhin gar nicht. Natürlich meine Schuld. Bitte nochmals furchtbar um Entschuldigung. Ich hatte gedacht, weil es ein so scheußlich verregneter Nachmittag ist, könnte man vielleicht ein paar gemütliche Stunden ...«

»Liebling, ich finde das ebenfalls ganz toll. Aber müssen sie denn wirklich *so* gemütlich sein?«

»Mit gemütlich meinst du wohl langsam?«

»Ist das nicht, Liebling, in diesem Zusammenhang ein etwas grobes Wort? Ich hatte nur sagen wollen, daß man diese Stunden sehr angenehm verbringen kann, nur – muß man sie ganz einer einzigen Aufführung widmen? Theater haben zuweilen auch Matineen, habe ich mir sagen lassen.«

»Ich bin so schrecklich dumm gewesen. Bitte versuch, mir zu verzeihen. (Pause) Ist das so eventuell ein Ideechen besser, oder – oder –?«

»Oh, viel besser, Liebling. Ich fürchte – oh, würdest du bitte – eine Pause gelegentlich würzt eher die –«

»Konversation, wolltest du vermutlich sagen. Ich nehme an, du meinst presto ma non agitato?«

»Richtig, Liebling, du bist ja so einfühlsam. Und Liebling, und – oh – oh – Liebling!«

»Ja, Liebling?«

»Oh – Liebling – Liebling – Liebling – bitte sprich nicht.«

»Kein Wort.«

»Oh, Liebling, Liebling, LIEBLING – bitte sprich nicht.«

»Tu ich ja nicht. Du redest doch ständig.« (und so weiter)[80]

Anfang 1957 fühlte sich Chandler wieder so gut, daß er Hardwick Moseley um Bücher über das Verfassen von Stücken bat, weil er speziell für die englische Bühne schreiben wollte. »Es gibt dort etwa 40 produktive Theater«; erklärte er, »und es ist nicht nötig, daß sie schon sechs Monate im voraus ausverkauft sein müssen, damit ein Stück überhaupt eine Chance erhält.«[81] Er wollte auch einen englischen Roman schreiben, »nicht als tour de force, sondern als ein Schriftsteller, der mit den Feinheiten des britischen Englisch vollkommen vertraut ist und doch den Ehrgeiz hat, es ein wenig lebendiger zu machen.[82]

Seine »pornografischen Sketche« wollte er im Rahmen einer größeren Arbeit verwenden. »Wenn Sie glauben, wir und die Engländer der oberen Mittel- und der Oberklasse sprächen dieselbe Sprache, irren Sie sich gewaltig«,[83] sagte er.

Zufällig fand Chandler in einer Kiste, die er in seinem Lagerraum aufbewahrte, eine Geschichte, die er vor zwanzig Jahren geschrieben hatte. Es war die Story, die er in seinem literarischen Plan von 1939 erwähnte, und zwar als Entwurf zu einem Buch, das er schreiben wollte, nachdem er sich als Kriminalromanautor einen Namen gemacht hätte: »English Summer«. Chandler beschloß, die Geschichte zu überarbeiten, in der Hoffnung, sie würde die Grundlage für einen Roman oder für ein Stück abgeben. Sie handelt von einem Amerikaner, der glaubt, in eine vornehme und anscheinend geschlechtslose englische Lady verliebt zu sein, die mit einem unverbesserlichen Trunkenbold verheiratet ist. Der Amerikaner besucht sie auf dem Land; eines Tages, während er einen Ausflug macht, begegnet ihm eine Frau von schier unersättlichem sexuellen Appetit und verführt ihn. Wieder heimgekehrt, erfährt er, daß die scheinbar frigide Lady ihren Ehemann getötet hat, um frei für ihn zu sein. Sie bekennt sich zu ihm und baut auf seine natürliche Ritterlichkeit, die sie in Schutz nehmen soll. Der Amerikaner gibt sich keinen Illusionen hin, meint aber, sie nicht verlassen zu können. »Nach seinem und auch meinem Ehrenkodex«, erklärte Chandler, »ist er eine Verpflichtung eingegangen, und wir Amerikaner sind ein sentimentaler und romantischer Menschenschlag, oft im Irrtum natürlich, aber wenn wir so empfinden, sind wir eher bereit, uns selbst zu zerstören, als jemanden im Stich zu lassen.«[84]

Chandlers eigene Bemerkungen zeigen zur Genüge die Grenzen der Geschichte auf; doch was auch immer seine Absicht war – der Erstentwurf liest sich wie eine Persiflage auf das klassische Melodrama: Das Mädchen mit dem Goldhaar sitzt samt Teetablett in ihrem Blumengarten; als Gegenpol die schwarzhaarige Verführerin, die einen Hengst namens Romeo reitet und in einem halbverfallenen Schloß auf einer Insel lebt.

Die Geschichte hat ein ernsthaftes Thema, wonach die Männer immer Opfer bleiben werden, ganz gleich, ob das beutesuchende Weibchen sanft und gesittet ist oder gewalttätig und leidenschaftlich: Als literarischer Stoff ist sie allerdings nicht zu gebrauchen, wenn sie auch zeigt, wie Chandler wirklich über das dachte, was nach Cissys Tod mit ihm geschah. Er hat diese Geschichte nie zu einem Roman oder Theaterstück erweitert, da er wahrscheinlich einsah, daß sie hoffnungslos überzogen war.

Unterdessen faßte er den Plan, die Arbeit an dem Roman, dem sein Drehbuch mit dem Titel *Playback* zugrunde lag, wieder aufzunehmen. Er hatte ihn 1953 bis zur Hälfte geschrieben, dann aber beiseite gelegt, um *The Long Goodbye* fertigzustellen. Lange Zeit konnte er sich nicht dazu aufraffen, ihn weiterzuführen. »Ich weiß nicht, wie oft ich die Marlowe-Story in die Hand genommen, sie mir angesehen und seufzend wieder weggetan haben, wobei ich nur zu gut wußte, daß mein Herz zu traurig war, als daß ich die schwungvolle und unverfrorene Stimmung in mir hätte erzeugen können, die für dieses Genre nötig ist. Vielleicht können Sie mir da raushelfen«,[85] schrieb er an Helga Greene. Inzwischen hatte Chandler seine ursprüngliche Abneigung gegen die Verbindung von Geschäft und persönlicher Freundschaft überwunden und Helga Greene als seine literarische Agentin engagiert. Natürlich ermutigte sie ihn in seiner Arbeit. Er hatte ihre Unterstützung bitter nötig, weil er nach Natasha Spenders Abreise wieder schwermütig wurde und erneut zu trinken begann. Mitte August war er im Sanatorium, diesmal wegen eines gebrochenen Handgelenks und einer Entziehungskur. Er sprach mit seinem Arzt Dr. Whitelaw Birss über seinen Alkoholismus; der erklärte ihm, er sei »einer der empfindlichsten und gefühlsintensivsten Menschen, die er je getroffen habe; daß Alkohol mir niemals zu wirklicher Entspannung verhelfen kann, weil mein Verstand größtenteils auf der Ebene des Unterbewußtseins arbeitete, die der Alkohol nicht erreichen kann, so daß er nur jene Empfindungen reizt, die er erreichen kann.«[86]

Seine Nervosität entsprang der Unruhe, die ihn seit dem Tod seiner Frau beherrschte. Sie ergab sich aus einem frustrierten Sexualtrieb, die den Kern des romantischen Empfindens ausmacht. Ein wenig großspurig schrieb er an Michael Gilbert »Gottseidank kann ich noch wie ein Mann von dreißig kopulieren.«[87] Doch aus seinem Leben war eine ständige, erfolglose Suche geworden. »Ich habe schon ewig keine Frau mehr gehabt«, schrieb er 1957 an Helga Greene. »So, wie die Jahre ihren Unrat auf mich kippen, wird vielleicht eine Zeit kommen, da ich keine mehr brauche. Es ist noch nicht so weit, und das macht mich zuweilen verdammt nervös.«[88] Nicht lange danach griff er das Thema wieder auf: »Bestimmt verstehen Sie, daß ich mich mit dem Älterwerden immer stärker nach der Gegenwart von jemandem sehne, den ich liebe, nach einer Frau, die ich festhalten, berühren und streicheln kann, und daß alles andere nichts taugt. Alle Briefe der Welt, egal wie liebevoll sie sind, bilden keinen Ersatz für einen langen, leidenschaftlichen Kuß.«[89] Doch gab es auch die unvermeidliche andere Seite: »Ich bin kein Boudoir-Techniker. Es gibt Männer, die so leben können, die sich auf ein gelegentliches sexuelles Vergnügen einlassen, – gewöhnlich, aber nicht immer, auf Kosten eines anderen Mannes – und die damit durchaus zufrieden sind; so wie es Männer gibt, die sich in kleinen behaglichen Wohnungen ihre Geliebte halten. Für mich jedoch hat diese Art zu leben immer einen Beigeschmack von Prostitution. Was ein Mann will und braucht – und eine Frau sicher auch –, ist das Gefühl eines von Liebe erfüllten Heims, das unfaßbare und unbeschreibliche Bewußtsein, daß man sein Leben mit jemandem teilt.«[90]

Nach seiner Entlassung aus der Privatklinik war Chandler weiterhin deprimiert und fast völlig ohne Hoffnung, sein Zustand könnte sich bessern. »Irgend etwas in mir ist gestorben oder hat sich eine Weile schlafengelegt«, schrieb er an Helga Greene. »Ich hoffe, letzteres. Es hat nichts mit Ihnen zu tun. Ich bin einfach zu sehr geschunden worden, aber ich werde drüber wegkommen. Ich gebe nichts und niemandem die Schuld, außer mir selbst. Aber wenn ich bedenke, was ich war, als Cissy starb, und was ich jetzt bin, dann hat sich bei mir mehr zugetragen als nur der Ablauf von drei Jahren. Ist das zu introspektiv? Sie haben verdammt recht, das ist es. Wirklich ekelhaft morbid. Aber ich werde mich bestimmt zusammennehmen und Sie mit offenen Armen begrüßen.«[91]

Durch seinen Zustand alarmiert, hatte Helga Greene zu diesem Zeitpunkt, obwohl sie selbst krank war, bereits versprochen, ihn im Spätherbst zu besuchen. Ihr Kommen wirkte wie ein Stärkungsmittel. Ursprünglich hatte er Houghton Mifflin versprochen, das Buch bis zum 1. April 1958 fertigzustellen, doch mit Helga Greene in seiner Nähe schritt die Arbeit viel rascher voran, als er erwartet hatte. Anfang Dezember schrieb er Hamilton, mit dem Buch »läuft es jetzt sehr gut – vor allem wegen Helgas stimulierendem Einfluß. Sie war mit mir vom 11. bis 20. November in La Jolla, dann suchten wir die Wärme und den Sonnenschein von Palm Springs auf, und am 28. fuhr sie wieder nach New York. Sie besitzt eine ungeheure Intelligenz. Einmal, beim Mittagessen, und noch eine Stunde danach, spielten wir *spitball* mit Idee, Handlung, Motivation, Personen und Szenen eines kompletten Stücks. (Falls Sie diesen Slang-Ausdruck nicht kennen, er bedeutet freie Improvisation.) Dabei kann das, was Sie sagen, so albern sein, wie es will, weil doch am Ende fast immer etwas Brauchbares dabei herauskommt.[92]

Helga Greenes Einfluß stärkte seine Moral, so daß er *Playback* Ende Dezember abschloß, drei Monate vor dem Termin. »Ich schrieb das Marlowe-Buch zu Ende, indem ich um sechs morgens aufstand und zehn Stunden durcharbeitete; kein Essen, nur Kaffee und Scotch«, schrieb er an Paul Brooks von Hougthon Mifflin. »Habe es noch nicht durchgesehen, meine aber, daß man es gelten lassen kann.«[93]

Helga Greene hatte Chandler außerordentlich aufgemuntert; ihr Schwung beflügelte allmählich sein ganzes Leben. »Wenn Helga um mich ist, habe ich das Gefühl, ich könnte alles schreiben – Sonette, Liebesgedichte, Blödsinn, Theaterstücke, Romane, sogar Kochbücher. Was um Himmels willen ist zwischen dieser recht kühlen, reservierten Frau und mir passiert? Etwas sehr Merkwürdiges.«[94] Als sie einander zum ersten Mal in London begegneten und sie ihm nach einem Wochenende auf dem Land Blumen und frische Eier brachte, fand er sie »sehr kalt«,[95] doch in Kalifornien machte sie einen völlig anderen Eindruck auf ihn. »Es ist so einfach, mit ihr auszukommen«, schrieb er, »während ihrer Zeit hier in Palm Springs war sie so ausgeglichen und anspruchslos, und es machte solchen Spaß, mit ihr zu reden und zu tanzen.[96] Chandler wollte Helga Greene offensichtlich auf einen Sockel heben. Er konstruierte sich von ihr das Bild einer tief getroffenen und einsamen Frau, die zu scheu war, über die Leiden zu sprechen, die sie nach ihrer Scheidung von Hugh Greene durchmachte. Aber dieses Etikett paßte nicht zu ihr: Sie war einfach nicht so mitleidsbedürftig, wie er sie sehen wollte, sondern eine tatkräftige und erfolgreiche Literaturagentin, die Mutter zweier Söhne, deren Erziehung sie völlig in Anspruch nahm, und hatte als Tochter eines reichen Bankiers wohl kaum finanzielle Unterstützung nötig. Er konnte ihr nicht sonderlich viel helfen. Trotzdem stärkte sie Chandler, weil sie viel aufrichtiger und rücksichtsvoller war als eine Reihe anderer Frauen, mit denen er befreundet war. Chandler spürte das instinktiv, aber gegen Ende seines Lebens wurde er immer unberechenbarer in seinen Beziehungen. Er war mißtrauisch und eigensinnig, wie es ältere Menschen oft sind, und wollte, und auch wieder nicht, daß man sich um ihn kümmerte. Trotz dieser Unbeständigkeit erkannte Chandler Helga Greenes wahre Qualitäten und kam mehr und mehr zu der Erkenntnis, daß sie nur sein Wohl im Auge hatte.

Playback wurde 1958 veröffentlicht; mit 9000 in Amerika verkauften Exemplaren war der Absatz ein wenig enttäuschend. Mit Ausnahme der Hauptfigur, die mit einem gefährlichen Geheimnis leben muß, unterscheidet sich der Roman ziemlich vom Drehbuch. Universal-International Pictures drohte Chandler mit einer Klage, weil er dem Roman den Titel des Skripts gegeben hatte, aber sein Anwalt wies darauf hin, daß kein Vertragsbruch vorlag, da die Medien Film und Roman nicht in Konkurrenz zueinander stünden. Universal ließ das Argument zwar nicht gelten, klagte aber auch nicht, so daß die Sache unter den Tisch fiel.

Marlowes Auftreten im Roman erforderte es, den Ort der Handlung von Vancouver wegzuverlegen, womit für Chandler ein Problem entstand. »Ich habe Los Angeles als Schauplatz verloren«, schrieb er. »Es ist nicht mehr der Teil von mir, der es einmal war, obwohl ich es als erster in realistischer Manier beschrieben habe. Als ich zum erstenmal hinkam, war es heiß und trocken, mit tropischem Regen im Winter und während neun Zehnteln des Jahres Sonnenschein. Jetzt ist es dort feucht, heiß und stickig, und wenn sich der Smog in die Mulde zwischen den Bergen, wo Los Angeles liegt, herabsenkt, ist es kaum auszuhalten.«[97] Schließlich wählte er La Jolla unter dem Decknamen Esmeralda als Kulisse. *Playback* ist nicht annähernd so gut wie *The Long Goodbye;* tatsächlich ist es Chandlers schwächster Roman. Er hat jedoch erstaunlich viel Schwung und Lebendigkeit. Er ist komisch, rührend und durchweg lesbar; nur daß einen hier die Personen nicht so sehr packen wie in den vorangegangenen Büchern. Außerdem reflektiert das Buch verwirrende Sinnesänderungen beim Autor. Als Chandler merkte, daß er Informationen über die örtliche Polizei brauchte, bat er einen Reporter, Pliny Castanian, einen Besuch im Gefängnis von San Diego zu arrangieren. Chandler war derart beeindruckt von der Tüchtigkeit und den guten Manieren der Polizeibeamten, die er traf, daß er sie im Roman als höfliche Staatsdiener darstellte, also völlig anders als die schludrigen, halbkorrupten Polizisten, wie er sie für Los Angeles und Bay City zeichnete. Es kommt in dem Roman auch viel mehr Sex vor als in seinen früheren Büchern. In Kapitel fünf schläft Marlowe mit dem Mädchen, das er beschützen soll; in Kapitel dreizehn liegt er mit der Sekretärin seines Auftraggebers im Bett, eine Szene, die gar nicht unbedingt zur Geschichte gehört. Das Buch endet damit, daß das Telefon klingelt und Linda Loring von Paris aus anruft, um ihm zu sagen, daß sie ihn heiraten möchte, und er willigt ein.

Diese Wandlung veranlaßte viele Leser zu glauben, Chandler

sei weich geworden. *Newsweek* brachte sogar einen besonderen Artikel über die Veränderungen, die in dem hartgesottenen Detektiv vor sich gegangen waren, dem Chandler mit den Worten zustimmte: »Ich dachte, es wäre langsam Zeit, Marlowe etwas zu geben, das wirklich etwas bedeutet; ein wenig Liebe, die ihm gehörte. Wissen Sie, viel von ihm steckt auch in mir – seine Einsamkeit.«[98] *Playback* ist voller autobiografischer Echos, besonders der Schluß spiegelt seine eigenen Wünsche wider. Daneben finden sich viele eindringliche Momente. Die Szene beispielsweise, in der sich der Drogensüchtige in einem Klohäuschen aufhängt, zeigt, daß Chandler wußte, was hinter der eleganten Fassade jener Zeit vor sich ging. Trotz seiner offenkundigen Sentimentalität ist der Roman das Produkt eines junggebliebenen Verstandes.

Für Chandler zählte vor allem, daß das Buch überhaupt geschrieben wurde. Acht Jahre zuvor, als Hemingway *Across the River and into the Trees* veröffentlichte, war Chandler aufgebracht von der Art und Weise, wie die Kritik das Buch attackierte. Er wußte, es war kein Meisterwerk; geschrieben von einem kranken Mann, der nicht wußte, ob er je wieder gesund würde. Chandler drückte es so aus: »Ziemlich oberflächlich brachte er zu Papier, wie ihn diese Ungewißheit die Dinge sehen ließ, die er am meisten geschätzt hatte.«[99] Die meisten der »affigen Besserwisser, die sich Kritiker nennen«,[100] hätten gar nicht den Mumm gehabt, dieses Buch zu schreiben, sagte Chandler. »Das ist der Unterschied zwischen einem Baseball-Champion und einem Messerwerfer. Der Champion mag sein gewisses Etwas verlieren – zeitweise, oder für immer, wie kann er das wissen. Aber wenn er keinen harten, hohen Ball mehr werfen kann, dann wirft er statt dessen sein Herz. Irgend etwas wirft er. Er geht nicht einfach vom Platz und heult.«[101] Und das tat auch Chandler nicht.

Inzwischen hatte er von seinem Londoner Anwalt Michael Gilbert erfahren, daß man ihn mit englischen Steuern belasten würde, weil er 1955 seine Aufenthaltsgenehmigung in London überzogen hatte. Die Behörden betrachteten ihn immer noch als britischen Staatsangehörigen, weil er sich 1907, vor seinem Dienstantritt bei der Admiralität, hatte einbürgern lassen. Chandler hatte sich nie die Mühe gemacht, seine britische Nationalität aufzugeben; im Zweiten Weltkrieg ließ er sich in Kalifornien als Ausländer registrieren. Daraus ergaben sich kaum Nachteile, und er war stolz darauf, in diesen Jahren zu England zu gehören. Schließlich wurde er jedoch dieser unklaren Situation überdrüssig und auch der Weigerung der Einwanderungsbehörde, ihn aufgrund seiner Geburt dort als Amerikaner anzuerkennen. Deshalb klagte er vor dem Gericht in Los Angeles gegen den Bundesgeneralanwalt der Vereinigten Staaten auf den Wiedererwerb seiner Staatsbürgerschaft. Bei Gericht ergab sich eine absurde Szene, da der Vorsitzende Richter sich für nicht zuständig erklärte. Gegen eine Reihe von Entscheidungen, die Japan-Amerikanern die amerikanische Staatsangehörigkeit verweigerten, war zum Ärger von Richtern niedrigerer Instanzen erfolgreich Berufung eingelegt worden, eine beschämende Situation, der Chandlers Richter von vornherein ausweichen wollte. Die Anwälte beider Seiten wandten zwei Stunden daran, den Richter von seiner Zuständigkeit zu überzeugen. »Der Richter wurde schließlich überredet, den Fall zu entscheiden und ein Urteil zu meinen Gunsten zu fällen«, schrieb Chandler. »Dann, verdammt noch mal, kamen die drei Leute von der örtlichen Staatsanwaltschaft herüber, schüttelten mir die Hand und meinten, sie hätten schon die ganze Zeit gedacht, daß mein Fall in Ordnung ginge, sie seien aber an die Weisungen ihrer Vorgesetzten in Washington gebunden. Ich hielt das für eine ziemlich feine Geste.«[102]

Diese Entscheidung klärte die Angelegenheit, was die Vereinigten Staaten anging, aber in England steckte Chandler immer noch in den Mühlen der Bürokratie. Als er 1955 mit einem amerikanischen Paß dort einreiste, versuchte er, sich als Ausländer registrieren zu lassen. »Die Leute vom Innenministerium wußten nicht, wo ich das tun könnte, Sie wußten es auch nicht«, erinnerte er Gilbert, »und der Bursche in Piccadilly Place war der Meinung, ich brauchte mich gar nicht registrieren zu lassen. Dann bekam ich diesen strengen Brief von der Aufsichtsbehörde, die mir befahl, dies und das zu tun und sofort die Ausländermeldestelle aufzusuchen, als ich aber dort hinkam, sahen sie sich nicht mal mein Paßfoto an, geschweige denn die fünf Schillinge, die ich mitzubringen hatte. Sie verabreichten mir die Prominenten-Behandlung, waren ganz Lächeln und Höflichkeit. Als ich mich das nächste Mal zu melden hatte, bekam ich die Flüchtlingsbehandlung. Allerdings nicht von denselben Leuten. Alles sehr höflich, sehr gründlich; sie verstanden keinen Spaß.«[103]

Das Durcheinander, in das Chandler verwickelt war, erwies sich als so kompliziert, daß man ihm riet, im Frühling 1957 nicht nach England zurückzukehren, wie er sich vorgenommen hatte. Er mußte einen enormen Briefwechsel führen – mit Michael Gilbert, Helga Greene als seiner Agentin und mit zwei Wirtschaftsprüfungsunternehmen, die Informationsmaterial bereitstellen sollten, um die britischen Behörden zu überzeugen, daß Chandler die legale Aufenthaltsdauer unabsichtlich überschritten hatte –, teilweise verursacht durch seine Krankheit und erst in zweiter Linie aus Sorge um Natasha Spender. Chandler verwandte viel Energie auf diese Angelegenheit, denn er genoß juristische Verwicklungen und glaubte, über den Verstand eines Anwalts zu verfügen. Nach einem Jahr voller Beratungen und Rücksprachen wurde er aufgefordert, 646 Pfund an das Finanzamt zu zahlen, ganz zu schweigen von den sonstigen Gebühren, die ihn der Fall kostete.

Während er noch dabei war, den Text zu *Playback* in Palm Springs abzuschließen, besaß Chandler schon wieder so viel Zuversicht, daß er an sein nächstes Buch dachte. Inspiriert dazu wurde er durch Marlowes Entscheidung, Linda Loring zu heiraten. Chandler behauptete, daß Helga Greenes Vetter Maurice Guinness ihn dazu überredet hätte, Marlowe zu verheiraten. Chandler war der Auffassung, daß er eine Frau heiraten sollte, die nicht aus Marlowes Milieu stammte, »eine Frau mit einer Menge Geld, die ein ziemlich anspruchsvolles teures Leben führen will«, wobei Chandler spekulierte: »dann gibt es automatisch einen Kampf zwischen Persönlichkeiten und Lebensanschauungen, was eine interessante Nebenhandlung ergeben würde.«[104] Er dachte sich die Geschichte als »einen ununterbrochenen Kampf mit gelegentlichen amourösen Atempausen. Marlowe, ein armer, doch ehrlicher Mann, – trotz seiner Neigung zu zynischen Bemerkungen – haßt Lindas Lebensstil, und er haßt das Haus, das sie für die Saison in Palm Springs gemietet hat – ein überladenes Ding, zu dem ich eine genaue Beschreibung habe. Er verabscheut die Bande von Schnorrern, die so ungefähr die einzigen sind, die man als Partygäste auftreiben kann. Sie hingegen wird nie verstehen, warum er hartnäckig an einem gefährlichen und schlecht bezahlten Beruf festhält. Ich glaube, völlig einig sein werden sie sich nur im Bett.«[105]

»Poodle Springs« war der Name, den Chandler für Palm Springs gewählt hatte, »weil dort jedes dritte elegante Geschöpf, das man sieht, mindestens einen Pudel hat.«[106] Linda Lorings Haus sollte einem nachempfunden sein, das Mrs. Jessie Baumgardner, einer Bekannten, gehörte. Es besitzt ein paar ungewöhnliche Merkmale. »Die Vorderseite zum Beispiel«, schrieb er, »ist aus japanischem Glas mit eingelassenen Schmetterlingen. Jeder Raum hat eine Glaswand und eine Tür, die ins Freie führt. Das Haus hat ein Atrium mit Glaswänden und einer fast ausgewachsenen Palme, einer Menge tropischer Büsche und ein paar Felsbrocken aus der Wüste, die jemanden außer einem bißchen Benzin nichts, sie aber vermutlich 200 Dollar pro Brocken gekostet haben.«[107] Nachdem er nach La Jolla zurückgekehrt war, entdeckte er ein anderes Haus, das seiner Meinung nach besser zu Linda Lorings Wesen paßte – wegen der »lässigen Eleganz und dem Kunstsinn, wie er in der englischen Oberklasse einst ziemlich verbreitet war. Die Leute, die in so etwas wohnen, sind eindeutig reich, doch ihr riesiges Wohnzimmer macht nicht den Eindruck, als sei es das Werk eines teuren Innenarchitekten. Es ist voller Gegenstände, die bestimmt unbezahlbar sind, mit denen jedoch in höchst beiläufiger Weise umgegangen wird. Es hat Weite und Wärme. Man sitzt da in einem Zimmer und weiß, daß alles darin ein Vermögen kostet, aber man fühlt sich vollkommen wohl und entspannt.[108] Chandler schrieb die ersten paar Kapitel eines Romans, der vor diesem Hintergrund spielt; er wurde jedoch nie beendet.

Die durch Helga Greenes Besuch angeregte plötzliche schriftstellerische Aktivität machte die Hilfe einer Sekretärin nötig, die Juanita Messicks Platz einnehmen sollte. Chandler setzte eine Anzeige unter Chiffre ins Lokalblatt, auf die mit einem Telegramm geantwortet wurde, an dem Chandler Gefallen fand. Chandler wurde schnell klar, daß die Person, die es schickte, »vom Temperament her nicht der Typ einer tüchtigen Sekretärin war«.[109] Er stellte sie trotzdem ein, denn sie war eine Frau in Nöten – und Chandler der ewige edle Ritter. Sie war Australierin – ich nenne sie hier Anne Jameson – und hatte zwei Kinder. Sie brauchte eine Anstellung, weil sie im Begriff stand, sich nach vierzehnjähriger Ehe von ihrem Mann zu trennen. Außerdem war sie eine Frau mit literarischen Ambitionen. Nachdem sie Chandlers Interesse geweckt hatte, erzählte sie ihm von einem Buch, das sie mit ihm als Koautor schreiben wollte, um ärztliche Kunstfehler anzuprangern. Voll Enthusiasmus über diesen Plan schrieb Chandler an Paul Brooks von Houghton Mifflin. Als die Idee keinen Anklang fand, war er zwar enttäuscht, muß aber wieder so weit zu seiner literarischen Vernunft gefunden haben, um einzusehen, daß ein derartiges Buch nicht auf seiner Linie lag und sein eigentliches Werk als Romancier unterbrechen würde. Unterdessen drängte ihn Mrs. Jameson, nach Australien zu reisen, weil, wie er berichtete, »Australien nie verstanden wurde und als literarischer Stoff praktisch unberührt ist.« Da es nichts gab, was ihn wirklich inspiriert hätte, fügte er an, »eine Ortsveränderung stimuliert mich vielleicht«.[110]

Doch Anne Jameson beschränkte sich nicht auf literarische Projekte. Sie informierte Chandler gründlich über ihre ziemlich unangenehmen Scheidungsangelegenheiten. Aus Mitleid mit ihr und den beiden Kindern lud Chandler sie nach Palm Springs ein. Eines Abends nach dem Essen sagte er zu ihr, daß er, weil sie sich ja um die beiden Kinder kümmern müsse, vorhabe, mit einigen der Damen, die er im Hotel gesehen hatte, tanzen zu gehen. Sie war einverstanden. Nachdem ihn der Oberkellner mit zwei Frauen bekanntgemacht hatte, »die wie Ladies aussahen«,[111] verbrachte er einen stilvollen Abend mit ihnen. Es war eine seltsam altmodische und durch seine Einsamkeit begründete Episode, die an seine und Cissys Gepflogenheit anknüpfte, in Tanzlokale zu gehen, wo es üblich war, wie Chandler sagte, »schweigend und würdevoll«[112] zu tanzen. Als Chandler wieder in sein Hotel kam, beschuldigte ihn Mrs. Jameson, sich mit Callgirls einzulassen und brachte am nächsten Tag die Kinder nach La Jolla zurück. Unterdessen pflegte Chandler seine neue Gewohnheit. »Ich bin inzwischen ganz verrückt aufs Tanzen«,[113] gestand er Helga Greene. Eines Abends las er eine Kellnerin auf, in einem Restaurant mit dem Namen »Das Puppenhaus«, und behandelte sie dermaßen höflich und korrekt, – sogar einen Strauß Rosen schickte er ihr am nächsten Tag – daß das arme Kind völlig außer Fassung geriet und heulte.

Als er nach La Jolla zurückkehrte, lag Arbeit an, weshalb er Mrs. Jameson wieder beschäftigte. Mittlerweile hatte er die Kinder ziemlich liebgewonnen. Schon bald war er in das Beziehungsdrama zwischen Mrs. Jameson und ihrem Mann verstrickt. Sie bat Chandler, am Weihnachtsessen mit ihr, den Kindern und – trotz Scheidung – Mr. Jameson teilzunehmen. Diese Vorstellung schreckte Chandler, doch da er gefällig sein wollte, sagte er zu und »wandte allen Charme, wovon ich vermutlich nicht viel besitze, auf, um freundlich zu ihm zu sein.«[114] Anschließend lud er sie alle zu einer langen Spazierfahrt ein, die mit einem heftigen Streit endete, worauf Chandler Mr. Jameson wissen ließ, daß er nicht mehr mit ihm zu sprechen gedenke. Zweifellos stand Mrs. Jameson unter erheblichem Druck, aber Chandler ließ sich in ihre Probleme viel weiter hineinziehen, als klug war. »Die Familie Jameson hat mich in mehrfacher Hinsicht viel gekostet«, berichtete er Helga Greene, »doch sie brauchten natürlich jemanden, an den sie sich wenden konnten, sonst wären sie verloren gewesen. Aber ich möchte, daß Anne wieder zu ihrem Mut findet, – tief innerlich hat sie eine Menge davon – denn ich will mein Leben Ihnen und meiner Arbeit widmen, und nicht auf ewig von den Schwierigkeiten anderer Menschen geplagt werden.«[115] Daran war allerdings zum Teil sein impulsives Verhalten und seine Unbeständigkeit schuld. Er machte Mrs. Jameson zu seiner Erbin und erlaubte ihr, den Ring zu tragen, den er Cissy geschenkt hatte. Kein Wunder, daß sie annahm, sie könne ihn mit ihren Problemen behelligen.

Mit Beginn des Jahres 1958 stand es Chandler wieder frei, nach England zurückzukehren; Mitte Februar flog er nach New York und stieg im Beekman Tower Hotel ab, um in der Nähe von Jessica Tyndale zu wohnen. Eines Tages hatte er plötzlich das Gefühl, er lasse die Jamesons im Stich, woraufhin er sie einlud, nach New York zu fliegen und später in England mit ihm zusammenzutreffen. In aller Eile buchte Chandler für die Jamesons Passagen auf einem Cunard-Linienschiff und nahm ein Flugzeug nach London, um Vorbereitungen für ihre Ankunft zu treffen. Vom Flughafen aus fuhr er direkt zu Helga Greenes Landhaus bei Clandon in Surrey, wo er das Wochenende verbrachte, und nahm dann ein Zimmer im Ritz. Die mit dem Aufenthalt der Jamesons verbundenen organisatorischen Schwierigkeiten belasteten ihn so sehr, daß er etwa eine Flasche Whiskey am Tag trank, doch Helga Greene sorgte dafür, daß er regelmäßig aß, und so war er in der Lage, die wenigen Änderungen, die sie für erforderlich hielt, vorzunehmen, ehe *Playback* an Hamish Hamilton abgeschickt wurde.

Die Jamesons kamen Anfang März an und blieben zehn Tage in Helga Greenes Haus, ehe sie in eine kleine Wohnung zogen, die Greene in Chelsea, 8 Swan Walk, für Chandler gemietet hatte. Gegenüber vom Botanical Garden und in der Nähe des Royal Hospital gelegen, war das eine ruhige, friedliche Adresse. Dennoch hatten die Jamesons, so unvermittelt in eine ihnen fremde Welt versetzt, Schwierigkeiten, sich einzugewöhnen. Chandler war nicht fähig, ihre Probleme mit der Haushaltsführung und dem abrupten Klimawechsel zu lösen; auch konnte er ihnen nicht so viel Zeit widmen, wie sie es von La Jolla her von ihm gewohnt waren. Chandler hatte zugesagt, mit den Jamesons nach Australien zu reisen, doch jetzt, wieder in London, verlor er jegliches Interesse daran, irgendwohin zu gehen.

Trotzdem buchte er eine Passage für alle zusammen auf der *Orcades* der Orient Line, die im Mai auslaufen sollte. In der Zwischenzeit – ohne die erhoffte ununterbrochene Betreuung durch Helga Greene, die sich um die Agentur kümmern mußte und seine Heiratsanträge ausschlug – nahm er wieder mit ein paar seiner alten »Freundinnen« Kontakt auf. Bald wußte er vor Frauen nicht mehr, wo ihm der Kopf stand und woran er sich halten sollte, außer an die Flasche.

Schließlich war er ja die heimkehrende Berühmtheit. Interviews mit Chandler ließen sich immer gut verkaufen, weil das, was er sagte, so unerwartet und entwaffnend war. Amerikaner im Ausland verteidigen ihr Land kaum, indem sie Leserbriefe schreiben; aber als René MacColl im *Daily Express* Amerika angriff, antwortete Chandler mit einer Verteidigung. Die Episode verursachte viel Aufregung; im Anschluß daran erhielt der *Express* zahlreiche Zuschriften von seinen Lesern. Im Frühling 1958, als *Playback* erschien, war Chandler erneut in den Medien. Er wurde von Douglas Glass für »The Portrait Gallery« fotografiert, die die *Sunday Times* damals jedes Wochenende herausbrachte. Er wurde auch interviewt und gebeten, in Radio und Fernsehen aufzutreten.

Ein Zwischenspiel, aus dem er etwas hätte machen können, blieb ohne Konsequenzen. Chandler und Helga Greene planten eine Reise nach Tanger, der Sonne wegen. Eines Tages aßen sie bei Boulestin's, zusammen mit Ian Fleming, mit dem Chandler locker befreundet war. Fleming sagte, daß es in Tanger regnete, und schlug ihnen deshalb vor, statt dessen nach Capri zu fahren und auf dem Weg dorthin Lucky Luciano zu interviewen, der von den Vereinigten Staaten nach Neapel repatriiert worden war. Die Vorstellung eines Zusammentreffens von Amerikas berühmtestem Kriminalautor mit Amerikas berühmtestem Gauner hatte etwas Verlockendes. Die *Sunday Times* war bereit, Auslagen und Spesen zu tragen, und Chandler schrieb einen höflichen Brief an Signor Luciano Lucania, in dem er das Treffen vorschlug. Luciano antwortete telegrafisch: »Nicht meinetwegen kommen. Habe nichts zu sagen.«[116] Die Pläne standen jedoch schon fest, und Chandler und Helga Greene flogen los; man würde sehen, was sich machen ließ. Henry Thody, der Rom-Korrespondent der *Sunday Times,* traf die nötigen Vorkehrungen; schließlich kam Luciano ins Hotel Royal, wo Chandler wohnte. Sie redeten eine Zeitlang und kamen gut miteinander aus; Luciano nannte Chandler später einen »prima Kerl«.[117] Daß man so nachsichtig mit ihm umging, muß eine ungewöhnliche Erfahrung für Luciano gewesen sein. Der Artikel, den Chandler verfaßte, war betitelt »My Friend Luco« und nimmt den berühmten Gangsterboß als Sündenbock in Schutz. »Luco ist mein Freund«, schließt er. »Er war viel rücksichtsvoller mir gegenüber, als er es nötig hatte. Nichts kann ihm sein Leben und seine Freiheit zurückgeben. Was man ihm angetan hat, wurde zu gründlich besorgt. Er ist nicht arm. Er wohnt in einem angenehmen Viertel von Neapel. Er besitzt einen bescheidenen Wagen und hat einen Mann, der ihn fährt. Er wagt sich nicht selbst ans Steuer, weil er befürchtet, daß ein Unfall der Polizei eine Handhabe geben könnte, ihm irgendein Verbrechen anzuhängen. Er hat ein bescheidenes Geschäft. Aber das alles ist kein Leben – es ist bloß die Fassade eines Lebens. Vielleicht wird es nie mehr anders.

Aus irgendeinem Grund – ich weiß nicht, warum – vertraute er mir. Ich habe ihn nicht hintergangen. Das mag ihn ein bißchen trösten. Für einen Mann, der so gelitten hat, ist ein wenig Trost vielleicht wichtig. Ich hoffe es.«[118]

Der Beitrag wurde aus Angst vor einem Strafverfahren nicht gedruckt, doch abgesehen von Chandlers klar zutage tretender Identifikation mit seinem Gesprächspartner ist er einfach nicht besondes gut. Anstatt ein lebendiges Portrait von Luciano zu zeichnen, steckt der Artikel voller Verallgemeinerungen über Politik und Verbrechen in Amerika. Es ist ein müder, nörgeliger Aufsatz, der Chandlers damalige Stimmung wiedergibt.

Nach dem Interview wollten er und Helga Greene ursprünglich für etwa vierzehn Tage nach Capri oder Ischia fahren, um dort an einem projektierten Stück zu arbeiten. Doch im Hotel fing Chandler an, große Mengen italienischen Wodkas zu trinken. »Helga und ich haben ein wenig Streit miteinander«, schrieb er. »Sie sagt, ich organisiere zu viel, und ich sage dasselbe von ihr.«[119] Kurz nach dem Interview kehrte Chandler nach London zurück, wo er mit Natasha Spender zusammentraf, der er trotz seines Briefs damals weiterhin freundschaftlich verbunden war. Er nahm sich vor, nach Australien zu fahren, überlegte es sich dann aber anders. Er war nie besonders versessen darauf gewesen, und um einer Entscheidung aus dem Weg zu gehen, trank er so viel, daß es ihm unmöglich war, sich einzuschiffen.

In der ersten Maiwoche ging er in eine Privatklinik, 31 Queen's Gate, und blieb dort so lange, bis es ihm wieder gut genug ging, um in die nun freie Wohnung, 8 Swan Walk, einzuziehen. Die unmittelbare Belastung war weg, obgleich ihn ein schlechtes Gewissen plagte, weil er die Jamesons nicht begleitet hatte; besonders als nach und nach Briefe voller Vorwürfe und Klagen ankamen. Helga Greene befand sich ebenfalls auf einer Reise, und zwar mit Richard Crossman und dessen Frau, was bedeutete, daß Chandler auf sich selbst gestellt war. Ausnahmsweise schien das positive Folgen zu haben.

Es ist hauptsächlich der Gegenwart des Pflegers Don Santry zu verdanken, daß sich Chandler im Sommer 1958 ein relativ regelmäßiges Leben angewöhnte, das auf eine ruhige Weise gesellig und ziemlich nüchtern verlief. Um bei Harrods Kleidung und Geschenke, oder bei Berry Bros. & Rudd Whiskey und Weine einzukaufen, mietete er gerne einen Wagen; er genoß es auch, zu Boodle's, zum Athenaeum oder zum Lunch ins Garrick chauffiert zu werden. Abends speiste er im allgemeinen bei Boulestin's oder im Connaught, obwohl er auch die weniger modisch-feinen Restaurants von Kensington und Chelsea schätzte, darunter das unvergessene La Speranza. Er gab eine Menge Geld aus, doch seine Fixkosten lagen mit 60 Pfund Miete und 20 Pfund Telefongebühren pro Monat sehr im Rahmen.

Am besten fühlte sich Chandler beim Mittagessen, besonders wenn es ihm gelungen war, etwas zum Frühstück zu sich zu nehmen. Oft traf er sich dann mit Nicolas Bentley oder seinem Anwalt Michael Gilbert im Garrick, in dem er seit 1955 dank der Fürsprache von Eric Ambler und Roger Machell Mitglied war. Michael Gilbert erinnert sich, daß Chandler einmal Kutteln à la mode de Caen bestellte, was dort wahrscheinlich jahrelang nicht mehr zubereitet worden war. Als das Gericht schließlich kam, warf Chandler nur einen kurzen Blick darauf und sagte zum Ober: »Sieht aus, als habe es vierzehn Tage in einem offenen Boot getrieben. Nehmen Sie es weg und geben Sie ihm ein christliches Begräbnis.«[120] Gilbert ist überzeugt davon, daß er das Gericht nur bestellte, um diesen Spruch loslassen zu können.

Während des Sommers 1958 hielt Chandler engen Kontakt mit Gilbert, den er gebeten hatte, aus Steuergründen eine Firma mit Namen Philip Marlowe Ltd. auf den Bahamas zu gründen. Der Gedanke war, Chandlers Einkünfte in die Gesellschaft einfließen zu lassen, die ihrerseits Chandler ein Gehalt zahlen würde. Diesen Steuertrick durchzuziehen, erwies sich als außerordentlich kompliziert, und, wie üblich bei rechtlichen Angelegenheiten, mußten zahllose Berater beigezogen werden. Es gibt einen riesigen Berg an Korrespondenz zu dieser Angelegenheit, doch war alles umsonst, da Chandler nicht mehr lange genug lebte, um davon zu profitieren.

Bei seinen männlichen Freunden spielte Chandler nicht ganz so sehr den extrovertierten Spaßvogel, wie er ihn mit seinen »Freundinnen« 1955 hervorgekehrt hatte; außerdem war er gealtert. An Gesprächen beteiligte er sich ruhig und versuchte nie, sie zu dominieren, ein Zeichen für ehrlich gemäßigte Selbsteinschätzung. Abgesehen von Begegnungen mit Schriftstellern wie Eric Partridge und Nicolas Bentley in seinem Klub hielt er auch Verbindung mit »Vince« und den anderen Lagerarbeitern von Hamish Hamilton. Er spielte gerne Darts mit ihnen; irgendwann bastelten sie ihm sogar ein spezielles Darts-Brett, das, wie Hamilton sich erinnert, »die Titel seiner Bücher auf der einen

Seite und eine Reihe sehr verheißungsvoll blickender Blondinen auf der anderen Seite hatte.«[121] Vincent erzählte später, daß Chandler »das Spiel in etwa kannte, es aber nicht beherrschte« und daß »niemanden etwas angeht, was er über die Pfeile sagte, als wir ihm sein Spezialbrett schenkten. Seine Pfeile trafen das Brett nicht, deshalb schlugen wir vor, er solle das Brett nach den Pfeilen werfen, und er hielt das für eine ausgezeichnete Idee.«[122] Als er im Ritz wohnte, hatte Chandler das Brett in seinem Zimmer an die Wand montiert, wo es wahrscheinlich manch erstaunter Blick traf.

Gegen Abend kam gelegentlich Maurice Guinness, Helga Greenes Vetter, auf dem Rückweg von der Arbeit bei ihm vorbei. Chandler war immer das gewesen, was er einen »horizontalen Mann« nannte; er zog das Liegen dem Sitzen vor. Er lag gerne auf einer Couch oder einem Bett, wobei er wie ein gestrandeter Delphin aussah. Wenn Guinness ihn besuchte, mixte Chandler Getränke, dann legten sich beide aufs Bett, Seite an Seite, und unterhielten sich.

Allgemein gesprochen hatte Chandler immer etwas zu tun. Julian Symons, dem er eine Liste seiner liebsten Kriminalromane für einen Zeitungsartikel zusammenstellte, erlebte ihn einmal in Helga Greenes Wohnung, wo er in ziemlich großartiger Pose wie ein Pascha auf ihrer Couch lagerte, während sie heimlich versuchte, ihm den Whiskey zu verdünnen. Ian Fleming hatte ein Gespräch mit Chandler für die BBC arrangiert. Bei Beginn der Aufzeichnung war Chandler schon ziemlich betrunken, so daß Fleming das Gespräch von einem Gegenstand zum nächsten dirigieren mußte. Es ist die einzige erhaltene Aufnahme von Chandlers Stimme, amerikanisch im Tonfall, aber englisch in Diktion und Formulierung. Von Terence Tiller wurde er auch gebeten, Dichtung für die BBC zu lesen; in seiner üblichen Bescheidenheit las Chandler Gedichte von Jon Silkin, Cecil Day Lewis, Stephen Spender, W. H. Auden und Louis MacNeice. Das einzige eigene Gedicht, das er vorlas, war »Song Without Music«, eine Elegie auf Cissy. Sein Ruf eilte Chandler inzwischen voraus. Vor seinem Auftreten in einer Fernsehshow, die »Late Extra« hieß, machte der Produzent alle darauf aufmerksam, daß Chandler möglicherweise betrunken aufkreuzen würde, und traf Vorkehrungen für den Fall, daß er ausfiel. Statt dessen kippte der Produzent um, noch ehe die Show angefangen hatte, während Chandler stocknüchtern ins Studio kam.

Neben der Besprechung eines Fleming-Romans für die *Sunday Times* war seine einzige schriftstellerische Arbeit 1958 ein Vorwort zu Frank Normans Buch *Bang to Rights*. Norman stellte so etwas wie ein literarisches Wunder dar, ein junger Mann von siebenundzwanzig, der den größten Teil seines Lebens in Anstalten, darunter auch Strafanstalten, verbracht hatte. Schließlich faßte er den Entschluß, ein neues Leben zu beginnen, und schrieb einen frischen und authentischen Bericht über sein Leben im Gefängnis. Stephen Spender veröffentlichte in *Encounter* einen Auszug aus dem Buch und erzählte Chandler davon. Er und Natasha Spender luden ihn ein, beim Mittagessen im Café Royal Norman kennenzulernen.

Chandler, schmuck angetan mit Handschuhen und Spazierstock, war begierig, jemanden zu erleben, den er für einen gefühllosen Verbrecher hielt, doch Normans Art und Humor entwaffneten ihn. Dann bot Chandler an, ein Vorwort zu *Bang to Rights* zu verfassen. Norman freute sich, obwohl er damals gar nicht genau wußte, wer Chandler war und diesbezüglich von seinem Verleger aufgeklärt werden mußte. Dieses Vorwort nimmt mit Begeisterung und Wärme für das Buch ein. »Sein Stil wird nicht verwässert durch irgendwelchen verdammten literarischen Unsinn«, erklärte Chandler. »Die Situation ist zum Greifen, die Leute sind zum Greifen und man selbst ist mittendrin; so etwas ist rar.«[123]

Wo es ging, half er jungen Schriftstellern, denn er kannte ihre Schwierigkeiten aus erster Hand. Immerhin schrieb er noch 1957: »Wenn ich an eine neue Sache gehe, komme ich mir immer wie ein Anfänger vor.«[124] Er war auch völlig frei von kleinlicher Eifersucht. »Jeder anständige Schriftsteller, der sich gelegentlich für einen Künstler hält, hat nichts dagegen, vergessen zu werden, wenn dadurch ein besserer in Erinnerung bleibt«, sagte er. Vertrauen und Hingabe formten seine Empfindungen: »Jeder Mensch, der eine Seite lebendige Prosa schreiben kann, bereichert unser Leben, und wer es kann, so wie ich es kann, ist bestimmt der letzte, der jemandem übelnimmt, daß er es noch besser kann. Ein Künstler kann Kunst nicht leugnen, noch kann er das wollen. Wenn man an ein Ideal glaubt, besitzt man es nicht – man wird von ihm besessen.«[125]

Aber gegen Ende des Sommers verschlimmerte sich Chandlers Zustand. Er arbeitete an nichts mehr ernsthaft, ja tat noch nicht einmal so, als schriebe er an seinem Stück oder am *Cook Book for Idiots,* das er und Helga Greene gemeinsam verfassen wollten. Außerdem bedrückte ihn die Flut düsterer Briefe, die ihn aus Australien erreichten. Es gab dort weder Arbeit noch Geld. Chandler überließ Anne Jameson die englischen Rechte an *Playback,* Helga Greene kaufte sie für 2000 Pfund von ihr zurück, damit sie Bargeld hatte. Darüber hinaus schickte Chandler weitere Beträge. Mrs. Jameson wollte, daß er nach Sydney fliegen sollte, doch er lehnte mit der Erklärung ab, er sei fast pleite und habe ihr »praktisch alle verfügbaren flüssigen Mittel«[126] gegeben. Kurz darauf trafen aus Kalifornien ihre unbezahlten Rechnungen bei ihm ein. »Dies ist nicht der passende Zeitpunkt, Sie zu deprimieren«, schrieb er, »aber sicher ist Ihnen klar, daß ich seit Februar 1957 keinen Augenblick mehr erlebt habe, wo ich mir nicht wegen irgend etwas um Sie Sorgen gemacht habe – zuweilen war es mehr als peinigend und manchmal fast unerträglich. Finanziell habe ich erhebliche Einbußen erlitten. Da die Firma in Nassau noch nicht läuft, mußte ich mir sogar Geld leihen, um Ihnen diese tausend Dollar schicken zu können. Aber noch verheerender als das ist, daß diese ständige Unruhe meine Fähigkeit zu schreiben unterminiert, so daß ich das Geld, das ich verloren habe, nicht wieder verdienen kann. Sie haben es viel schwerer als ich – aber für mich ist es auch nicht gerade leicht.«[127]

Als das Ende seines Aufenthalts in England herannahte, wurde er immer bedrückter und war sich unschlüssig darüber, wohin er gehen sollte. Dann bekam er einen Anruf von Anne

Jameson aus Australien, die ihm mitteilte, Mr. Jameson sei gestorben und sie habe vor, nach Kalifornien zurückzukehren. Chandler sagte zu, ebenfalls zurückzukommen, unter der Bedingung, daß sein Pfleger Don Santry ihn begleitete. Mitte August flogen sie von London aus über den Pol nach Los Angeles. Es war ein Alptraum – verspätet ankommendes Gepäck, schlechtes Essen, unvorhergesehene Zwischenstops in Winnipeg und San Francisco. La Jolla erlebte eine Hitzewelle, und er haßte das Hotel in La Jolla, in dem er wohnte; zu Recht bemerkte er, es verwandle sich allmählich in ein methodistisches Altersheim.

Chandler gab jetzt einen recht ermatteten edlen Ritter ab. »Annes Kinder freuten sich furchtbar, mich wiederzusehen, und ich liebe sie«, schrieb er an Helga Greene, »aber meine Heimat ist in Europa. Aus irgendeinem Grund, vielleicht Ihretwegen, habe ich mich von der amerikanischen Lebenshaltung entfernt. Amerikaner sind freundliche und großzügige Menschen, lebendig und unternehmenslustig, aber wenig markant. Wenn ich mich entscheiden muß, wähle ich lieber stilvolle Dekadenz statt Ungeschliffenheit. Und wie sie sprechen! Mein Gott, mir ist ja nie aufgefallen, wie übel das klingt. Allerdings haben mich alle begeistert begrüßt. Ich glaube, ich bin ein undankbarer Hund.«[128] Er verbrachte seine Zeit damit, bei der Suche nach einem Haus für Mrs. Jameson und ihre Kinder zu helfen, eine ziemlich dringende Angelegenheit, weil die Schule bald wieder anfing. »Es hat nicht viel Zweck, das Chaos der Jamesons zu Papier zu bringen, aber es ist ein Chaos«, schrieb er an Helga Greene. »Ich glaube schon, daß ich Anne und ihren Kindern etwas schuldig bin – eine selbstauferlegte Verpflichtung –, doch ehrlich gesagt, ich meine, mir selbst auch etwas schuldig zu sein, und diese geladene Atmosphäre voller unklarer Gefühle bildet für mich wirklich nicht die ideale Basis, um produktiv tätig zu sein.«[129]

Er haßte es, wieder in Amerika zu sein, und kam sich wie in einer Falle vor. »Ich fühle mich verirrt, verbraucht und in eine Situation verstrickt, die Ansprüche an mich stellt, obwohl sie mich wirklich nichts angeht.«[130] Ein paar Tage später erwähnte er erneut seine Verzweiflung: »Ich kann mich einfach nicht ständig auf die Probleme der Familie Jameson konzentrieren, wenn ich jemals wieder etwas schreiben will. Es ist nicht so, daß ich sie nicht gern hätte, aber sie scheinen unfähig, irgend etwas ohne meine Mithilfe zu tun.«[131] Er trank wieder sehr viel und war demzufolge bald erneut im Krankenhaus. Noch einmal half ihm seine Widerstandskraft auf die Beine, worauf man ihn entließ. Er mietete ein kleines Haus, 824 Prospect Street, unweit vom Zentrum La Jollas, das einer Mrs. Margaret Murray gehörte. Außer einem kleinen Arbeitszimmer gleich bei der Haustür hatte es ein Wohnzimmer und, von diesem durch eine Glaswand getrennt, ein Eßzimmer, beide mit Blick aufs Meer. Ein hübsches Anwesen mit einem Garten voller Blumen, und Mrs. Murray war eine angenehme Vermieterin, die ihm immer Obst und andere kleine Geschenke brachte. Unter der Obhut von Don Santry sammelte Chandler hier wieder Kraft. Wenn er sich wohlfühlte, sah sein Tagesablauf so aus: er stand morgens um vier oder fünf auf, machte sich Tee und schrieb; am späten Vormittag frühstückte er, erledigte Besorgungen und aß danach zu Mittag; nachmittags tat er wenig, las, traf sich mit Leuten, und nach einem frühen Abendessen war er gewöhnlich um neun im Bett.

Er arbeitete an »The Pencil«, seiner ersten Marlowe-Kurzgeschichte seit zwanzig Jahren. Sie handelte von Morden, die von einem Verbrechersyndikat ausgeführt wurden. »Das Thema ist so verdammt ernst, daß man es kaum witzig abhandeln kann«, schrieb er. »Das hat zur Folge, daß ich mich verkrampfe. Trotzdem halte ich die Idee für ziemlich gut, zumal sich meines Wissens noch niemand mit ihr beschäftigt hat.«[132] Die Geschichte überzeugt nicht, weil man Marlowe nicht abnimmt, wie er die beiden anonymen Mörder entlarvt, die anreisen, ihr Opfer umbringen und wieder verschwinden. Sie hat den Schwung, wenn auch nicht den Reiz des frühen Chandler, ist jedoch mit seinen persönlichen Problemen durchsetzt. »Die Frauen, die man bekommt, und die Frauen, die man nicht bekommt – sie leben in verschiedenen Welten«, brütet Marlowe. »Ich mache mich über keine dieser Welten lustig. Ich lebe selbst in beiden.«[133]

Von »The Pencil« abgesehen, arbeitete Chandler an nichts Wichtigem. Er beschäftigte sich mit Vorbereitungen für eine Philip-Marlowe-Fernsehserie, die von E. Jack Neumann geschrieben wurde und in der Philip Carey die Hauptrolle spielte. Hamish Hamilton war an der Herausgabe gesammelter Briefe von Chandler interessiert, doch die Tätigkeit des Ordnens und Sichtens entsprach nicht Chandlers Temperament. Er hatte eine klare Vorstellung von ihrer Qualität, denn als Hamilton erstmals mit diesem Vorschlag an ihn herantrat, sagte Chandler, »ich bin verblüfft, festzustellen, daß ich, ohne Geld dafür zu bekommen, so brillant sein kann.«[134] Doch die Idee, persönlich derart im Mittelpunkt zu stehen, behagte ihm nicht; bereits 1949 schrieb er: »Wenn ich einmal ein Sachbuch verfassen würde, käme dabei wahrscheinlich die Autobiografie einer gespaltenen Persönlichkeit heraus.«[135]

Das soll nicht heißen, daß Chandler nichts schrieb. Er saß gewöhnlich jeden Morgen an seinem Schreibtisch, denn egal wieviel er am Abend davor getrunken haben mochte, am nächsten Tag hatte er einen klaren Kopf und litt nicht unter einem Kater. Auf Neil Morgans Bitte hin schrieb er ein paar Beiträge für die *San Diego Tribune*. Einige davon waren Artikel älteren Datums, die er nur überarbeiten mußte, aber es finden sich darunter auch ein amüsanter Sketch über die Katze und den Hund von Anne Jameson, zwei Kolumnen über die Polizei von San Diego und ein ziemlich rührseliger Beitrag über Sex. Die Kraft zu wirklich schöpferischer Arbeit fehlte ihm, doch war er viel zu sehr Schriftsteller, als daß er hätte aufhören können. »Ich lebe für die Syntax«, sagte er. Seine Maschine hielt er vor allem mit dem Schreiben von Briefen in Bewegung. Fasziniert davon, was man mit Sprache alles anstellen konnte, bekannte er seine Wortbesessenheit, indem er schrieb: »Ich liebe unsere herrliche Sprache mehr, als ich jemals ausdrücken könnte.«[136]

Mittlerweile nahmen die Probleme in Chandlers Privatleben

zu. Anfang Oktober schrieb er über Anne Jameson: »Daß ich sie als Sekretärin gegen eine wöchentliche Bezahlung von 50 Dollar einstellte, war fast reine Wohltätigkeit, weil sie mir das nicht wert ist und die letzten zwei Wochen außer umziehen und Kisten auspacken praktisch nichts getan hat.«[137] Er bat Helga Greene, ihn zu besuchen; sie war jedoch nicht in der Lage dazu und schlug vor, Mrs. Kay West sollte an ihrer Stelle kommen. Sie hatte in Chandlers Nachbarschaft am Swan Walk gewohnt und den Sommer zuvor ein wenig als Sekretärin für ihn gearbeitet. Chandler widersetzte sich zunächst, doch als Don Santry nach England abreiste, stimmte er zu, und sie kam. Er wollte nicht allein leben.

Kay Wests Ankunft markierte den Anfang vom Ende. Chandler hatte früher schon einmal an Helga Greene geschrieben: »Kann ein Mann nicht ehrlich zwei Frauen lieben – vor allem ein Mann, der außer dem Privileg, sie lieben zu dürfen, nichts erwartet?«[138] Darin drückte sich die Haltung eines Menschen aus, der verzweifelt am Leben festhält und die Realitäten des Alters nicht sehen will. Chandler war außer sich, wenn ihm ein Zahn gezogen werden mußte. Er konnte den Harn nicht halten, weswegen er manchmal einen Freund anrief, halb beschämt, halb wütend: »Ich habe mein Bett naß gemacht!« Er glich einem Falter, der immer wieder schwirrend gegen die Fensterscheibe stößt. Zwar war er enttäuscht darüber, daß sich seine Träume nicht erfüllt hatten, aber selbst angesichts der Leere seines Lebens, der Erkenntnis, daß ihn nichts mehr erwartete, weigerte er sich, eine resignierte oder philosophische Haltung einzunehmen. Statt dessen verließ er sich auf seine Gefühle, seine Impulse, auf seine rücksichtslose Ehrlichkeit, und verursachte ein Chaos. Wie ein König mit seinem Hofstaat, so umgab er sich mit anderen Menschen; doch kein Thron war je wackliger als seiner.

Chandler fühlte sich in Mrs. Wests Gesellschaft ausgesprochen wohl und schrieb an Helga Greene »Kay saust im ganzen Haus herum, spült das Geschirr, macht die Betten, richtet das Frühstück, wäscht meine Sachen, flickt, nimmt Briefe auf, macht einfach alles. Sie ist so verflixt fleißig, daß ich mir faul vorkomme.«[139] Sie und Chandler spielten Darts, was ihm Spaß machte, und fingen an, gemeinsam zu kochen, was ihm ebenfalls behagte. Ein paar Tage später berichtete er: »Ich habe sie dahin gebracht, daß sie drei Mahlzeiten am Tag zubereitet, alles Geschirr spült und das Haus sauberhält. Außerdem kauft sie mit mir Lebensmittel und so weiter ein. Wir haben zwei von diesen Nylontaschen; darin schleppt jeder von uns eine ganze Ladung nach Hause. Sie wissen doch, ich habe Anne meinen Wagen überlassen.«[140]

Trotzdem hörte er nicht auf zu trinken, und sein Arzt ordnete die Einweisung ins Krankenhaus an. Chandler regte sich auf deswegen, doch als er wieder entlassen wurde, schrieb er Helga Greene »Kay ist unglaublich lieb gewesen, ich glaube, Dr. Birss schickte mich eher ihretwegen ins Hospital als meinetwegen. Ich habe sie das Essen machen lassen, den Abwasch, den Haushalt – und obendrein Sekretariatsarbeit von ihr verlangt. Das war wirklich ein bißchen zu viel.«[141]

Mrs. Jameson war von vornherein über Kay Wests Anwesenheit verärgert, besonders nachdem Michael Gilbert von Chandler angewiesen wurde, Kay West als seine Erbin einzusetzen. Ständig klingelte das Telefon; manchmal meldete sich niemand, was Chandler auf die Nerven ging. Neben seinem Bett stand immer ein Glas Whiskey griffbereit; wenn ihn etwas irritierte, fing er an zu trinken und hörte nicht mehr auf. An dem Morgen, da er von seiner Entziehungskur heimkehrte, wurde er von Mrs. Jameson mit den Worten abgeholt: »Trinken wir einen zur Feier des Tages!«

Kay West, die selbst ins Krankenhaus ging, um wieder zu Kräften zu kommen, war überfordert. Die Entwicklung der Dinge verstörte und verbitterte Chandler. Unterdessen wurde Helga Greene, die ihrerseits krank in der London Clinic lag, von allen Seiten über das Drama informiert. In den meisten Briefen beschuldigt ein Mitglied von Chandlers Anhang ein anderes. Helga Greene ließ sich nicht in die Sache verwickeln, weil sie hoffte, Chandler würde mit Mrs. Jameson und ihren

Kindern eine Lösung finden, mit der sich für ihn eine Partnerschaft und ein ruhiges Leben ergeben würde. Doch Chandler machte ihr keinen Antrag, oder zog jedenfalls nicht die entsprechenden Konsequenzen. Er tat nichts anderes als trinken.

Am 2. Februar 1959 flog Helga Greene schließlich nach La Jolla. Sie fand Chandler sehr krank vor und rief den Arzt, der ihn erneut ins La Jolla Convalescent Hospital einliefern ließ. Chandler wußte vermutlich, daß er sterben mußte, denn die meisten seiner letzten Briefe beschäftigen sich mit seinem Testament. Eine Woche vor seiner Einweisung ins Krankenhaus bestimmte er Anne Jameson anstelle von Kay West als seine Erbin. Er schrieb seinem Anwalt, der Arzt habe ihm mitgeteilt, er hätte nur noch vier bis fünf Monate zu leben. »Er ist ein Lügner«, bemerkte Chandler; »ich werde ewig leben.«[142]

Chandler blieb eine Woche lang in der Privatklinik und verließ sie in recht schwachem Zustand, obwohl er schon nach wenigen Tagen wieder in der Lage war, mit Helga Greene nach La Jolla zu fahren. Er wollte einen Ring kaufen, weil sie zu guter Letzt im Krankenhaus seinen Heiratsantrag angenommen hatte. Sie erkannte, daß die Lage in La Jolla unhaltbar war und daß die Verwirrung, die er um sich herum auslöste, ihn umbrachte. Helga Greene hoffte, diese Ehe würde ihn glücklich machen und dadurch sein Leben verlängern. Wenn sie sich als Ehepaar in London niederließen, gewänne er vielleicht die Ruhe, die er brauchte, um arbeiten zu können. Er bereute bereits wieder, Marlowe verheiratet zu haben, und wollte jetzt die »Poodle Springs«-Sache zu einer Kurzgeschichte umschreiben und anschließend mit einem neuen Marlowe-Roman beginnen. Als Beweis dafür, wie ernst er es mit der Heirat nahm, änderte Chandler sein Testament zugunsten von Helga Greene.

In dem Bestreben, Chandler aus der konfusen Situation in La Jolla herauszulösen, überzeugte ihn Helga Greene davon, daß er nach New York fahren und die Präsidentschaft von Mystery Writers of America annehmen sollte, ein Amt, in das er gerade gewählt worden war. Sie räumten das Haus, und Leon Johnston, der neue Wirtschafter, warf sämtliche privaten Notizbücher Chandlers und Cissys auf den Müll. Seine sonstige Habe wurde in einem Lager untergestellt. Anne Jameson protestierte gegen Chandlers bevorstehende Abreise, wußte aber noch nichts von seiner Testamentsänderung. Andere wiederum waren traurig, besonders seine Vermieterin, Mrs. Murray, die ihn immer »Pappy« nannte. Chandler schrieb ihr eine kleine Widmung ins Gästebuch, die mit den Worten endete: »Ich möchte Sie in die Arme nehmen und zu dem fernen Ort tragen, der mir vom Schicksal bestimmt ist. Doch das kann ich nicht. Ich kann nur sagen, was ich schon gesagt habe, Gott segne Sie, wo immer Sie sind und was immer Sie tun.«[143]

Die Aussicht auf ein glückliches Leben mit einer Frau, die er lange umworben hatte, munterte Chandler auf, außerdem freute er sich darauf, nach London zurückzukehren, wo in Chelsea, 86 Elm Park Road, ein Haus auf sie wartete. Anfang März fuhren er und Helga Greene nach New York. Sie wohnten im Beaux-Arts-Hotel, 44th Street, wo auch Jessica Tyndale lebte. Das Wetter war regnerisch, kalt und stürmisch; trotzdem verließen sie ein paarmal das Hotel, um auszugehen, unter anderem wegen eines Dinners mit Hillary Waugh und Dorothy Gardiner von Mystery Writers of America. Es bestanden berechtigte Zweifel, ob er an der MWA-Party teilnehmen können würde, die ihm zu Ehren gegeben wurde, doch auf seinen Stock gestützt schaffte er es zu erscheinen. Nach einer kleinen Zeremonie hielt Chandler eine gewinnende Ansprache, in der die ungebrochene Vitalität seines Humors zur Geltung kam: »Ich möchte Ihnen aus tiefstem Herzen für die große Freundlichkeit danken, mich hierher einzuladen. Ich möchte das nicht nur tun, ich tue es. Allerdings bin ich deswegen auch etwas verlegen, und zwar aus zwei Gründen. Ich weiß jetzt, daß mir der Stimmzettel zugeschickt wurde, habe ihn aber nie zu Gesicht bekommen. Er wurde offenbar abgelegt, bevor ich ihn sah, vermutlich im Ordner mit der Aufschrift ›Ich Will Meine Ruhe – Später Ablegen‹. Demzufolge war ich völlig verblüfft, als ich von Catherine Barth ein Telegramm erhielt, in dem mir mitgeteilt wurde, ich sei trotz enormer Opposition zum Präsidenten gewählt worden. Natürlich nicht wegen der Opposition; ich bin selbst ein Oppositioneller. Aber ich wurde in eine trügerische Sicherheit hineingelullt, indem man mir erzählte, ich hätte wirklich nichts zu tun, der geschäftsführende Vizepräsident mache die ganze Arbeit. Wie er das macht und immer noch Zeit und Kraft findet, Schriftsteller zu sein, kann ich mir nicht vorstellen. Ich bin gelegentlich – sehr gelegentlich – um vier oder fünf morgens aufgestanden und habe zehn Stunden an einem Stück, ohne Nahrung, doch nicht ohne Whiskey, auf die Schreibmaschine eingeschlagen. Klar, daß ich das Zeug oft wegwerfen mußte – ich meine nicht den Whiskey –, aber es war den Versuch wert, wenn auch kein Kompliment.

Zweitens bin ich verlegen, weil ich, ehe ich auch nur im entferntesten eine Ahnung von meiner Präsidentschaft hatte, den festen Vorsatz faßte, für eine ziemlich lange Zeit nach England zu ziehen. Was ich dort zustande bringe, weiß ich nicht. Vielleicht gehe ich aus, wenn es nicht regnet, und vielleicht stifte ich eine engere Verbindung zwischen der Crime Writers Association und der MWA.«[144]

Er beendete seine Rede, indem er Helga Greene als seine britische Agentin vorstellte, und würdigte die Vorteile, die sich durch sie für ihn ergeben hatten. Schließlich sagte er: »Ich danke Ihnen noch einmal für die mir entgegengebrachte große Freundlichkeit und bin sicher, daß Sie mit Erleichterung zur Kenntnis nehmen werden, daß, wiewohl ich von großer Zuneigung erfüllt bin, ich keine Worte mehr weiß, die gesagt werden müßten.«[145]

Das Wetter ging weiterhin allen auf die Nerven, doch Chandler wollte unbedingt Helga Greenes Vater, H. S. H. Guinness kennenlernen, der sich zufällig geschäftlich in Amerika aufhielt. Chandler war doch so konventionell, daß er ihn in aller Form um die Hand seiner Tochter bitten wollte; man traf sich also zum Dinner. Mr. Guinness hatte offensichtlich etwas dagegen, daß seine Tochter einen Mann heiraten wollte, der fast genauso alt war wie er selbst. Chandler gewann den Eindruck, daß er brüskiert werden sollte, und erklärte später in einem Brief an

Helga Greene: »Es kommt mir sehr merkwürdig vor, daß Dein Vater mich jetzt so völlig ablehnt, obwohl ich mich – wie Du sagtest – an dem Abend, als wir bei ihm eingeladen waren, ausgezeichnet verhalten habe. Ich weiß, er hält mich für ein bißchen alt – aber er ist selbst auch ein bißchen alt. Jemand muß ihm Nachteiliges über mich erzählt haben, daß er mich nicht mehr sehen will. Natürlich kann man viel Nachteiliges über mich sagen, aber davon könnte er keine Kenntnis haben, wenn es ihm nicht jemand gesteckt hätte.«[146]

Chandler verletzte es, daß Mr. Guinness seinem überflüssigen Ersuchen, als Schwiegersohn willkommen geheißen zu werden, nicht entsprach. Helga Greene dachte nicht daran, sich mit mehr als vierzig Jahren noch dem Willen ihres Vaters zu beugen. Jetzt aber war Chandlers Stimmung wieder umgeschlagen. Da er mittlerweile erneut flehentliche Briefe von Anne Jameson erhielt, in denen sie die mannigfaltigen Probleme beschrieb, die sich für sie und ihre Familie während seiner Abwesenheit ergeben hatten, entschloß sich Chandler, nach Kalifornien zurückzukehren, anstatt nach London zu reisen. Die Erkältung, die er sich bei dem üblen Wetter in New York geholt hatte, sprach, wenigstens im Augenblick, für La Jolla. Er zog in dasselbe Haus ein, das Mrs. Murray noch nicht anderweitig vermietet hatte – und brach wieder zusammen, weil er nicht aufhörte zu trinken. Am 23. März lieferte man ihn ins La Jolla Convalescent Hospital ein, mit einer Lungenentzündung, die er sich zu Hause zugezogen hatte, wo sich niemand um ihn kümmerte. Zwei Tage später wurde er mit dem Krankenwagen in die Scripps Clinic verlegt. Dort starb er um drei Uhr fünfzig am Nachmittag des 26. März 1959.

Es war ein trister, anonymer Tod für einen Mann, der mit seinem Witz und seiner Klarsicht die Literatur so bereichert hatte. Die Zeitungen brachten lange, anerkennende Nachrufe. Die Londoner *Times* stellte fest: »Er gehört mit Sicherheit zu dem knappen Dutzend Kriminalschriftsteller, die zugleich auch Neuerer und Stilisten waren; die, in den gewöhnlichen Erzminen der Kriminalschriftstellerei arbeitend, das Gold der Literatur zutage förderten.«[147] Amerikanische Blätter schrieben im gleichen Tenor und unterstrichen, daß er auf Intellektuelle wie auf gewöhnliche Leser gleichermaßen anziehend wirkte. Die *Los Angeles Times* widmete ihm einen besonderen Leitartikel, in dem es hieß, »Chandler hat aus dem Privatdetektiv eine faszinierende Erscheinung gemacht.«[148]

Inzwischen hatte Anne Jameson mit Michael Gilbert in London telefoniert, der sie über das geänderte Testament informierte. Später verklagte sie Helga Greene, indem sie geltend machte, diese habe Chandler ungebührlich beeinflußt, um ihn zu einer Testamentsänderung zu bewegen. In dem Verfahren, das dann folgte, wurde ihr Anwalt gezwungen, die Anschuldigung zurückzunehmen; der Richter wies die Klage »mit materieller Rechtskraft« ab, was bedeutete, daß Mrs. Jameson verboten wurde, diese Angelegenheit zukünftig erneut vor Gericht zu bringen. Chandlers Nachlaß wurde auf 60000 Dollar veranschlagt plus zukünftiger Einnahmen, die sich aus dem Besitz an seinen Rechten ergeben würden. Helga Greene, erst vor kurzem in England eingetroffen, war zu krank, um zurückfliegen und an seiner Beerdigung teilnehmen zu können. So lag Chandler beim Leichenbestatter aufgebahrt, allein, und erntete die Mißachtung, die ihm seine Wankelmütigkeit eingetragen hatte.

Vier Tage nach seinem Tod wurde Chandler auf dem Mount Hope Cemetery von San Diego in einem kleinen Stück Erde begraben. Der Tag der Beerdigung war in England ein Feiertag, so daß Helga Greene und Roger Machell nicht einmal Blumen schicken konnten. Chandlers Steuerberater George Peterson vertrat Helga Greene, der ehemalige Pfarrer der St. James's Episcopal Church in La Jolla hielt den Trauergottesdienst, wie er es schon für Cissy getan hatte. Niemand dachte daran, Chandler neben seiner Frau beizusetzen oder ihn einäschern zu lassen, wie er es gewollt hatte.

Es war ein klarer, sonniger Montag, als über Chandlers Sarg die anglikanische Grabrede gehalten wurde. Siebzehn Personen wohnten dem Begräbnis bei, darunter eine Abordnung von Mystery Writers of America, Ned Guymon, ein bekannter

Sammler von Kriminalromanen, und verschiedene Bekannte Chandlers aus La Jolla. Wie bei vielen ausgeprägten Individualisten, die es sich leisten können, hatten sich hauptsächlich Bedienstete und Angestellte um ihn gekümmert. Unbeachtet und unpersönlich, glich seine Beerdigung seiner Geburt. Chandler hatte sich über die amerikanische Namenlosigkeit erhoben und schien am Ende in sie zurückzusinken. Dazwischen lag ein zerquältes und einsames Leben, das nur zeitweilig von glücklichen Augenblicken erhellt wurde, und dem er durch sein hartnäckiges Festhalten an den strengsten Maßstäben der Kunst einen Sinn verlieh. Vor allem das hat seinen Namen über das Grab hinaus lebendig erhalten.

Chandler war ein begabter und von Natur aus gewandter Schriftsteller, doch nahezu fünfzig Jahre lang glückte es ihm nicht, sein ureigenes Medium zu finden. Er erduldete immer wieder Enttäuschungen und Rückschläge, und, schon immer empfindsam, wurde er scheu und in sich gekehrt. Als er schließlich begann, Geschichten für die *pulps* und Romane zu schreiben, brachte er die auseinanderstrebenden Aspekte seines Wesens dazu, zusammenzuwirken und damit etwas außergewöhnlich Lebendiges und Ursprüngliches entstehen zu lassen. Chandler neigte dazu, seine Bedeutung als Schriftsteller herunterzuspielen, wußte jedoch sehr genau, was er erreicht hatte, und auch, daß ihn das Schreiben zusammenhielt. Gefragt, ob er jemals seine Arbeiten nach ihrer Veröffentlichung wieder lesen würde, antwortete er: »Ja, – und selbst wenn ich mich der Gefahr aussetze, als eingebildeter Schwachkopf angesehen zu werden, – ich habe dann große Schwierigkeiten, wieder damit aufzuhören. Sogar ich, der ja schon alles darüber weiß. Im geschriebenen Wort muß doch irgendeine magische Kraft stecken, ich nehme sie aber nicht als mein Verdienst in Anspruch. Sie stellt sich einfach ein – wie rotes Haar. Doch ich finde es ziemlich beschämend, wenn ich ein Buch von mir zur Hand nehme, um etwas nachzuschlagen, und mich zwanzig Minuten später dabei ertappe, daß ich es lese, als habe ein anderer es geschrieben.«[149]

Seine zweigeteilte Betrachtungsweise – halb englisch, halb amerikanisch – erlaubte es ihm, die Welt in der er lebte, mit ungewöhnlichem Scharfblick zu sehen. Das Bild, das er sich von Amerika machte, hat sich allmählich bewahrheitet, obwohl vor fünfundzwanzig Jahren nur wenige die heutige Relevanz seines Werks vorausgesehen haben dürften. Er war ein Prophet des modernen Amerika; von der literarischen Tradition Europas herkommend, schrieb er über eine Welt, die ihn ebenso abstieß wie anzog. Er verallgemeinerte nicht, noch stellte er Theorien auf. Viel lieber vertraute er seinen Eingebungen; wie Chaucer oder Dickens beschrieb er die Menschen, die Orte und die Dinge, die er sah, spöttisch, doch auch voller Liebe. Das machte ihn zu einem der bedeutendsten Schriftsteller seiner Zeit – und zu einem der unterhaltsamsten.

Chandlers Veröffentlichungen

BUCHAUSGABEN

Romane

The Big Sleep. New York: Alfred A. Knopf 1939
London: Hamish Hamilton 1939
Der tiefe Schlaf. Deutsch von Mary Brand.
Nürnberg: Nest 1950. Frankfurt/M.: Das goldene Vlies 1956
Frankfurt/M.: Ullstein 1958
Der große Schlaf. Deutsch von Gunar Ortlepp.
Zürich: Diogenes 1974 (detebe 20 132)

Farewell, My Lovely. New York: Alfred A. Knopf 1940
London: Hamish Hamilton 1940
Lebewohl, mein Liebling. Deutsch von Thomas A. Martin.
Bern: Ascha 1953
Betrogen und gesühnt. Deutsch von Georg Kahn-Ackermann.
München/Wien/Basel: Desch 1958
Lebwohl, mein Liebling. Deutsch von Wulf Teichmann.
Zürich: Diogenes 1976 (detebe 20 312)

The High Window. New York: Alfred A. Knopf 1942
London: Hamish Hamilton 1943
Das hohe Fenster. Deutsch von Mary Brand.
Nürnberg: Nest 1952. Frankfurt/M.: Ullstein 1956
Das hohe Fenster. Deutsch von Urs Widmer.
Zürich: Diogenes 1975 (detebe 20 208)

The Lady in the Lake. New York: Alfred A. Knopf 1943
London: Hamish Hamilton 1944
Einer weiß mehr. Deutsch von Mary Brand.
Nürnberg: Nest 1949. Frankfurt/M.: Das goldene Vlies 1955
Die Tote im See. Deutsch von Hellmuth Karasek.
Zürich: Diogenes 1976 (detebe 20311)

The Little Sister. London: Hamish Hamilton 1949
Boston: Houghton Mifflin 1949
Die kleine Schwester. Deutsch von Peter Fischer.
Nürnberg: Nest 1953. Frankfurt/M.: Ullstein 1957
Die kleine Schwester. Deutsch von W. E. Richartz.
Zürich: Diogenes 1975 (detebe 20206)

The Long Goodbye. London: Hamish Hamilton 1953
Boston: Houghton Mifflin 1954
Der lange Abschied. Deutsch von Peter Fischer.
Nürnberg: Nest 1954. Frankfurt/M.: Das goldene Vlies 1956
Frankfurt/M.: Ullstein 1958 [gekürzte Ausgabe]
Der lange Abschied. Deutsch von Hans Wollschläger.
Zürich: Diogenes 1975 (detebe 20207)

Playback. London: Hamish Hamilton 1958
Boston: Houghton Mifflin 1958
Spiel im Dunkel. Deutsch von Georg Kahn-Ackermann.
München/Wien/Basel: Desch 1958
Playback. Deutsch von Wulf Teichmann.
Zürich: Diogenes 1976 (detebe 20313)

Geschichten

(Deutsche Übersetzungen der einzelnen Geschichten: siehe Zeitschriftenveröffentlichungen der Geschichten)

Five Murderers. New York: Avon 1944 (Murder Mystery Monthly 19)
[Erste Buchausgabe von: Goldfish. Spanish Blood. Blackmailers Don't Shoot. Guns at Cyrano's. Nevada Gas.]

Five Sinister Characters. New York: Avon 1945 (Murder Mystery Monthly 28)
[Erste Buchausgabe von: Trouble is My Business. Pearls Are a Nuisance. I'll Be Waiting. The King in Yellow. Red Wind.]

Finger Man and other stories. New York: Avon 1946 (Murder Mystery Monthly 43)
[Erste Buchausgabe von: Finger Man. The Bronze Door. Smart-Alek Kill. The Simple Art of Murder.]

The Simple Art of Murder. Boston: Houghton Mifflin 1950
[Enthält 12 Geschichten und die revidierte Fassung von The Simple Art of Murder.]

A Couple of Writers. In: Raymond Chandler Speaking. Edited by Dorothy Gardiner and Kathrine Sorley Walker. London: Hamish Hamilton 1962. Boston: Houghton Mifflin 1962

Ein Schriftstellerehepaar. Deutsch von Wilm W. Elwenspoek. In: Chandler über Chandler. Frankfurt/M.: Ullstein 1965

Ein Schriftstellerehepaar. Deutsch von Hans Wollschläger. In: Die simple Kunst des Mordes. Zürich: Diogenes 1975 (detebe 20209)

The Poodle Springs Story. In: Raymond Chandler Speaking. Edited by Dorothy Gardiner and Kathrine Sorley Walker. London: Hamish Hamilton 1962. Boston: Houghton Mifflin 1962

Die Poodle Springs Story. Deutsch von Wilm W. Elwenspoek. In: Chandler über Chandler. Frankfurt/M.: Ullstein 1965

Die Poodle Springs Story. Deutsch von Hans Wollschläger. In: Die simple Kunst des Mordes. Zürich: Diogenes 1975 (detebe 20209)

Killer in the Rain. London: Hamish Hamilton 1964
Boston: Houghton Mifflin 1964
[Erste Buchausgabe von: Killer in the Rain. The Curtain. Try the Girl. Mandarin's Jade. Bay City Blues. The Lady in the Lake.]

The Smell of Fear. London: Hamish Hamilton 1965
[Enthält die erste Buchausgabe von The Pencil.]

Gefahr ist mein Geschäft. Deutsch von Wilm W. Elwenspoek. Frankfurt/M.: Ullstein 1959
[Enthält: Gefahr ist mein Geschäft. Heißer Wind. Ich werde warten. Stichwort Goldfisch. Schüsse bei Cyrano.]

Der König in Gelb. Deutsch von Wilm W. Elwenspoek. Frankfurt/M.: Ullstein 1959
[Enthält: Der König in Gelb. Zu raffinierter Mord. Gesteuertes Spiel.]

Spanisches Blut. Deutsch von Wilm W. Elwenspoek. Frankfurt/M.: Ullstein 1960
[Enthält: Spanisches Blut. Ärger wegen Perlen. Auf Noon Street aufgegriffen. Mord ist keine Kunst.]

Erpresser schießen nicht. Deutsch von Wilm W. Elwenspoek.
Frankfurt/M.: Ullstein 1960
[Enthält: Nevada Gas. Der Bleistift. Erpresser schießen nicht.]

Mord bei Regen. Deutsch von Wilm W. Elwenspoek.
Frankfurt/M./Berlin: Ullstein 1966
[Enthält: Mord bei Regen. Der Mann, der Hunde liebte. Die Frau im Bergsee.]

Gefahr ist mein Geschäft. Deutsch von Wilm W. Elwenspoek. Zeichnungen von Claus Knézy.
Zürich: Diogenes 1967 (Diogenes Erzähler Bibliothek)
[Enthält: Gefahr ist mein Geschäft. Erpresser schießen nicht. Spanisches Blut.]

Mord aus dem Handgelenk. Deutsch von Wilm W. Elwenspoek.
Frankfurt/M./Berlin: Ullstein 1968
[Enthält: Geld im Schuh. Mord aus dem Handgelenk.]

Mord in der Salbeischlucht. Deutsch von Wilm W. Elwenspoek.
Frankfurt/M./Berlin: Ullstein 1969
[Enthält: Zielscheibe. Heim zu Beulah. Mord in der Salbeischlucht.]

Professor Bingos Schnupfpulver / Die Bronzetür. Deutsch von Walter Spiegl und Lore Puschert.
Frankfurt/M./Berlin/Wien: Ullstein 1976

Mord im Regen: Frühe Stories. Deutsch von Hans Wollschläger. Vorwort von Philip Durham.
Zürich: Diogenes 1976 (detebe 20314)
[Enthält: Mord im Regen. Der Mann, der Hunde liebte. Der Vorhang. Cherchez la femme. Mandarin-Jade. Bay City Blues. Die Tote im See. Keine Verbrechen in den Bergen.]

Gesammelte Detektivstories. Deutsch von Hans Wollschläger. Vorwort von Raymond Chandler. Zürich: Diogenes 1976
[Enthält: Ich werde warten. Erpresser schießen nicht. Einfache Chancen. Der superkluge Mord. Nevada-Gas. Spanisches Blut. Zierfische. Schüsse bei Cyrano. Blutiger Wind. Der König in Gelb. Perlen sind eine Plage. Gefahr ist mein Geschäft. Straßenbekanntschaft Noon Street. Der Bleistift.]

Dasselbe auch in drei Taschenbüchern:
Erpresser schießen nicht. Deutsch von Hans Wollschläger.
Zürich: Diogenes 1980 (detebe 20751)
[Enthält: Ich werde warten. Erpresser schießen nicht. Einfache Chancen. Der superkluge Mord. Nevada-Gas.]

Der König in Gelb. Deutsch von Hans Wollschläger.
Zürich: Diogenes 1980 (detebe 20752)
[Enthält: Spanisches Blut. Zierfische. Schüsse bei Cyrano. Blutiger Wind. Der König in Gelb.]

Gefahr ist mein Geschäft. Deutsch von Hans Wollschläger.
Zürich: Diogenes 1980 (detebe 20753)
[Enthält: Perlen sind eine Plage. Gefahr ist mein Geschäft. Straßenbekanntschaft Noon Street. Der Bleistift.]

Straßenbekanntschaft Noon Street. Deutsch von Hans Wollschläger.
Frankfurt/M.: Suhrkamp 1978 (Bibliothek Suhrkamp 562)
[Enthält: Erpresser schießen nicht. Straßenbekanntschaft Noon Street. Gefahr ist mein Geschäft. Die Poodle Springs Story. Die simple Kunst des Mordes.]

Englischer Sommer. Deutsch von Wulf Teichmann und Hans Wollschläger. Zürich: Diogenes 1980 (detebe 20754)
[Enthält u. a. die Geschichten: Englischer Sommer. Die Bronzetür. Professor Bingos Schnupfpulver.]

Essays. Drehbücher. Briefe. Nachlaß

Double Indemnity. Screenplay by Billy Wilder and Raymond Chandler.
In: Best Film Plays – 1945. Edited by John Gassner and Dudley Nichols. New York: Crown 1946

The Simple Art of Murder. Boston: Houghton Mifflin 1950
London: Hamish Hamilton 1950 [Enthält die revidierte Fassung von The Simple Art of Murder und 12 Stories.]

Raymond Chandler Speaking. Edited by Dorothy Gardiner and Kathrine Sorley Walker. London: Hamish Hamilton 1962. Boston: Houghton Mifflin 1962

Chandler Before Marlowe: Raymond Chandler's Early Prose and Poetry. Edited by Matthew J. Bruccoli. University of South Carolina Press 1973

The Notebooks of Raymond Chandler and ›English Summer‹, a Gothic Novel. Illustrated by Edward Gorey. Edited by Frank MacShane. New York: Ecco 1976. London: Weidenfeld and Nicolson 1976

The Blue Dahlia. A Screenplay. With a Memoir by John Houseman. Edited, with an Afterword by Matthew J. Bruccoli. Carbondale: Southern Illinois University Press 1976
Der Beitrag von John Houseman. Deutsch von Wulf Teichmann. In: Englischer Sommer. Zürich: Diogenes 1980 (detebe 20754)

Selected Letters of Raymond Chandler. Edited by Frank MacShane. New York: Columbia University Press 1981

Chandler über Chandler. Briefe, Aufsätze, Fragmente. Herausgegeben von Dorothy Gardiner und Kathrine Sorley Walker.

Deutsch von Wilm W. Elwenspoek. Frankfurt/M./Berlin: Ullstein 1965

Die simple Kunst des Mordes. Briefe, Essays, Notizen, eine Geschichte und ein Romanfragment. Herausgegeben von Dorothy Gardiner und Kathrine Sorley Walker. Deutsch von Hans Wollschläger. Zürich: Diogenes 1975 (detebe 20209)

Englischer Sommer. Drei Geschichten und Parodien, Aufsätze, Skizzen und Notizen aus dem Nachlaß. Deutsch von Wulf Teichmann und Hans Wollschläger. Zürich: Diogenes 1980 (detebe 20754)
[Enthält u. a. Auszüge aus den Notebooks.]

»Sie sind gut aufgehoben bei Leuten, die so geradeheraus sind, wie ich es bin.« Zweiundzwanzig bisher unveröffentlichte Briefe. Deutsch von Alfred Probst. Deutsche Erstveröffentlichung in Tintenfaß Nr. 9. Zürich: Diogenes 1983

ZEITSCHRIFTENVERÖFFENTLICHUNGEN

Geschichten

Blackmailers Don't Shoot. In: ›Black Mask‹, December 1933
Erpresser schießen nicht. Deutsch von Wilm W. Elwenspoek. Frankfurt/M.: Ullstein 1960
Erpresser schießen nicht. Deutsch von Hans Wollschläger. In: Gesammelte Detektivstories. Zürich: Diogenes 1976
Auch in: Erpresser schießen nicht. Zürich: Diogenes 1980 (detebe 20751)

Smart-Alek Kill. In: ›Black Mask‹, July 1934
Zu raffinierter Mord. Deutsch von Wilm W. Elwenspoek.

In: Der König in Gelb. Frankfurt/M.: Ullstein 1959
Der superkluge Mord. Deutsch von Hans Wollschläger.
In: Gesammelte Detektivstories. Zürich: Diogenes 1976
Auch in: Erpresser schießen nicht. Zürich: Diogenes 1980
(detebe 20751)

Finger Man. In: ›Black Mask‹, October 1934
Gesteuertes Spiel. Deutsch von Wilm W. Elwenspoek.

In: Der König in Gelb. Frankfurt/M.: Ullstein 1959
Einfache Chancen. Deutsch von Hans Wollschläger.
In: Gesammelte Detektivstories. Zürich: Diogenes 1976
Auch in: Erpresser schießen nicht. Zürich: Diogenes 1980
(detebe 20751)

Killer in the Rain. In: ›Black Mask‹, January 1935
Mord bei Regen. Deutsch von Wilm W. Elwenspoek.
Frankfurt/M./Berlin: Ullstein 1966
Mord im Regen. Deutsch von Hans Wollschläger.
Zürich: Diogenes 1976 (detebe 20314)

Nevada Gas. In: ›Black Mask‹, June 1935
Nevada Gas. Deutsch von Wilm W. Elwenspoek.
In: Erpresser schießen nicht. Frankfurt/M.: Ullstein 1960
Nevada-Gas. Deutsch von Hans Wollschläger.
In: Gesammelte Detektivstories. Zürich: Diogenes 1976
Auch in: Erpresser schießen nicht. Zürich: Diogenes 1980
(detebe 20751)

Spanish Blood. In: ›Black Mask‹, November 1935
Spanisches Blut. Deutsch von Wilm W. Elwenspoek.
Frankfurt/M.: Ullstein 1960
Spanisches Blut. Deutsch von Hans Wollschläger.
In: Gesammelte Detektivstories. Zürich: Diogenes 1976
Auch in: Der König in Gelb. Zürich: Diogenes 1980
(detebe 20752)

Guns at Cyrano's. In: ›Black Mask‹, January 1936
Schüsse bei Cyrano. Deutsch von Wilm W. Elwenspoek.
In: Gefahr ist mein Geschäft. Frankfurt/M.: Ullstein 1959
Schüsse bei Cyrano. Deutsch von Hans Wollschläger.
In: Gesammelte Detektivstories. Zürich: Diogenes 1976
Auch in: Der König in Gelb. Zürich: Diogenes 1980 (detebe 20752)

The Man Who Liked Dogs. In: ›Black Mask‹, March 1936
Der Mann, der Hunde liebte. Deutsch von Wilm W. Elwenspoek.
In: Mord im Regen. Frankfurt/M.: Ullstein 1966.
Der Mann, der Hunde liebte. Deutsch von Hans Wollschläger.
In: Mord im Regen. Zürich: Diogenes 1976 (detebe 20314)

Noon Street Nemesis [Späterer Titel: *Pick-up on Noon Street*]. In: ›Detective Fiction Weekly‹, 30 May 1936
Auf Noon Street aufgegriffen. Deutsch von Wilm W. Elwenspoek.
In: Spanisches Blut. Frankfurt/M.: Ullstein 1960
Straßenbekanntschaft Noon Street. Deutsch von Hans Wollschläger.
In: Gesammelte Detektivstories. Zürich: Diogenes 1976
Auch in: Gefahr ist mein Geschäft. Zürich: Diogenes 1980 (detebe 20753)

Goldfish. In: ›Black Mask‹, June 1936
Stichwort Goldfisch. Deutsch von Wilm W. Elwenspoek.
In: Gefahr ist mein Geschäft. Frankfurt/M.: Ullstein 1959
Zierfische. Deutsch von Hans Wollschläger.
In: Gesammelte Detektivstories. Zürich: Diogenes 1976
Auch in: Der König in Gelb. Zürich: Diogenes 1980 (detebe 20752)

The Curtain. In: ›Black Mask‹, September 1936
Zielscheibe. Deutsch von Wilm W. Elwenspoek.
In: Mord in der Salbeischlucht. Frankfurt/M.: Ullstein 1969
Der Vorhang. Deutsch von Hans Wollschläger.
In: Mord im Regen. Zürich: Diogenes 1976 (detebe 20314)

Try the Girl. In: ›Black Mask‹, January 1937
Heim zu Beulah. Deutsch von Wilm W. Elwenspoek.
In: Mord in der Salbeischlucht. Frankfurt/M.: Ullstein 1969
Cherchez la femme. Deutsch von Hans Wollschläger.
In: Mord im Regen. Zürich: Diogenes 1976 (detebe 20314)

Mandarin's Jade. In: ›Dime Detective Magazine‹, November 1937
Mord in der Salbeischlucht. Deutsch von Wilm W. Elwenspoek.
Frankfurt/M.: Ullstein 1969
Mandarin-Jade. Deutsch von Hans Wollschläger.
In: Mord im Regen. Zürich: Diogenes 1976 (detebe 20314)

Red Wind. In: ›Dime Detective Magazine‹, January 1938
Heißer Wind. Deutsch von Wilm W. Elwenspoek.
In: Gefahr ist mein Geschäft. Frankfurt/M.: Ullstein 1959
Roter Wind. Deutsch von Hans Wollschläger.
In: Gesammelte Detektivstories. Zürich: Diogenes 1976
Auch in: Der König in Gelb. Zürich: Diogenes 1980
(detebe 20752)

The King in Yellow. In: ›Dime Detective Magazine‹, March 1938
Der König in Gelb. Deutsch von Wilm W. Elwenspoek.
Frankfurt/M.: Ullstein 1959
Der König in Gelb. Deutsch von Hans Wollschläger.
In: Gesammelte Detektivstories. Zürich: Diogenes 1976
Auch in: Der König in Gelb. Zürich: Diogenes 1980
(detebe 20752)

Bay City Blues. In: ›Dime Detective Magazine‹, June 1938
Mord aus dem Handgelenk. Deutsch von Wilm W. Elwenspoek.
Frankfurt/M.: Ullstein 1968
Bay City Blues. Deutsch von Hans Wollschläger.
In: Mord im Regen. Zürich: Diogenes (detebe 20314)

The Lady in the Lake. In: ›Dime Detective Magazine‹, January 1939
Die Frau im Bergsee. Deutsch von Wilm W. Elwenspoek.
In: Mord bei Regen. Frankfurt/M.: Ullstein 1966
Die Tote im See. Deutsch von Hans Wollschläger.
In: Mord im Regen. Zürich: Diogenes 1976 (detebe 20314)

Pearls Are a Nuisance. In: ›Dime Detective Magazine‹, April 1939
Ärger wegen Perlen. Deutsch von Wilm W. Elwenspoek.
In: Spanisches Blut. Frankfurt/M.: Ullstein 1960
Perlen sind eine Plage. Deutsch von Hans Wollschläger.
In: Gesammelte Detektivstories. Zürich: Diogenes 1976
Auch in: Gefahr ist mein Geschäft. Zürich: Diogenes 1980 (detebe 20753)

Trouble Is My Business. In: ›Dime Detective Magazine‹, August 1939
Gefahr ist mein Geschäft. Deutsch von Wilm W. Elwenspoek.
Frankfurt/M.: Ullstein 1959
Gefahr ist mein Geschäft. Deutsch von Hans Wollschläger.
In: Gesammelte Detektivstories. Zürich: Diogenes 1976
Auch in: Gefahr ist mein Geschäft. Zürich: Diogenes 1980 (detebe 20753)

I'll Be Waiting. In: ›Saturday Evening Post‹, 14 October 1939
Ich werde warten. Deutsch von Wilm W. Elwenspoek.

In: Gefahr ist mein Geschäft. Frankfurt/M.: Ullstein 1959
Ich werde warten. Deutsch von Hans Wollschläger.
In: Gesammelte Detektivstories. Zürich: Diogenes 1976
Auch in: Erpresser schießen nicht. Zürich: Diogenes 1980 (detebe 20751)

The Bronze Door. In: ›Unknown‹, November 1939
Die Bronzetür. Deutsch von Lore Puschert.
In: Professor Bingos Schnupfpulver / Die Bronzetür. Frankfurt/M.: Ullstein 1976
Die Bronzetür. Deutsch von Hans Wollschläger.
In: Luzifer läßt grüßen. Teuflische Geschichten gesammelt von Peter Haining. Tübingen: Wunderlich 1976
Auch in: Englischer Sommer. Zürich: Diogenes 1980 (detebe 20754)

No Crime in the Mountains. In: ›Detective Story‹, September 1941
Geld im Schuh. Deutsch von Wilm W. Elwenspoek.
In: Mord aus dem Handgelenk. Frankfurt/M.: Ullstein 1968
Keine Verbrechen in den Bergen. Deutsch von Hans Wollschläger.
In: Mord im Regen. Zürich: Diogenes 1976 (detebe 20314)

Professor Bingo's Snuff. In: ›Park East Magazine‹, June-August 1951
Auch in: ›Go‹, June-July 1951
Professor Bingos Schnupfpulver. Deutsch von Walter Spiegl. Frankfurt/M.: Ullstein 1976
Professor Bingos Schnupfpulver. Deutsch v. Wulf Teichmann.
In: Englischer Sommer. Zürich: Diogenes 1980 (detebe 20754)

Marlowe Takes on the Syndicate [Spätere Titel: *Wrong Pigeon, The Pencil* und *Philip Marlowe's Last Case*].
In: ›London Daily Mail‹, 6–10 April 1959
Der Bleistift. Deutsch von Wilm W. Elwenspoek.

In: Erpresser schießen nicht. Frankfurt/M.: Ullstein 1960
Der Bleistift. Deutsch von Hans Wollschläger.
In: Gesammelte Detektivstories. Zürich: Diogenes 1976
Auch in: Gefahr ist mein Geschäft. Zürich: Diogenes 1980
(detebe 20753)

English Summer. A Gothic Romance. In: ›Antaeus‹, Autumn 1976
Englischer Sommer. Deutsch von Wulf Teichmann.
Zürich: Diogenes 1980 (detebe 20754)

Essays. Aufsätze. Interviews

The Genteel Artist. In: ›Academy‹, 19 August 1911

The Remarkable Hero. In: ›Academy‹, 9 September 1911

The Literary Fop. In: ›Academy‹, 4 November 1911

Realism and Fairyland. In: ›Academy‹, 6 January 1912

The Tropical Romance. In: ›Academy‹, 20 January 1912

Houses to Let. In: ›Academy‹, 24 February 1912

The Phrasemaker. In: ›Academy‹, 29 June 1912

The Simple Art of Murder. In: ›Atlantic Monthly‹, December 1944
Neue Fassung in: ›Saturday Review of Literature‹, 15 April 1950
Mord ist keine Kunst. Deutsch von Wilm W. Elwenspoek.
In: Spanisches Blut. Frankfurt/M.: Ullstein 1960.
Die simple Kunst des Mordes. Deutsch von Hans Wollschläger. Zürich: Diogenes 1975 (detebe 20209)

Writers in Hollywood. In: ›Atlantic Monthly‹, November 1945
Schriftsteller in Hollywood. Deutsch von Wilm W. Elwenspoek.
In: Chandler über Chandler. Frankfurt/M.: Ullstein 1965
Schriftsteller in Hollywood. Deutsch von Hans Wollschläger.
In: Die simple Kunst des Mordes. Zürich: Diogenes 1975 (detebe 20209)

The Hollywood Bowl. In: ›Atlantic Monthly‹, January 1947

Critical Notes. In: ›The Screen Writer‹, July 1947

Oscar Night in Hollywood. In: ›Atlantic Monthly‹, March 1948
Oscar-Abend in Hollywood. Deutsch von Wulf Teichmann. In: Englischer Sommer. Zürich: Diogenes 1980 (detebe 20754)

10 Greatest Crimes of the Century. In: ›Cosmopolitan‹, October 1948

Ten Per Cent of Your Life. In: ›Atlantic Monthly‹, February 1952
Zehn Prozent des Lebens. Deutsch von Wilm W. Elwenspoek.
In: Chandler über Chandler. Frankfurt/M.: Ullstein 1965
Zehn Prozent vom Leben. Deutsch von Hans Wollschläger.
In: Die simple Kunst des Mordes. Zürich: Diogenes 1975 (detebe 20209)

Iced Water and Cool Customers. Interview by Donald Gomery. In: ›London Daily Express‹, 7 July 1958

The Detective Story as an Art Form. In: ›Crime Writer‹, Spring 1959

Rezensionen

Studies in Extinction. In: ›Atlantic Monthly‹, April 1948
  [Über: James Sandoe, Murder Plain and Fanciful]

Bonded Goods. In: ›London Sunday Times‹, 25 March 1956
  [Über: Ian Fleming, Diamonds Are Forever]

Waren unter Zollverschluß. Deutsch von Wulf Teichmann. In: Englischer Sommer. Zürich: Diogenes 1980 (detebe 20754)

The Terrible Dr. No. In: ›London Sunday Times‹, 30 March 1958
  [Über: Ian Fleming, Dr. No]

DREHBÜCHER VON CHANDLER

realisierte

Double Indemnity. Paramount 1942
  Drehbuch: Raymond Chandler und Billy Wilder nach dem Roman von James M. Cain
  Mit Fred MacMurray, Barbara Stanwyck, Edward G. Robinson.
  Produzent: Joseph Sistrom
  Regie: Billy Wilder

And Now Tomorrow. Paramount 1944
  Drehbuch: Raymond Chandler und Frank Partos nach dem Roman von Rachel Field
  Mit Alan Ladd, Loretta Young, Susan Hayward, Barry Sullivan.
  Produzent: Fred Kohlmar
  Regie: Irving Pichel

The Unseen. Paramount 1945
   Drehbuch: Raymond Chandler und Hagar Wilde nach ›Her Heart in Her Throat‹ von Ethel Lina White
   Mit Joel McCrea, Gail Russell, Herbert Marshall.
   Produzent: John Houseman
   Regie: Lewis Allen

The Blue Dahlia. Paramount 1946
   Originaldrehbuch: Raymond Chandler
   Mit Alan Ladd, Veronica Lake, William Bendix.
   Produzent: John Houseman
   Regie: George Marshall

Strangers on a Train. Warner Brothers 1951
   Drehbuch: Raymond Chandler und Czenzi Ormonde nach dem Roman von Patricia Highsmith
   Mit Farley Granger, Ruth Roman, Robert Walker, Leo G. Carroll, Patricia Hitchcock.
   Regie und Produzent: Alfred Hitchcock

nicht realisierte

The Innocent Mrs. Duff. Paramount 1946
   Nach dem Roman von Elizabeth Sanxay Holding

Playback. Universal 1947/48
   Nach einem Originalstoff Chandlers, den er später zum Roman umarbeitete.

FILME NACH WERKEN VON CHANDLER

The Falcon Takes Over. RKO 1941
   Drehbuch: Lynn Root und Frank Fenton nach *Farewell, my Lovely*
   Mit George Sanders, Lynn Bari, James Gleason, Allen Jenkins, Ward Bond.
   Regie: Irving Reis

Time to Kill. Twentieth Century Fox 1942
   Drehbuch: Clarence Upson Young nach *The High Window*
   Mit Lloyd Nolan, Heather Angel, Doris Merrick, Ralph Byrd, Ethel Griffies.
   Regie: Herbert I. Leeds

Murder, My Sweet. RKO 1945
   Drehbuch: John Paxton nach *Farewell, My Lovely*
   Mit Dick Powell, Claire Trevor, Anne Shirley, Otto Kruger.
   Regie: Edward Dmytryk

The Big Sleep. Warner Brothers 1946
   Drehbuch: William Faulkner, Leigh Brackett und Jules Furthmann
   Mit Humphrey Bogart, Lauren Bacall, Martha Vickers, John Ridgely, Dorothy Malone, Charles Waldron.
   Regie: Howard Hawks

The Lady in the Lake. MGM 1946
   Drehbuch: Steve Fischer [Chandler arbeitete zu Beginn an diesem Drehbuch, zog sich dann aber zurück.]
   Mit Robert Montgomery, Audrey Totter, Lloyd Nolan.
   Regie: Robert Montgomery

The Brasher Doubloon. Twentieth Century Fox 1947
   Drehbuch: Dorothy Hannah nach *The High Window*

Mit George Montgomery, Nancy Guild, Fritz Kortner, Florence Bates, Roy Roberts, Conrad Janis.
Regie: John Brahm

Marlowe. MGM 1969
Drehbuch: Stirling Silliphant nach *The Little Sister*
Mit James Garner, Gayle Hunnicutt, Caroll O'Connor, Rita Moreno, Jackie Coogan.
Regie: Paul Bogart

The Long Goodbye. United Artists 1973
Drehbuch: Leigh Brackett
Mit Elliott Gould, Nina von Pallandt, Sterling Hayden, Mary Rydell, Jim Bouton, Henry Gibson.
Regie: Robert Altman

Farewell, My Lovely. EK ITC 1975
Drehbuch: David Zelag Goodman
Mit Robert Mitchum, Charlotte Rampling, John Ireland, Sylvia Miles, Sylvester Stallone, Jack O'Halloran.
Regie: Dick Richards

The Big Sleep. Winkast 1978
Drehbuch: Michael Winner
Mit Robert Mitchum, Sarah Miles, Edward Fox, John Mills, James Stewart, Oliver Reed, Colin Blakely.
Regie: Michael Winner

SEKUNDÄRLITERATUR IN AUSWAHL

Bibliographisches

Sandoe, James: *The Hard-Boiled Dick: A personal Checklist*. Chicago: Lovell 1952

Anon.: *Some Uncollected Authors*. In: ›Book Collector‹, Autumn 1952, S. 209–211

Bruccoli, Matthew J.: *Raymond Chandler. A Checklist*. Kent State University Press 1968

Pendo, Steven: *Raymond Chandler On Screen*. Metuchen: The Scarecrow Press 1976

Berger, Jürgen/Thienhaus, Bettina: *Dashiell Hammett. Raymond Chandler*. Berlin: Freunde der Deutschen Kinemathek 1979 (= Materialien zur Filmgeschichte 11)

Biographisches

Bechert, Hilde/Dexel, Klaus: *Chandler erfindet Marlowe*. Fernsehfilm. Bayerischer Rundfunk. Sendung 26. 12. 1979

Durham, Philip: *Down These Mean Streets A Man Must Go*. Chapel Hill: University of North Carolina Press 1963

Eames, Hugh: *Philip Marlowe – Raymond Chandler*. In: H. E., Sleuths Inc.: Studies of Problem Solvers, Philadelphia/New York: Lippincott 1978

MacShane, Frank: *The Life of Raymond Chandler*. London: Jonathan Cape 1976. New York: Dutton 1976
Deutsch von Christa Hotz, Alfred Probst und Wulf Teichmann. Zürich: Diogenes 1984 (detebe 20960)
Dazu: Highsmith, Patricia: *Parcival schreibt Reißer. Eine Biographie des Kriminalschriftstellers Raymond Chandler*. In: ›Deutsche Zeitung‹, Bonn, 1. Oktober 1976

Ruehlmann, William: *Saint With a Gun*. New York: New York University Press 1974

Ruhm, Herbert: *Raymond Chandler – From Bloomsbury to the Jungle – and Beyond*. In: Tough Guy Writers of the Thirties, ed. David Madden. Carbondale: Southern Illinois University Press 1968

Essay-Sammlungen

Gross, Miriam (Ed.): *The World of Raymond Chandler.* Introduction by Patricia Highsmith. London: Weidenfeld and Nicolson 1977
[Enthält Beiträge von Eric Homberger, Julian Symons, Russell Davies, Billy Wilder, John Houseman, Philip French, Dilys Powell, Michael Mason, Michael Gilbert, Clive James, Natasha Spender, Jacques Barzun, Frank Norman, T. J. Binyon.]
Vorwort von Patricia Highsmith. Deutsch von Wulf Teichmann. In: Englischer Sommer. Zürich: Diogenes 1980 (detebe 20754)

Anmerkungen

Jedes Buch ist anders, und darum stellt ein jedes den Verfasser, der saubere Quellenangaben machen möchte, vor besondere Probleme. Im allgemeinen bin ich in diesem Buch den herkömmlichen, praktischen Methoden gefolgt, doch der Zustand von Chandlers Papieren und seine Popularität als Autor machen eine einführende Erklärung erforderlich.

Sämtliche Romane und Erzählungen Chandlers liegen englisch – und übersetzt – in einer Vielzahl von Ausgaben vor. Es ist üblich, aus den gebundenen ersten Auflagen zu zitieren. Erstausgaben von Chandler sind heute jedoch so rar und so schwer zugänglich, daß ich mich entschied, Kapitel- oder Abschnittsangaben zu machen, wenn ich aus einem Roman oder einer Erzählung zitiere, anstatt mich auf Seitenangaben einer bestimmten Ausgabe zu beziehen. [Die mit der zwischen 1974 und 1980 bei Diogenes, Zürich, erschienenen detebe-Ausgabe deutsch bereits vorliegenden Zitate wurden für dieses Buch überarbeitet und teilweise neu übersetzt.] Chandlers Werk selbst legt dieses Verfahren nahe, da seine Romankapitel und die Abschnitte in den Erzählungen im allgemeinen kurz sind. Dem Leser wird so eine kleine Mühe beim Nachprüfen einer Quellenangabe zugemutet, aber es ist unwahrscheinlich, daß er gerade die Ausgabe zur Hand hat, auf die sich eine Seitenangabe beziehen würde.

Wenn aus einem Manuskript oder Notizbuch zitiert wird, habe ich möglichst vollständige bibliographische Angaben gemacht. Die Briefe bilden ein komplizierteres Problem, das die Nennung der verschiedenen Sammlungen von Texten Chandlers erfordert.

Die größte davon ist im Besitz von Mrs. Helga Greene, Chandlers Erbin und Testamentsvollstreckerin. Die Sammlung umfaßt, neben Manuskripten von veröffentlichten und unveröffentlichten Arbeiten, Drehbücher, Fotografien, Notizbücher, Originalbriefe, Durchschläge von Briefen und Fotokopien seiner umfangreichen Korrespondenz. Diese Sammlung wird in den Anmerkungen als »RC-Archiv« bezeichnet. Die zweitgrößte Sammlung befindet sich im Department of Special Collections in der Research Library der Universität von Kalifornien in Los Angeles (UCLA). Chandler übergab dieser Bibliothek einige seiner Texte sowie eine fast vollständige Sammlung seines gedruckten Werkes, d.h. Bücher und Zeitschriften in Englisch und anderen Sprachen. Andere große, aber auf ein bestimmtes Gebiet beschränkte Sammlungen umfassen Chandlers Korrespondenz mit seinem englischen Verleger Hamish Hamilton; mit seinen amerikanischen Verlegern Houghton Mifflin und Knopf; mit seinem Agenten Brandt and Brandt und mit seinem Herausgeber beim *Atlantic Monthly*, Charles Morton.

Die Briefe in diesen und anderen kleineren Sammlungen gliedern sich in verschiedene Kategorien: von Chandler unterschriebene und abgeschickte Originalbriefe; Briefentwürfe, die später von einer Sekretärin getippt und vermutlich von Chandler abgeschickt wurden; Fotokopien von Briefen; Durchschläge von Briefen und Abschriften von Briefen. Die meisten dieser Abschriften befinden sich an der UCLA, wo sie von Dorothy Gardiner hinterlegt wurden, als sie ihren Anteil an der Arbeit als Mitherausgeberin von *Raymond Chandler Speaking* abgeschlossen hatte. Leider enthalten viele der Abschriften, die vor der Zeit der einfachen und billigen Fotokopie gemacht wurden, Fehler und Auslassungen und sind daher nicht zuverlässig.

Weil Kopien von Chandlers Korrespondenz in all diesen Formen erhalten blieben, war ich stets bemüht, aus dem zuverlässigsten Text zu zitieren. Wann immer möglich, habe ich den gezeichneten Originalbrief oder eine Fotokopie davon oder einen Durchschlag oder Entwurf benutzt; nur wenn diese nicht zugänglich waren, habe ich auf Abschriften zurückgegriffen. Ich merke dies hier an, um Textabweichungen zwischen den hier und den in *Raymond Chandler Speaking* angeführten Zitaten zu erklären.

Die Anmerkungen beziehen sich nur auf schriftlich Dokumentiertes, nicht auf verbal berichtete Bemerkungen, auch dann, wenn diese in Anführungszeichen stehen. Die Quelle für solche Bemerkungen und für alle anderen Informationen, auf denen jedes Kapitel beruht, wird in einer allgemeinen Anmerkung für jedes Kapitel angegeben. Wie im Vorwort dargelegt, habe ich Auslassungen in zitierten Werken und Briefen nicht gekennzeichnet. Die Reihenfolge der Sätze bleibt jedoch gewahrt, und das ausgelassene Material ist für die zur Diskussion stehende Sache nie von Belang.

Kapitel 1. Von Nebraska nach Dulwich

Informationen über Chandlers Familie und deren Herkunft stammen teilweise aus Büchern wie: Albert Cook Myers, *Immigration of Irish Quakers into Pennsylvania 1682–1750* (1902) und J. P. Prendergast, *The Cromwellian Settlement of Ireland* (1922). Das im Besitz von Helga Greene befindliche Raymond Chandler-Archiv enthält auch Briefe von Verwandten und einen Stammbaum, der mit Hilfe von professionellen Genealogen 1960 in Irland erarbeitet wurde. Informationen über Maurice Chandler an der Universität von Pennsylvania erhielt ich von F. J. Dallett, dem Archivar der Universität. Hochwürden Howard Lee Wilson, Dekan der St. Matthew's Kathedrale in Laramie, Wyoming, lieferte die Information über die Trauung von Chandlers Eltern.

Mr. Austin Hall, der Bibliothekar des Dulwich College, und Mr. T. E. Priest, der Sekretär des Alleyn Club, informierten mich über Chandlers Jahre in Dulwich. Außerdem waren mehrere Bücher nützlich: das *Dulwich Year Book*, eine alljährlich erscheinende Sammlung von Mitteilungen über die Schule; W. R. M. Leake u. a., *Gilkes and Dulwich* (1938); A. H. Gilkes, *A Day at Dulwich* (1905); William Young, *History of Dulwich College* (1889); und von der Schule aufbewahrte verschiedene Kataloge und Unterlagen, darunter *Extracts of Minutes of the Governors*. Sir Alwyne Ogden und Sir P. G. Wodehouse, beide Zeitgenossen Chandlers, lieferten weitere Informationen.

Hinsichtlich Chandlers kurzer Zeit beim Marineministerium half mir das Information Office of the Admiralty und die Civil Service Commission in Basingstoke.

Einzelheiten über Chandlers frühe journalistische Tätigkeit fand ich in den Archiven der *Westminster Gazette* und der *Academy*. J. A. Spenders *Life, Journalism, and Politics* (1927) war ebenfalls nützlich.

1 RC an Michael Gilbert, 25. Juli 1957
2 Jon Manchip White an den Verfasser, 25. September 1974

3 RC an Edgar Carter, 3. Juni 1957
4 RC an Hamish Hamilton, 24. Januar 1949
5 RC an Dale Warren, 14. März 1951
6 RC an Alfred Knopf, 16. Juli 1953
7 Stanley Kunitz, Hg., *Twentieth Century Authors*, Erster Ergänzungsband (1955), Beitrag zu RC
8 RC an Charles Morton, 20. November 1944 (detebe 20209, S. 15f.)
9 RC an Morton, 1. Januar 1945
10 RC an Hamilton, 10. November 1950 (detebe 20209, S. 15)
11 RC an Leroy Wright, 31. März 1957
12 *Twentieth Century Authors*, Erster Ergänzungsband
13 RC an Hamilton, 15. Juli 1954 (detebe 20209, S. 17)
14 ebd.
15 RC an Blanche Knopf, 14. Juni 1940
16 RC an Morton, 1. Januar 1945 (detebe 20209, S. 17)
17 RC an Blanche Knopf, 14. Juni 1940
18 RC an Hamilton, 11. Januar 1950
19 RC an Wesley Hartley, 11. November 1957 (detebe 20209, S. 18)
20 RC an Hamilton, 20. Dezember 1949
21 RC im Gespräch mit René MacColl, *Daily Express*, 25. April 1955
22 Zitiert in W. R. M. Leake u. a., *Gilkes and Dulwich*, o. J., S. xx
23 A. H. Gilkes, *A Day at Dulwich*, 1905, S. 58 und S. xxv
24 P. G. Wodehouse an den Verfasser, 18. September 1974
25 RC an Hamilton, 10. November 1950
26 ebd.
27 RC an Warren, 20. April 1949 (enthält auch den Kommentar Priestleys)
28 ebd.
29 John Houseman, »Lost Fortnight«, *Harper's Magazine*, August 1965, S. 61 (detebe 20754, S. 215)
30 RC an Helga Greene, 28. April 1957
31 ebd.
32 RC an Hamilton, 15. Juli 1954
33 Autobiographische Aussage, RC-Archiv (vgl. detebe 20209, S. 19)
Obwohl Chandler den Namen seiner Pension als Narjollet angab, meinte er wahrscheinlich Marjollet. Die M- und N-Tasten liegen auf der Schreibmaschine nebeneinander. Die Familie Marjollet war als Eigentümerin von Pensionen und Hotels in Paris gut bekannt, indes die Familie Narjollet aus dem Burgundischen stammt und in Paris erst vor wenigen Jahren aufgetaucht ist. Die Adresse von Chandlers Pension war außerdem der Sitz des Café Vachette, in dem Studenten sich trafen und auch Verlaine, Moréas, Barrès und andere verkehrten.
34 RC an Hamilton, 11. Dezember 1950 (detebe 20209, S. 22f.)
35 RC an Greene, 13. Juli 1956
36 RC an Hamilton, 11. Dezember 1950 (detebe 20209, S. 23); und RC an Wesley Hartley, 11. November 1957 (detebe 20209, S. 18)
37 RC an Hamilton, 11. Dezember 1950 (detebe 20209, S. 23)
38 RC an Michael Gilbert, 25. März 1957
39 RC an Wright, 31. März 1957 (detebe 20209, S. 19)
40 ebd.
41 RC an Hamilton, 11. Dezember 1950

42 RC an Wright, 31. März 1957 (detebe 20209, S. 19)
43 *Twentieth Century Authors*, Erster Ergänzungsband (detebe 20209, S. 18)
44 Matthew Bruccoli, Hg., *Chandler Before Marlowe*, 1973, S. 3f.

Wenn die Abendsonne sich neigt, / Wenn der Grillen Sang anhebt / Und der Tau im Grase blinkt, / Derweil den Pfad ich langsam steige, / Mit halb stolzer, halb bescheidener Miene, / Geh ich behutsam über den Boden, den deine Füße berührten.

Wenn dereinst die große Posaune erschallt, / Wenn des Lebens Schiff das Kap umrundet hat, / Wenn das Rad des Menschenfortschritts stillesteht, / Meine Geliebte, treff ich vielleicht dich, / Und grüße dich mit des Liebenden Kuß, / Wo meiner du harrst in der Seligen Gefilden!

45 Im Gespräch mit MacColl, *Daily Express*, 25. April 1955
46 RC an Hamilton, 22. April 1949 (detebe 20209, S. 20)
47 ebd. (detebe 20209, S. 19)
48 RC an Hamilton, 11. Dezember 1950 (detebe 20209, S. 21)
49 ebd.
50 ebd. (detebe 20209, S. 22)

Hier hat das Gedächtnis Chandler wohl einen Streich gespielt. Vizetelly & Co., geleitet von Ernest Vizetelly, wurden belangt, weil sie Zola veröffentlichten, und der Verlag ging ein. Es gelang Vizetelly aber dann doch noch, das meiste von Zola in englisch zu veröffentlichen.

51 Richard Middleton, *Academy*, 12. August 1911, S. 210
52 RC an Hamilton, 11. Dezember 1950 (detebe 20209, S. 22)
53 *Academy*, 19. August 1911, S. 250
54 RC an Hamilton, 9. April 1949 (detebe 20209, S. 20)
55 ebd.
56 *Chandler Before Marlowe*, S. 57
57 ebd., S. 67
58 ebd., S. 70
59 RC an Hamilton, 11. Dezember 1950 (detebe 20209, S. 22)
60 ebd.
61 Autobiographische Aussage, RC-Archiv (detebe 20209, S. 19)
62 *Chandler Before Marlowe*, S. 71
63 RC, »Nocturne from Nowhere«, RC-Archiv

Visionen von einer einst
geliebten Frau vermischen sich mit Visionen
von einem Land, das ich einst
fast ebenso geliebt.
Es gibt keine Länder so schön wie
das England, das ich mir vorstelle in den Nachtstunden
dieses leuchtenden und düsteren Landes meines
Exils und Schreckens.
Es gibt keine Frau so zart wie diese Frau,
deren kornblumenblaue Augen mich anblicken
mit dem Zauber der Entsagung und
der Verheißung eines unmöglichen Paradieses.

***

Für ein Weilchen in den Nachtstunden laßt
mich zurückgehen in jene gütige und glänzende
Zukunft, die nicht vergangen ist, da sie
nie sich ereignete, und die doch gänzlich verloren ist –

***

In einem stillen Park, wo sie
gegen Abend einen Weg entlangkommen wird,
anmutig wie eine Rose sich wiegt,
und stehenbleibt mit halbgeschlossenen Augen
und mit leicht gesenkter Stimme
nichts von besonderer Bedeutung sagt
Nur die Musik allen Lebens und aller Liebe
wird in ihrer Stimme sein und in
ihren Augen nur das Licht aller
Jugendliebe, die wir von uns schieben
mit schmerzlichem Lächeln, da wir wissen,
daß es so etwas nicht gibt und sollte
es doch so etwas geben, paßte es nicht zu
der dringenden Notwendigkeit, sich den
Lebensunterhalt zu verdienen.

    Ich glaube nicht, daß ich ihr Haar berühren
oder tastende Finger auf ihre unvergessenen Augen
legen werde. Ich werde vielleicht nicht einmal
zu ihr sprechen, sondern mich sogleich abwenden,
erstickt von schrecklicher Sehnsucht, und fortgehen
unter den ernsten englischen Bäumen durch
die sanfte Dämmerung in das
Land namens Tod.

    Und im Gehen werde ich mich fragen,
wieviel es den Läufen der verschiedenen
Sternenwelten wohl einbringt, daß mir nicht
vergönnt sein konnte, glücklich zu sein
mit der Frau, die ich liebte in dem Land,
das ich liebte, für wenige kurze Schmetterlingsstunden,
bevor die tiefe Dunkelheit gekommen wäre, um
mich zu krönen und zu salben mit
der glänzenden Pracht des Vergessens.

64 Autobiographische Aussage, RC–Archiv
65 RC an Wright, 31. März 1957 (detebe 20209, S. 23)
66 ebd.

Kapitel 2. Die Rückkehr nach Amerika

Informationen über Chandlers frühe Jahre in Kalifornien stammen in erster Linie von Dr. Paul Lloyd, dem Sohn von Warren Lloyd, dessen Familie Chandler warmherzig aufnahm, als er in Los Angeles ankam. Recherchen in verschiedenen Zeitungsarchiven, Telefonbüchern, Branchenbüchern und anderen Adreßbüchern erbrachten stützendes Material. Mrs. Ruth A. Cutten, eine enge Freundin von Warren Lloyds Tochter Estelle, war ebenfalls eine wertvolle Hilfe.

Chandlers Kriegserfahrungen sind dokumentiert durch Briefe und Fotokopien von amtlichen Unterlagen, die die Public Archives of Canada, das Department of Veterans Affairs in Ottawa, Colonel J. G. Boulet und sein Stab beim Information Service des Department of National Defense in Ottawa und The Air Historical Branch (RAF) des Verteidigungsministeriums in London zur Verfügung stellten. Wichtige Quellen für Hintergrundmaterial waren Bücher wie G. W. L. Nicholson, *Canadian Expeditionary Force 1914-1919* (1962); Harwood Steele, *The Canadians in France 1915-1918* (1920); George Nasmith, *Canada's Sons and Britain in the World War* (1919); und J. F. B. Livesey, *Canada's Hundred Days* (1919).

Außer auf der unten angegebenen Korrespondenz beruht meine Darstellung von Chandlers Banktätigkeit nach dem Krieg auf Informationen, die ich vom Leiter der National Banks in Washington erhielt; vom Archivar der Bank von Montreal und von Pamela Döerr von Barclays Bank in San Francisco.

Informationen über Chandlers Frau Cissy stammen in der Hauptsache aus dem Raymond Chandler-Archiv und von Kathrine Sorley Walker von der Helga Greene Literary Agency. Weitere Informationen bezog ich aus verschiedenen öffentlichen Quellen.

Meine Darstellung von Chandlers Leben im Ölgeschäft beruht auf Material, das ich bei mehreren seiner früheren Kollegen und Freunde aus jener Zeit seines Lebens sammelte. Mr. und Mrs. Milton Philleo, Mr. und Mrs. Ernest Dolley, John Abrams und Theodore Malquist sowie Dr. Lloyd. Alle lieferten sie unschätzbare Informationen, die gestützt wurden durch die Lektüre von Büchern allgemeinerer Natur über das Ölgeschäft in Los Angeles und durch Material aus verschiedenen Industrie-Anzeigern und den Archiven der *Los Angeles Times*.

1 RC an Hamish Hamilton, 11. Dezember 1950 (detebe 20209, S. 22)
2 Stanley Kunitz, Hg., *Twentieth Century Authors*, – Erster Ergänzungsband, Artikel über RC
3 RC an Charles Morton, 15. Januar 1945
4 RC an Hamilton, 10. November 1950 (detebe 20209, S. 24)
5 Autobiographische Aussage, RC–Archiv
6 RC an Hamilton, 10. November 1950 (detebe 20209, S. 24)
7 Typoskript von »To-morrow«, RC-Archiv
8 RC an Eric Partridge, 30. Januar 1952
9 Autobiographische Aussage, RC-Archiv
10 RC an Alex Barris, 16. April 1949
11 RC an Deirdre Gartrell, 2. März 1957
12 RC an Gartrell, 25. Juli 1957
13 RC, »Trench Raid«, Raymond Chandler-Sammlung, UCLA
14 George Nasmith, *Canada's Sons and Britain in the World War* (1919), S. 470

15 RC an Bert Lea, 30. Dezember 1948
16 RC an Roger Machell, 11. Juli 1954
17 *Twentieth Century Authors*, Erster Ergänzungsband
18 ebd.
19 RC an Jessica Tyndale, 18. Januar 1957
20 RC an Helga Greene, 5. Mai 1957 (vgl. detebe 20209, S. 24f.)
21 ebd.
22 John Abrams an den Verfasser, 6. Juli 1974
23 RC an Greene, 5. Mai 1957
24 Abrams an den Verfasser, 6. Juli 1974
25 ebd.
26 RC zu Howard C. Heyn, Presseausschnitt; Zeitung unbekannt; RC-Archiv
27 RC an Hamilton, 15. Juli 1954
28 RC zu Cyril Ray, Interview, *Sunday Times*, 21. September 1952

Kapitel 3. Black Mask

Zur allgemeinen Information über *pulps* in den Vereinigten Staaten las ich Frank Gruber, *The Pulp Jungle* (1967); Ron Goulart, *Cheap Thrills, An Informal History of the Pulp Magazines* (1972); und Philip Durham, »The Black Mask School« in *Tough Guy Writers of the Thirties*, herausgegeben von David Madden (1968). Im übrigen haben mir viele der ersten Mitarbeiter von *Black Mask* geholfen, namentlich W. T. Ballard, George Harmon Coxe, Dwight Babcock und Prentice Winchell. In vielerlei Hinsicht hilfreich waren auch Mrs. Erle Stanley Gardner, Mr. Joseph Shaw, Jr., und Mrs. H. M. Shaw. Mr. Keith Deutsch, der *Black Mask* wieder aufleben ließ, hat mir besonders dadurch geholfen, daß er mir Kopien aus seinem persönlichen Archiv lieh.

1 RC, unbetiteltes Typoskript für »Short Story Writing 52 AB«. RC-Archiv
2 ebd., S. 5, RC-Archiv
3 RC, »Strong Waters«, Typoskript, zweite Fassung von »Beer in the Sergeant Major's Hat«, S. 1, RC-Archiv (detebe 20754, S. 155f.)
4 RC an Charles Morton, 15. Januar 1945 (detebe 20209, S. 137)
5 RC an George Harmon Coxe, 9. April 1939
6 RC an Hamish Hamilton, 10. November 1950 (vgl. detebe 20209, S. 25)
7 ebd.
8 ebd.
9 RC an Coxe, 9. April 1939
10 RC an Morton, 28. Oktober 1947 (vgl. detebe 20209, S. 89f.)
11 Frank Gruber, *The Pulp Jungle*, 1967, S. 12
12 *New Yorker*, 15. Februar 1936, S. 12
13 H. L. Mencken an Theodore Dreiser, 11. Februar 1919, in *Letters of H. L. Mencken*, 1961, S. 142
14 H. L. Mencken an Ernest Boyd, 3. April 1920, in *Letters of H. L. Mencken*, S. 180
15 H. L. Mencken, »Autobiographical Notes 1925«, zitiert in *Menckania*, Herbst 1971, S. 1 (Fußnote)
16 Mencken an Fielding Hudson Garrison, 31. Dezember 1920, in *Letters of H. L. Mencken*, S. 216
17 Joseph Shaw, Hg., *The Hard-Boiled Omnibus*, 1952, S. VI

18 ebd., S. VIII
19 Joseph Shaw, »Greed, Crime, and Politics«, *Black Mask*, März 1931, S. 9
20 ebd.
21 Joseph Shaw, »Here's Looking at You«, *Black Mask*, April 1933, S. 7
22 RC an Morton, 20. November 1944.
23 RC an H. R. Harwood, 2. Juli 1951
24 G. K. Chesterton, »A Defense of Detective Stories«, 1902; wieder abgedruckt in: Howard Haycraft, *The Art of the Mystery Story*, 1946, S. 4
25 RC, »The Simple Art of Murder«, *Atlantic Monthly*, Dezember 1944; wieder abgedruckt in: RC, »*The Simple Art of Murder*«, 1950 und in: *The Second Chandler Omnibus*, 1962 (detebe 20209, S. 336)
26 RC, Widmung für Joseph Shaw in der Paperback-Ausgabe von *Five Murders*; wieder abgedruckt in: *The Boys in the Black Mask*, 1961, S. 3 Ausstellungskatalog, UCLA
27 »The Simple Art of Murder«, (detebe 20209, S. 337)
28 RC an Cleve Adams, 4. September 1948 (detebe 20209, S. 56)
29 RC, Brief an *The Fortnightly Intruder*, Los Angeles, 1. Juli 1937, S. 10, UCLA
30 Zitiert in Irving Wallace, »Murder for Money«, Typoskript S. 14; ein Interview mit Chandler, das, gekürzt, endlich von der Zeitschrift *Pageant* im Juli 1946 veröffentlicht wurde. Im Gewahrsam der FM.
31 RC, »The Simple Art of Murder«, (detebe 20209, S. 337)
32 RC an Erle Stanley Gardner, 5. Mai 1939 (detebe 20209, S. 84)
33 RC an Howard, 26. März 1957
34 RC an Alex Barris, 18. März 1949 (detebe 20209, S. 94)
35 RC an Morton, 18. Dezember 1944
36 Lester Dent an Philip Durham, 27. Oktober 1958, UCLA
37 ebd.
38 ebd.
39 RC an James Sandoe, 17. Oktober 1946
40 RC an Coxe, 9. April 1939
41 Wallace, »Murder for Money«, Typoskript S. 12
42 Joseph Shaw an Frederick Nebel, 25. Januar 1946
43 Joseph Shaw, Bemerkung über Chandler (nicht verwendetes Vorwort für The Hard-Boiled Omnibus), Shaw-Sammlung, UCLA
44 RC, »The Simple Art of Murder«. Das Zitat stammt aus einem ganz anderen Artikel mit demselben Titel, zuerst erschienen in der *Saturday Review of Literature*, New York, 15. April 1950, und später als Vorwort benutzt für *The Simple Art of Murder*
45 RC an Alfred Knopf, 12. Januar 1946
46 RC an Barris, 16. April 1949
47 RC an Cleve Adams, 3. September 1948
48 RC, »The Simple Art of Murder« (1950)
49 RC zu Cyril Ray, Interview, *Sunday Times*, 21. September 1952
50 RC an Frederick Lewis Allen, 7. Mai 1948 (detebe 20209, S. 276)
51 RC an Paul Brooks, 19. Juli 1949
52 RC, »Blackmailers Don't Shoot«, Teil 1, erster Absatz (detebe 20751, S. 37)
53 RC, »Mandarin's Jade«, gegen Ende von Teil 5 (detebe 20314, S. 248)
54 ebd., Teil 5 (Detebe 20314, S. 247)
55 RC, »Finger Man«, Teil 7 (detebe 20751, S. 141)

56 RC, »Spanish Blood«, Teil 13 (detebe 20752, S. 67)
57 RC, »Smart-Aleck Kill«, Teil 10 (detebe 20751, S. 235)
58 RC, »Blackmailers Don't Shoot«, Teil 1 (detebe 20751, S. 38)
59 RC, unbetiteltes Typoskript, S. 2, RC-Archiv
60 RC, »Red Wind«, Teil 6 (detebe 20751, S. 262)
61 RC, »Pickup on Noon Street«, Teil 7 (detebe 20753, S. 196)
62 RC, »Goldfish«, Teil 5 (detebe 20752, S. 89)
63 ebd., Teil 5 (detebe 20752, S. 87)
64 RC, »Mandarin's Jade«, Teil 3 (detebe 20314, S. 231)
65 RC an George Kull, 3. Februar 1948
66 RC, »Nevada Gas«, Teil 1, (detebe 20751, S. 238 ff.)
67 RC, »Bay City Blues«, Teil 7 (detebe 20314, S. 328)
68 RC, »Red Wind«, Teil 1 (detebe 20752, S. 202)
69 RC, »Bay City Blues«, Teil 8 (detebe 20314, S. 332)
70 RC an Barris, 18. März 1949 (detebe 20209, S. 94)
71 RC, »Bay City Blues«, Teil 5 (detebe 20314, S. 314)
72 RC an Sandoe, 15. Dezember 1948
73 RC an William Gault, undatiert (zwischen Februar und März 1949)
74 RC, »A Couple of Writers«, veröffentlicht in *Raymond Chandler Speaking*, 1962 (detebe 20209, S. 130)
75 RC an Hamilton, 22. April 1949 (detebe 20209, S. 98)

Kapitel 4. Der große Schlaf

Um meine Kenntnisse von Los Angeles und Kalifornien im allgemeinen zu erweitern habe ich mehrere der vielen Bücher gelesen, die über Südkalifornien geschrieben worden sind. Darunter: Cary McWilliams, *Southern California Country* (1946); Morrow Mayo, *Los Angeles* (1933); und Remi Nadeau, *Los Angeles* (1960).

1 RC an Charles Morton, 17. Juli 1944
2 ebd.
3 RC an James Keddie, 18. März 1948
4 RC an George Harmon Coxe, 27. Juni 1940
5 ebd.
6 ebd.
7 RC an James Sandoe, 31. Oktober 1951
8 RC an Keddie, 18. März 1948
9 RC an Bernice Baumgarten, 11. März 1949 (detebe 20209, S. 59)
10 ebd.
11 RC an Sandoe, 20. Mai 1949
12 Ernest Hopkins, *Our Lawless Police*, 1931, S. 152
13 RC, *The Little Sister*, Kapitel 26 (detebe 20206, S. 210)
14 RC an Morton, 26. März 1945
15 RC an Paul Brooks, 19. Juli 1949
16 RC an Neil Morgan, 30. August 1956
17 RC an H. R. Harwood, 2. Juli 1951
18 RC an Baumgarten, 14. Mai 1952 (detebe 20209, S. 295)
19 RC an Sandoe, 23. September 1948

Anmerkungen

20 RC, »The Curtain«, Teil 4 (detebe 20314, S. 123)
21 RC, *The Big Sleep*, Kapitel 3 (detebe 20132, S. 16f.)
22 RC, »The Simple Art of Murder«, *Atlantic Monthly*, Dezember 1944 (detebe 20209, S. 342)
23 RC an Sandoe, 12. Mai 1949
24 RC an Leroy Wright, 12. April 1950
25 RC an Sandoe, 12. Mai 1949
26 Antwort auf einen von Luther Nichols an Chandler geschickten Fragebogen, *San Francisco Examiner*, 1958, RC-Archiv
27 RC an Alfred Knopf, 12. Januar 1946
28 RC, *The Big Sleep*, Kapitel 12 (detebe 20132, S. 57)
29 ebd., Kapitel 30 (detebe 20132, S. 178)
30 ebd., Kapitel 32 (detebe 20132, S. 200f.)
31 RC an William Koshland, 2. November 1938
32 RC an H. N. Swanson, 22. September 1954
33 RC an Hardwick Moseley, 23. April 1949
34 ebd.
35 RC an Alfred Knopf, 19. Februar 1939 (detebe 20209, S. 262)
36 ebd.
37 ebd.
38 Frank Gruber, »Some Notes on Mystery Novels and Their Authors«, Zeitungsausschnitt in einem der Notizbücher Chandlers; Zeitung nicht bekannt, Datum wahrscheinlich irgendwann in den vierziger Jahren, da Chandler erwähnt wird.
39 RC, zitiert nach einer Pressemitteilung von Paramount, 1944
40 W. T. Ballard an den Verfasser, 21. März 1975
41 ebd.
42 W. T. Ballard an den Verfasser, 14. September 1974
43 Dwight Babcock an den Verfasser, 9. März 1975
44 Ruth Babcock an den Verfasser, 8. April 1975
45 ebd.
46 ebd.
47 W. T. Ballard an den Verfasser, 21. März 1975
48 Ruth Babcock an den Verfasser, 8. April 1975
49 RC an Barris, 16. April 1949
50 RC an Alfred Knopf, 12. Januar 1946
51 RC an Sandoe, 28. Dezember 1949 (detebe 20209, S. 101f.)
52 RC an Coxe, 17. Oktober 1939
53 ebd.
54 RC an James Howard, 26. März 1957
55 RC an Coxe, 17. Oktober 1939
56 RC an Carl Brandt, 3. April 1949
57 RC an Brandt, 18. Oktober 1948
58 RC an Coxe, 9. April 1939
59 RC an Alfred Knopf, 19. Februar 1939
60 RC, Notizbuch, unpaginiert, RC-Archiv (detebe 20209, S. 259ff.)
61 RC an Sandoe, 26. Januar 1944 (detebe 20209, S. 51)
62 RC, Notizbuch, unpaginiert, RC-Archiv
63 RC, Notizen, zitiert in Brief an Leroy Wright, 6. Juli 1951
64 ebd.

65 Ebenfalls eine am 4. Dezember 1950 in San Diego abgegebene eidesstattliche Erklärung Chandlers
66 RC an Blanche Knopf, 23. August 1939 (detebe 20209, S. 263)
67 ebd.
68 ebd.

Kapitel 5. Das Gesetz kann man kaufen

Der Großteil der in diesem Kapitel enthaltenen biographischen Information stammt aus der unten zitierten Korrespondenz, vor allem aus Chandlers Briefen an Alfred und Blanche Knopf. Außerdem habe ich mir die im Kapitel genannten Orte angesehen.

1 RC an George Harmon Coxe, 19. Dezember 1939
2 ebd.
3 RC an Blanche Knopf, 17. Januar 1940
4 ebd.
5 RC an Leroy Wright, 7. Juli 1951
6 ebd.
7 ebd.
8 RC an Alfred Knopf, 3. April 1942 (detebe 20209, S. 266)
9 RC an Blanche Knopf, 31. Mai 1940
10 ebd.
11 Blanche Knopf an RC, 1. Oktober 1940
12 RC an Blanche Knopf, 9. Oktober 1940
13 Zusammenstellung von Buchbesprechungen, Verkaufsabteilung von Houghton Mifflin, RC-Archiv
14 RC an Blanche Knopf, 10. Dezember 1940
15 Zitiert in John Houseman, »Lost Fortnight«, *Harper's Magazine*, August 1965, S. 61 (detebe 20754, S. 232)
16 RC an Blanche Knopf, 10. Dezember 1940. Zehn Jahre später waren an gebundenen Ausgaben insgesamt 11 000 Exemplare verkauft.
17 RC, *Farewell, My Lovely*, Kapitel 28 (detebe 20312, S. 194)
18 ebd., Kapitel 19 (detebe 20312, S. 144)
19 RC an Charles Morton, 12. Oktober 1944
20 RC, *Farewell, My Lovely*, Kapitel 24 (detebe 20312, S. 169)
21 ebd., Kapitel 33 (detebe 20312, S. 240)
22 ebd., Kapitel 28 (detebe 20312, S. 195)
23 ebd., Kapitel 29 (detebe 20312, S. 202)
24 ebd., Kapitel 28 (detebe 20312, S. 196)
25 ebd., Kapitel 4 (detebe 20312, S. 24)
26 ebd., Kapitel 3 (detebe 20312, S. 18)
27 ebd., Kapitel 5 (detebe 20312, S. 28)
28 ebd. (detebe 20312, S. 29)
29 ebd. (detebe 20312, S. 28)
30 RC an Blanche Knopf, 10. Juli 1939
31 RC an Alfred Knopf, 12. Januar 1946
32 RC an Bernice Baumgarten, 11. März 1949
33 RC an Edgar Carter, 5. Februar 1951 (detebe 20209, S. 27f.)

34 RC an Coxe, 5. November 1940
35 RC an Dwight Babcock, 4. Dezember 1940
36 RC an Erle Stanley Gardner, 1. Februar 1941
37 RC an Alex Barris, 18. März 1949 (detebe 20209, S. 93 f.)
38 RC an Blanche Knopf, 15. März 1942 (detebe 20209, S. 265)
39 ebd.
40 Blanche Knopf an RC, 30. März 1942
41 RC an Alfred Knopf, 3. April 1942 (detebe 20209, S. 265)
42 RC an Blanche Knopf, 5. April 1942 (detebe 20209, S. 266)
43 RC an Hamish Hamilton, 6. Oktober 1946
44 RC an Alfred Knopf, 16. Juli 1942
45 RC an Blanche Knopf, 22. Oktober 1942
46 ebd.
47 RC, *The High Window*, Kapitel 2 (detebe 20208, S. 11)
48 ebd., Kapitel 1 (detebe 20208, S. 5)
49 *Los Angeles Times*, 21. September 1939
50 RC, *The High Window*, Kapitel 15 (detebe 20208, S. 121)
51 ebd.
52 ebd., Kapitel 35 (detebe 20208, S. 257 f.)
53 RC an Alfred Knopf, 8. Februar 1943
54 RC an Alfred Knopf, 22. Oktober 1942
55 RC an Alfred Knopf, 8. Februar 1943
56 RC, *The Lady in the Lake*, Kapitel 5 (detebe 20311, S. 36)
57 ebd., Kapitel 1 (detebe 20311, S. 6)
58 ebd., Kapitel 2 (detebe 20311, S. 15 f.)
59 ebd., Kapitel 37 (detebe 20311, S. 251)
60 ebd., Kapitel 25 (detebe 20311, S. 180)
61 Stanley Kunitz, Hg., *Twentieth Century Authors*, erster Ergänzungsband (1955), Artikel über RC.

Kapitel 6. Der goldene Friedhof

Es gibt viele Bücher über Hollywood, aber nur wenige sind gut. Ein großer Teil besteht aus einer Anhäufung von Klatsch. Einige der besten sind Romane, wie Scott Fitzgeralds *The Last Tycoon* (1941) und Nathanael Wests *The Day of the Locust* (1939). Als allgemeine Lektüre für den Hintergrund habe ich besonders hilfreich gefunden: *Picture* (1952) von Lillian Ross und *Studio* (1969) von John Dunne. Daniel Sterns Roman *Final Cut* (1975) legt den Gedanken nahe, daß die Situation sich seit Chandlers Zeit kaum verändert hat.

Neben den unten aufgeführten Büchern, die sich direkt mit Filmen beschäftigen oder mit Menschen, mit denen Chandler zu tun hatte, fand ich nützlich: Frank Gruber, *The Pulp Jungle* (1967); Harry Hossent, *Gangster Movies* (1974); und einen Artikel von Michael Desilets, »Raymond Chandler and Hollywood«, in *Filmograph* April 1972.

Die Informationen für dieses Kapitel verdanke ich der Kooperation der Studios, für die Chandler arbeitete, insbesondere dem Nachfolger von Paramount, Universal City Studios und MGM. Die Academy of Motion Picture Arts and Sciences, die Screen Actors Guild und die Writers Guild haben mir ebenfalls nützliche Informationen zukommen lassen. In der Hauptsache beruht das Kapitel jedoch auf Gesprächen und auf dem Briefwechsel mit Menschen, die Chandler kannten und mit ihm in Hollywood arbeiteten, insbesondere mit Leigh Brackett, Ruth Morse, Meta Rosenberg, Katherine Sistrom und mit Eric Ambler, James M. Cain, Teet Carle, Whitfield Cook, William Dozier, José Ferrer, Steve Fisher, John Houseman, Robert Montgomery, E. Jack Neuman, Lloyd Nolan, Robert Presnell, Jr., H. Allen Smith, H. N. Swanson, Harry Tugend, Irving Wallace, Billy Wilder und John Woolfenden.

1 RC an Alfred Knopf, 8. Februar 1943
2 RC an Dale Warren, 22. Mai 1950
3 RC an Ray Stark, 8. Juni 1948
4 RC an Hamish Hamilton, 10. November 1950 (detebe 20209, S. 167)
5 RC an James Sandoe, 23. Mai 1949
6 Zitiert in Axel Madsen, *Billy Wilder* (1969), S. 91
7 *Double Indemnity*-Mappe, RC-Archiv
8 Michael Desilets, »Raymond Chandler in Hollywood«, *Filmograph*, April 1972, S. 2
9 *Double Indemnity*-Mappe, RC-Archiv
10 Zitiert in Pressemitteilung der Mystery Writers of America nach Chandlers Tod, März 1959, RC-Archiv
11 Zitiert in John Houseman, »Lost Fortnight«, *Harper's Magazine*, August 1965, S. 55 (detebe 20754, S. 214)
12 Frank Capra, The Name Above the Title, 1971, S. 253
13 Teet Carle an den Verfasser, 20. Dezember 1974
14 Robert Presnell, Jr., an den Verfasser, 7. November 1974
15 ebd.
16 H. Allen Smith, *Lost in the Horse Latitudes*, 1944, S. 111
17 Robert Presnell, Jr., an den Verfasser, 7. November 1974
18 RC an Carl Brandt, 26. November 1948 (vgl. detebe 20209, S. 161f.)
19 José Ferrer an den Verfasser, 22. Februar 1974
20 Zitiert in Irving Wallace, »Murder for Money«, Typoskript, S. 12. Verwahrung FM
21 RC an Warren, 15. September 1949
22 James M. Cain an den Verfasser, 30. April 1975
23 RC an Sandoe, 18. September 1945
24 RC an Alfred Knopf, 13. November 1943
25 RC an Charles Morton, 31. Mai 1946. Gemeint ist eine Szene in *The Blue Dahlia*.
26 RC an Morton, 1. Januar 1945
27 RC an Paul Ferris, 31. Januar 1945. Die Schätzung von $ 1000 Honorar wöchentlich beruht auf Chandlers Aussage in diesem Brief, daß es im nächsten Jahr auf $ 1250 erhöht werden würde. Bei einem Autor mit Chandlers damaligem Marktwert erhöhte sich das Honorar jeweils stufenweise um $ 250.
28 RC an Morton, 15. Januar 1945 (vgl. detebe 20209, S. 136)
29 RC an Morton, 21. Januar 1945
30 RC an Morton, 5. März 1945 (detebe 20209, S. 137)
31 Houseman, »Lost Fortnight«, S. 59 (detebe 20754, S. 223f.)
32 RC, Notizbuch, unpaginiert, RC-Archiv
33 Zitiert in Frank Gruber, *The Pulp Jungle*, 1967, S. 116
34 RC an Sidney Sanders, 19. Februar 1945
35 RC an Brandt, 26. November 1948 (detebe 20209, S. 161)

36 RC an Edward Weeks, 10. Juni 1957
37 RC an Morton, 13. Oktober 1945
38 RC an Hamilton, 9. Januar 1946
39 RC an Sandoe, 30. Mai 1946
40 RC an Alex Barris, 19. April 1949 (detebe 20209, S. 162)
41 RC an Morton, 13. Oktober 1945
42 Sanders an RC, 4. Juni 1945
43 RC an Alfred Knopf, 12. Januar 1946
44 RC an Hamilton, 1. Februar 1946
45 RC an Warren, 5. Mai 1949
46 RC an Knopf, 12. Januar 1946
47 RC an Brandt, 20. November 1948
48 RC an Morton, 1. Januar 1945
49 Zitiert in Wallace, »Murder for Money«, Typoskript, S. 7, Verwahrung FM
50 RC an Knopf, 20. Dezember 1948
51 RC an Morton, 18. Dezember 1944
52 ebd.
53 ebd.
54 RC an Erle Stanley Gardner, 20. Januar 1946
55 RC an Sol Siegel, 27. April 1951
56 RC an Brandt, 1. September 1949
57 RC an Morton, 12. Dezember 1945
58 ebd.
59 RC an Weeks, 27. Februar 1957
60 RC an Morton, 15. März 1946
61 RC an Blanche Knopf, 27. März 1946
62 RC an Gardner, 4. April 1946
63 ebd.
64 RC an Morton, 31. Mai 1946
65 RC an H. N. Swanson, 4. August 1946
66 ebd.
67 ebd.
68 RC an Hamilton, 30. Mai 1946
69 ebd.
70 RC an Jean Bethel (Mrs. Erle Stanley) Gardner, 20. April 1947
71 RC an Sandoe, 2. Oktober 1946
72 RC an Hamilton, 21. März 1949 (detebe 20209, S. 279)
73 RC an Hamilton, 9. Januar 1946
74 RC an Sandoe, 30. Mai 1946
75 RC an Brandt, 23. Januar 1949
76 C. A. Lejeune, »The Films«, *Observer*, 28. April 1946, RC-Archiv
77 Dilys Powell, »Films of the Week«, *Sunday Times*, 28. April 1946, RC-Archiv
78 RC an Morton, 15. März 1946
79 ebd.

Kapitel 7. Vorstadt wider Willen

Außer den unten angeführten Quellen habe ich über diese Zeit von Chandlers Leben in La Jolla Informationen bezogen aus Gesprächen mit Juanita Messick, Katherine Sistrom, Jonathan Latimer, Neil Morgan, George Peterson und H. N. Swanson. Bernard Siegen, der derzeitige Besitzer von Chandlers Haus, erlaubte mir, es zu besichtigen. Dale Warren informierte mich über den Wechsel Chandlers von Knopf zu Houghton Mifflin.

1 RC, »Crosstown with Neil Morgan«, Gastbeitrag in dieser Spalte in *San Diego Tribune*, 1. März 1957
2 Zitiert in Neil Morgan, Interview mit RC, *San Diego Journal* 1946
3 RC an Dale Warren, 2. Oktober 1946 (detebe 20209, S. 26)
4 ebd.
5 RC an Alex Barris, 18. März 1949 (detebe 20209, S. 27)
6 Zitiert in Interview mit Morgan, *San Diego Journal* 1946
7 RC an Bernice Baumgarten, 21. April 1949
8 RC an Carl Brandt, 26. Februar 1950
9 RC an James Sandoe, 18. November 1948
10 RC an Hamish Hamilton, 9. Januar 1951 (detebe 20209, S. 230f.)
11 RC an Charles Morton, 19. März 1945 (detebe 20209, S. 221)
12 RC an Warren, 19. Dezember 1948 (detebe 20209, S. 227)
13 Edmund Wilson, »Who Cares Who Killed Roger Ackroyd?«, *New Yorker*, 20. Januar 1945; wiederabgedruckt in Howard Haycraft, *The Art of the Mystery Story*, 1946, S. 395
14 W. H. Auden, »The Guilty Vicarage«, *Harper's Magazine*, Mai 1948, S. 408
15 RC an Morton, 15. Januar 1945 (detebe 20209, S. 85)
16 RC, »Hollywood Bowl«, *Atlantic Monthly*, Januar 1947, S. 108
17 RC an Sandoe, 10. August 1947 (detebe 20209, S. 89)
18 RC an Sandoe, 16. Dezember 1944 (vgl. detebe 20209, S. 53)
19 RC an Edward Weeks, 18. Januar 1948 (detebe 20209, S. 90)
20 RC, »Lines to a Lady with an Unsplit Infinitive«. RC-Archiv
Miss Margaret Mutch, sie erhob ihre Krücke / mit wildem Bostoner Schrei. / »Obwohl du in Yale studiert hast, ist deine Grammatik schwach«, / knurrte sie, als sie sein Auge traf. / »Obwohl du in Princeton studiert hast, hat mich noch nie / ein derart fürchterlicher Relativsatz erschreckt! / Obwohl du in Harvard studiert hast, würde kein anständiges Gespenst / deine syntaktischen Schnitzer hinnehmen. / Gelehrt, nicht zu faseln auf einer Public School / (mit großem P und S) /, und noch immer faselst du mit deinem *shall* und *will*. / Du bist ein abscheulicher Dummkopf!« / Sie starrte ihn nieder mit eisigem Blick. / Seine Formenlehre zerschmetterte sie. / Er erbleichte vor plötzlicher Angst, seine Syntax wurde leichenblaß. / »O liebe Miss Mutch, senken Sie Ihre Krücke«, schrie er in kopflosem Schrecken. / Sie machte kurzen Prozeß. Über seinem Grabe: / HIER RUHT EIN DRUCKFEHLER.
21 RC an Sandoe, 14. Oktober 1949 (detebe 20209, S. 66)
22 RC an Warren, 8. Januar 1948
23 RC an Hamilton, 16. Mai 1945
24 RC an Morton, 5. Januar 1947 (detebe 20209, S. 86f.)

Anmerkungen

25 RC an Mrs. Robert Hogan, 7. März 1947 (detebe 20209, S. 87f.)
26 RC an Sandoe, 12. Mai 1949
27 RC an Sandoe, 17. Oktober 1948 (vgl. detebe 20209, S. 57f.)
28 RC an Sandoe, 27. Januar 1948
29 RC, *The High Window*, Kapitel 28 (detebe 20208, S. 204)
30 RC an Miss Aron, 11. Januar 1945
31 RC an Hamilton, 11. Januar 1950
32 RC an Hamilton, 13. Oktober 1950
33 RC an Hamilton, 10. November 1950
34 RC an Hamilton, 22. Juni 1949
35 RC, »Oscar Night in Hollywood«, *Atlantic Monthly*, März 1948 S. 24 (detebe 20754, S. 183)
36 RC an Sandoe, 2. Oktober 1947 (detebe 20209, S. 156)
37 ebd. (detebe 20209, S. 157f.)
38 RC an Warren, 20. April 1949
39 ebd.
40 RC, »Oscar Night in Hollywood«, S. 25 (detebe 20754, S. 185f.)
41 RC an Baumgarten, 31. März 1949
42 RC, Story-Idee für *Playback*, UCLA
43 RC an H. N. Swanson, der Story-Idee für *Playback* beigefügt, UCLA
44 RC an Swanson, 23. Juni 1947
45 RC an Swanson, 16. August 1947
46 RC an James Howard, 26. März 1957
47 RC an Hamilton, 27. Oktober 1947 (detebe 20209, S. 274)
48 RC an Joseph Shaw, 9. November 1946
49 RC an Alfred Knopf, 16. Juli 1953
50 RC an Morton, 1. Januar 1948
51 RC an Brandt, 11. Mai 1948 (detebe 20209, S. 186f.)
52 RC an Brandt, 1. Juni 1948
53 RC an Brandt, 9. Juni 1948
54 RC an Warren, 17. Juni 1958
55 RC an Warren, 2. Juni 1947
56 RC an Sandoe, 8. März 1947
57 RC an Hamilton, 13. Juli 1948
58 RC an Hamilton, 10. August 1948 (detebe 20209, S. 277)
59 RC an Frederick Lewis Allen, 7. Mai 1948 (detebe 20209, S. 275)
60 RC an Hamilton, 10. August 1948 (detebe 20209, S. 277)
61 RC an Hamilton, 19. August 1948 (detebe 20209, S. 277f.)
62 RC an Mrs. Holton vom Verlag Houghton Mifflin, 3. April 1949
63 RC an Hamilton, 22. Juni 1949 (detebe 20209, S. 282)
64 RC an Hamilton, 5. Oktober 1949
65 RC an Sandoe, 20. Mai 1949
66 RC, »Hollywood Bowl«, S. 109
67 RC an Baumgarten, 15. Februar 1951
68 RC, *The Little Sister*, Kapitel 19. Die Figur scheint Y. Frank Freeman von Paramount nachgebildet zu sein. (detebe 20206, S. 142)
69 ebd. (detebe 20206, S. 150)
70 ebd. Kapitel 18 (detebe 20206, S. 132f.)
71 ebd. Kapitel 13 (detebe 20206, S. 91)

72 RC an Helga Greene, 25. Mai 1957
73 RC, *The Little Sister*, Kapitel 13 (detebe 20206, S. 92)
74 ebd. (detebe 20206, S. 91)
75 ebd. (detebe 20206, S. 92)
76 ebd. (detebe 20206, S. 93)
77 RC, »Notes on Homicide Bureau«, 25. Januar 1945, RC-Archiv
78 RC, *The Little Sister*, Kapitel 29 (detebe 20206, S. 243 f.)
79 ebd. Kapitel 24 (detebe 20206, S. 205)
80 RC, Notizbuch, unpaginiert, RC-Archiv
81 RC an Baumgarten, 19. April 1950
82 RC an Baumgarten, 15. November 1949
83 RC an Swanson, 15. Oktober 1948
84 RC an Sandoe, 14. Oktober 1949 (detebe 20209, S. 283 f.)

Kapitel 8. Kein dritter Akt

Der größte Teil des Materials für dieses Kapitel entstammt den unten aufgeführten Quellen. Zusätzliche wertvolle Fakten wurden mir mitgeteilt in Briefen und Gesprächen mit Edgar Carter, Whitfield Cook, Arthur Lovell, Jonathan Latimer, Neil Morgan, S. J. Perelman und H. N. Swanson. Weiterhin bin ich verpflichtet Judith Pfeiffer von Warner Brothers und besonders Juanita Messick, der langjährigen Sekretärin Chandlers.

1 Anthony Boucher, »Chandler, Revalued«, *New York Times Book Review*, 4. September 1949
2 J. B. Priestley, *New Statesman*, 9. April 1949; zitiert im Werbematerial von Houghton Mifflin, »To the Travelers«, Nr. 62, 15. Juli 1949
3 RC an Hamish Hamilton, 5. Oktober 1949
4 RC an Hamilton, 31. August 1949
5 RC an Hamilton, 17. Juni 1949
6 RC an Bernice Baumgarten, 21. März 1949
7 RC an Baumgarten, 21. April 1949 (detebe 20209, S. 62)
8 ebd.
9 ebd.
10 RC an Carl Brandt, 3. Februar 1949
11 ebd.
12 RC an Baumgarten, 15. Oktober 1949
13 RC an Dale Warren, 22. Dezember 1949
14 ebd.
15 RC an Warren, 15. Oktober 1949
16 RC an Hamilton, 4. April 1949
17 RC an Hamilton, 19. September 1951
18 RC an Charles Morton, 30. August 1949
19 RC an Brandt, 12. November 1948
20 RC an H. N. Swanson, 5. Januar 1953
21 Erle Stanley Gardner an RC, 8. Juli 1947
22 John Crosby, *Los Angeles Daily News*, 26. Juni 1947, RC-Archiv
23 Zitiert im Interview mit Terry Nolan, *San Diego Journal*, 1. Juli 1947, RC-Archiv

24 RC an Gardner, 23. Oktober 1947
25 RC an Brandt, 23. Januar 1948
26 RC an Ray Stark, 19. Juli 1948
27 RC an Stark, zitiert in *Screen Writer*, 11. Oktober 1948
28 Anmerkungen von Gene Levitt für die Marlowe-Reihe
29 RC an James Sandoe, 14. Mai 1949 (detebe 20209, S. 282)
30 RC an Brandt, 10. September 1949
31 RC an Baumgarten, 16. Oktober 1950
32 RC an Brandt, 1. Dezember 1950
33 RC an Brandt, 13. November 1951
34 RC an Gene Levitt, 22. November 1950
35 RC an Edgar Carter, 10. September 1951
36 RC an Hardwick Moseley, 23. April 1949
37 RC an Hamilton, 13. Mai 1949 (detebe 20209, S. 187)
38 ebd.
39 RC an Baumgarten, 15. Oktober 1949 (detebe 20209, S. 188)
40 RC an Baumgarten, ebd.
41 RC an Baumgarten, 17. November 1949
42 RC an Baumgarten, 3. Dezember 1949
43 RC an Baumgarten, 7. Juli 1949
44 RC an Moseley, 6. Februar 1955
45 RC an Paul Brooks, 19. Juli 1949
46 RC an E. Howard Hunt, 26. November 1952
47 RC, »A Qualified Farewell«, Typoskript, S. 3, RC-Archiv (detebe 20754, S. 198)
48 ebd., S. 3f. (detebe 20754, S. 198)
49 ebd., S. 8 (detebe 20754, S. 203)
50 Brandt an Stark, 8. März 1951
51 RC an Warren, 2. Juni 1947 (detebe 20209, S. 186)
52 RC an Paul Brooks, 13. September 1949
53 RC an Brooks, 29. Mai 1952
54 RC, »Ten Percent of Your Life«, *Atlantic Monthly*, Februar 1952; wiederabgedruckt in *Raymond Chandler Speaking* (1962); (detebe 20209, S. 204f.)
55 ebd. (detebe 20209, S. 207)
56 Baumgarten an RC, 21. März 1951
57 RC an Brandt, 24. Juni 1949
58 RC an Hamilton, 4. September 1950 (detebe 20209, S. 162f.)
59 RC an Stark, 17. August 1950
60 Zitiert in François Truffaut, *Hitchcock*, 1967, S. 142f.
61 RC, Notiz bei der Arbeit an *Strangers on a Train*, RC-Archiv (detebe 20209, S. 163f.)
62 ebd. (detebe 20209, S. 164ff.)
63 Zitiert in Truffaut, *Hitchcock*, 1967, S. 142f.
64 Zitiert in Robin Wood, *Hitchcock's Films*, Paperback 1970, S. 50
65 RC, Rohentwurf des Drehbuchs für *Strangers on a Train*, RC-Archiv
66 Zitiert in Robin Wood, *Hitchcock's Films*, S. 51
67 Zitiert in Truffaut, *Hitchcock*, S. 147
68 Finlay McDermid an RC, 17. August 1950
69 R. J. Obringer an RC, 23. August 1950
70 RC an Stark, 17. August 1950

71 ebd.
72 RC an McDermid, 2. November 1950
73 RC an Hamilton, 6. Oktober 1946 (detebe 20209, S. 184)
74 RC an Ben Benjamin, 1. Dezember 1950
75 RC an Warren, 4. Oktober 1950
76 RC an Benjamin, 11. Dezember 1950
77 RC an Brandt, 11. Dezember 1950
78 RC an Warren, 20. Juli 1951
79 RC an Hamilton, 24. Juli 1951
80 RC an Hamilton, 12. März 1949
81 RC an Brandt, 13. Februar 1951
82 RC an Juanita Messick, undatiert
83 RC an Baumgarten, 21. Mai 1951
84 RC an Baumgarten, 5. Juni 1951
85 RC an Brandt, 21. Dezember 1950 (detebe 20209, S. 109)
86 RC an Hamilton, 28. Mai 1957
87 RC an Hamilton, 5. Februar 1951 (detebe 20209, S. 110)
88 RC an Hamilton, 28. Mai 1957
89 RC an Hamilton, 5. Februar 1951 (detebe 20209, S. 110)
90 Priestley, *New Statesman*, 9. April 1949
91 RC an Juanita Messick, undatiert
92 RC an Hamilton, 14. Februar 1951
93 ebd.
94 Zitiert in »Raymond Chandler Speaking«, produziert von Robert Pocock für den Home Service der BBC, gesendet am 4. Juli 1962
95 RC an Sandoe, 20. Februar 1951
96 RC an Edgar Carter, 13. Dezember 1951
97 RC an Hamilton, 27. Februar 1951
98 RC an Hamilton, 4. Dezmber 1949 (detebe 20209, S. 100f.)
99 RC an Hamilton, 5. Januar 1950 (detebe 20209, S. 102f.)
100 ebd.
101 Somerset Maugham, *The Vagrant Wood*, 1953, S. 129
102 ebd., S. 131
103 RC an Frank Francis, 30. Oktober 1952
104 RC an S. J. Perelman, 4 September 1951
105 Perelman an RC, 24. Oktober 1951
106 RC an Perelman, 9. Januar 1952
107 RC an Warren, 6. August 1951
108 ebd.
109 Perelman an den Verfasser, 10. März 1974

Kapitel 9. Der lange Abschied

Die Anmerkungen unten belegen alle wichtigen Quellen für dieses Kapitel, mit Ausnahme einiger Beobachtungen zu Chandlers häuslicher Situation und seinem Verhalten bei sich zu Hause. Diese Informationen bekam ich von Juanita Messick und Milton Philleo. Meine Kommentare zum schöpferischen Prozeß bei Chandler basieren teilweise auf der Arbeit von Professor Albert Rothenberg von der Yale Medical School, dessen Buch *Studies in the Creative Process in Art and Science* in Vorbereitung ist.

1 RC an James Fox, 27. März 1954
2 RC an Bernice Baumgarten, 8. November 1949
3 RC an Juanita Messick, undatiert
4 RC an Messick, undatiert (wahrscheinlich 1951 oder 1952)
5 RC, »Advice to a Secretary«, RC-Archiv
6 ebd.
7 RC, »Advice to an Employer«, RC-Archiv
8 RC an Messick, undatiert
9 RC an Hamish Hamilton, 9. Januar 1951 (detebe 20209, S. 230)
10 RC, »A Qualified Farewell«, Typoskript, S. 14, RC-Archiv (detebe 20754, S. 210)
11 RC an Baumgarten, 3. Januar 1952
12 RC an Hamilton, 5. Oktober 1951 (detebe 20209, S. 28f.)
13 RC an Hamilton, 21. Mai 1952
14 RC an Baumgarten, 14. Mai 1952 (detebe 20209, S. 295)
15 Baumgarten an RC, 22. Mai 1952
16 Carl Brandt an RC, 22. Mai 1952
17 Baumgarten an RC, 26. Mai 1952
18 RC an Baumgarten, 25. Mai 1952
19 RC an Brandt, 11. Juni 1952
20 RC an Baumgarten, 20. Juli 1952 (detebe 20209, S. 298)
21 ebd.
22 Brandt an RC, 20. Oktober 1952
23 RC an Brandt and Brandt, 26. November 1952
24 RC an Hamilton, 26. Februar 1945
25 RC, *The Long Goodbye*, Typoskript, RC-Archiv
26 RC, Korrekturen am *The Long Goodbye*-Typoskript, RC-Archiv
27 RC, *The Long Goodbye*, Kapitel 53 (detebe 20207, S. 382)
28 Donald Henderson, *Mr. Bowling Buys a Newspaper*, 1944, S. 17
29 ebd., S. 21
30 ebd., S. 83
31 ebd., S. 210
32 RC an D. J. Ibberson, 19. April 1951
33 ebd. (detebe 20209, S. 291)
34 RC, *The Long Goodbye*, Kapitel 4 (detebe 20207, S. 26)
35 ebd., Kapitel 53 (detebe 20207, S. 381)
36 ebd. (detebe 20207, S. 379)
37 ebd. (detebe 20207, S. 381)
38 ebd., Kapitel 28 (detebe 20207, S. 210)
39 ebd. (detebe 20207, S. 207)

40 RC, »Nocturne from Nowhere«, Typoskript, RC-Archiv
41 RC, *The Long Goodbye*, Kapitel 24 (detebe 20207, S. 192)
42 ebd., Kapitel 23 (detebe 20207, S. 178)
43 ebd. (detebe 20207, S. 179)
44 RC an Edgar Carter, 3. Juni 1957
45 ebd.
46 ebd.
47 RC an Deirdre Gartrell, 23. April 1957
48 RC an Jean de Leon, 11. Februar 1957
49 RC an Hamilton, 4. April 1949
50 RC, *The Big Sleep*, Kapitel 24 (detebe 20132, S. 138f.)
51 RC an Ibberson, 19. April 1951
52 RC, *The Long Goodbye*, Kapitel 20 (detebe 20207, S. 156)
53 ebd., Kapitel 29 (detebe 20207, S. 216)
54 ebd.
55 ebd., Kapitel 49 (detebe 20207, S. 363)
56 ebd.
57 ebd., Kapitel 50 (detebe 20207, S. 368)
58 ebd., Kapitel 13 (detebe 20207, S. 90f.)
59 ebd., Kapitel 38 (detebe 20207, S. 276)
60 RC, »The Simple Art of Murder«, *Atlantic Monthly*, Dezember 1944 (detebe 20209, S. 341)
61 RC an Hamilton, 10. Juni 1952 (detebe 20209, S. 297)
62 RC, Notizbuch, unpaginiert, RC-Archiv
63 RC an James Sandoe, 8. März 1947
64 RC an James Howard, 26. März 1957
65 RC an Brandt, 21. Dezember 1950
66 RC an Hamilton, 19. September 1951 (detebe 20209, S. 112)

Kapitel 10. Nachtstück

Außer den unten angeführten Informationsquellen hatte ich aufschlußreiche Gespräche mit einer Reihe von Chandlers Freunden und Bekannten aus jener Zeit, insbesondere mit Juanita Messick, Mrs. Bruce Weston, Nicolas Bentley, James Fox, Hamish Hamilton, Jonathan Latimer, Roger Machell, Neil Morgan, Dr. Solon Palmer, J. B. Priestley, Dr. Francis Smith, Dale Warren und Hillary Waugh.

1 RC an Hamish Hamilton, 9. Januar 1946
2 RC an Charles Morton, 1. Januar 1948
3 RC an Hamilton, 24. Januar 1949
4 ebd.
5 RC an Carl Brandt, 23. Januar 1949
6 RC an Hamilton, 24. Januar 1949
7 RC an Morton, 13. Februar 1948
8 RC an H. F. Hose, 6. Januar 1953
9 Zitiert in »Raymond Chandler Speaking«, produziert von Robert Pocock für den Home Sevice der BBC, gesendet am 4. Juli 1962
10 ebd.

11 ebd.
12 ebd.
13 ebd.
14 RC an Paul Brooks, 28. September 1952
15 Alistair Cooke, »American Letter«, Nr. 120, 1. April 1949
16 Cyril Ray, *Sunday Times*, 21. September 1952
17 RC an William Townend, 11. November 1952
18 RC an Mr. Sheppard vom Verlag Hamish Hamilton, 14. November 1952
19 RC an Townend, 11. November 1952
20 RC an Hamilton, 5. November 1952
21 RC an Dale Warren, 13. November 1952
22 RC an Hamilton, 5. November 1952 (detebe 20209, S. 30f.)
23 ebd.
24 ebd.
25 RC an Hamilton, 16. Januar 1953
26 RC an Hamilton, 12. Dezember 1952
27 RC an Leonard Russell, 11. Dezember 1952
28 RC an Dr. O. C. Helming, 23. Januar 1953
29 RC an Juanita Messick, undatiert (1953)
30 ebd.
31 RC an Hardwick Moseley, 23. März 1954 (detebe 20209, S. 213)
32 RC an Messick, undatiert
33 RC an Roger Machell, 15. März 1953 (detebe 20209, S. 32)
34 RC an Hamilton, 11. Mai 1953 (detebe 20209, S. 300)
35 RC an Machell, 8. September 1953
36 RC an Hamilton, 24. Oktober 1953
37 RC an Machell, 9. Oktober 1953
38 RC an Hamilton, 7. Januar 1954
39 *Time*, 29. März 1954
40 *New Yorker*, 27. März 1954
41 RC an Hamilton, 16. Januar 1954
42 RC an Moseley, 23. März 1954
43 RC an Messick, undatiert
44 ebd.
45 RC an James Fox, 27. März 1954
46 ebd.
47 RC an Fox, 19. Mai 1954
48 ebd.
49 RC an Hamilton, 15. Juni 1954
50 RC an Hamilton, 5. Januar 1955
51 ebd.
52 RC an Jean de Leon, 11. Februar 1957
53 RC an Hamilton, 22. Januar 1955
54 ebd.
55 RC an Machell, 7. Februar 1955
56 RC an Machell, 5. März 1955
57 Neil Morgan, »The Decline and Rise of Raymond Chandler«, Typoskript, S. 7, Custody FM.
58 RC an Machell, 5. März 1955

59 ebd.
60 ebd.
61 RC an Helga Greene, 19. März 1957
62 RC an Russell, 29. Dezember 1954
63 RC an William Gault, undatiert (März 1955)
64 RC an Moseley, 23. März 1955
65 RC an Neil Morgan, undatiert (März 1955)
66 RC an Machell, 6. April 1955
67 RC an Fox, 10. April 1955
68 RC, »Requiem«, Typoskript, RC-Archiv. Das Gedicht wurde von *Atlantic Monthly* angenommen, doch nie veröffentlicht.

Da ist ein Moment nach dem Tod, wo das Gesicht schön, / Die sanften müden Augen geschlossen und die Pein vorüber ist, / Und die lange, lange Unschuld der Liebe stellt sacht sich ein, / Einen Moment noch still und schwebend. //

Da ist ein Moment nach dem Tod, ach kaum ein Moment, / Wenn die hellen Kleider im duftenden Schrank hängen / Und die verlorenen Träume verblassen, langsam verblassen, / Wenn die silbernen Flaschen und das Glas und der leere Spiegel / Und die drei langen Haare in der Bürste und ein gefaltetes Tuch / Und das frisch gemachte Bett und die frischen, weichen Kissen, / Auf denen kein Kopf mehr liegen wird, / Alles ist, was blieb vom langen, wilden Traum. //

Doch immer sind da die Briefe. //

Ich halte sie in der Hand, verschnürt mit grünem Band, / Ordentlich und fest, von den zarten, starken Fingern der Liebe, / Die Briefe sterben nicht. / Sie werden warten, warten auf den Fremden, der kommt und sie liest. / Langsam wird er daherkommen, aus dem Nebel von Zeit und Wandel, / Langsam wird er daherkommen, scheu, die Jahre herunter, / Er wird das Band zerschneiden und die Briefe ausbreiten / Und sie behutsam, behutsam lesen, Seite für Seite. / Und die lange, lange Unschuld der Liebe stellt sacht sich ein / Wie ein Schmetterling durch ein offenes Fenster im Sommer, / Einen Moment noch still und schwebend. / Doch der Fremde wird es nie wissen. Der Traum wird vorbei sein. / Der Fremde werde ich sein. //

Kapitel 11. Dann und wann für immer

Viele Informationen über Chandlers letzte Jahre wurden mir persönlich zugeleitet. Besonders verpflichtet bin ich folgenden Personen, von denen mir einige sehr ausführlich schrieben: Kay West Beckett, Mrs. Nicolas Bentley, Jean de Leon, Dorothy Gardiner, Helga Greene, Dr. Evelyn Hooker, Alison Hooper, Juanita Messick, Mrs. Marian Murray, Sonja Orwell, Dilys Powell, Jocelyn Rickards, Mrs. Stephen Spender, Jessica Tyndale; Eric Ambler, Nicolas Bentley, W. E. Durham, Michael Gilbert, Graham Carleton Greene, Maurice Guinness, E. T. Guymon, Jr., Christopher Isherwood, Neil Morgan, E. Jack Neuman, Frank Norman, George Peterson, J. B. Priestley, Stephen Spender, Julian Symons, Hillary Waugh und Leroy Wright.

Anmerkungen

Aus Gründen der Diskretion habe ich in diesem Kapitel den Namen einer Person geändert. Bezugnahmen auf diese Person in Chandlers Briefen wurden deshalb ebenfalls abgeändert.

1 Mystery Writers of America-Hefter. RC-Archiv.
2 Helga Greene, »Account of Meeting Raymond Chandler«, Typoskript, Juni 1960, S. 1. RC-Archiv.
3 Zitiert in *Daily Sketch,* 27. April 1955
4 Patrick Doncaster, Typoskript des Interviews for *Daily Mirror;* wegen Zeitungsstreik nie veröffentlicht.
5 Ian Fleming, »Raymond Chandler«, *London Magazine,* 12. Dezember 1959, S. 43.
6 RC an Hamish Hamilton, 27. April 1955
7 ebd.
8 ebd.
9 Zitiert in »Raymond Chandler Speaking«, produziert von Robert Pocock für den Home Service von BBC, gesendet am 4. Juli 1962.
10 RC an Hardwick Moseley, 24. April 1955
11 Zitiert in der BBC-Aufnahme, 4. Juli 1962
12 Natasha Spender an den Verfasser, 20. November 1975
13 Jocelyn Rickards an den Verfasser, 26. November 1975
14 Natasha Spender an den Verfasser, 20. November 1975
15 Alison Hooper an den Verfasser, 29. November 1975
16 ebd.
17 Jocelyn Rickards an den Verfasser, 26. November 1975
18 RC an J. B. Priestley, 29. Juli 1955
19 Natasha Spender an den Verfasser, 20. November 1975
20 RC an Hillary Waugh, nachgedruckt in *The Third Degree,* dem internen Mitteilungsblatt von Mystery Writers of America, September – Oktober 1955.
21 RC an Helga Greene, 23. November 1956
22 Zitiert in *Evening Standard,* 30. Juni 1955
23 RC an Neil Morgan, 3. Juni 1955
24 Zitiert in *Daily Express,* 25. April 1955
25 RC an Mrs. S. S. Tyler, 30. Juni 1956
26 RC an Deirdre Gartrell, 20. März 1957
27 Natasha Spender an den Verfasser, 20. November 1975
28 ebd.
29 ebd.
30 RC an Arthur Lovell, 9. Februar 1954
31 RC an Moseley, 20. Juni 1956
32 RC an Roger Machell, undatiert (Oktober 1955)
33 RC an Hamilton, undatiert (Oktober 1955)
34 RC an Michael Gilbert, 27. Oktober 1955
35 RC an Machell, 27. Oktober 1955
36 ebd.
37 ebd.
38 RC an Greene, 13. November 1955
39 RC an Morgan, 18. November 1955
40 RC an James Fox, 7. Januar 1956
41 ebd.

42 RC an Fox, 16. Dezember 1955
43 RC an Fox, 7. Januar 1956
44 ebd.
45 ebd.
46 RC an Paul Brooks, 10. März 1957
47 RC an Frank Francis, 30. Januar 1956
48 RC an Neil Morgan, 20. Februar 1956
49 Natasha Spender an den Verfasser, 20. November 1975
50 RC an Jessica Tyndale, 28. April 1957
51 RC an Morgan, 20. Februar 1956
52 Fleming, »Raymond Chandler«, S. 43
53 RC an Gilbert, 25. Juli 1957
54 RC an Dale Warren, 9. Juli 1949
55 RC an Greene, 21. Juni 1956
56 RC an Greene, 5. Mai 1957
57 RC an Greene, 15. Mai 1956
58 ebd.
59 ebd.
60 ebd.
61 RC an Hamilton, 10. Juni 1956
62 RC an Morgan, 5. Juni 1956
63 ebd.
64 RC an Greene, 5. Juni 1956
65 RC an Greene, 10. Juni 1956
66 RC an Greene, 19. Juni 1956
67 RC an Greene, 29. Juni 1956
68 RC an Greene, 13. Juli 1956
69 RC an Leroy Wright, 21. November 1956
70 RC an Gilbert, 3. Januar 1957
71 RC an Tyndale, 18. Januar 1957
72 ebd.
73 RC an Greene, 4. Februar 1957
74 RC an Greene, 5. Mai 1957
75 RC an Natasha Spender, 30. Mai 1957
76 RC an Greene, 25. Mai 1957
77 RC an Michael Gilbert, 19. Juni 1957
78 RC an Greene, 25. Juli 1957
79 Natasha Spender an den Verfasser, 20. November 1975
80 RC, »Faster, Slower, Neither«, Typoskript, RC-Archiv
81 RC an Moseley, 3. Februar 1957
82 RC an Wright, 31. März 1957
83 ebd.
84 RC an Greene, 25. Mai 1957
85 RC an Greene, 20. Oktober 1957
86 RC an Greene, 24. August 1957
87 RC an Gilbert, 15. Dezember 1957
88 RC an Greene, 28. April 1957
89 RC an Greene, 11. Juli 1957
90 RC an Greene, 3. Juli 1957

91 RC an Greene, 20. September 1957
92 RC an Hamilton, 2. Dezember 1957
93 RC an Brooks, 28. Dezmber 1957
94 RC an Tyndale, 3. Februar 1958
95 RC an Maurice Guinness, 10. Februar 1958
96 RC an Gilbert, 19. Dezember 1957
97 RC an Greene, 5. Mai 1957
98 Zitiert in *Newsweek*, 21. Juli 1958
99 RC an Charles Morton, 9. Oktober 1950
100 ebd.
101 ebd.
102 RC an Gilbert, 25. März 1957
103 ebd.
104 RC an Greene, 21. Dezember 1957
105 RC an Wilbur Smith, 16. Oktober 1958
106 RC an Guinness, 10. Februar 1958
107 RC an Greene, 4. Januar 1958
108 RC an Guinness, 10. Februar 1958
109 RC an Moseley, 5. Oktober 1958
110 RC an Greene, 29. Juni 1957
111 RC an Greene, 30. November 1957
112 ebd.
113 RC an Greene, 4. Januar 1958
114 RC an Greene, 28. Dezember 1957
115 RC an Greene, 23. Februar 1958
116 Luciano Lucania an RC, 24. März 1958
117 Lucania zu RC, 8. Mai 1958
118 RC, »My Friend Luco«, Typoskript, S. 6–7, RC-Archiv
119 RC an Jean de Leon, 30. April 1958
120 Zitiert in der BBC-Aufnahme, 4. Juli 1962
121 ebd.
122 ebd.
123 RC, »Foreword« zu Frank Norman, *Bang to Rights* (1958)
124 RC an Greene, 25. Mai 1957
125 ebd.
126 RC an Anne Jameson, 19. Mai 1958
127 RC an Anne Jameson, 24. Juni 1958
128 RC an Greene, 16. August 1958
129 RC an Greene, 24. August 1958
130 RC an Greene, 31. August 1958
131 RC an Greene, 4. September 1958
132 RC an Greene, 12. Oktober 1958
133 RC, »The Pencil«, Teil 2
134 RC an Juanita Messick, 12. August 1953
135 RC an Warren, 5. Mai 1949
136 RC an Bergen Evans, 18. Januar 1958
137 RC an Greene, 12. Oktober 1958
138 RC an Greene, 19. Juni 1956
139 RC an Greene, 24. Oktober 1958

140 RC an Greene, 29. Oktober 1958
141 RC an Greene, 7. November 1958
142 RC an Gilbert, 22. Januar 1959
143 RC an Marian Murray, 4. März 1959
144 RC, Notizen für Rede vor Mystery Writers of America. UCLA.
145 ebd.
146 RC an Greene, 17. März 1959
147 *Times* (London), 28. März 1959, RC-Archiv
148 *Los Angeles Times*, 27. März 1959, RC-Archiv
149 RC an Alex Barris, 16. April 1949.